北大法律硕士实务丛书

基建项目招标采购

实务操作与图解

孙一明 著

法律出版社 LAW PRESS·CHINA
北京

图书在版编目（CIP）数据

基建项目招标采购实务操作与图解 / 孙一明著. --
北京：法律出版社，2021
ISBN 978-7-5197-5949-0

Ⅰ. ①基… Ⅱ. ①孙… Ⅲ. ①基本建设项目－项目管理－研究－中国②采购－招标－研究－中国 Ⅳ. ①F284

中国版本图书馆 CIP 数据核字(2021)第 195387 号

基建项目招标采购实务操作与图解
JIJIAN XIANGMU ZHAOBIAO CAIGOU SHIWU CAOZUO YU TUJIE

孙一明 著

责任编辑 李 群 翁潇潇 肖瑞杰
装帧设计 马 帅 藏晓飞

出版发行 法律出版社
编辑统筹 法规出版分社
责任校对 杨锦华 王沁陶
责任印制 张建伟
经　　销 新华书店

开本 710 毫米×1000 毫米 1/16
印张 25.25 **字数** 403 千
版本 2021 年 11 月第 1 版
印次 2021 年 11 月第 1 次印刷
印刷 固安华明印业有限公司

地址：北京市丰台区莲花池西里 7 号(100073)
网址：www.lawpress.com.cn
投稿邮箱：info@lawpress.com.cn
举报盗版邮箱：jbwq@lawpress.com.cn
销售电话：010-83938349
客服电话：010-83938350
咨询电话：010-63939796

书号：ISBN 978-7-5197-5949-0
定价：78.00 元
凡购买本社图书，如有印装错误，我社负责退换。电话：010-83938349

丛书编辑组织者

主编简介

隋平：北京大学法律硕士，香港城市大学法学博士，哈佛大学行为金融学博士后，曾经在北京德恒律师事务所从事律师工作，后在多家大型机构担任高层领导职务，长期致力于推动法学院模拟实务教学。

副主编简介

刘宽：北京大学法律硕士研究生，第 12 届北大法律硕士联合会主席。

甘凯云：北京大学法律硕士研究生，第 13 届北大法律硕士联合会主席。

作者简介

孙一明

北京大学法律硕士，曾公派赴欧美多国进行访问研究，毕业后一直致力于国际、国内大型基础设施及公共服务领域政策法律研究与实务操作，先后从事律师以及公司高管工作，目前担任某国有企业总法律顾问、首席合规官。

教育部关于做好全日制硕士专业学位研究生培养工作的若干意见(教研〔2009〕1号)

长期以来,我国硕士研究生教育主要是培养具有独立从事科学研究或教学工作能力的教学科研人才。但随着研究生规模的不断扩大和社会需求的不断变化,硕士研究生的就业去向已更多地从教学、科研岗位转向实际工作部门。从世界研究生教育发展状况来看,硕士研究生教育基本是以面向实际应用为主,教学科研人才更多的是来源于博士研究生。为促进我国研究生教育的更好发展,必须重新审视和定位我国硕士研究生的培养目标,进一步调整和优化硕士研究生的类型结构,逐渐将硕士研究生教育从以培养学术型人才为主向以培养应用型人才为主转变,实现研究生教育在规模、质量、结构、效益等方面的协调、可持续发展。

教育部等部门关于进一步加强高校实践育人工作的若干意见(教思政〔2012〕1号)

进入本世纪以来,高校实践育人工作得到进一步重视,内容不断丰富,形式不断拓展,取得了很大成绩,积累了宝贵经验,但是实践育人特别是实践教学依然是高校人才培养中的薄弱环节,与培养拔尖创新人才的要求还有差距。要切实改变重理论轻实践、重知识传授轻能力培养的观念,注重学思结合,注重知行统一,注重因材施教,以强化实践教学有关要求为重点,以创新实践育人方法途径为基础,以加强实践育人基地建设为依托,以加大实践育人经费投入为保障,积极调动整合社会各方面资源,形成实践育人合力,着力构建长效机制,努力推动高校实践育人工作取得新成效、开创新局面。

致 谢

为推动本书的编写,作者得到了老师、同行、亲朋和所在单位领导的支持和帮助,在此对以下人员表示感谢!

(排名不分先后,按姓氏笔画排序)

王甲国　王守清　王　丽　王若峰　王　健

王　敏　王裕溪　王　磊　车丕照　邓正平

由　建　朱苏力　刘　兵　刘　明　刘道刚

刘　颖　孙公新　孙　妍　孙祖丽　孙　莘

杨　冬　杨　杰　杨晓兵　连泽鹏　佟　强

张卫平　张双根　张新念　陆　强　陈兴良

金自宁　金跃良　金　辉　赵改玲　段　琳

施振东　贾春曲　徐明新　殷　星　唐　瑜

黄华珍　曹　昆　梁根林　寇德峰　葛云松

楼英瑞　翟耸君　薛　军

总　序

首先需要说明的是，本丛书中各书的作者主要是北京大学法学院法律硕士毕业生。我本人是2001级北大法律硕士。我们2001级北大法律硕士是北大法学院招收的第一届全日制本科专业为非法学的法律硕士研究生。我们毕业至今已经十年。在这十年里，我们经历了很多，也对法学院教学内容和方式有很多的思考。实际上，不只我们，后来毕业的师弟师妹们都有着和我一样的感受，甚至是目前在校的师弟师妹们也都渴望实务界的知识进入法学院的课堂。遗憾的是，这种渴望一直是渴望，因为法学院的教师们一直坐在法学院舒适的办公室里，并不了解我们这些实务界打拼的毕业生们具体在做什么，所以，他们尽管也想把实务知识引进课堂，但由于不了解外面有什么样的实务知识，所以也就无法引进。

北大法律硕士从2001级开始，至今已经有十几届了。令我感到很自豪的是，这个群体非常优秀，在实务界发展得非常出色，很多人已经身居高层领导职位或者在本单位中是业务中坚力量。这个群体更值得称道的一个方面是，他们很团结，社会责任感很强，愿意帮助别人。北大法律硕士从我们这一届起就组织了北大法硕联合会，为北大法律硕士在校生和毕业生提供服务。法律硕士联合会经常组织毕业生们的聚会，交流感情和工作经验，举行慈善募捐活动。此外，在法律硕士联合会的组织下，为师弟师妹们提供实习机会甚至工作机会成了北大法硕毕业生们一项经常性的活动。有感于课堂教育存在的局限性，我们北大法律硕士毕业生们从2007年开始就自发组织起来，经常为在校学生开办实务讲座,给他们提供实务知识,帮助他们了解学校围墙外面的世界。

2014年4月我们受北大法硕联合会时任主席刘宽的邀请,在北大法学院再次组织了一系列的金融实务讲座。很多同学感觉获益良多,但由于时间上的限制,我们的很多讲座没有展开,而且很多种类的业务也没有机会和师弟师妹们共享。鉴于此,有很多同学就问,是否有一些实务书可以推荐阅读?于是,这启发了我们组织已经毕业了的北大法律硕士毕业生们为北大法律硕士在校生编写一套实务丛书,把我们所了解到的业务操作知识告诉他们。这是一件很不容易的事情。要知道,在北京工作不是一件轻松的事情。尽管如此,很多人都愿意参与这个项目,在工作时间和休息时间中挤出时间来写书。

本丛书初衷是为北大法律硕士在校生而作,但也奉献给其他在校学生,特别是商学院、法学院这些实践性学科的在校学生和那些有志从事金融、法律职业的其他学科的在校生,帮助他们初步了解外面的世界。这套丛书为在校生们提供入门的知识,并不指望他们能够读完这些书后成为高手(当然,能成为更好),但确实希望能够帮助他们了解各种业务操作的基本知识,而不至于在实习时和工作初期面对工作一脸茫然,不知从何下手。通过阅读这些实务书,他们可以知道各种业务操作的流程,了解这些业务的核心问题和解决方案,明白相关文件如何制作。如此,他们就能够在实习时不会因为对业务一无所知而被冷落去打杂。并且,相比其他的实习生,他们会因为能够尽早上手做业务而在职位获取方面更有竞争优势。客观上来说,这些实务书籍如果能够在高校内推广,也会推动实务界专业水平的提高。我们期待最好的社会效果!

丛书主编　隋　平

2014年9月于金融街

《北京大学法律硕士实务丛书》序言

从2014年9月开始在燕园攻读法律硕士，不知不觉已经过去18个月。这18个月是自己学生生涯最为充实，也是课业最为繁重的一段日子。整个研一期间，我修了17门课程，而且绝大多数课程都是三个甚至四个课时。对于硕士研究生来说，这样的课程密度可能是绝无仅有的。但对于北大的法律硕士来说，这却是司空见惯的。

作为无数学子心中的学术殿堂，北京大学对于全国各地的学生都有着无可比拟的吸引力。我相信绝大多数人从小便有一个北大梦，可现实是通过高考就实现了梦想的人毕竟是少数。不过让人欣慰的是很多学生并不因此就轻易地埋葬了自己的梦想：来到中国最好的法学院、攻读目前最热门的法律专业，成了很多本科生更为真切的目标。所以，每年各个高校的众多优秀学生都拼尽全力以求保送或考上北大法律硕士。以考研为例，自我国开始招收法律硕士以来，北大法学院的录取分数线一直稳居全国第一。就此我们可以想象竞争是多么的激烈，而能从中突围最后入读北大法硕的学生，其学习能力和精神毅力都算得上是出类拔萃的。

北大法学院也一直很注重对法律硕士的培养，尤其在学习方面的要求严格得近乎严苛。比如在课程安排上，因为北大法律硕士本科所学的都是法学以外的专业（北大法学院于2014年9月首次招收法学法硕，但人数很少，所以在一般观念中北大法硕主要指非法学法硕），为了夯实法律基础，北大法学院给研一学生安排了众多专业基础课程，意使法硕学生能通过一年的专业学习达到法学本科生四年的基础知识储备。这也就解释了为什么会出现我上文提到的一学年修17门课程的情况。除了量的积累,北大法学院对法硕学生的学习也有质的要求。如所有法硕专业课成绩及格线均为70分;挂科达到三门即强制退学等。根据这些情况,我们可以感受下北大法律硕士平时得在学习上花费多少精力、时间。当然,这也意味着北大法律硕士在法学领域的学术理论、文本知识上应该有着不错的造诣。

学以致用,再好的学理不能运用在实践中,也是水中月、镜中花。更何况国家招收、培养法律硕士的宗旨,就是以实务为导向,向立法、司法、行政执法与监督,以及经济管理等部门、行业输送高层次法律专业人才与管理人才。可以说衡量法律硕士是否合格,一个重要标准就是评断其在实务上取得的成就。所以,如何最高效地将在北大法学院学到的知识运用在现实的社会工作中,是北大法学院也是北大法律硕士一直探索的问题。

以隋平师兄为首的各级已毕业北大法硕师兄师姐,作为不同行业的杰出人士,整合自身多年的实务工作经验,不遗余力、煞费心血,终于编撰出《北京大学法律硕士实务丛书》。这套丛书是北大法硕人凭借扎实的法学理论功底,根据真实的工作经历,经过审慎的推敲,最后做到质而不俚、辩而不华才予以面世。《北京大学法律硕士实务丛书》既是北大法硕已毕业师兄师姐留给我们这些在校师弟师妹们的精神财富,更反映了北大法硕人薪火相传的伟大传统。所以,遇上这套书是我们的幸运,读好这套书是我们的责任。

北大法律硕士联合会现任主席　甘凯云

2015年1月16日于北大法律图书馆

执行主编序言

法律硕士在中国的发展可谓突飞猛进、一日千里。目前,一大批法律硕士出身的专业人才正活跃在中国立法、司法、律师、公证、审判、检察、监察、金融、经济管理等各个领域,他们依凭自己的专业知识、实践技能和法治信仰,为中国的法治进程贡献力量,为中国的市场经济添砖加瓦。

当然,法律硕士的发展与现状并不是只有成绩、没有遗憾。

作为专业硕士,法律硕士的对应概念是位列学术型硕士谱系的法学硕士。按照《关于设置法律专业硕士学位的报告》以及《关于开展法律硕士专业学位研究生试点工作的通知》这两个基本文件,法律专业硕士学位是具有特定法律职业背景的专业性学位,它以培养应用型高层次法律人才为培养目标,法律专业硕士与现行法学硕士在学位上处于同一层次,但规格不同、各有侧重,法律硕士专业要着力改变法学研究生教育尚存在的偏重学术性而对实务性注重不够,专业划分过细,培养规格单一的状况。由此,应用型、实务型、职业型是法律硕士区别于法学硕士的基本特征,这一特征决定了法律硕士的培养目标、培养计划和培养方式必须以实务为导向。

然而较为遗憾的是,当前各高等院校法律硕士的培养并没有很好地突出专业硕士的实务特色,而或多或少地存在如下一些问题:(1)课程设置上借鉴法学本科,授课内容上参考法学硕士;(2)缺乏专职师资队伍,基本依靠学术型教师队伍;(3)教学方式仍以传统课堂讲授为主,案例教学、实践教学很少或基本没有;(4)学位论文选题偏重理论,较少关注司法实践问题的应用研究。对于这些问题更为通俗、形象的诠释来自法律硕士学生一种较为普遍的感受:学生如果积极主动一些、跟老师接触多一些、学术能力强一些,老师会按法学硕士培养;对于一般的学生,就像在读法学本科,中规中矩地上课、写论文、毕业。总之,学校里学不到实务技能。

之所以会产生法律硕士培养与实务导向背离的现象,是长期以来讲授式教学方式、缺乏具有实务经验的专职师资、未设置专门的实务课程体系和授课内容等多方面因素综合作用的结果。无怪乎一位泰斗级法学教授曾无奈地说过,给法律硕士上课不知道上什么。设立之初便以培养实务人才为目标的法律硕士,实际培养中却相去甚远,这对于每一位可能付出了非常多努力才读上法律硕士的学生来说无疑是一种悲哀。

问题需要解决,现状需要改变。北京大学法学院一直致力于探索法硕培养之道。经过十几年的发展,北大法学院逐步形成一套比较完整的培养模式,具体包括分方向培养、开设专业中高级课程、双导师制等。与此同时,作为在读法律硕士研究生自治组织和已毕业法律硕士校友联谊组织的北京大学法律硕士联合会,也通过举办法律硕士成长成才论坛、未名金融实务论坛、协办职业发展训练营等多种形式提升法律硕士实务能力。

编写《北京大学法律硕士实务丛书》是北京大学法律硕士联合会为切实帮助法律硕士提高自身实务能力进行的又一努力,通过邀请法律硕士出身的各行业杰出人士就所在领域的业务实务进行系统、全面、深入浅出的讲解,希望能够向在读的法律硕士研究生传递实务知识和业务操作经验。丛书撰稿人均为所在领域经验丰富的代表人士,他们都将自己多年积累下来的实务经验在书中毫无保留地倾囊相授。本套丛书能够顺利出版,要特别感谢2001级北大法律硕士毕业生隋平师兄,隋平师兄承担了选题、联系作者、审稿等大量任务,没有他不知疲倦的付出和不遗余力的支持,这套丛书是难以呈现在读者面前的。

此套丛书也是北大法律硕士联合会从自身的需求出发,在历届师兄、师姐们的帮助下自发进行的一次尝试,是一个法律硕士培养方案的"民间版本",希望能够为法律硕士培养方案的版本提供一些思路和经验。

第12届北京大学法律硕士联合会主席　刘　宽

2014年10月1日于北大万柳学区

序　言

时光荏苒，岁月如歌。今受隋平师兄之托为书作序，方觉自己毕业已数载，校园种种依稀就在昨日。数月前，闻知隋平师兄有编书之意，当即深感此事甚好，很有意义。反观自己在新三板市场工作多年，日积有余，岁积不足，未有所著，自叹弗如。而今作序，聊表对师兄主编丛书之敬佩，对后来人之寄托。

这套丛书汇聚了奋战在市场和业务一线朋友们的实践经验和聪明智慧，我认为至少在两个方面特别能够对同学们有所启迪：

其一，专注于为在校学生提供实务指导。一方面，现在实务类书籍林林总总、不计其数，但很多是为已经步入职场的人们服务，对在校学生针对性不强；另一方面，很多同学虽然也利用暑期等业余时间实习，但往往时间短、事务杂、边缘化，核心业务未接触、实习期限已结束，难以获得系统性的实务帮助。一头是意气风发的学生，一头是热火朝天的职场，中间隔着的却是碧海蓝天。怎么才能跨过去拥抱你们梦寐以求的事业，实现你们心比天高的理想？这套丛书就是要送你一条船、一双桨、一道帆，给你们多一些指导，让你们少一些阵痛，针对性和实用性均很强。

其二，关注对金融市场提供实务说明。金融市场是充满魅力和机会的市场，像巨大的磁石，吸引着一批批应届毕业生前赴后继。这套丛书介绍了金融市场的诸多方面，有助于在校学生们系统了解和掌握金融市场。就新三板市场而言，2006 年国务院批准中关村园区进入股份报价转让试点，到 2011 年只有几十家挂牌公司，挂牌公司股东不能超过 200

人，股份只允许协议转让，交易清淡，融资功能有限，市场规模小，市场关注少，挂牌公司、投资者、中介机构参与的热情都不高，社会各界对市场都不太了解。但就是这个在当时看起来名不见经传、在证券行业不起眼的一个探索，经过经验积累，经国务院批准，2012 年 7 月试点扩大至武汉东湖、天津滨海、上海张江等四个园区，2013 年国务院又专门出台《关于全国中小企业股份转让系统有关问题的决定》，将市场覆盖范围进一步扩大到全国，支持创新、创业、成长型企业发展。市场进入快速发展期，目前挂牌企业已达 1000 多家，市值总计 1300 多亿元，覆盖 17 个行业、28 个省份。市场功能不断完善，股票融资次数和规模大幅增长，机构参与程度日益增高；股权质押、知识产权质押融资逐渐增多；并购重组日趋活跃；做市交易平稳起步。市场各方积极参与，证监会、全国股份转让系统公司制定各项政策规则支持市场发展，各地政府出台各项优惠措施鼓励企业挂牌，主办券商等中介机构积极开拓市场，公司挂牌积极性明显提升。总体来说，新三板市场对经济结构调整和转型升级的支持作用初显成效。这套丛书关于新三板市场的内容丰富，许多见解精辟独到，值得研读和玩味。

少年智则国智，少年强则国强。希望这套丛书能为师弟、师妹们增智图强以帮助。

第 5 届北大法律硕士联合会主席　毛剑锋

2014 年 10 月于北京金融街金阳大厦

致“金融派”的新生代

最近，经常有人问我这样的问题：“你不是学法律吗？那为什么不愿意去律所和法院呢？”“学法律的在金融公司能做些什么啊？”“你现在在券商实习做的事和律师有区别吗？”

每次我都会回答：“因为我喜欢，其实金融行业也需要很多法律人才的。至于说区别，券商比律所做的尽调要更全面……”我知道，这样泛泛地回答并不能释明对方的疑惑，因为甚至连我自己对即将迈入的行业以及未来职业规划都不是那么的明晰和笃定，一切的决定，似乎都是出于一腔热血和激情。

但是，这样一个占据行业链顶端、吸引着全球顶尖人才争相进入、改变着世界经济面貌的行业，不正是因为这样的热血激荡才不断生长繁衍的吗？

我是一名“90后”，在即将到来的2015年中，又会有一批我的同龄人将离开校园、迈入职场，开始书写属于我们新生代的华彩篇章。而当下，随着前不久《证券法》的修改，新一轮资本市场改革已进入纵深化发展，可以预见，未来的金融行业必将大有作为，与国际接轨的步伐也会大大加快。

说来也巧，“90后”的成长轨迹与我国资本市场的发展竟十分一致，就如同一对双生花，互相见证着对方从稚嫩到成熟的蜕变。1990年，当我们刚刚落地、嗷嗷待哺时，上海、深圳两家证券交易所开始营业，资本市场雏形渐成；1992年，当我们开始蹒跚学步时，证监会成立了，我国开始有了统一的市场监管框架；1997年，当我们刚进入校园开始十年寒窗路时，《证券法》开始实施，从此资本市场有了统一的法律规范;2004年、2005年,当我们迈入高中为人生第一次“战役”奋斗时,国九条、股权分置改革出台,大大拓展了资本市场的深度和广度、将资本市场的发展提升到了国民经济的战略高度……如今,我们即将迎来继高考后又一次的人生转折点,但与之前不同的是,这一次,我们会亲身参与到资本市场的这一轮改革新浪潮,体会它、认识它,甚至改变它。

进入券商实习于我而言是一次偶然的邂逅,在此之前,我一直徘徊于律所、法院、企业法务中,做着一些说不上喜欢也说不上讨厌的工作,正是因为毫无感觉,所以更加不确定未来的发展方向。一直到隋平师兄有一天跟我说:“为什么不去投行试试呢?你肯定会喜欢的。”我很讶异这一建议,因为我一直对自己进入金融业,尤其是投行这种被广泛认知为高大上、非名校MBA不得进入的行业是没有信心,甚至是不敢奢望的。就个人素质而言,我在北大这种最高学府也不是出类拔萃的,将近六年时间没有接触过数学,会计、审计等财务知识更是一窍不通,除早早地通过司法考试,貌似没有其他明显的优势了。但隋平师兄的一席话打消了我的顾虑:“没有基础不要紧,大家都是从什么都不会开始的。不懂投行业务也不要紧,求职前多攻读一些实务类书籍,入门并不难。”

此后几个月,我抱着“头悬梁,锥刺股”的心理准备开始了“啃书虫”的生活。从IPO实务操作到企业并购重组,再到最近很火的新三板实务,通读了几本之后,我的心里很快就踏实了。因为我发现,金融业,并不完全是充满着艰涩的数学模型和计算公式的,尤其是对于投行业务而言,相当一部分业务内容是辅导项目公司的合规化治理,而这些对于学了几年法律的我来说并不陌生,看书的过程实际就是将以往的知识储备进行整合而已。后来进入券商投行部实习,凭借从书上获取的知识,虽然冒充不了内行,但也不会让前辈和合作的律师产生“这小孩什么也不懂也来投行实习”的感觉,有时候也能就项目过程中遇到的问题与他们进行激烈的探讨。

阅读实务类书籍带给我最大的感受是,我能清晰地在脑海中构建起整个项目的流程图:一个项目的完成有哪几个阶段;每个阶段的具体内容、大概时间、参与机构;监管部门的审查重点;公司与中介机构应对审查的规范化措施等。在很长的一段时间内,我之所以对投行望而生畏,原因就在于我一直都不清楚投行具体是做什么的,再加上大众、媒体对它的渲染和吹捧,不由得我不发怵。但是,一件事物,一旦刺破了它神秘的面纱,它立刻就会变得亲近、接地气了。隋平师兄的这套丛书,也许就能起到“刺破投行面纱”的作用。

如果说读书是给一幅图画勾勒了轮廓,那么实战就是给这幅画描绘细节、填充色彩。在实习过程中,我不止一次发现,自己明明已经发现了问题,却不知如何解决,书本并没有提供一个现成的答案。当然,这也正是投行业务的魅力:每个项目公司都有自身特点和问题,你参与的项目越多、越见多识广,就越能累积可贵的经验、提升工作的能力。这也许也正是我愿意义无反顾投身于这个行业的原因吧,即使我会为此牺牲掉许多的个人生活(业界传说的"投行女难嫁")和身体健康(高强度工作是投行一贯的风格)——试问:世上又有几份工作能像投行这样,能让你深入各行各业、接触不同风格的精英、遇到接踵而至的挑战,并能在短短几年内就实现素质、能力的飞速提升呢?

投行是个需要复合型人才的地方,我深知自身的不足,需要学习的地方还太多太多。但我内心也为此激动地期待着,期待着见证自己在未来的成长和蜕变,在这个行业,我的未来有无数的可能性,让我忍不住去探寻。

说了这么多,似乎有负于隋平师兄让我写序的重托,实在惭愧。师兄可以说是我人生的一个导师,在我迷茫的时候给我指出了一条崭新的道路,他给我提出的很多建议我也都一一采纳,并收到了很好的效果。师兄给我列出的实务类书单中,有他本人著作,也有他经过大浪淘沙后筛选出的适合初学者、可读性较强的书籍,但由于数量太多、内容也较为分散,迄今为止我仍未能全部读完,颇为遗憾。此套丛书出版,于我而言实乃一大幸事,因为不用再纠结如何在众多实务类书籍中作出取舍,这样一套书籍,足以帮助我重新厘清知识体系并补充新的知识储备。师兄已出版多本实务类畅销著作,其一直以来的梦想就是出版一套适合学生进入金融职场的实务类丛书,如今终于得偿所愿,实在是可喜可贺!希望更多对金融业有兴趣、愿意投身于此行业的"新生代"朋友们能通过此套丛书实现自身的目标和愿望!

2012 级北京大学法律硕士

国泰君安证券投资银行部实习生　谢舒婷

2014 年 9 月 14 日于北大万柳学区

本书序言

规则是一个很好的东西，因为它可以帮助人们对自己和他人行为做出合理的预期。规则对于经济环境的稳定有重要作用，在稳定的、良性发展的经济环境中，人们一定是更关注规则的；同时，规则本身是否公平、运行是否良好也直接关系经济体本身的发展趋势。招投标制度作为一种交易规则，发展至今已有两个多世纪的历史，在经济全球化的背景下，正发挥着越来越重要和积极的作用。实践中，大型项目的招投标过程往往会得到来自交易双方、投资人、金融机构、项目所在地政府甚至是未中标的参与方的重大关切。

诚然，在信息化水平高度发达的时代，每一宗对多方利益甚至是公共利益有重大影响的交易行为，其公平性、公开性、合法性、合规性，均直接关系到该交易的结果，甚至是一个企业、一个政府、一个国家的形象。因此，谈到招投标行为，无论我们曾经或即将是以何种身份参与其中，都值得对其规则本身进行研究。

每一个规则、制度的更新更替都是经济发展的必然要求和制度保障，作为法律人，我们不但要了解条文本身的逻辑和应用落地，更要对其所保护的社会关系有所体会，对其发展演变和进步的脉络有所洞悉，方能理解每一个条文背后的含义。本书编写过程中适逢十三届全国人大三次会议表决通过了《民法典》，财政部研究起草了《政府采购法(修订草案征求意见稿)》，住房和城乡建设部、国家市场监管总局印发了《建设项目工程总承包合同(示范文本)》。2019 年年末，国家发展和改革委员会牵头会同有关部门起草了《中华人民共和国招标投标法(修订草案公开征求意见稿)》，截至本书付梓,尚未正式颁布。深知学习研究无止境,本书仅立足于我国现行立法和依法公开的信息资料,对招投标实务进行研究,项目类型多为基础设施和公共服务项目。如读者能够通过阅读本书,对我国当前立法背景下的招投标交易规则和部分地区的实务操作流程有所了解,对若干交易细节加深印象引起探究的兴趣,笔者幸甚。

作为局限领域的法律工作者之一,作者利用工作之余对若干问题进行梳理总结,无论是研究水平还是时间精力都非常有限,本书编写过程中得到了同仁的大力支持,在此表示衷心感谢。

目　录

案例索引

第一章　招投标制度

随着交易活动的普遍发展，招投标制度已作为国际商业交易规则和惯例被广泛接受，在我国市场经济开放及活跃程度高度发达的今天，制定并有效实施一套有法可依、科学合理、能够被国际社会理解、可操作性强的招投标交易规则不但是维护交易行为本身的需要，也关系到我国的法治进程和国际形象。

本章旨在通过对招投标制度历史发展的介绍，以及对欧美及我国早期的招投标活动的重点介绍，使读者对招投标制度的起源、发展及其应用范围的扩展进一步了解；同时，本章从法律、法规、规章和规范性文件等多个层级，对现行国内立法体系及概况进行介绍；对招投标代理专业机构的遴选方式和流程做了法律层面的讲解；对网络与信息化的发展相关的电子招投标活动做了区别于传统招投标行为的介绍；同时，招投标作为受到社会普遍关注、对公共利益或有重大影响的交易规则，本章用专门一节从行政、法律和社会监督的层面强调了相关监管要求。相信读者通过对本章的学习，能够对招投标制度有宏观上的了解。

第一节　招投标制度的历史发展

一、招投标制度的起源

政府采购制度起源于 18 世纪的欧洲，随着 20 世纪末，世界贸易组织的建立而出现了较大的发展变化，更具有了开放性和国际性。鉴于政府和公共部门的采购经费主要源于公民的税赋和捐赠，为保证经费被合理、有效、充分的利用，招标投标制度应运而生。1782年英国政府成立文具公用局，规定凡属于各个机关公文之印刷、用具之购买，均归其司掌。随着政府采购规模的扩大，其后来发展为物资供应部，主要负责政府采购活动的招标投标活动，此为近代政府采购制度的发端。

1830年，英国政府通过政策手段颁布了总包合同制度，要求每一个建设项目由一个合同承包商进行总包。总包制度的出现，孕育了招标投标方式的出现，促成了工程项目咨询管理体制的发展。19世纪初期，各主要资本主义国家先后形成了比较完善的建筑工程招标、投标制度，颁布了有关的条例、法令和章程。①

美国也是世界上实行政府采购制度较早的国家之一，至今已有200多年的历史，它起源于自由市场经济时期，完善发展于现代市场经济。1809年，美国通过了第一部要求密封投标的法律。1861年，美国通过了一项联邦法案，规定超过一定金额的联邦政府采购都必须使用公开招标方式，并要求一项采购至少需要3个投标人，首创招投标不得少于3人。1868年，美国国会又确定了公开招标和公开投标的程序。20世纪30年代，美国颁布了对其招标采购发生重大影响的《联邦政府采购法》和《购买美国产品法》。在最近的几十年内，美国又通过不断完善招标投标的法律来规范招标投标活动，使其招标投标的经济和社会效益不断增加，成为世界上招标投标制度比较完善和规范的国家之一。美国的招标采购法律的特点在于，不但有招投标的规则和程序，而且包括了采购合同的管理，如采购合同的立项、审批，直至交货和交工的监察等合同的履行程序。因此招标法管理的过程在美国显得更长，其法律条目繁多，内容庞大。其主要内容包括采购的规则、采购的种类和方式、合同的管理三个方面。

自二战以来，招标投标影响力不断扩大，以西方发达国家和世界银行等国际组织为代表，在货物采购、工程承包中大量推行招标投标方式。例如，意大利于1991年和1994年分别通过了《109号法令》和《406号法令》，专门规范该国的公共采购行为。瑞士于1991年根据关贸总协定的有关规定和该国的实际情况制定和颁布了《公共采购法》，确定除铁路、邮电等部门外，所有联邦政府部门的公共采购行为均应遵守该法。比利时也于1993年通过了《关于公共市场和一些为公共市场服务的私人市场的法律》，制定了公共采购框架，并授权国王就具体事项制定法令，1996年又颁布了两部关于传统公共采购和公用事业单位采购实施措施和程序的皇家法令。

---

① 参见史祖培：《我国建筑工程招标投标的历史沿革》，载《中国招标》2001年第Z3期。

二、我国最早的招投标实务

我国最早采用招标投标方式承包工程的是1902年张之洞创办的湖北制革厂。1929年，当时的武汉市采办委员会曾公布招标规则，规定公有建筑或一次采购物料大于3000元者，均须通过招标决定承办厂商。20世纪80年代中期，招标管理机构在全国各地陆续成立，我国于1981年起先后在深圳市和吉林市开始招投标的试点工作，其中，深圳国际商业大厦建筑面积52,000平方米，经招标确定施工单位，投资节省964.4万元，工期缩短半年，工程质量达到优良，取得了显著的经济和社会效益。吉林省吉林市从1985年开始在公用建筑及住宅小区试行招标制。原水利电力部于1982年7月，在鲁布革引水工程中首次进行国际招标投标，参加投标的企业有8家，日本大成公司以比标价低46%的价格中标，工期缩短120天。有关招标投标方面的法规建设开始起步。招标方式基本以议标为主。招标投标很大程度上还流于形式，招标的公正性得不到有效监督。20世纪90年代初期到中后期，全国各地相继成立招标投标监督管理机构，招标投标法制建设步入正轨。自1995年起在全国各地陆续开始建立建设工程交易中心，2000年颁布实施《招标投标法》①明确了我国招标方式只有公开招标和邀请招标两种，不再包括议标。招标投标法律、法规和规章不断完善和细化，招标程序不断规范，全国范围内开展整顿和规范建设市场工作和加大对工程建设领域违法违纪行为的查处力度，招标投标管理全面纳入建设市场管理体系，其管理的手段和水平得到全面提高。

第二节 招投标制度的立法概述

一、招投标制度法律法规

招投标领域主要法律法规有：

《民法典》已由第十三届全国人民代表大会第三次会议于2020年5月28日通过，于2021年1月1日起施行。根据《民法典》第644条的规定，“招标投标买卖的当事人的权利和义务以及招标投标程序等，依照有关法律、行政法规的规定”。

《招标投标法》是1999年8月30日第九届全国人民代表大会常务委员会第十一次会议通过，现行有效的《招标投标法》是根据2017年12月27日第十二届

① 为方便读者阅读，本书中法律法规均使用简称。

全国人民代表大会常务委员会第三十一次会议修正完成。

《政府采购法》是2002年6月29日第九届全国人民代表大会常务委员会第二十八次会议通过，根据2014年8月31日第十二届全国人民代表大会常务委员会第十次会议修正。财政部于2020年12月4日向社会公开发布了《关于〈中华人民共和国政府采购法（修订草案征求意见稿）〉向社会公开征求意见的通知》。

《政府采购法实施条例》是由中华人民共和国国务院第658号令公布，经2014年12月31日国务院第75次常务会议通过，自2015年3月1日起施行。

《招标投标法实施条例》是2011年12月20日中华人民共和国国务院令第613号公布，根据2017年3月1日《国务院关于修改和废止部分行政法规的决定》第一次修订，根据2018年3月19日《国务院关于修改和废止部分行政法规的决定》第二次修订，根据2019年3月2日《国务院关于修改部分行政法规的决定》第三次修订。

《政府投资条例》是中华人民共和国国务院第712号令公布，经2018年12月5日国务院第33次常务会议通过，自2019年7月1日起施行。

《企业投资项目核准和备案管理条例》是中华人民共和国国务院第673号令公布，经国务院第149次常务会议通过，自2017年2月1日起施行。

二、交通、住建领域招投标制度

交通、住建领域因为涉及国家基础设施建设，对公共利益有广泛而深远的影响，项目规模通常比较大，标的额动辄几十亿元上百亿元，项目在招标环节即受社会各界的广泛关注。

《公路工程建设项目招标投标管理办法》由交通运输部以第24号令的形式于2015年12月2日经第23次部务会议通过，自2016年2月1日起施行。

《铁路工程建设项目招标投标管理办法》于2018年8月27日以13号令（以下简称《13号令》）的形式，经第14次部务会议通过，自2019年1月1日起施行。

《经营性公路建设项目投资人招标投标管理规定》由交通部于2007年10月16日发布，根据2015年6月24日交通运输部令2015年第13号交通运输部《关于修改〈经营性公路建设项目投资人招标投标管理规定〉的决定》修正。

《建筑工程设计招标投标管理办法》（2017年版）由住房和城乡建设部第33号令发布，自2017年5月1日起施行。

《房屋建筑和市政基础设施工程施工招标投标管理办法》由住建部于2001

年6月1日建设部令第89号发布，根据2018年9月28日住房和城乡建设部令第43号修正。

三、招投标制度运行立法

《政府采购货物和服务招标投标管理办法》（2017年修订）。由财政部第87号令对《政府采购货物和服务招标投标管理办法》（财政部令第18号）进行了修订，自2017年10月1日起施行。

《政府采购评审专家管理办法》。由财政部（财库〔2016〕198号）2016年11月18日印发。

《招标公告和公示信息发布管理办法》。由国家发展和改革委员会2017年11月23日第10号令印发，自2018年1月1日起施行。

《政府采购信息发布管理办法》。由财政部第101号令，2019年11月27日发布，自2020年3月1日起施行。

《政府采购质疑和投诉办法》。由财政部第94号令，2017年12月26日发布，自2018年3月1日起施行。

《评标委员会和评标方法暂行规定》（2013年修正）。由2001年7月5日国家计委、经贸委等七部令第12号发布，根据2013年3月11日国家发展和改革委员会、工业和信息化部、财政部、住房和城乡建设部、交通运输部、铁道部、水利部、国家广播电影电视总局、中国民用航空局令《关于废止和修改部分招标投标规章和规范性文件的决定》修正。

《电子招标投标办法》于2013年5月1日，国家发改委、工信部、建设部等八部委颁布实施。

《国务院有关部门实施招标投标活动行政监督的职责分工意见的通知》，由国务院办公厅于2000年5月3日印发。

除此之外，国家发展和改革委员会、财政部、建设部、铁道部、交通运输部、信息产业部、水利部、中国民用航空总局、国家广播电影电视总局第56号令联合制定了《〈标准施工招标资格预审文件〉和〈标准施工招标文件〉试行规定》及相关附件，自2008年5月1日起施行。交通运输部在前述文件基础上，结合公路工程勘察设计、施工监理特点和管理需要，组织制定了《公路工程标准施工招标文件》（2018年版）及《公路工程标准施工招标资格预审文件》（2018年版），于2018年3月1日起施行；《公路工程标准勘察设计招标文件》（2018年版）及《公路工程标准施工勘察设计招标资格预审文件》（2018年版），自2018年5月1日起施行;《公路工程标准施工监理招标资格预审文件》(2018 年版)及《公路工程标准施工监理招标文件》(2018 年版),自 2018 年 5 月 1 日起施行。

另有国家发展改革委、工业和信息化部、财政部、住房和城乡建设部、交通运输部、铁道部、水利部、广电总局、中国民用航空局印发《简明标准施工招标文件和标准设计施工总承包招标文件》。

第三节　我国招标制度的法律体系

一、我国招投标法律体系概述

我国的招标投标管理法律规范有三个层次:第一层次是全国人大及其常委会制定的招投标管理法律,如《招标投标法》(1999 年 8 月 30 日颁布,2017 年 12 月 27 日修正),《政府采购法》(2002 年 6 月 29 日通过,2014 年 8 月 31 日修正)。第二层次是由国务院颁布的招投标行政法规以及有立法权的地方人大颁布的地方性招投标管理法规,如《政府采购法实施条例》(2014 年 12 月 31 日通过,自 2015 年 3 月 1 日起施行),《招标投标法实施条例》(2011 年 12 月 20 日公布,2019 年 3 月 2 日修订)。第三层次是由国务院有关部门颁发的有关招投标的部门管理规章,以及由地方人民政府颁布的地方性招投标管理规章,如国务院办公厅颁布的《关于国务院有关部门实施招标投标活动行政监督的职责分工的意见》(2000 年 5 月 3 日);交通运输部颁布的《公路工程建设项目招标投标管理办法》(2015 年 12 月 2 日通过,自 2016 年 2 月 1 日起施行);住房和城乡建设部发布的《建筑工程设计招标投标管理办法(2017)》(自 2017 年 5 月 1 日起施行);财政部颁布的《政府采购货物和服务招标投标管理办法》(2017 年修订)(自 2017 年 10 月 1 日起施行);各省市等地区在国家法律法规的基础上进一步细化,根据各地的实际情况颁布了适用于该地的地方性法规。

二、招投标法律制度图表

表 1-1　我国招投标法律制度

种类	颁布机构	规范性文件名称	生效时间/最后修正
法律	全国人大常委会	《招标投标法》	1999 年/2017 年
		《政府采购法》	2002 年/2014 年

续表

种类	颁布机构	规范性文件名称	生效时间/最后修正
行政法规	国务院	《招标投标法实施条例》	2011 年/2019 年
		《政府采购法实施条例》	2015 年
		《企业投资项目核准和备案管理条例》	2017 年
		《政府投资条例》	2019 年
	交通运输部	《水运工程建设项目招标投标管理办法》	2013 年
		《公路工程建设项目招标投标管理办法》	2016 年
		《铁路工程建设项目招标投标管理办法》	2019 年
		《经营性公路建设项目投资人招标投标管理规定》	2007 年/2015 年
		《公路工程标准施工招标文件》和《公路工程标准施工招标资格预审文件》;《公路工程标准勘察设计招标文件》和《公路工程标准勘察设计招标资格预审文件》;《公路工程标准施工监理招标投标资格预审文件》和《公路工程标准施工监理招标文件》	2018 年
	住房和城乡建设部	《建筑工程设计招标投标管理办法》	2017 年
		《房屋建筑和市政基础设施工程施工招标投标管理办法》	2001 年/2018 年
	财政部	《政府采购评审专家管理办法》	2016 年
		《政府采购货物和服务招标投标管理办法》	2017 年
		《政府采购质疑和投诉办法》	2018 年
		《政府采购信息发布管理办法》	2020 年
	原发展计划委员会①	《工程建设项目自行招标试行办法》	2000 年/2013 年
		《工程建设项目可行性研究报告增加招标内容和核准招标事项暂行规定》	2001 年
		《国家重大建设项目招标投标监督暂行办法》	2002 年/2013 年
		《评标专家和评标专家库管理暂行办法》	2003 年/2013 年
	原发展计划委员会、经济贸易委员会、建设部等七部委	《评标委员会和评标方法暂行规定》	2001 年/2013 年

① 2003 年更名为发展和改革委员会。

续表

种类	颁布机构	规范性文件名称	生效时间/最后修正
	发展和改革委员会	《招标公告和公示信息发布管理办法》	2018年
		《必须招标的工程项目规定》	2018年
		《必须招标的基础设施和公用事业项目范围规定》	2018年
		《关于深化公共资源交易平台整合共享的指导意见》	2019年
		《全国公共资源交易目录指引》	2019年
	原发展计划委员会、住房和城乡建设部、铁道部等七部委	《工程建设项目施工招标投标办法》	2003年/2013年
		《工程建设项目招标投标活动投诉处理办法》	2004年/2013年
		《工程建设项目货物招标投标办法》	2005年/2013年
	原发展计划委员会、住房和城乡建设部、铁道部等八部委	《工程建设项目勘察设计招标投标办法》	2003年/2013年
	发展和改革委员会等八部委	《电子招标投标办法》及附件《电子招标投标系统技术规范》	2013年
	发展和改革委员会、财政部、住房和城乡建设部、交通运输部等九部委	《标准施工招标资格预审文件》和《标准施工招标文件》	2008年/2013年
	发展和改革委员会、工信部、财政部、住房和城乡建设部、交通运输部、铁道部等九部委	《简明标准施工招标文件和标准设计施工总承包招标文件》	2011年
	发展和改革委员会、工信部、财政部、国土资源部、环境保护部等十四部委	《公共资源交易平台管理暂行办法》	2016年
	发展和改革委员会、工信部、财政部、住房和城乡建设部、交通运输部、铁路局①等九部委	《标准设备采购招标文件》《标准材料采购招标文件》《标准勘察招标文件》《标准设计招标文件》《标准监理招标文件》	2017年

① 2013年铁道部拆分为铁路局与中国铁路总公司。

续表

种类	颁布机构	规范性文件名称	生效时间/最后修正
	工信部	《通讯工程建设项目招标投标管理办法》	2014 年
	水利部	《水利工程建设项目招标投标管理规定》	2001 年
	商务部	《机电产品国际招标投标实施办法(试行)》	2014 年
	国务院办公厅	《国务院有关部门实施招标投标活动行政监督的职责分工意见的通知》	2000 年
	发展和改革委员会办公厅等八部门	《工程项目招投标领域营商环境专项整治工作方案》	2019 年
	广电总局	《国家广播电影电视总局建设项目管理办法》	2000 年
	原农业部	《农业基本建设项目招标投标管理暂行规定》	2004 年/2016 年
地方性法规	四川省人大常委会	《四川省国家投资工程建设项目招标投标条例》	2003 年
	深圳市人大常委会	《深圳经济特区建设工程施工招标投标条例》	1993 年/2019 年
		《深圳经济特区政府采购条例》	1998 年/2019 年
	重庆市人大常委会	《重庆市招标投标条例》	2008 年/2018 年
	贵州省人大常委会	《贵州省招标投标条例》	2016 年/2020 年
	云南省人大常委会	《云南省招标投标条例》	2012 年
		《云南省建设工程招标投标管理条例》	2004 年
		《云南省政府采购条例》	2001 年
	北京市人大常委会	《北京市招标投标条例》	2002 年/2010 年
	浙江省人大常委会	《浙江省招标投标条例》	2005 年/2014 年
地方政府规章	北京市人民政府	《北京市建设工程招标投标监督管理规定》	2003 年
	四川省人民政府	《四川省重大建设项目招标投标稽察办法》	2003 年
部分地方规范性文件示例	昆明市建设局、人民检察院、监察局	《关于进一步加强对建设项目招标投标监督管理的通知》	2007 年
	曲靖市人民政府	《曲靖市建设工程招标投标管理试行办法》	2007 年
	四川省交通厅	《四川省交通重点建设项目招标投标活动异议和投诉处理办法》	2015 年

第四节　招标代理的选择

一、招标代理机构的遴选方式

招标代理机构，是指依法设立、受招标人委托代为组织招标活动并提供相关服务的社会中介组织。

根据《政府采购法》第19条第2款的规定，“采购人有权自行选择采购代理机构，任何单位和个人不得以任何方式为采购人指定采购代理机构。”根据《招标投标法》第12条的规定，“招标人有权自行选择招标代理机构，委托其办理招标事宜。任何单位和个人不得以任何方式为招标人指定招标代理机构。”所以招标代理机构只能由招标人自行选择。招标人对招标代理机构的选择具有完全的自主选择权，因为招标代理机构可以近距离的接触招标人以及关于招标的关键信息，如标底、评标方法、评委会组成人员等，任何单位和个人加以干涉都有可能会影响招标的公平公正，达不到维护国家利益、社会公共利益和招标投标当事人的合法权益的要求，所以招标代理机构的选择只能由招标人自主选择。

招标人自行选择招标代理机构的方式有以下三种：第一，直接指定，是法律赋予采购人“自行选择”权利的直接体现，也是采购人选择代理机构的最常见做法，一般通过考察、他人介绍、自我推荐等方式指定。其特点是方便快捷，无须为选择代理机构花费较大精力，但往往带有盲目性，指定的代理机构可能与代理的采购项目不相适应。其中，一个不容忽视的现象是，“他人介绍”或“自我推荐”往往演变成领导打招呼、熟人拉关系、代理项目靠公关的人情关系和不正当竞争关系，有可能会影响招标的公平公正，不能维护国家利益、社会公共利益和招标投标当事人的合法权益，和《招标投标法》的立法本意相违背。第二，政府采购，是指通过政府采购程序选择代理机构，其前提是采购主体、采购资金和采购内容（需求）符合《政府采购法》的相关规定。采购主体即采购人，包括各级国家机关、事业单位或社会团体。采购资金应为财政性资金，政府采购中的财政性资金是指直接用于项目采购的预算资金，而非间接性或未来预期要支付的财政性资金。《政府采购法》第6条规定：“政府采购项目，应当严格按照批准的预算执行。”就采购代理服务而言，代理服务预算可从项目总预算中分解出来，就像从工程项目总预算中分解出勘察、设计、施工、监理等分项预算一样。只是通常情况下，采购人为了便于支付，会将代理费转嫁到供应商的投标报价中，由中标供应商支付。要实施政府采购，可直接将代理服务预算从项目总预算中分解出来。

第三,遴选建库(以下简称建库),是指通过遴选的方式选择多家代理机构组成代理机构库,使用时直接从库中指定。建库的目的,一是减少人为干预和直接指定的盲目性,二是减少每个项目考察、选择代理机构或通过政府采购程序选定代理机构所带来的工作量。

二、招标代理机构的职责

招标代理机构接受了代理就有必要的职责。根据《招标投标法实施条例》第 13 条的规定,“招标代理机构在招标人委托的范围内开展招标代理业务,任何单位和个人不得非法干涉。招标代理机构代理招标业务,应当遵守招标投标法和本条例关于招标人的规定。招标代理机构不得在所代理的招标项目中投标或者代理投标,也不得为所代理的招标项目的投标人提供咨询”。招标代理机构既然接受了招标人的委托,在招标中可以接触到招标的关键信息,为了维护招标人的利益,不得为投标人提供咨询。并且因为招标代理机构可以接触到招标的关键信息,其再成为投标人对招标人和其他投标人都不利,有损公平,所以招标代理机构不能成为该次招标的投标人。结合相关的其他法律法规及实践经历,可以将招标代理机构的职责概括为以下几个方面:

(1)编制招标文件(包括资格预审文件)。招标文件是招标流程开端的一个环节,是让投标人清楚了解招标信息的文件,所以招标文件必不可少。招标代理机构应该运用机构的专业性专业地编制招标文件,推动招标流程的进度。

(2)编制标底、工程清单和最高投标限价。招标代理机构因为其具有专业性所以有能力对标底等专业问题进行限制,并且标底是招标中最重要的部分之一,并且招标代理机构需要对标底严格保密。

(3)组织资格预审、踏勘、开标、评标。招标代理机构负责流程把控的组织工作,具有组织权,应该组织投标人对现场的踏勘和招标的整个流程的了解。

(4)协助定标和签约。招标代理机构是招标人的代理人,可以协助招标人草拟合同、参与合同谈判。

(5)在招标人委托的范围内开展招标代理业务。既然是委托就要履行法律上关于委托的规定,代理人必须在被代理人的授权范围内履行职责,不得在被代理人的授权范围外开展活动。应当遵守《招标投标法》和《招标投标法实施条例》关于招标人的规定,招标代理机构不得在所代理的招标项目中投标或者代理投标,也不得为所代理的招标项目的投标人提供咨询。

(6)信用背书。作为独立市场主体之一。招标代理机构从事的工作都要经得起法纪、实践和市场的考验，要有严格的工作纪律和严谨的工作流程。为招标制定科学流程。

三、招标代理机构的遴选流程

通过比选选出招标代理机构的也有详细的流程。首先由招标人向招标办提交材料，符合要求的当场办理，随后招标人将必选公告递交招标办备案，其次招标人发布比选公告，投标人获取代理比选信息后递交比选申请文件，招标人接收后进行开标，在资格审查合格的招标代理机构中按照公开随机抽取的方式选定第一、第二候选人，其后招标人向中标人发出中标通知书，并同时将中标结果通知所有未中标的投标人，最后招标人和中标人订立书面合同。表1-2以杭州市为例具体说明招标代理机构比选流程。

表1-2 招标代理机构比选流程

工作阶段	招标人		投标人	受理机构
1. 招标代理比选登记	招标人向市招标办提交 (1)招标代理比选登记表； (2)项目立项文件及其他资料。	→		市招标办接受代理比选资料，符合要求的当场办理。
	↓			
2. 招标公告备案	招标人将比选公告递交招标办备案。	→		市招标办接受比选公告的备案，备案时间不多于3个工作日。
	↓			
3. 发布比选公告	招标人在市建设工程交易中心信息网上同时发布比选信息（上传比选公告电子版）。	→	投标人获取代理比选信息，自行从授权网站下载比选公告。 ↓	信息在杭州市建设工程交易网公布，一般不少于3个工作日。

续表

工作阶段	招标人		投标人	受理机构
			投标人编制比选申请文件(从公告发布之日至递交申请书截止之日止不少于3个工作日)	
4. 开标	招标人接收投标人递交的比选申请书,主持开标会议,公布参与比选代理机构的资格等级、类似业绩、人员条件等相关情况。	←	投标人递交比选申请文件,所有投标人代表参加开标。	
	↓			
5. 随机抽取中标候选人	招标人在资格审查合格的招标代理机构中按照公开随机抽取的方式选定第一、第二候选人。	←		市交易中心对参与比选的代理机构和项目组人员的资格按杭州建设信用网企业及人员信息进行核对,并将核对结果以书面的形式提交招标人确认,形成资格审查报告。 机构和项目组人员的资格按杭州建设信用网企业及人员信息进行核对,并将核对结果以书面的形式提交招标人确认,形成资格审查报告。
	↓			
6. 招标投标情况书面报告及备案	比选结束后3个工作日内,招标人将资格审查报告、比选报告、中选单位的招标代理比选申请书副本等资料报市招标办备案。	→		市招标办接受书面备案并对拟中标人进行上网公示,公示不少于3日。

续表

工作阶段	招标人		投标人	受理机构
	↓			
7. 发放中标通知书	招标人向中标人发出中标通知书，并同时将中标结果通知所有未中标的投标人。	←		市招标办自收到书面报告之日起 5 日内未通知招标人在招投标活动中有违法行为的。
	↓	→	通知所有投标人。	
8. 签署合同协议	招标人和中标人订立书面合同。			

第五节　电子招标与投标

一、电子招标投标的概念与意义

电子招标投标，是指以数据电文形式，依托电子招标投标系统完成的全部或者部分招标投标交易、公共服务和行政监督活动。① 推行电子招标投标，是中央惩防体系规划、工程专项治理，以及《招标投标法实施条例》明确要求的一项重要任务，对于提高采购透明度、节约资源和交易成本、促进政府职能转变具有非常重要的意义，特别是在利用技术手段解决弄虚作假、“暗箱操作”、串通投标、限制排斥潜在投标人等招标投标领域突出问题方面，有着独特优势。为推动电子招标投标长远健康发展，国家发改委会同国务院有关部门起草了《电子招标投标办法》及其附件《电子招标投标系统技术规范》。

二、电子招标投标的优势与特点

随着信息化技术和互联网科技的发展，电子招标投标成为需要和可能，正日益被人们接受并发挥越来越重要的作用。“互联网+”的发展让传输文件、双方

① 《电子招标投标办法》(2013 年 2 月 4 日)第 2 条规定：“在中华人民共和国境内进行电子招标投标活动，适用本办法。本办法所称电子招标投标活动是指以数据电文形式，依托电子招标投标系统完成的全部或者部分招标投标交易、公共服务和行政监督活动。数据电文形式与纸质形式的招标投标活动具有同等法律效力。”

交流沟通的速度大大提高,电子招标投标的出现也使得招标投标过程中复杂的程序变得简洁;电子的加密使得招标投标秘密文件得到了更好的保护,参加招标投标过程的人为干预因素降低的同时使保密效果得到提升,能够更好地维护招标投标当事人的利益;采用电子招标投标方式能够大幅度降低采购成本和监督成本。综上,提高招标投标效率、降低人为干预因素、满足保密的需要以及降低采购和监督成本是电子招标投标的显著优势与特点。

三、电子招标投标系统服务平台

电子招投标系统服务平台由公共服务平台、公共交易平台和行政监督平台三部分组成。

(一)公共服务平台

公共服务平台用于满足信息交换和资源共享,连接各级人民政府及其部门网站,收集、整合和发布有关信息,促进招标投标信息的公开透明,推进交易平台招标投标活动的顺利进行;连接电子招标投标交易平台和公告媒介,交换、整合和发布关于招标人、招标工程、招标代理机构、投标人等的基本信息;连接专家库的信息,为评标做准备;支持不同的电子认证机构的数字证书兼容;为行政监督机关和监察机关提供监督通道和信息;整合信息,动态反映招标投标的市场信息以及市场主体的概况;公共服务平台应该与交易平台和上一级公共服务平台相互连接,互换信息,实现信息的整合;公共服务平台应当允许社会公众、市场主体免费注册登录和获取依法公开的招标投标信息,为招标人、投标人、行政监督部门和监察机关按各自职责和注册权限登录使用公共服务平台提供必要条件,为行政监督部门和监察机关公开接口,提供相关信息以便于监督。

(二)交易平台

交易平台应当依法设置电子招标投标工作人员的职责权限,如实记录招标投标过程、数据信息来源,以及每一操作环节的时间、网络地址和工作人员,并具备电子归档功能,方便后期查询。同时,向行政监督平台开放数据接口、公布接口要求,自觉接受行政监督平台、监察机关的监督。招标投标交易平台应该执行统一的信息分类和编码标准,为各种电子招标投标信息的交换共享开放接口,还应当保持技术中立,与各类需要分离开发的工具软件兼容对接,不能限制或者排斥符合技术规范规定的工具软件与其对接。以往的电子招标投标交易平台“一地一法”,管理混乱,不同地区的潜在投标人要参加同一个项目的招标十分复杂混乱,所以交易平台使用同一的信息分类和编码标准为各个潜在投标人进行投标创造了便利条件。

交易平台应当依法及时公布下列主要信息：

(1)招标人名称、地址、联系人及联系方式；

(2)招标项目名称、内容范围、规模、资金来源和主要技术要求；

(3)招标代理机构名称、资格、项目负责人及联系方式；

(4)投标人名称、资质和许可范围、项目负责人；

(5)中标人名称、中标金额、签约时间、合同期限；

(6)国家规定的公告、公示和技术规范规定公布和交换的其他信息。

(三)行政监督平台

行政监督平台是行政监督部门和监察机关在线监督电子招标投标活动的信息平台，与公共服务平台和交易平台联合，共同形成一个完整的电子招标投标系统，完成电子招标投标活动。行政监督平台结合电子政务建设，依法设置并公布有关法律法规规章、行政监督的依据、职责权限、监督环节、程序和时限、信息交换要求和联系方式等相关内容，提升电子招标投标监督能力；行政监督平台应当开放数据接口，公布数据接口要求，与公共服务平台和公共交易平台对接交换信息；行政监督部门、监察机关及其工作人员，除依法履行职责外，不得干预电子招标投标活动，并遵守有关信息保密的规定。

以上三个平台的主要功能和架构关系如图 1-1 所示：

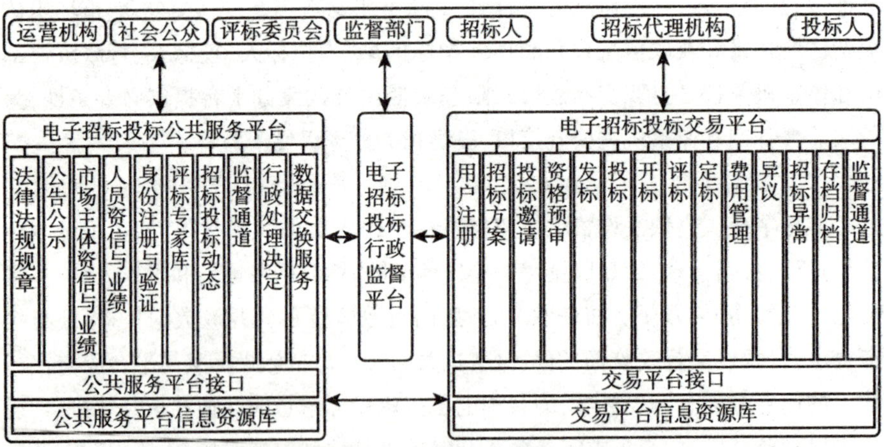

图 1-1　三个平台的主要功能和架构关系

四、数据电文及电子签名

电子招标投标依靠线上完成整个招标投标活动，所有的文件和合同均以数据电文的形式存在，因此，有关数据电文和电子签章的技术和立法要求就显得尤为重要。数据电文通过电子手段形成各种信息，具有便捷的特点，能够满足电子招标投标的要求。但是，电子形式也使得数据电文容易被修改、破坏并且毫无修改痕迹，难以查验，为电子招标投标活动的进行增加了不确定性，所以不是所有的数据电文都是有效的，都能和纸质形式拥有同等的法律效力。法律规定，只有数据电文能证实从最终形成敲定后内容完整没有被更改过并且有书面形式可以被随时调取，数据电文才能够和纸质形式拥有同等法律效力。

电子签名是可以识别签名人身份并且表明签名人认可其中内容的数据，所以电子签名只要符合相关法律法规的规定就和手写签名和盖章有同等效力，可以代表文件和合同是签名人真实的意思表示。

在电子招标投标中，所有的文件和合同都只能以电子签名的形式代替手写签名和盖章，电子签名适用于多类文件，但不适用于以下文件：(1)涉及婚姻、收养、继承等人身关系的；(2)涉及停止供水、供热、供气等公用事业服务的；(3)法律、行政法规规定的不适用电子文书的其他情形。另外，《电子招标投标技术规范》中还针对时间戳作出了明确规定，即应提供按照国家授时中心的标准时间源对需要电子签名的数据电文生成时间戳的功能。同时，值得强调的是《电子签名法》关于第三方认证的规定，即由依法设立的电子认证服务提供者提供认证服务，提供电子认证服务，应当具备下列条件：(1)取得企业法人资格；(2)具有与提供电子认证服务相适应的专业技术人员和管理人员；(3)具有与提供电子认证服务相适应的资金和经营场所；(4)具有符合国家安全标准的技术和设备；(5)具有国家密码管理机构同意使用密码的证明文件；(6)法律、行政法规规定的其他条件。

第六节　招标投标活动监督和管理

招标和投标的性质是一种商品交易行为，招标人通过事先公布的采购要求，吸引众多的投标人按照同等条件进行平等竞争，按照规定程序并组织技术、经济、法律等领域的专家对众多的投标人进行综合评审，从中择优选定项目中的中标人的行为过程。虽然我国早已制定了较为严密的招投标法律法规，但在招投标过程中,依然存在各式各样的问题,如围标、串标、业绩造假等。为了解决这些问题,实现公平、公正、公开招投标,必须对招标投标活动进行监督。从现行的法律法规来看,对招标投标活动的监督总的分为行政监督、法律监督和社会监督。

一、行政监督

根据《招标投标法实施条例》第 4 条第 1 款的规定,“国务院发展改革部门指导和协调全国招标投标工作,对国家重大建设项目的工程招标投标活动实施监督检查。国务院工业和信息化、住房城乡建设、交通运输、铁道、水利、商务等部门,按照规定的职责分工对有关招标投标活动实施监督”。因此,其可以对全国重点建设项目的招标投标活动进行监督;但是建设项目又细分为住房城乡建设、水利、交通运输、铁道、商务等多种类型,国务院相关部门对其所负责的招标投标项目进行管理,也可以对其所管理的招标投标项目进行监督。

根据《招标投标法实施条例》第 4 条第 2 款的规定,“县级以上地方人民政府发展改革部门指导和协调本行政区域的招标投标工作。县级以上地方人民政府有关部门按照规定的职责分工,对招标投标活动实施监督,依法查处招标投标活动中的违法行为……”县级以上地方人民政府发展改革部门对辖区以内的重点建设项目有管理的权利,那么就对辖区内的重点建设项目的招标投标活动有监督的权利。同样,地方的招标投标活动也分为住房城乡建设、水利、交通运输等多种类型,地方人民政府相应的部门对所负责的招标投标活动有监督和管理的权利。

监察机关是对于各级国家行政机关及其工作人员的工作、行使公权力的国家机关工作人员、国家公职人员的工作进行监督、检查和纠举的国家机关。而直接或间接使用国家资金的依法必须进行招投标的项目,招标投标活动实际上具有行政属性,监察机关有权对相关的招标投标活动所涉及的不同对象进行监督。例如,对招标人的监督、对投标人的监督、对招标代理机构的监督等。

二、法律监督

我国对于招标投标法律的制定比较重视,《招标投标法》《招标投标法实施条例》《政府采购法》和地方性法规、规章等都对招标投标过程制定了相应的法律责任条款,例如,《招标投标法》在第 49 条到第 64 条中规定了在招投标过程中涉及的行为主体在违反相应的强制性法律法规,要承担对应的法律责任。第 54 条第 1 款规定:“投标人以他人名义投标或者以其他方式弄虚作假,骗取中标的,中标无效，给招标人造成损失的，依法承担赔偿责任；构成犯罪的，依法追究刑事责任。”

根据《招标投标法实施条例》《政府采购法》的规定，招标人、招标代理机构、投标人、国家工作人员、评标委员会成员、中标人等违反相应法律法规，都要承担相应的法律责任。例如，《招标投标法实施条例》第 68 条规定：“投标人以他人名义投标或者以其他方式弄虚作假骗取中标的，中标无效；构成犯罪的，依法追究刑事责任；尚不构成犯罪的，依照招标投标法第五十四条的规定处罚。依法必须进行招标的项目的投标人未中标的，对单位的罚款金额按照招标项目合同金额依照招标投标法规定的比例计算。投标人有下列行为之一的，属于招标投标法第五十四条规定的情节严重行为，由有关行政监督部门取消其 1 年至 3 年内参加依法必须进行招标的项目的投标资格：(一)伪造、变造资格、资质证书或者其他许可证件骗取中标；(二)3 年内 2 次以上使用他人名义投标；(三)弄虚作假骗取中标给招标人造成直接经济损失 30 万元以上；(四)其他弄虚作假骗取中标情节严重的行为。投标人自本条第二款规定的处罚执行期限届满之日起 3 年内又有该款所列违法行为之一的，或者弄虚作假骗取中标情节特别严重的，由工商行政管理机关吊销营业执照。”第 70 条规定：“依法必须进行招标的项目的招标人不按照规定组建评标委员会，或者确定、更换评标委员会成员违反招标投标法和本条例规定的，由有关行政监督部门责令改正，可以处 10 万元以下的罚款，对单位直接负责的主管人员和其他直接责任人员依法给予处分；违法确定或者更换的评标委员会成员作出的评审结论无效，依法重新进行评审。国家工作人员以任何方式非法干涉选取评标委员会成员的，依照本条例第八十条的规定追究法律责任。”第 72 条规定：“评标委员会成员收受投标人的财物或者其他好处的，没收收受的财物，处 3000 元以上 5 万元以下的罚款，取消担任评标委员会成员的资格，不得再参加依法必须进行招标的项目的评标；构成犯罪的，依法追究刑事责任。”第 73 条规定：“依法必须进行招标的项目的招标人有下列情形之一的，由有关行政监督部门责令改正，可以处中标项目金额 10‰以下的罚款；给他人造成损失的，依法承担赔偿责任；对单位直接负责的主管人员和其他直接责任人员依法给予处分：(一)无正当理由不发出中标通知书；(二)不按照规定确定中标人；(三)中标通知书发出后无正当理由改变中标结果；(四)无正当理由不与中标人订立合同；(五)在订立合同时向中标人提出附加条件。”

《政府采购法》第 71 条规定：“采购人、采购代理机构有下列情形之一的，责令限期改正，给予警告，可以并处罚款，对直接负责的主管人员和其他直接责任人员,由其行政主管部门或者有关机关给予处分,并予通报:(一)应当采用公开招标方式而擅自采用其他方式采购的;(二)擅自提高采购标准的;(三)以不合理的条件对供应商实行差别待遇或者歧视待遇的;(四)在招标采购过程中与投标人进行协商谈判的;(五)中标、成交通知书发出后不与中标、成交供应商签订采购合同的;(六)拒绝有关部门依法实施监督检查的。”

《浙江省招标投标条例》第52条规定:“违反本条例规定,有下列情形之一的,由有关行政监督部门责令改正,可以处一千元以上五千元以下的罚款;情节严重的,处五千元以上五万元以下的罚款:(一)不具备自行招标条件而自行招标的;(二)招标公告或者投标邀请书的内容不符合法定要求的;(三)非法干预评标委员会评标的。”

三、社会监督

招标投标活动的开展目的之一就是维护社会公共利益,并且招标的项目大多数都与社会公共事务有关,为了维护社会公共利益,社会对招标投标活动的监督也必不可少。社会监督目前为止可以分为三种类型:社会公众监督、社会舆论监督和新闻媒体监督。

社会公众监督顾名思义就是公民对招标投标活动的监督。招标投标活动的信息在相应媒体上都有公开,公民可以对招标投标活动进行监督,充分发挥自己的权利,用“权利制约权力”,保障自己的合法权益。

社会舆论监督是新闻媒体运用舆论的独特力量,帮助公众了解招标投标的相关信息,并运用公众的舆论促使招标投标活动沿着维护国家利益和社会公共利益的方向发展。舆论监督不具有强制性,是运用精神和道德的力量对招标投标活动进行监督。

新闻媒体监督,就是指报纸、广播、电视等新闻媒体对招标投标活动中不符合法律、行政法规的行为进行揭露、报道、评论或者抨击,促使招标投标活动沿着维护国家利益和社会公共利益的方向开展。

第二章 招 标

我国现行有效的《招标投标法》并没有对“招标”进行定义,而是通过对“招标人”“招标的条件”“公开招标”“邀请招标”等相关概念进行定义的方式,对招标活动进行诠释。

笔者尝试将招标定义提炼如下:招标是指在项目投资建设运营、工程及服务、大宗货物采购中所采用的一种被国际惯例及国内法律所传承和固定下来的,由招标人(买方)事先发出招标条件邀请不特定多数潜在投标人(卖方)在特定的时间和地点参与的,具有一定公开性,且受到行政、法律及社会监督的交易方式。

除《政府采购法》外,财政部发布的《关于联合公布第三批政府和社会资本合作示范项目加快推动示范项目建设的通知》规定,“依法需要以招标拍卖挂牌方式供应土地使用权的宗地或地块,在市、县国土资源主管部门编制供地方案、签订宗地出让(出租)合同、开展用地供后监管的前提下,可将通过竞争方式确定项目投资方和用地者的环节合并实施”。并且,国家发展和改革委员会于2016年10月24日又发布了《传统基础设施领域实施政府和社会资本合作项目工作导则》,要求各地积极创造条件,采用多种方式保障PPP项目建设用地。如果项目建设用地涉及土地招拍挂,鼓励相关工作与社会资本方招标、评标等工作同时开展。

招标活动的启动需要满足一定的条件,招标文件的编写有相对固定的内容和格式要求,本章旨在从招标的前提条件、招标范围、招标的方式、招标文件的结构、内容及编写要点等方面对招标工作进行叙述,并重点强调了分包项目的招标问题和招标过程中涉及的若干时间要求。

第一节　招标的前提条件

一、关于招标前提条件的法律规定

从最基本的条件来看,招标人应当经审批并有建设招标项目的相应资金或者资金来源已经落实,并应在招标文件中如实载明。根据《招标投标法》第9条第1款的规定,"招标项目按照国家有关规定需要履行项目审批手续的,应当先履行审批手续,取得批准"。《房屋建筑和市政基础设施工程施工招标投标管理办法》第7条规定,"工程施工招标应当具备下列条件:(一)按照国家有关规定需要履行项目审批手续的,已经履行审批手续;(二)工程资金或者资金来源已经落实;(三)有满足施工招标需要的设计文件及其他技术资料;(四)法律、法规、规章规定的其他条件。"相关立法均强调了招标前的"审批"环节,本节将以四川省发改委关于新建高速公路工程建设项目、一般社会投资项目、带方案出让土地项目、一般政府投资项目的审批流程为例,对招标前所涉及的审批环节进行说明。

综上所述,招标的前提条件必须满足两个基本要求:一是审批通过;二是资金来源已落实。对于一般项目而言,审批阶段包括项目立项和用地规划许可、工可批复、项目建议书批复等。实践中,由于项目本身性质不同,招标条件需同时考虑《政府采购法》及《招标投标法》同时适用的情况,如政府投资项目中行政机关作为招标人;PPP项目中的社会资本方作为招标人;BOT项目中的投资人作为招标人等。

而从招标标的来看,既有工程总承包项目招标这类整体招标,也有工程施工招标、工程设计招标和货物采购招标等分段招标。按照《招标投标法》和相关规定,针对不同的招标主体和不同的招标标的,其招标条件也存在不同。

(一)项目招标人的确定

项目招标人是组织项目招标的主体。通常情况下,任何需要进行采购的主体都可以作为招标人,包括行政机关、事业单位、社会资本等。但是,在某些特定行业,或采用特定采购方式时,具有特殊的招标主体确定规则。

1. 常规工程项目的招标人

工程项目的招标人是依照《招标投标法》规定提出招标项目、进行招标的法人或者其他非法人组织。根据《民法典》第102条的规定,“非法人组织是不具有法人资格,但是能够依法以自己的名义从事民事活动的组织。非法人组织包括个人独资企业、合伙企业、不具有法人资格的专业服务机构等”。截至目前,在基础设施领域尚无明确的涉及招标人资质的规定。但值得注意的是,在房地产行业,房地产开发企业进行房屋开发和建设,应当首先申请核定企业资质等级,未取得房地产开发资质等级证书的企业,不得从事房地产开发经营业务。也就是说,在房地产项目中,招标人应当具有法定的资质。

2. PPP项目和特许经营项目的招标人

与常规工程建设项目的采购招标人不同,PPP项目和特许经营项目的招标人较为特殊。在PPP项目和特许经营项目中,作为采购人的招标主体通常是政府或其授权的组织或机构,包括各级国家机关、事业单位等。根据《市政公用事业特许经营管理办法》第4条第3款的规定,直辖市、市、县人民政府市政公用事业主管部门依据人民政府的授权,负责本行政区域内的市政公用事业特许经营的具体实施。结合相关实践,在市政公用事业特许经营项目的招标中,招标人可以是:(1)各级政府或政府部门,这是主要的招标主体;(2)由政府组建的城市基础建设投资公司,但需要政府授权才能实施。

另外,《基础设施和公用事业特许经营管理办法》第9条也规定,县级以上人民政府有关行业主管部门或政府授权部门可以根据经济社会发展需求,以及有关法人和其他组织提出的特许经营项目建议等,提出特许经营项目实施方案。从上述规定可知,采用特许经营模式进行采购的招标人比PPP项目的招标人的范围更为严格。

在PPP项目的采购方式上,与《政府采购法》《招标投标法》中规定的采购方式不完全相同。根据《政府和社会资本合作项目政府采购管理办法》第4条第1款的规定,“PPP项目采购方式包括公开招标、邀请招标、竞争性谈判、竞争性磋商和单一来源采购。项目实施机构应当根据PPP项目的采购需求特点,依法选择适当的采购方式。”而《政府采购法》第26条规定:“政府采购采用以下方式:(一)公开招标;(二)邀请招标;(三)竞争性谈判;(四)单一来源采购;(五)询价;(六)国务院政府采购监督管理部门认定的其他采购方式。公开招标应作为政府采购的主要采购方式。”由此可见,PPP项目的采购方式中的公开招标、邀请招标、竞争性谈判和单一来源采购属于《政府采购法》明文规定的采购方式,而竞争性磋商则可类归为“国务院政府采购监督管理部门认定的其他采购方式”。

在特许经营项目的采购方式上,《市政公用事业特许经营管理办法》第8条明确规定:“主管部门应当依照下列程序选择投资者或者经营者:(一)提出市政公用事业特许经营项目,报直辖市、市、县人民政府批准后,向社会公开发布招标条件,受理投标;(二)根据招标条件,对特许经营权的投标人进行资格审查和方案预审,推荐出符合条件的投标候选人;(三)组织评审委员会依法进行评审,并经过质询和公开答辩,择优选择特许经营权授予对象;(四)向社会公示中标结果,公示时间不少于20天;(五)公示期满,对中标者没有异议的,经直辖市、市、县人民政府批准,与中标者(以下简称‘获得特许经营权的企业’)签订特许经营协议。”从规定来看,特许经营项目须采用公开招标方式选取投资者或经营者。

(二)不同比选标的需求

1. 工程总承包招标

与传统的设计、施工发承包模式相比,工程总承包模式能更加适应建设单位多样化需求,提高项目生产效益,也能为具备综合实力的承包单位提供较为丰厚的回报,是国际上广泛采用的模式。

近年来,我国大力推广工程总承包模式。2016年2月6日,党中央、国务院出台《关于进一步加强城市规划建设管理工作的若干意见》,提出“深化建设项目组织实施方式改革,推广工程总承包制”。2017年2月21日,国务院办公厅印发《关于促进建筑业持续健康发展的意见》,再次强调完善工程建设组织模式,加快推行工程总承包。装配式建筑原则上应采用工程总承包模式。政府投资工程应完善建设管理模式,带头推行工程总承包。2019年12月23日,住建部、发改委联合发布《房屋建筑和市政基础设施项目工程总承包管理办法》,标志着我国工程总承包正式走上法治化道路。2020年11月25日,住建部与国家市场监督管理总局发布《建设项目工程总承包合同示范文本》,是工程总承包领域的又一重要制度性建设,为保障工程总承包项目的更好推进起到关键作用。

就目前的工程实践来看,工程总承包模式大致可分为三类:第一类是由承包人采用设计—采购—施工(EPC)或交钥匙总承包(TUREKEY),承担工程项目的设计、采购、施工、试运行等工作,并对承包工程的质量、安全、工期、造价全面负责。第二类是设计—施工总承包(DB),即由工程总承包单位承担项目设计和施工,并对工程的质量、安全、工期、造价全面负责。第三类是项目管理承包(PMC),即项目管理企业除提供项目管理服务(PM)外,还可以负责完成初步设计等工作。对于需要完成初步设计的项目管理企业,应当具有相应的工程设计资质。此外，在以 PPP 和特许经营模式投资的基础设施建设项目中，采用 PPP+EPC 模式较为常见，但建市规〔2019〕12 号公布后，使用政府资金的工程总承包项目，需在具备初步设计后，方能进行 EPC 招标。同时，一些比较成熟的工业工程项目中，也有采用 DB、EPCM（设计采购与施工管理）模式的情形。在后一种总承包形式中，除了需要工程总承包单位具体完成设计和施工两项工作外，还需要提供相应的项目管理服务，更加强调工程总承包单位的项目管理能力。

2. 设计招标

工程设计一般包括概念设计、方案设计、初步（扩初）设计和施工图设计等。就我国行政主管部门对工程设计的监管制度来看，需要进行招投标采购的主要是施工图设计，其原因在于施工图设计直接关系到工程的质量、安全等关键因素，因此必须实行更为严格的准入管理和过程监管。此外，从工程经济效益角度看，工程设计招标对于后续工程施工和工程设备、材料招标也具有重要的影响，设计采用的方案将直接决定项目施工的方案及实施，以及施工所需要使用的设备、材料等货物，而工程效益又很大程度上取决于施工难度及材料、设备的消耗量。因此，无论从质量、安全角度还是项目效益角度，设计招标的质量都直接关系到整个项目的执行。

根据现行规定，依法必须进行设计招标的工程建设项目，招标人进行招标时应当具备下列条件：（1）按照国家有关规定需要履行项目审批手续的，已履行审批手续，取得批准；（2）设计所需要资金已经落实；（3）设计基础资料已经收集完成，主要是现场状况、地下管线图、项目总体规划图、地质勘查报告等；（4）法律、法规规定的其他条件。

在房屋建筑和市政基础设施项目的工程设计招标中，除了施工图设计应当符合上述规定的条件外，根据规定，建筑工程方案设计招标也同样应当具备上述条件。并且，考虑到工程方案设计分为建筑工程中的概念方案设计和实施方案设计两种不同类型，与之相应的招标条件也有所不同，其中建筑工程概念方案设计招标应具备的条件包括：（1）具有经过审批机关同意的项目建议书批复或招标人已取得土地使用证；（2）具有规划管理部门确定的项目建设地点、规划控制条件和用地红线图。而建筑工程实施性方案设计招标则应具备的条件包括：（1）政府投资的项目已取得政府有关审批机关对项目建议书或可行性研究报告的批复，企业（含外资、合资企业）投资的项目具有经核准或备案的项目确认书；（2）具有规划管理部门确定的项目建设地点、规划控制条件和用地红线图；（3）有符合要求的地形图，提供所需要的建设场地的工程地质、水文地质初勘资料、水、电、燃气、供热、环保、通信、市政道路和交通等方面的基础资料;(4)有符合规划控制条件、立项批复和充分体现招标人意愿的设计任务书。

3. 施工招标

施工是建设工程的核心环节,故而施工项目招标是项目招标管理的核心内容。根据《工程建设项目施工招标投标办法》的规定,对于列入必须招标范围内的施工项目,招标人进行招标时应当具备如下条件:(1)招标人已经依法成立,特别是在特许经营项目中需要设立项目公司进行运营时,招标人是否已经成立关系到项目立项、施工合同签署主体等诸多法律问题;(2)初步设计及概算应当履行审批手续的,已经获得批准;(3)有招标所需的设计图纸及技术资料,设计图纸的深度和技术资料的准确与否在很大程度上影响工程量清单的准确度,可采用的合同价格形式,以及施工造价;(4)有相应资金或资金来源已经落实,对承包人而言,资金的落实情况对于预付款、进度款的支付有着密切关系;(5)招标范围、招标方式和招标组织形式等应当履行审批手续的,已经获得批准;(6)法律法规规定的其他条件。

另外,对于工程施工招标的一些特殊规定,招标人也应当提前了解和熟悉。比如北京市住房和城乡建设委员会《关于进一步规范北京市房屋建筑和市政基础设施工程施工发包承包活动的通知》(京建发〔2011〕130号)规定,“招标文件中暂估价和暂定项目的合计金额占合同金额的比例超过30%的,视为该工程不具备招标条件。市和区(县)建设主管部门对其招标文件不予备案,应当要求招标人在工程具备招标条件后再进行招标发包”。

4. 货物采购招标

在工程项目中,所谓货物主要包括工程设备、材料等。工程设备、材料在进行招标采购之前,需要具备一定的条件,根据《工程建设项目货物招标投标办法》第8条的规定,“依法必须招标的工程建设项目,应当具备下列条件才能进行货物招标:(一)招标人已经依法成立;(二)按照国家有关规定应当履行项目审批、核准或者备案手续的,已经审批、核准或者备案;(三)有相应资金或者资金来源已经落实;(四)能够提出货物的使用与技术要求。”因此,对于根据有关规定应当履行项目审批、核准或者备案手续的项目,招标人应当在报送的可行性研究报告中将材料、设备招标范围,招标方式,招标组织形式等有关招标内容报请项目审批部门核准。同时,招标人在决定采购材料、设备时,已经有了资金准备和计划,一旦完成招标投标工作,并和中标人签署合同后,能够有效地根据合同约定安排付款,尤其是政府投资项目必须严格按照批准的预算执行。此外,由于在材料、设备的经济技术指标明确之后，才能正确地指导招标人进行招标活动，特别是一些定制的材料、设备，投标人最终提供的材料、设备必须满足招标文件中的技术规范要求，否则，招标人的采购计划将难以实现。

二、关于招标前的项目已获得审批

不同种类的项目是否已经具备招标条件，根据行业主管部门要求不尽相同，实务中不同的行业类别主管部门的审批流程和审批内容不一致，比如不同的项目中可研批复、初步设计批复、项目建议书批复等都有不同的操作要求。以下以一般性社会投资项目、一般政府投资项目、新建高速公路工程建设项目、带方案出让土地项目为例。

(一)一般性社会投资项目审批流程

一般性社会投资项目审批流程可分为以下阶段：

1. 立项用地规划许可阶段

(1)由自然资源和规划局牵头负责进行行政审批，同时精简审批事项，在立项阶段须对编制评审文件进行审批，包括：地震安全性评估报告、地质灾害危险性评估报告、洪水影响评价报告、环境影响评报书(表)、水土保持方案报告书(表)、水资源论证报告书(表)和建设工程文物影响评估报告等。

(2)由发改委负责企业、事业单位、社会团体等投资建设固定资产投资项目的备案。

(3)审批合格后，由自然资源和规划局负责统一核发建设项目用地预审与选址意见书，涉及新增建设用地，用地预审权限在自然资源部的，建设单位向地方自然资源主管部门提出用地预审与选址申请，由地方自然资源主管部门受理；经省级自然资源主管部门报自然资源部通过用地预审后，地方自然资源主管部门向建设单位核发建设项目用地预审与选址意见书。用地预审权限在省级以下自然资源主管部门的，由省级自然资源主管部门确定建设项目用地预审与选址意见书办理的层级和权限。使用已经依法批准的建设用地进行建设的项目，不再办理用地预审；需要办理规划选址的，由地方自然资源主管部门对规划选址情况进行审查，核发建设项目用地预审与选址意见书。建设项目用地预审与选址意见书有效期为3年，自批准之日起计算。

(4)由自然资源和规划局负责统一核发新的建设用地规划许可证，其中，以划拨方式取得国有土地使用权的，建设单位向所在地的市、县自然资源主管部门提出建设用地规划许可申请，经有建设用地批准权的人民政府批准后，市、县自然资源主管部门向建设单位同步核发建设用地规划许可证、国有土地划拨决定书。以出让方式取得国有土地使用权的，市、县自然资源主管部门依据规划条件编制土地出让方案，经依法批准后组织土地供应，将规划条件纳入国有建设用地使用权出让合同。建设单位在签订国有建设用地使用权出让合同后，市、县自然资源主管部门向建设单位核发建设用地规划许可证。①

2. 工程建设许可阶段

(1)由自然资源和规划局对编制的评审文件进行审批，包括：规划设计方案和地震安全性评价报告。

(2)自然资源和规划局负责对建设工程设计方案进行联评。对于建设工程(含临时建设)规划许可证的核发与上述立项用地规划许可阶段的第(4)条相同。

3. 在立项用地规划许可阶段和工程建设许可阶段可办理事项

(1)立项用地规划许可阶段可并联或并行办理事项：相关的行政审批由交运部门、文化旅游部门、自然资源和规划局、人防部门、住建局、民族宗教部门、发改委和气象部门进行按需办理。

(2)工程建设许可阶段可并联或并行办理事项：涉及的审批由住建部门、生态环保部门、林草部门和水利部门进行按需办理。

(3)两个阶段可并联或并行办理事项：①由交通运输部门负责建设港口设施使用非深水岸线的审批；②由林草部门负责建设项目使用林地及在深林和野生动物类型自然保护区建设审批(核准)；③由国安部门负责涉及国家安全事项的建设项目审批；④由自然资源和规划局负责乡村建设规划许可证的核发。

(二)一般政府投资项目审批流程

因一般政府投资项目审批流程与一般性社会投资项目审批流程大致相同，以下特以审批流程图更为直观地显示一般投资项目审批流程。

(三)新建高速公路工程建设项目审批流程

1. 立项用地规划许可的部门分工

(1)规划和自然资源部门负责审批的牵头统筹和工作协调，负责办理建设项目用地预审与选址意见书。

(2)发展改革部门负责公路项目的审批核准(可行性研究报告)。

① 第3、4项内容源于《自然资源部关于以"多规合一"为基础推进规划用地"多审合一、多证合一"改革的通知》。

2. 设计方案确定阶段

(1)由交通部门对省级高速公路网项目进行初步设计及概算审批。

(2)由交通部门对高速公路网项目施工图设计及预算进行审批。

以下事项可在立项用地规划许可阶段、工程建设许可阶段并联或并行办理:①

①涉及航道通航条件影响评价审核的,交通运输部门在材料齐全后,核发审核意见书,已开展区域评估,符合区域评估适用范围的项目实行告知承诺制。

②涉及林业用地(含临时使用)的,林业主管部门在材料齐全后,核发建设项目使用林地(含临时使用)及在森林和野生动物类型自然保护区或森林公园建设审批(核)意见。

③涉及建设工程文物保护和考古许可的,文物主管部门在材料齐全后,出具审批意见。

④涉及洪水影响评价审批的,水行政主管部门在材料齐全后,核发审批意见书,进行行洪论证与河势稳定评价审批。

⑤涉及压覆重要矿产资源审批的,自然资源主管部门在材料齐全后,出具不准予或准予压覆的批准文件。已开展区域评估,符合区域评估适用范围的项目实行告知承诺制。

⑥涉及生产建设项目水土保持方案审批的,水行政主管部门在材料齐全后,核发审批意见书。已开展区域评估,符合区域评估适用范围的项目实行告知承诺制。

⑦涉及建设项目环境影响评价审批的(含江河、湖泊新建、改建或者扩大排污口审核),生态环境主管部门在材料齐全后,出具环境影响评价审批报告书或出具环境影响评价审批报告书或出具环境影响评价审批报告表。已开展区域评估,符合区域评估适用范围的项目实行告知承诺制。对于高速公路建设项目进行重大设计变更的,由交通部门进行及时审批。

(四)带方案出让土地项目审批流程

1. 立项用地规划许可阶段

(1)由自然资源和规划局牵头负责进行行政审批,同时精简审批事项,在立

① 此部分内容参照湖南娄底市《发改部门牵头第一阶段并联审批:立项用地规划许可阶段办事指南》,载娄底市人民政府网 2020 年 3 月 3 日,http://www.hnloudi.gov.cn/loudi/gcjsxmsp/202003/841fbcfa2d6143879be4c5347ea19251.shtml。

项阶段须对编制评审文件进行审批，包括：地震安全性评估报告、地质灾害危险性评估报告、洪水影响评价报告、环境影响评报书（表）、水土保持方案报告书（表）、水资源论证报告书（表）和建设工程文物影响评估报告等。

（2）由发改委负责企业投资项目的核准。

（3）由自然资源和规划局负责统一核发新的建设用地规划许可证，其中，以划拨方式取得国有土地使用权的，建设单位向所在地的市、县自然资源主管部门提出建设用地规划许可申请，经有建设用地批准权的人民政府批准后，市、县自然资源主管部门向建设单位同步核发建设用地规划许可证、国有土地划拨决定书。以出让方式取得国有土地使用权的，市、县自然资源主管部门依据规划条件编制土地出让方案，经依法批准后组织土地供应，将规划条件纳入国有建设用地使用权出让合同。建设单位在签订国有建设用地使用权出让合同后，市、县自然资源主管部门向建设单位核发建设用地规划许可证。

2. 工程建设许可和施工许可联合办理阶段（行政审批时限：18 个工作日）

（1）由住房城乡建设局牵头负责与相关单位进行联合审图，包括：建筑施工图设计文件、消防设计文件、人防设计文件、技防设计文件和雷电防护装置设计文件等。

（2）建设工程质量监督和安全施工措施在住房城乡建设局处进行备案，同时住建局也负责建筑工程施工许可证的核发。

3. 立项用地规划许可阶段、工程建设许可阶段可办理事项

（1）立项用地规划许可阶段可并联或并行办理事项：相关的行政审批由文化旅游部门、自规局、人防部门、住建局和气象部门进行按需办理；

（2）工程建设许可阶段可并联或并行办理事项：涉及的审批由住建部门、生态环保部门、林草部门、人防部门、气象部门和水利部门进行按需办理。

（3）立项用地规划许可阶段、工程建设许可阶段、施工许可阶段可并联或并行办理事项：①建设项目环境影响评价审批由生态部门负责；②节能审查相关审批由发改委负责；③建设港口设施使用非深水岸线审批工作由交通运输部门负责；④生产建设项目水土保持方案、取水许可由水利部门进行审批；⑤涉及国家安全事项的建设项目审批由国安部门负责。

三、关于招标前项目资金来源落实

（一）法律法规规定

关于招标前项目资金来源，相关法律法规规定如表 2-1 所示。

表 2-1 招标前项目资金来源相关法律法规

法律法规	具体条文
《招标投标法》	第九条 招标项目按照国家有关规定需要履行项目审批手续的,应当先履行审批手续,取得批准。 招标人应当有进行招标项目的相应资金或者资金来源已经落实,并应当在招标文件中如实载明。
《政府投资条例》	第十六条 政府投资年度计划应当明确项目名称、建设内容及规模、建设工期、项目总投资、年度投资额及资金来源等事项。 第二十三条 政府投资项目建设投资原则上不得超过经核定的投资概算。因国家政策调整、价格上涨、地质条件发生重大变化等原因确需增加投资概算的,项目单位应当提出调整方案及资金来源,按照规定的程序报原初步设计审批部门或者投资概算核定部门核定;涉及预算调整或者调剂的,依照有关预算的法律、行政法规和国家有关规定办理。
《铁路工程建设项目招标投标管理办法》	第九条 采用公开招标方式的铁路工程建设项目,招标人应当依法发布资格预审公告或者招标公告。依法必须进行招标的铁路工程建设项目的资格预审公告或者招标公告应当至少载明下列内容: (一)招标项目名称、内容、范围、规模、资金来源; (二)投标资格能力要求,以及是否接受联合体投标; (三)获取资格预审文件或者招标文件的时间、方式; (四)递交资格预审文件或者投标文件的截止时间、方式; (五)招标人及其招标代理机构的名称、地址、联系人及联系方式; (六)采用电子招标投标方式的,潜在投标人访问电子招标投标交易平台的网址和方法; (七)对具有行贿犯罪记录、失信被执行人等失信情形潜在投标人的依法限制要求; (八)其他依法应当载明的内容。
《工程建设项目货物招标投标办法》	第八条 依法必须招标的工程建设项目,应当具备下列条件才能进行货物招标: (一)招标人已经依法成立; (二)按照国家有关规定应当履行项目审批、核准或者备案手续的,已经审批、核准或者备案; (三)有相应资金或者资金来源已经落实; (四)能够提出货物的使用与技术要求。 第十三条 招标公告或者投标邀请书应当载明下列内容: (一)招标人的名称和地址; (二)招标货物的名称、数量、技术规格、资金来源; (三)交货的地点和时间; (四)获取招标文件或者资格预审文件的地点和时间; (五)对招标文件或者资格预审文件收取的费用; (六)提交资格预审申请书或者投标文件的地点和截止日期; (七)对投标人的资格要求。

续表

法律法规	具体条文
《国家发展改革委关于依法依规加强PPP项目投资和建设管理的通知》	(十)PPP项目的融资方式和资金来源应符合防范化解地方政府隐性债务风险的相关规定。不得通过约定回购投资本金、承诺保底收益等方式违法违规变相增加地方政府隐性债务、严防地方政府债务风险。
《关于坚决制止地方以政府购买服务名义违法违规融资的通知》	严格规范政府购买服务预算管理。政府购买服务要坚持先有预算、后购买服务,所需资金应当在既有年度预算中统筹考虑,不得把政府购买服务作为增加预算单位财政支出的依据。

招标应具备的先决条件之一是项目资金,这是招标项目能否最终落地的物质保证,如招标后没有充足的资金保障,势必引发风险及纠纷,小而言之损害中标人利益,如涉及基础设施、公用事业等项目,还会给公共利益造成损害,实践中谈到资金来源是否已经落实的同时,往往涉及是否构成增加政府隐性负债的问题。因此,招标项目的项目资金或资金来源已落实,方可申请项目审批、核准,办理招标事宜。

项目资金来源主要有国家和地方政府的财政拨款、企业的自有资金即包括银行贷款、发行债券、股票在内的各种方式的融资以及外国政府和有关国际组织的贷款、援助资金等。对具体项目各相关机构有着更详细的法规规定,例如:

1.《国务院关于固定资产投资项目试行资本金制度的通知》规定对于一些固定资产投资项目,国家试行资本金制度;对纳入资本金制度的投资建设项目,必须首先落实资本金才能进行招标、建设,并明确不同项目资本金占总投资的比例。

2.《国务院关于调整和完善固定资产投资项目资本金制度的通知》对最低资本金比例作了调整,如城市轨道交通项目为20%,铁路、公路项目为20%,保障性住房和普通商品住房项目为20%,电力项目为20%。资本金以外的项目资金,可通过银行贷款、发行企业债券等方式融资解决。

(二)招标人对项目资金情况提供虚假信息违反诚实信用原则,应承担缔约过失责任

《民法典》第500条规定:“当事人在订立合同过程中有下列情形之一,造成对方损失的,应当承担赔偿责任:(一)假借订立合同,恶意进行磋商;(二)故意隐瞒与订立合同有关的重要事实或者提供虚假情况;(三)有其他违背诚信原则的行为。”

招投标活动应当遵循诚实信用的原则。无论是招标人还是投标人,只要违反诚实信用原则给对方造成损失的,就应承担缔约过失责任。

所谓缔约过失责任,是指在订立合同过程中,一方当事人违反先合同义务,导致合同不能成立,或者合同虽然成立,但不符合法定的生效条件而被确认无效、被变更或被撤销,给对方造成损失时所应承担的民事责任。

四、实务案例

☞ 案例一:不满足条件的情况下违法招标实务案例合同纠纷案

(一)案情概述

2004年12月16日,某县人民政府签发文件,其中记载:关于该高速公路项目,请某公路投资管理公司(以下简称A公司)将相关资金证明文书提供给我方。2005年1月20日,某县人民政府签发批复,其中记载:因A公司资金尚未落实到位,故不同意一切招标活动。2005年7月11日,某国际投资有限公司(以下简称B公司)作为国际企业性公司在英属维尔京群岛组建。2006年3月14日,甲方A公司与乙方B公司签订了中英合资(合作)意向书。该意向书约定就某高速公路项目一事,自愿达成意向书如下:注册资金1500万美元,以货币形式出资,合作期25年(建设期除外)。本意向签订后,乙方提供外方执照、银行资信证明,外方董事长身份证及项目可行性报告,给甲方向当地外经贸委申请立项。某县人民政府称,上述材料系A公司向其提供的。2005年12月23日,某省发改委签发文件,其中记载:某项目属BOT项目,允许采用邀请招标的方式进行。2005年11月3日,甲方某县人民政府与乙方A公司签订某高速公路工程项目BOT特许经营权合同。2006年6月22日,某高速公路建设指挥部向某工程有限公司(以下简称D公司)发出邀标通知书,并要求D公司提交80万元投标保证金。2006年9月15日,招标人A公司、招标机构C公司向D公司发出中标通知书。2006年10月17日,业主A公司与承包人D公司签订了某高速公路项目第三合同段路基施工工程承包合同。2006年6月26日,D公司向某高速公路建设指挥部指定账号汇入合同保证金80万元;2006年8月,D公司分两次给某高速公路建设指挥部预交履约保证金920万元;2007年4月3日,D公司给A公司招标代理费485,583元。2009年3月6日,A公司退还D公司200万元。同时原告即D公司认为某高速公路建设指挥部系A公司建立的。2008年4月2日,A公司与D公司磋商会议纪要记录:A公司拟于2008年4月25日将D公司为承包某高速公路第三合同段路基工程所交履约保证金退还；在某高速公路各合同段全面开工时，D公司是否继续对某高速公路第三合同段的路基工程进行施工或追偿的问题，由项目业主与D公司另行协商。

2006年4月20日，某县人民政府给A公司发出《关于某高速公路建设招标投标等有关问题的函》。该函记载：第一标段以外各标段的招标投标工作必须待报省人民政府的邀标请示批复后及设计单位的施工图设计审查后才能进行；第一标段以外各标段的招标投标应当按照有关规定取得有关政府行政主管部门的许可，并在相关行政主管部门的参与和监督下进行，否则，一切法律责任自负。2006年5月15日，某县人民政府给A公司发出《关于某高速公路建设有关问题的函》。该函再次重申了2006年4月20日关于某高速公路建设招标投标等有关问题的函的内容。2006年6月23日，某县人民政府给A公司发出《关于对A公司拟展开某高速公路第二至第五合同段路基工程招标工作报告的复函》。该函记载：鉴于目前不具备招标条件，我方向上级机关汇报，在上级未许可之前，我方无权许可你公司招标。未经许可，你公司一律不得组织招标活动，否则属违法，应承担相应责任。2007年4月10日，某县人民政府签发文件，要求：因未达到该项目招投标条件，二标段以后各标段不得进行招投标工作，已收的投标保证金必须尽快足额退还投标人。

D公司称，其在为该工程施工准备阶段，投入了大量的资金和劳务，产生了巨额经济损失，损失数额确定后另案主张。

经查明，2004年2月2日A公司成立，经营范围公路投资管理，经营期限截至2014年，注册资本2500万元。2008年11月13日，A公司原法定代表人宋某某在某市公安局讯问笔录中供述：该公司收取原告履约保证金等共计1000万元。该公司注册资金是借的，验完资后就将此笔钱还给债主了。A公司按某县人民政府要求在签订BOT特许经营权合同时提供了2000万元现金和3000万元保函的资金证明。截至目前该公司给第一标段支付了6000万元、给设计院支付了480万元、给某县人民政府征地款1800万元，但设计图纸因交费不足仍在设计院。招标时A公司已有资金计划。某县公安局现已对云南石红公司涉嫌抽逃出资案立案侦查，在侦查中，又发现A公司原法定代表人宋某某在公司经营管理过程中涉嫌职务侵占，已立案侦查。

（二）案情分析

根据2006年6月23日某县人民政府对A公司发出的《关于对A公司拟展开某高速公路第二至第五合同段路基工程招标工作报告的复函》，某县人民政府认为A公司资金不到位不具备招标条件。根据某县公安局对宋某某的讯问笔录,A公司在招标时虽有资金计划,但资金未到位。所以根据本案事实,A公司资金不到位导致该工程迟迟未开工。虽然某县公安局已经对A公司涉嫌抽逃出资的情况进行立案侦查,但无论A公司的行为是否被认定为抽逃出资,都不改变A公司招标时资金不到位的事实。因此,A公司招标时,没有该招标项目的相应资金或者已经落实的资金来源。因此,由于A公司招标投标行为无效。承包合同是招标投标行为的结果,作为原因的招标投标行为无效,必然使由此产生的结果即承包合同也无效。

(三)相关法条

《收费公路管理条例》第十一条 建设和管理政府还贷公路,应当按照政事分开的原则,依法设立专门的不以营利为目的的法人组织。

省、自治区、直辖市人民政府交通主管部门对本行政区域内的政府还贷公路,可以实行统一管理、统一贷款、统一还款。

经营性公路建设项目应当向社会公布,采用招标投标方式选择投资者。

经营性公路由依法成立的公路企业法人建设、经营和管理。

《民法典》

第一百五十七条 民事法律行为无效、被撤销或者确定不发生效力后,行为人因该行为取得的财产,应当予以返还;不能返还或者没有必要返还的,应当折价补偿。有过错的一方应当赔偿对方由此所受到的损失;各方都有过错的,应当各自承担相应的责任。法律另有规定的,依照其规定。

第一百六十二条 代理人在代理权限内,以被代理人名义实施的民事法律行为,对被代理人发生效力。

第一百六十七条 代理人知道或者应当知道代理事项违法仍然实施代理行为,或者被代理人知道或者应当知道代理人的代理行为违法未作反对表示的,被代理人和代理人应当承担连带责任。

《招标投标法》第九条 招标项目按照国家有关规定需要履行项目审批手续的,应当先履行审批手续,取得批准。

招标人应当有进行招标项目的相应资金或者资金来源已经落实,并应当在招标文件中如实载明。

☞ 案例二：将不具备招标条件的“二期工程”纳入招标范围

（一）案情概述

2011年9月14日，被告某剧院公布《综合改造工程设计招标公告》。2011年9月26日被告召开会议，参加人员包括某建筑设计研究院（有限公司）（以下简称A公司）等四家投标人，被告原院长崔某某明确“二期工程出效果图及估算”。2011年12月，被告某剧院与原告某建筑设计研究院、案外人某市建筑设计研究院签订《建设工程设计合同（一）》，约定发包人为某剧院；施工图设计人为某市建筑设计研究院（以下简称B研究院）；方案设计人为A公司。

2012年12月5日，省发改委组织专家对某剧院演艺中心综合改造项目初步设计进行评审，专家认为该初步设计文件编制规范、内容基本齐全，满足设计深度要求。按照住建部《建筑工程设计文件编制深度规定》中有关初步设计的文本及图纸要求，本初步设计基本满足深度要求。2013年10月18日，原告A公司与被告某剧院、案外人某大学建筑设计研究院（集团）有限公司（以下简称C研究院）、案外人某市建筑设计研究院（以下简称D研究院）签订《某艺术中心建设工程设计合同（补充）》，约定方案设计阶段设计人为C研究院；初步设计阶段设计人为C研究院；施工图设计阶段设计人为B研究院、A公司。后期服务阶段设计人为B研究院、A公司。2014年1月7日、2014年11月17日原告A公司两次向被告某剧院出函催付工程设计费无果。之后A公司向一审法院起诉，请求某剧院支付设计费等费用。一审法院部分支持原告A公司的诉讼请求。被告某剧院不服一审判决，上诉请求撤销一审判决，将该案发回重审或依法驳回A公司在一审对某剧院提出的诉讼请求。

（二）案情分析

从某剧院的角度出发，其作为发包方，在明知其二期工程项目尚未取得工程建设审批，尚未达到招标条件的情况下，将二期工程纳入招标范围并与原告A公司签订《建设工程设计合同》，存在过错。而从A公司的角度出发，A公司是具有相应资质的设计单位，从事工程设计已有多年经验，应当知道建设工程项目的设计招标条件，但其在明知二期工程未取得审批手续的情形下依然与某剧院签订《建设工程设计合同》，亦存在过错。民事法律行为无效后，双方都有过错的，应当各自承担相应的责任。据此，鉴于本案双方当事人对二期工程无效的约定均存在过错，应当各自承担相应的责任。

（三）相关法条

《招标投标法》

第三条第一款 在中华人民共和国境内进行下列工程建设项目包括项目的勘察、设计、施工、监理以及与工程建设有关的重要设备、材料等的采购，必须进行招标：

（一）大型基础设施、公用事业等关系社会公共利益、公众安全的项目；

（二）全部或者部分使用国有资金投资或者国家融资的项目；

（三）使用国际组织或者外国政府贷款、援助资金的项目。

第四条 任何单位和个人不得将依法必须进行招标的项目化整为零或者以其他任何方式规避招标。

第九条 招标项目按照国家有关规定需要履行项目审批手续的，应当先履行审批手续，取得批准。

招标人应当有进行招标项目的相应资金或者资金来源已经落实，并应当在招标文件中如实载明。

《招标投标法实施条例》第七条 按照国家有关规定需要履行项目审批、核准手续的依法必须进行招标的项目，其招标范围、招标方式、招标组织形式应当报项目审批、核准部门审批、核准。项目审批、核准部门应当及时将审批、核准确定的招标范围、招标方式、招标组织形式通报有关行政监督部门。

《建设工程勘察设计管理条例》第二十五条 编制建设工程勘察、设计文件，应当以下列规定为依据：

（一）项目批准文件；

（二）城乡规划；

（三）工程建设强制性标准；

（四）国家规定的建设工程勘察、设计深度要求。

铁路、交通、水利等专业建设工程，还应当以专业规划的要求为依据。

《民法典》第八百条 勘察、设计的质量不符合要求或者未按照期限提交勘察、设计文件拖延工期，造成发包人损失的，勘察人、设计人应当继续完善勘察、设计，减收或者免收勘察、设计费并赔偿损失。

☞ 案例三：因招标前未取得建设工程规划许可证引发的纠纷

（一）案情概述

再审申请人某开发有限公司（以下简称A公司）因与被申请人某建工集团

有限公司(以下简称B公司)建设工程施工合同纠纷一案,因不服某省高级人民法院(20××)×民一初字第×××号民事判决,向该院申请再审。该院依法组成合议庭对本案进行了审查,现已审查终结。

A公司称:第一,一审、二审判决均已认定案涉工程未取得建设工程规划许可证,根据《城乡规划法》第40条第1款规定,“在城市、镇规划区内进行建筑物、构筑物、道路、管线和其他工程建设的,建设单位或者个人应当向城市、县人民政府城乡规划主管部门或者省、自治区、直辖市人民政府确定的镇人民政府申请办理建设工程规划许可证。”由于案涉工程未取得规划许可证,并不具备招标条件,应当认定中标无效,进而认定双方签订的施工合同也无效。一审、二审判决认定案涉合同有效缺乏依据。第二,一审判决将停工违约金列入优先受偿范围,违反了《最高人民法院关于建设工程价款优先受偿权问题的批复》的相关规定,系适用法律错误,严重损害了发包人的利益。A公司遂申请再审。

B公司称:首先,一审判决第六项就是指工程款的优先受偿权,A公司错误理解了判决书中停工违约金和第六项优先受偿权的关系。其次,取得规划许可的批件是A公司的责任,投标前的所有批件,施工单位一无所知,也无权过问。B公司是依法投标,中标后依照中标通知书签订的《建设工程施工合同》,应当依法认定有效。

(二)案情分析

《城乡规划法》是管理性规定,而非效力性规定。因此,违反其规定并不必然导致合同无效。根据一审、二审查明的事实,2008年8月12日,A公司在某市建设工程信息网上公开发布了案涉工程的招标公告,委托某省某招标投标代理有限公司对外公开招标。B公司于2008年9月4日中标。2008年9月7日,A公司和某省某招标投标代理有限公司向B公司发放了中标通知书。并且,2008年9月8日,A公司与B公司签订了一份与中标通知书内容完全一致的《建设工程施工合同》。以上事实表明,案涉工程经过了合法的招投标程序,A公司主张中标无效,缺乏事实和法律依据。

注:此观点因2020年12月29日生效的《最高人民法院关于审理建设工程施工合同纠纷案件适用法律问题的解释(一)》第3条而有所修改,“当事人以发包人未取得建设工程规划许可证等规划审批手续为由,请求确认建设工程施工合同无效的,人民法院应予支持”。

(三)相关法条

《城乡规划法》第四十条 在城市、镇规划区内进行建筑物、构筑物、道路、管线和其他工程建设的,建设单位或者个人应当向城市、县人民政府城乡规划主管部门或者省、自治区、直辖市人民政府确定的镇人民政府申请办理建设工程规划许可证。

申请办理建设工程规划许可证,应当提交使用土地的有关证明文件、建设工程设计方案等材料。需要建设单位编制修建性详细规划的建设项目,还应当提交修建性详细规划。对符合控制性详细规划和规划条件的,由城市、县人民政府城乡规划主管部门或者省、自治区、直辖市人民政府确定的镇人民政府核发建设工程规划许可证。

城市、县人民政府城乡规划主管部门或者省、自治区、直辖市人民政府确定的镇人民政府应当依法将经审定的修建性详细规划、建设工程设计方案的总平面图予以公布。

《民法典》第八百零七条 发包人未按照约定支付价款的,承包人可以催告发包人在合理期限内支付价款。发包人逾期不支付的,除根据建设工程的性质不宜折价、拍卖外,承包人可以与发包人协议将该工程折价,也可以请求人民法院将该工程依法拍卖。建设工程的价款就该工程折价或者拍卖的价款优先受偿。

☞ 案例四:招标前项目未获得审批手续引发纠纷

(一)案情概述

2003年7月4日,原告某建设集团(以下简称A集团)与被告某经贸发展有限公司(以下简称B公司)签订建设施工协议书,约定原告为某大厦工程的首选中标单位。同年9月16日,原告、被告又签订建设施工协议,约定原告为某超市工程的评标首选单位。原告先后在被告处领取了二项工程图纸和工程审核文件,并交付被告押金,并于2003年7月21日、9月16日先后交付被告工程投标保证金。随后,被告先后三次组织人员到原告处进行考察,原告支付招待费等各种费用,并制作投标书及预算编制。后因工程不能落实,原告于2004年6月向被告要求返还投标保证金,被告先后返还原告部分投标保证金,但尚欠276,000元不能给付。

另,某大厦工程是由被告B公司立项申请,经有关部门批准成立某大厦建设工程筹备委员会。被告B公司和某大厦筹委会,两个机构合署办公。

A集团在原审期间诉称:因B公司根本不具备招标条件,工程项目至今尚未到位,A集团为追讨上述费用又花费差旅费等费用共计115,000元,虽然B公司退回了845,000元保证金,但依然欠款276,000元。故请求判令B公司返还保证金276,000元及支付利息,赔偿经济损失335,653元,包括制作工程预算150,000元,差旅费、住宿招待费等185,653元。

B公司在原审期间辩称:A集团起诉前,就退保证金一事,双方已口头达成协议,由A集团撤诉,尚欠的保证金由B公司负责退付。B公司可补偿A集团2万元损失,并给付欠款利息及差旅机票。

原审法院认为,原告、被告签订的《建设工程协议》没有成立,因为被告不具备招标条件及招标项目审批手续不全,资金不到位,致使合同目的不能实现。对此,被告应承担缔约过失责任。被告明确表示,同意返还原告参审保证金276,000元等,足以说明被告对缔约过失责任的认可。原告要求被告返还尚欠部分参审保证金,赔偿经济损失的主张于法有据,应予以支持。关于被告辩称,原告要求被告赔偿差旅费、住宿招待费计185,653元一事,经查,原告提供的票据中有31,560元与本案不具有关联性,故对31,560元不予支持。原审法院判决:(1)B公司返还原告A集团参审保证金276,000元;(2)被告B公司自2004年8月29日起按中国人民银行同期贷款利率支付原告经济赔偿金至尚欠保证金276,000元付清时止;(3)被告B公司支付原告A集团编制工程预算费150,000元;(4)被告B公司支付原告A集团各种费用154,093元。案件受理费11,110元由被告承担。

宣判后,上诉人B公司不服,上诉至某市中院,请求撤销原判决第(3)项、第(4)项,由被上诉人承担本案诉讼费用。被上诉人A集团有限公司辩称,原审判决正确,请求驳回上诉,维持原判。另查明,双方在签订的两份施工协议中所指向的"某大厦"和"某超市"工程项目,B公司至今未取得相关审批手续,该两工程项目并未实际实施开发建设。

(二)案情分析

B公司在未获得相关工程项目的开发建设审批手续、不具备招标及订立施工合同条件的情况下,即对外邀标并邀请施工单位参加施工资格审核,并收取A集团的参审保证金,进行实地考察,并且与A集团又签订了两份建设施工协议书,该两份协议并非正式的建设工程施工合同,具有预约合同的性质。因B公司至今未取得工程项目的审批手续,并向A集团隐瞒了该事实,致使合同目的不能实现,对此,B公司应负缔约过失责任,应退还已收取A集团的参审保证金,并且赔偿A集团实际支出的差旅费及B公司实地考察的差旅费、住宿招待费等各项费用，故原审判决B公司返还A集团剩余的参审保证金276,000元，并赔偿相应利息损失及各种费用损失并无不当。

(三)相关法条

《城乡规划法》第四十条 在城市、镇规划区内进行建筑物、构筑物、道路、管线和其他工程建设的，建设单位或者个人应当向城市、县人民政府城乡规划主管部门或者省、自治区、直辖市人民政府确定的镇人民政府申请办理建设工程规划许可证。

申请办理建设工程规划许可证，应当提交使用土地的有关证明文件、建设工程设计方案等材料。需要建设单位编制修建性详细规划的建设项目，还应当提交修建性详细规划。对符合控制性详细规划和规划条件的，由城市、县人民政府城乡规划主管部门或者省、自治区、直辖市人民政府确定的镇人民政府核发建设工程规划许可证。

城市、县人民政府城乡规划主管部门或者省、自治区、直辖市人民政府确定的镇人民政府应当依法将经审定的修建性详细规划、建设工程设计方案的总平面图予以公布。

第二节 招标文件的组成和内容

项目满足招标条件后即可启动招标活动，招标文件作为法定文件，是招标工程建设的大纲，是建设单位实施工程建设的工作依据，是向投标单位提供参加投标所需要的明确要求，其编写具有一定的专业性。通常，招标人可以自行编写或聘请招标代理机构进行编写，编制的质量和深度将直接关系到整个招标工作的成败。

招标文件的繁简程度，要视招标工程项目的性质和规模而定，规模大、技术要求复杂的项目，招标文件要力求精练、准确、清楚；建设项目简单、规模小的，文件可以从简，但核心问题必须交代清楚。至于每一份招标文件的具体内容，应根据招标方式和范围、项目的性质和特点而异。例如，工程项目全过程总招标，同勘察设计、设备材料供应和施工分别招标，其特点性质都是截然不同的，应从实际需要出发，分别提出不同内容要求。

根据《招标投标法》第19条的规定，“招标人应当根据招标项目的特点和需要编制招标文件。招标文件应当包括招标项目的技术要求、对投标人资格审查的标准、投标报价要求和评标标准等所有实质性要求和条件以及拟签订合同的主要条款。国家对招标项目的技术、标准有规定的,招标人应当按照其规定在招标文件中提出相应要求。招标项目需要划分标段、确定工期的,招标人应当合理划分标段、确定工期,并在招标文件中载明。"《工程建设项目货物招标投标办法》第21条第1款规定:"招标文件一般包括下列内容:(一)投标邀请书;(二)投标人须知;(三)投标文件格式;(四)技术规格、参数及其他要求;(五)评标标准和方法;(六)合同主要条款。"

根据法律规定,以下将招标文件按照功能作用分成三部分进行论述。

一、商务部分

主要由招标公告或投标邀请书、投标人须知、评标办法、投标文件格式等组成,主要阐述招标项目需求概况和招标投标活动规则,对参与项目招标投标活动各方均有约束力,但一般不构成合同文件。

☞ 案例五:某项目招标公告

1. 招标条件

本项目工程可行性研究报告已通过省发展改革委和省交通运输厅联合评估,项目申请报告四川省发展和改革委员会以《关于G7611线昭通(川滇界)至西昌段高速公路项目标准的批复》(川发改基础〔2018〕444号)予以批复,本项目已获得省政府开展PPP项目准备工作的授权《四川省人民政府办公厅关于建设G7611线昭通(川滇界)至西昌高速公路项目有关事宜的复函》(川办函〔2018〕63号)。批准采取"BOT+政府补助"方式建设。本项目政府方为凉山彝族自治州人民政府。项目实施机构为凉山彝族自治州人民交通运输局。采购代理机构为四川省川交公路工程咨询有限公司。本项目已具备招标条件,现由项目实施机构作为采购人,邀请通过该项目资格预审的社会资本方(投资人)进行投标。

2. 项目概况与招标范围

2.1 项目概况

2.1.1 项目概况

本项目位于四川省西南部凉山彝族自治州境内,是G7611四川段一段。项目起于春江(起点接金沙江大桥四川岸)沿江高速(G4216)K182+882,并对接G7611云南段止点;路线沿沿江(K182+882-K166+200)前进约16.7km,之后路线经金阳县、马鞍山、昭觉、乐西高速、昭觉、贡觉高山、西昌城市规划北外围，路线止点设小康枢纽立交与西攀高速相接（K182+730.430），路线全长184.8km。

本项目春江至芦稿段与沿江高速G4216（K182+575-K166+358，总长约16.7km）共线，根据建设设计安排共线段由沿江高速建设，G7611云南段与沿江高速衔接的主线（金沙江大桥）由云南建设，春江枢纽互通A、B、C、D匝道工程量计入本项目（A匝道0.869km、B匝道1.057km、C匝道0.570km、D匝道1.170km，累计3.656km），扣除共建段后，本项目独立建设168.1km。

本项目推荐方案路线全长184.8km，与沿江高速共线16.7km，本项目独立建设168.1km。设桥梁G5499.52/143座，占路线总长的38.92%（含金沙江大桥由云南省实施）：隧道（双洞）595433米/16座，占路线总长的35.34%；桥隧比74.26%。枢纽互通4处，一般互通6处，占用土地11170.6亩。路基土石方数量1288.5888万立方米；路基排水防护工程数量55.3961万立方米；总投资方估算为300.12亿元，平均造价1.7846亿元。

2.1.2 本项目建设期预计5年。项目收费期30年。

2.2 招标范围

2.2.1 本次招标范围为G7611线昭通（川滇界）至西昌段高速公路的社会资本方。本项目采用政府和社会资本合作（PPP）模式，具体运作方式为“BOT+政府补助”。中标社会资本方应按《中华人民共和国公司法》及其他相关法律和政策规定，在项目所在地成立项目公司。项目公司由社会资本方单独成立，社会资本方占股100%。

项目资金不低于项目总投资的20%（60.024亿元），由社会资本方出资。建设期采购人采用政府补助的方式，即建安费的20%拟积极争取中央车购税补助约118.41亿元（以交通运输部最终核定为准）。此部分资金作为政府对项目的无偿投入，不占股，不分红。项目所有建设资金除政府补助以及社会资本方出资外，其余均由社会资本方组建的项目公司自筹。

2.2.2 政府将按法律、法规、政策及合同约定授予项目公司投资、建设、运营本项项目的特许经营权。由项目公司对本项目的筹划、资金筹措、项目设计、项目建设、运营管理、运营维护、债务偿还和资产管理等全过程负责，自主经营、自负盈亏（包括资金筹措、债务偿还等），并在政府和社会资本合作项目合同约定的合作期限满后（无论债务是否偿还完毕），按照政府和社会资本合作项目合同的约定将项目及其附属设施、项目用地及相关资料无偿移交给项目实施机构或四川省人民政府指定的机构。

3. 投标人资格要求

3.1 已参加本项目资格预审,资格预审结果为合格。

3.2 投标人为联合体的,联合体名称和成员及出资比例应与申请资格预审时保持一致。

3.3 不接受未通过资格预审的投标人参加本次公开招标活动。

4. 招标文件的获取

4.1 通过资格预审且有意参加投标者,请于2019年3月11日至15日(法定公休日、法定节假日除外),每日上午9时至12时,下午3时至5时(北京时间,下同),在四川省成都市武侯祠横街1号1号楼4楼421室持企业法人营业执照副本原件、单位介绍信、经办人身份证及上述资料影印件一套,报名并购买招标文件。

4.2 招标文件售价人民币150元,图纸及参考资料每套售价人民币3000元,售后不退。

4.3 未按本公告4.1报名的投标人不能参与本次投标活动。

5. 投标文件的递交及相关事宜

5.1 投标文件递交的截止时间(投标截止时间,下同)为2019年4月3日9:00,投标应于当日8:30至9:00将投标文件递交至四川省公共资源交易服务中心本项目开标室(详细地址:成都市人民中路三段××号)。

5.2 逾期送达的或未送达指定提点的投标文件或未按照招标文件要求密封的投标文件。招标人不予受理。

5.3 采购人定于送交投标文件截止的同一时间、同一地址举行公开开标,投标人应派代表出席并签认开标结果。未前来出席开标会的投标人,视为默认开标结果。

6. 发布公告的媒介

本次招标公告在全国公共资源交易平台(四川省)(http://ggzyjy.sc.gov.cn)、四川省交通运输厅网站(http://jtt.sc.gov.cn)、四川政府采购网(http://www.ccgp-sichuan.gov.cn/)等媒体上发布。

7. 其他事项

7.1 本次招标评标办法采用综合评估法。

7.2 投标人在递交投标文件的同时,应按投标人须知规定向采购人提交人民币伍佰万元整(¥500万元)投标金。

8. 联系方式

政府方：凉山彝族自治州人民政府

地址：西昌市三岔口南路××号

邮政编码：615000

联系人：周先生

电话：137××××4123　　028-××××7265

传真：0834-××××661　028-××××0925

采购代理机构：四川省交公路工程咨询有限公司

公司地址：成都市武侯祠横街×号

联系人：谭先生

联系电话：028-××××6037

传真：028-××××5350

二、投标人须知

该部分内容包括对投标人资信方面的要求，通常会要求投标人提供企业的各类证书、财务状况、设备产权说明、施工业绩、荣誉证书等证明投标人符合相关资质要求的文件。对于已经通过资格预审招标程序的，则该部分内容通常会体现为“已参加本项目资格预审，且预审结果为合格”。

☞ 案例六：某项目投标人须知

1. 总则

1.1　项目概括

1.1.1　根据《中华人民共和国招标投标法》等有关法律、法规和规章的规定，本招标项目已具备招标条件，现对本项目社会资本方（投资人）进行招标。

1.1.2　本招标项目的政府方、采购人、采购代理机构、项目名称及建设地点：

（1）政府方：凉山彝族自治州人民政府

（2）采购人：凉山彝族自治州交通运输局

（3）采购代理机构：四川省交工路工程咨询有限公司

（4）项目名称：G7611 线昭通（川滇界）至西昌段高速公路

（5）建设地点：凉山彝族自治州

1.1.3　项目公司设立

本项目由中标人成立由其100%持股的项目公司，若中标人为联合体，则各方持股比例应与投标时出资比例一致。项目资本金应全额来源于股东投资。

中标人对项目公司的出资总额应不低于项目总投资的20%(且均为货币性资金),可分期到位。资本金分期到位的,满足工程建设资金的需求及金融机构的融资要求,并应在项目建设期内按20%(含首期到位资本金)、20%、20%、20%、20%全部到位。

项目公司首期到位资本金应不低于1亿元,项目开工前累计到位资金应不低于5亿元,若中标人为联合体,则联合体成员各方出资比例应与投标时提交的《联合体协议书》确定的出资比例一致。

项目公司的注册地为,凉山州境内。

1.2 项目投资估算

项目总投资约为300.12亿元,项目资本金应不低于项目总投资的20%。

1.3 招标范围、项目合作期限和质量要求

1.3.1 招标范围:本次招标范围为G7611线昭通至西昌段高速公路的项目的社会资本方(投资人)。

1.3.2 项目特许经营的期限包括准备期、建设期和运营期(含收费期)三个阶段。其中:

(1)准备期:自项目投资协议签订起至项目开工日止,项目准备期不超过240日;项目准备期内应完成项目公司组建、PPP合同签订、项目法人变更、勘察设计、工程招标、征地拆迁等项目开工前的各项前期工作。

(2)建设期:自项目开工日起至项目通过交工验收之日止,不得超过批准的建设工期。

(3)运营期(含收费期):自项目通过交工验收之日起至项目收费期满日止。其中项目收费期自项目批准收费起至项目收费期届满日止,收费期限30年,实际时间以四川省人民政府批准为准。

1.3.3 质量要求:

交工验收的工程质量目标:合格

竣工验收的工程质量目标:优良

运营养护目标:按照交通运输部、四川省人民政府及相关部门规定的技术规范和操作规程、路况标准等有关规定开展养护管理工作,通过经常性、及时性、周期性和预防性养护,保持高速公路经常处于良好技术状态。

服务质量目标,满足国家、四川省规定的服务标准和交通运输行业管理要求。

1.4 投标人资格要求

1.4.1 已参加本项目资格预审,资格预审结果为合格。

1.4.2 投标人为联合体的,联合体名称和成员应于申请资格预审时保持一致。

1.4.3 不接受未通过资格预审或为参加资格预审的投标人参加本次公开招标采购活动。未报名和未领取招标文件的投标人不能参与本次招标活动。

1.5 费用承担

投标人准备和参加投标活动发生的所有费用自理。

1.6 保密

参与招标投标活动的各方应对招标文件和投标文件的商业和技术等秘密保密,违反者应对由此造成的后果承担法律责任。

1.7 语言文字

除专用术语外,与招标投标有关的语言均使用中文。必要时专用术语应附有中文注释。

1.8 踏勘现场

1.8.1 本项目采购人不统一组织踏勘项目现场,投标人自行组织项目考察、评估。

1.8.2 投标人踏勘现场发生的费用自理。

1.8.3 除采购人的原因外,投标人自行负责在踏勘现场中所发生的人员伤亡和财产损失。

1.8.4 采购人踏勘现场过程中对工程场地和相关的周边环境情况的说明,仅供投标人在编制投标文件时参考,段标人据此作出的判断和决策自行负责。

1.9 答疑会

1.9.1 本项目采购人不统一召开答疑会的,若投标人对本项目有疑问,应在投标截止时间18日前要求采购人对本项目予以答疑。

1.9.2 投标人应以书面形式(包括信函、电子邮件、传真等可以有形地表现所载内容的形式,下同)将提出的问题送达采购人,以便采购人答疑。

1.9.3 采购人在投标人须知第2.2.2项规定的时间内,将对投标人所提问题予以答疑,并以书面方式通知所有购买招标文件的投标人。该答疑内容为招标文件的组成部分。

2. 招标文件

2.1 招标文件的构成

本招标文件包括:

(1)招标文件;

(2)投标人须知;

(3)评标方法;

(4)投资协议;

(5)政府和社会资本合作(PPP)项目合同;

(6)投标文件格式;

(7)技术文件。

根据本章第1.9款、第2.2款和第2.3款对招标文件所作的答疑、澄清、修改。统称为“补遗书”,构成招标文件的组成部分。

当招标文件、招标文件的答疑、澄清或修改等在同一内容的表述上不一致时,以最后发出的书面文件为准。

2.2 招标文件的厘清

2.2.1 投标人应仔细阅读和检查招标文件的全部内容。如发现缺页或附件不全,应及时向采购人提出,以便补齐。如有疑问,应在投标截止时间18日前以书面形式要求采购人对招标文件予以澄清。

2.2.2 招标文件的澄清内容可能影响投标文件编制的,采购人应在投标截止时间15日前以书面形式发给所有购买招标文件的投标人,但不指明澄清问题的来源。如果澄清发出的时间距投标截止时间不足15日,相应延长投标截止时间。采购人有责任保证所有购买招标文件的投标人收到招标文件的澄清。

2.2.3 投标人在收到澄清后,应在收到澄清后24小时内(以发出时间为准)以书面形式通知招标人,确认已收到该澄清。投标人未按前述规定通如采购人确认已收到该澄清的,不影响采购人已将招标文件澄清内容通知招标人的事实和招标文件澄清内容的效力。

2.3 招标文件的修改

2.3.1 采购人可以书面形式修改招标文件,并通知所有已购买招标文件的投标人。采购人应当在投标截止时间至少15日前发出招标文件的修改,不足15日的,相应延长投标截止时间。招标人有责任保证所有购买招标文件的投标人收到招标文件的修改。

2.3.2 投标人收到修改内容后,应在收到修改后24小时内(以发出时间为准)以书面形式通知招标人,确认已收到修改内容。投标人未按前述规定通知采购人确认已收到该修改的,不影响采购人已将招标文件修改内容通知投标人的事实和文件修改内容的效力。

3. 投标文件

3.1 投标文件的组成

3.1.1 投标文件应包括下列内容:

(1)标前页;

(2)投标函;

(3)法定代表人身份证或法定代表人的授权委托书;

(4)联合体协议书(若有);

(5)投标保证金;

(6)投标文件附表;

(7)项目实施计划;

(8)其他材料。

3.1.2 投标人没有组成联合体的。投标文件不包括本章第3.1.1(4)目所指的联合体协议书。

3.1.3 随同投标文件提交的项目实施计划应满足本招标文件的要求,并需进行详细论述。证明投标人各项计划与方案的合理性和可行性。投标人提交的项目实施计划将作为对投标文件进行综合评审的主要依据,该计划也是投标人中标后组建项目公司。以及采购人及其相关部门对项目各实施阶段进行监督管理的依据。

3.1.4 采购人和省级交通运输主管部门组织开展的前期工作的相关费用是项目建设投资的组成部分,应由社会资本方及项目公司承担。目前,采购人和省级交通运输给主管部门为本项目开展的前期工作如下:

(1)工程可行性研究报告;

(2)用地预审报告、地震安全性评价报告、环境影响评价、水土保持报告、地质灾害危险性评估报告、矿产压覆报告、桥梁通航安全影响论证报告、社会稳定风险评估、规划选址论证报告等;

(3)项目实施方案、财政承受能力论证、物有所值评价;

(4)项目勘察设计(初步设计)招标工作;项目社会资本方招标工作;

(5)组织开展项目前期评估、咨询、审查、验收等工作;

(6)其他与本项目相关的前期工作。

项目前期工作的费用总额根据前期工作委托合同实计取,项目前期工作费用的支付方式按招标文件第五章《政府和社会资本合作(PPP)项目合同》的约定执行。

3.1.5　本项目征地拆迁方式:

(1)项目公司是建设用地主体,履行组卷报批的项目法人职责。

(2)采购人负责本项目工程建设用地的征收及拆迁工作,协调各区(市)、县政府与项目公司签订征地拆迁协议。项目建设用地组卷报批工作由采购人负责组织协调沿线地方政府和国土、林业、社保等有关单位在施工图设计批复之日起90日内完成。

如因采购人原因未能按期完成的、顺延准备期。

(3)永久用地:水久征地拆迁有关费用按施工图预算批复费用包干补偿,包括但不限于,公路建设用地的土地补偿费和安置补助费,建筑物(房屋等)、构筑物(水井、桥梁等)、地上定着物(果树、林木等)等地上附者物和青苗的补偿费,压覆矿产赔偿费用,被征地人员的社会保险资金。按设计要求迁移通信、广播电视、供水、供电等管线管缆和其他物品的费用,各项税费,用地组卷及推批的相关费用及征地拆迁工作协调经费等。征地拆迁包干补偿及上述各细项费用标准按照国家和四川省相关规定执行。上述包干补偿费用由项目公司承担。超出包干补偿费用部分,由采购人承担。

(4)施工临时用地,项目公司应在签署合同后并在开工前,提出施工临时用地申请(包括临时用地的位置、数量和使用期限等),采购人负责协调沿线地方政府负责完成其征收及拆迁工作,但项目公司应向政府及时足额支付与此有关的一切费用。临时用地的恢复由项目公司承担,并负责与此有关的一切费用。

(5)若有超出PPP合同规定的项目而产生的费用,双方技按照国家和四川省相关政策协商解决。

3.1.6　本项目不承诺固定的投资回报率,投标人应按技术文件中拟订的技术方案和技术标准自行测算的总投资、运营养护及其他费用和各项收益。参考资料所提供的交通量预测、投资估算、财务分析等各项数据仅供投标人参考,投标人应自行调查当地实际情况。以便获得更为翔实准确的资料。投标人应自行承担套用参考资料内容进行测算和财务分析的全部风险。

(1)项目总投应包括从项目筹划、工程可行性研究、勘察设计、征地拆迁、施工至项目建成通车期间的全部投资和费用。

(2)项目运营养护费用应包括项目的日常养护费、大中修费用、运营管理费等费用。

(3)项目收益应包括直接收益(通行费收入)和间接收益(服务设施、广告经营收入等)。投标人应根据上述数据对项目进行财务分析(包括计算项目收益率、项目净现值、投资回收期等财务指标)、风险分析和测算。投标人应充分考虑合作期限内其所承担的各种风险。投标人中标后,如果合同条款另有约定或者法律法规及政策另有规定允许调整收费期,按照国家相关规定批准后可以调整收费期。调整后的收费期不超过国家法律及政策规定的最长期限。

3.2 投标有效期

3.2.1 投标有效期为120日。自递交投标文件截止之日起算。在投标有效期内,投标人不得要求撤销、修改补充其投标文件。

3.2.2 出现特殊情况需要延长投标有效期的,采购人以书面形式通知所有投标人延长投标有效期。投标人同意延长的,应相应延长其投标保证金的有效期,但不得要求或被允许修改或撤销其投标文件;投标人拒绝延长的,其投标失败,但投标人有权收回其投标保证金。

3.3 投标保证金

3.3.1 投标人在递交投标文件的同时,应按以下规定递交投标保证金(联合体投标的,其投标保证金由牵头人递交):

投标保证金金额,人民中伍百万元整(￥500万元)

投标保证金形式:

方式一:采用银行保函

银行保函由投标人开立基本账户的银行出具。如投标人开立基木账户的银行不能出具银行保函,则由该银行系统内其他支行及以上银行出具。

采用银行保函递交投标保证金的,投标人需将银行保函扫描附入投标文件中,并在投标截止时间前,在现场将银行保函(原件)递交给采购人。

方式二:银行转账或电汇

投标保证金递交截止时间:同投标截止时间(以到达采购人指定账户时间为准)。鉴于开标工作在投标截止时启动,为避免采购人在投标截止后因查询投标保证金到位情况而延误开标,请各投标人尽可能在投标截止日前一天的17:00前将投标保证金支付至采购人指定账户。

担标保证金由投标人的基本账户现金转账或银行电汇方式一次性汇入采购人指定账户,否则视为投标保证金无效。

采购人指定账户如下:

账户名称:凉山彝族自治州交通运输局

开户银行:中国银行凉山分行营业部

账户:121××××××104

方式三:采购人委托四川省政府政务服务和公共资源交易服务中心统一收退投标保证金。

(1)通过投标人的基本账户以银行转账、电汇、网上银行的方式交纳。

(2)投标保证金应在投标截止时间前到达指定账户,账户信息请在业务管理栏“投标保证金”模块中查看。

注意:

①投标人在交纳投标保证金时,请务必认真、准确填写相关保证金账号,以确保保证金的安全,有效、准确;

②相关项目保证金账户信息,只有通过系统报名后,才能进行查看。

3.3.2　投标保证金应在投标有效期内保持有效,采购人如果按本章第3.2.2项的规定延长了投标有效期,则投标保证金的有效期也相应延长。

3.3.3　投标人不按本章第3.3.1项和第3.3.2项要求提交投标保证金的,其投标文件予以否决。

3.3.4　采购人与中标人签订《投资协议》后5日内,向未中标的投标人和中标人退还投标保证金及银行同期存款利息。

3.3.5　有下列情形之一的,投标保证金不予退还:

(1)投标截止后投标人撤销或修改其投标文件;

(2)投标人在发出中标通知书后,无正当理由拒签《投资协议》或在签订《投资协议》时向采购人提出附加条件或未按招标文件规定提供社会资本方履约担保;

(3)中标候选人提交了虚假资料;

(4)中标候选人被查实以他人名义投标、与他人串通投标、以非法手段谋取中标;

(5)法律、法规、部门规章及规范性文件规定的其他情形。

3.4　资格审查资料

3.4.1　投标人须按招标文件第六章“投标文件格式”中规定的表格内容填写投标文件附表,并按各投标文件附表的具体要求提供相关证件及证明材料。

3.4.2　“投标人须知”规定接受联合体投标的,本章第3.4.1项规定的表格和资料应包括联合体各方相关情况。

3.5　投标人信息的核查

采购人有权核查投标人在投标文件中提供的材料。若在评标期间发现投标人提供了虚假资料,评标委员会将否决投标人的投标。若在评标结果公示至中标通知书发出前，发现中标候选人存在串通投标、提供了虚假资料等违法违规行为或其他不满足招标文件实质性条件等情形的，采购人有权取消其中标候选人资格并不予退还其投标保证金，同时采购人将投标人的弄虚作假行为予以公告并按照信用管理有关规定处理。若在中标通如书发出后，发现中标人有弄虚作假行为的，采购人有权取消其中标资格、解除《投资协议》、《政府和社会资本合作(PPP)项目合同》，不退还其投标保证金或投资人履约担保，同时采购人将投标人的弄虚作假行为予以公告并按照信用管理有关规定处理。

3.6 投标文件的编制

3.6.1 投标文件应按第六章“投标文件格式”进行编写，如有必要，可以增加附页，作为投标文件的组成部分。

3.6.2 投标文件应当对招标文件有关合作期限、投标有效期、质量要求、招标范围等实质内容作出响应。

3.6.3 投标文件正本应用不褪色的墨水书写或打印，并由投标人的法定代表人或其委托代理人按招标文件规定格式要求亲笔签署姓名，不得使用印章、签名章或其他电子制版签名代替。

3.6.4 如果投标文件由委托代理人签署，则投标人须提交法定代表人的授权委托书，授权委托书应按规定的书面方式出具，并由法定代表人和委托代理人亲笔签名，不得使用印章、签名章或其他电子制版签名代替。

如果由投标人的法定代表人亲自签署投标文件，则不需提交授权委托书，但应按规定的书面方式出具法定代表人身份证明，并由法定代表人亲笔签名，不得使用印章、签名章或其他电子制版签名代替。

以联合体形式参与投标的，投标文件正本由联合体牵头人的法定代表人或其委托代理人按上述规定签署并加盖联合体牵头人单位章。法定代表人身份证明或授权委托书须由联合体牵头人按规定出具。

投标文件应尽量避免涂改、行间插字或删除。如果出现上述情况，改动之处应加盖单位章或由投标人的法定代表人或其委托代理人签字确认。

3.6.5 投标文件正本一份，副本二份，另加一份投标文件电子文件(U盘)。正本和副本的封面上应清楚地标记“正本”或“副本”的字样。当副本和正本不一致时，以正本为准。

3.6.6 投标文件正本与副本应分别装订成册，并编制目录，且逐页标注连续页码。投标文件不得采用活页夹装订，否则，采购人对由于投标文件装订松散而造成的丢失或其他后果不承担任何责任。

4. 投标

4.1 投标文件的密封和标识

4.1.1 投标文件正本(含投标文件电子文件)、副本分别包装在内层封套中,然后密封在一个外层封套中。外层封套应加贴封条或加盖密封章,外层封套上不应有任何投标人的识别标志。

4.1.2 投标文件的内层封套上应清楚地标记"正本"或"副本"字样。内、外层封套上应写明(以联合体形式投标的,内层封套仅填写联合体牵头人信息):

一、内层封套

投标人邮政编码:

投标人地址:____________

投标人名称:____________

投标人联系人:____________

投标人联系电话:____________

二、外层封套

采购人地址:____________

采购人名称:____________

(项目名称)社会资本方招标投标文件

在____年____月____日____时____分前不得开启

4.1.3 未按本章第4.1.1项和第4.1.2项要求对外层封套进行密封和加写标记的投标文件,招标人不予受理。

4.2 投标文件的递交

4.2.1 投标人应在规定的投标截止时间前递交投标文件。

4.2.2 投标人递交投标文件的地点:见招标公告。

4.2.3 投标人所递交的投标文件不予退还;但投标人少于3个(不含3个)将不予开标,投标文件原封退还。

4.2.4 采购人收到投标文件后,向投标人出具签收凭证。

4.2.5 逾期送达的或者未送达指定地点的或未按照招标文件要求密封的投标文件,采购人不予受理。

4.2.6 在特殊情况下,采购人如果决定延后投标截止时间,应在原定投标截止时间7日前,以书面形式通知所有投标人延后投标截止时间。在此情况下,采购人和投标人的权利和义务相应延后至新的投标截止时间。

4.3　投标文件的修改与撤回

投标人在招标文件要求提交投标文件的截止时间前，可以补充、修改或者撤回已提交的投标文件，并书面通知采购人。补充、修改的内容为投标文件的组成部分。

5. 开标

5.1　开标时间和地点

开标时间同投标截止时间，开标地点同投标文件递交地点，采购人将按规定的开标时间和地点公开开标，并邀请所有投标人的法定代表人或其委托代理人准时参加。

投标人若未派法定代表人或委托代理人出席开标活动，或未在开标记录上签字，视为该投标人默认开标结果。

5.2　开标程序

5.2.1　采购人按以下规定程序进行开标：

(1)采购人签收投标人递交的投标文件。

(2)投标人出席开标会的代表签到。

(3)开标会主持人宣布开标会开始，通报投标文件递交情况。

(4)主持人介绍主要参会人员，宣布开标人、唱标人、记录人及监督人名单，并询问投标人是否需要申请回避，宣布会议议程及会场纪律。

(5)监督人宣布开标会纪律。

(6)采购人、监督人员和投标人的代表共同检查各投标文件密封情况，检查无异议后进入下一步程序。

(7)工作人员随机开启投标文件，并唱标（投标人名称、投标保证金递交情况等采购人有实质性要求的内容）予以记录。

(8)确认无误后，投标人签字确认开标记录。

(9)主持人宣布开标会结束。

(10)投标文件、开标会记录等送封闭评标区封存。

5.2.2　若采购人宣读的内容与投标文件不符时，投标人有权在开标现场提出异议，经监督人当场核查确认之后，可重新宣读其投标文件。若投标人现场未提出异议，则认为投标人已确认采购人宣读的内容。

6. 评标

6.1　评标委员会

评标由采购人依法组建的评标委员会负责。评标委员会由采购人熟悉相关业务的代表，以及评标专家组成。评标专家从四川省政府采购评审专家库随机抽取，评标专家中至少应当包含1名财务专家和1名法律专家。本项目评标委员会组成：评标委员会人数为7人，其中采购人代表2人，评标专家5人。

与投标人有利害关系以及其他可能影响公正评标的人员不得进入项目的评标委员会，已经进入的应当更换。评标委员会名单在中标结果确定前应保密。

6.2　评标原则

评标活动遵循公平、公正、科学、择优的原则。

6.3　评标办法

本项目采用的评标办法为：综合评估法。

评标委员会按照第三章“评标办法”的规定对投标文件进行评审。第三章“评标办法”没有规定的方法、评审因素和评分值，不作为评标依据。

6.4　评标结果公示

6.4.1　评标完成后，评标委员会应当向采购人提交书面评标报告。评标报告中推荐的中标候选人为3个，并标明排序。

6.4.2　采购人应在收到评标报告之日起3日内，将评标结果在招标公告发布的指定媒介上公示，公示时间3个工作日。

投标人或者其他利害关系人对评标结果有异议的，应当在中标候选人公示期间提出。采购人应当自收到异议之日起3日内作出答复；作出答复前，应当暂停招标投标活动。

6.5　复核中标候选人

采购人在中标候选人公示期结束后30日内，且在定标前，根据招标文件和中标候选人的投标文件，核实中标候选人有关情况，并形成复核报告。中标候选人的经营、财务状况等发生较大变化或者存在违法行为，采购人认为可能影响其履约能力的，将组织原评标委员会按照招标文件规定的标准和方法审查确认。

6.6　合同谈判及合同公示

采购人在中标候选人公示结束后，可根据需要组织项目谈判小组，必要时邀请第三方提供法律、公路、财务、金融等专业支持。谈判小组按照中标候选人的排名依次与前三名中标候选人就《政府和社会资本合作(PPP)项目合同》中非核心条款和可变的细节问题进行项目合同谈判，谈判内容不得对项目实施方案、物有所值评价报告、财政承受能力论证报告及招标文件中已经明确不得变动的核心条款作出实质性变更。采购人和中标候选人对核心条款范围发生争议的，由上级行业主管部门认定。经谈判小组与中标候选人谈判，率先达成一致的中标候选人即为预中标人。项目实施机构应与预中标人签署确认谈判备忘录,并报省级交通运输主管部门备案后公示相关信息,公示期不少于5个工作日。

7. 合同授予

7.1 定标

7.1.1 采购人应当确定排名第一的中标候选人为中标人;

7.1.2 如已组织项目谈判小组的,与项目谈判小组率先达成一致并与项目实施机构签署确认谈判备忘录的中标候选人为中标人。

7.2 中标通知

中标人确定后,采购人应当在指定媒介上发布采购结果。采购人应当向中标人发出中标通知书,并同时将中标结果通知所有未中标的投标人。

7.3 政府和社会资本合作(PPP)项目合同的审批

公示期满无异议的,由采购人会同投资主管部门将《政府和社会资本合作(PPP)项目合同》提交本级人民政府批准。

7.4 投资人履约担保

7.4.1 投资人履约担保的提交与退还:投资人在中标通知书发出后30日内并在签订《投资协议》之前提交。在项目交工验收合格并开通试运营后,30日内解除投资人履约担保。

中标人应按以下规定向采购人提交投资人履约担保(联合体中标的,其投资人履约担保由牵头人提交):

投资人履约担保金额:人民币贰亿元整(¥20000万元);

履约担保形式:银行保函。

银行保函必须由以下银行出具:工商银行、农业银行、中国银行、建设银行、交通银行、招商银行、中信银行、华夏银行、兴业银行、浦发银行、光大银行、民生银行。

履约担保的银行级别:支行及以上。

7.4.2 中标人不能按本章第7.4.1项要求提交投资人履约担保的,采购人取消其中标资格,其投标保证金不予退还,由采购人将其不良行为记录上报相关部门并按信用管理有关办法予以处理。

7.5 签署投资协议

7.5.1 中标人应在中标通知书发出后30日内,与采购人签订《投资协议》。中标人无正当理由拒签《投资协议》的,或在签订《投资协议》时向采购人提出附加条件的,采购人取消其中标资格,其投标保证金不予退还,由采购人将其不良行为记录上报相关部门并按信用管理有关办法予以处理。

7.5.2 《投资协议》经双方法定代表人或其委托代理人签署并加盖单位章后生效。若为联合体投标，则联合体各成员的法定代表人或其委托代理人都应在《投资协议》上签署并加盖单位章。

7.5.3 如根据国家法律法规规定或本章第3.5款、第7.4.2项、第7.5.1项等规定，采购人取消了中标人的中标资格，在此情况下，采购人可以按照评标委员会提出的中标候选人名单排序依次确定其他中标候选人为中标人，也可以按规定重新招标。

7.5.4 采购人和中标人应按照招标文件和中标人的投标文件订立书面合同。采购人和中标人不得再行订立背离合同实质性内容的其他协议。

7.6 组建项目公司

7.6.1 中标人应在《投资协议》签订后30日内，按照下列规定组建项目公司，项目公司股东出资协议、公司章程报采购人备案后，再向工商管理部门申请注册登记，获得法人资格。

(1)成立由其100%持股的项目公司，若中标人为联合体，则各方持股比例应与投标时提交的《联合体协议书》确定的出资比例一致。项目资本金应全额来源于股东投资。中标人对项目公司的出资总额应不低于项目总投资的20%，且均应为货币性资金，可分期到位。

(2)项目公司的注册资本金应当以货币形式出资，中标人对项目公司的出资可一次或分期到位。选择分期到位的，应在项目建设期内全部到位。

项目资本金应在项目建设期内按20%(含首期到位资本金)、20%、20%、20%、20%全部到位。同时还应满足工程建设资金的需求及金融机构的融资要求。项目公司首期到位资本金应不低于1亿元，项目开工前累计到位资金应不低于5亿元。

(3)按投标文件的承诺设置与拟建工程规模相适应的组织机构，配备技术、财务、管理人员(项目公司各主管人员不得兼任其他职务或任务)。

7.6.2 如中标人未能按招标文件的规定组建项目公司，或虽已遵守招标文件的规定但采购人认为其尚无实施本项目的足够能力时，中标人应按采购人的要求完善项目公司的机构设置、人员配备、资金筹措等方面的工作。同时，采购人有权按照《投资协议》的约定向中标人主张违约责任。

7.7 签署政府和社会资本合作(PPP)项目合同

7.7.1 项目公司注册登记后15日内，应与项目实施机构签署《政府和社会资本合作(PPP)项目合同》。

7.7.2 《政府和社会资本合作(PPP)项目合同》由本级人民政府批准,经双方法定代表人或其授权的代理人签署并加盖单位公章后生效。

8. 重新招标

有下列情形之一的,采购人将重新招标:

(1)投标人少于3个的;

(2)经评标委员会评审后否决所有投标的;

(3)中标候选人均未与采购人签订《投资协议》的;

(4)法律、法规、规章规定的或招标文件规定的其他情形。

9. 纪律和监督

9.1 对采购人的纪律要求

采购人不得泄露招标投标活动中应当保密的情况和资料,不得与投标人串通损害国家利益、社会公共利益或者他人合法权益。

9.2 对投标人的纪律要求

投标人不得相互串通投标或者与采购人串通投标,不得向采购人或者评标委员会成员行贿谋取中标,不得以他人名义投标或者以其他方式弄虚作假投标、骗取中标;投标人不得以任何方式干扰、影响评标工作。

9.3 对评标委员会成员的纪律要求

评标委员会成员不得收受他人的财物或者其他好处,不得向他人透漏对投标文件的评审和比较、中标候选人的推荐情况以及评标有关的其他情况。在评标活动中,评标委员会成员不得擅离职守,影响评标程序正常进行,不得使用第三章"评标办法"没有规定的评审因素和标准进行评标。

9.4 对与评标活动有关的工作人员的纪律要求

与评标活动有关的工作人员不得收受他人的财物或者其他好处,不得向他人透漏对投标文件的评审和比较、中标候选人的推荐情况以及评标有关的其他情况。在评标活动中,与评标活动有关的工作人员不得擅离职守,影响评标程序正常进行。

9.5 投诉

9.5.1 对招标文件、开标、评标结果有异议的,投标人和其他利害关系人应当依法先向采购人提出。对招标文件有异议的,投标人应当在投标截止时间10日前提出,采购人应当自收到异议之日起3日内作出答复,作出答复前,应当暂停招标投标活动。对开标有异议的,投标人应当在开标现场提出,采购人应当当场作出答复。对评标结果有异议的,投标人应当在中标候选人公示期间提出,采购人应当自收到异议之日起3日内作出答复,作出答复前,应当暂停招标投标活动。采购人收到异议未按规定时间答复的,或者答复不符合法律、行政法规规定的,可依法向行政监督部门投诉。

9.5.2 投标人和其他利害关系人认为本次招标活动违反法律、法规和规章规定的,有权向行政监督部门投诉。

9.5.3 对涉及投标文件的投诉,可委托采购人或其上级主管单位调查并提出处理建议:对情况复杂、涉及面广的重大投诉事项,交通运输行政监督部门应当会同其他有关的行政监督部门进行联合调查,共同研究后,做出处理决定。负责受理投诉的监督部门应当自受理投诉之日起30个工作日内,对投诉事项做出处理决定。

监督部门:四川省交通运输厅

地址:成都市武侯祠大街×××号

电话:028-85××××15

传真:028-85××××15

监督部门:凉山州纪委派驻凉山州交通运输局纪检组

地址:西昌市商业街×段××号

电话:0834-32××××4

传真:0834-32××××9

10. 其他规定

10.1 联系方式

(1)采购人及采购代理机构联系方式见招标公告。

(2)自购买招标文件之日起,投标人应保证其提供的联系方式(电话、传真、电子邮箱)一直有效,以保证往来函件(招标文件的澄清、修改等)能及时通知投标人,并能及时反馈信息,否则采购人不承担由此引起的一切后果。

10.2 采购人相关政策和优惠条件

(1)国家若对本项目按照国家有关政策安排补助资金,其补助资金全额补助给本项目。

政府补助资金的使用、管理应符合国家和省相关规定和要求。政府补助资金即建安费的50%拟积极争取中央车购税补助,具体金额以交通运输部最终核定为准。

(2)在工程建设期间,凡用于本项目建设的地材,按照四川省相关规定予以支持。同时,加大建设市场监管力度,严厉打击非法垄断、哄抬物价等行为。

(3)由于法律法规、政策变动允许调整收费期或因不可抗力因素导致项目受到实质性影响,造成项目遭受损失的,经相关部门批准可以通过调整收费期或采取其他措施对项目予以适当补偿。调整后的收费期不超过国家法律及政策规定的最长期限。

(4)采购人协助项目公司为项目申请专项建设资金,申请到的资金全额用于本项目。基金的使用、管理应符合国家和省相关规定和要求。

10.3 设计、施工、监理等单位的确定

10.3.1 勘察设计单位的确定:本项目勘察设计单位(初设)已通过公开招标确定。

10.3.2 施工、设计、监理等单位的确定

项目公司按照项目核准的建设方式依法选择施工图勘勘察设计、施工、监理等单位完成本项目相关建设工程。投资人自行组织施工或设计的,应符合国家和交通主管部门的有关要求。

11.争议解决

招投标过程中发生的争议,各方协商解决,也可由有关部门调解解决,协商或调解不成的,也可按法律规定依法主张权利。

三、评标办法

评标应由招标人依法组建的评标委员会负责对各投标文件进行评审。对于工程项目来说,常用的评标办法有四种:第一种方法是综合评标法,是把涉及投标人各种技术、商务以及服务的条款都折算成一定的分数值,评标时对每一项指标进行符合性审查、核准,并依据该结果给出分数值,最后依照分数值选取得分最高的投标人为中标人,一般是各个评委独立进行打分,然后汇总分数进行总分相加再取平均数。第二种方法是最低中标法,把投标人的各种技术、商务和服务内容等要求,按照一定的标准转换为不同的价格进行比较,取“评标价格最低者”作为中标者,运用此种方法时评委之间可以进行协商,评委之间专业可以相同也可以互补。第三种方法是指按照要求对投标文件进行评审后,计算出每个有效投标人除价格因素以外的其他各项评分因素(包括技术、财务状况、信誉、业绩、服务、对招标文件的响应程度等)的汇总得分,并除以该投标人的投标报价,以商数(评标总得分)最高的投标人为中标候选供应商或者中标供应商的评标方法。第四种方法是双信封评标法,工程招标投标时使用的一种办法。投标

人同时提交技术和商务报价两个信封;先打开技术方面的信封,进行分析比较。对于符合要求者,再打开商务报价的信封,最低报价者中标。

☞ **案例七:某项目招标文件中的评标办法**

评标办法(综合评估法)

1. 评标办法

本次评标采用综合评估法。评标委员会对响应招标文件实质性要求的投标文件,在满足项目准备期、建设期、收费期的时限要求前提下,按照投标人综合得分由高到低的顺序推荐中标候选人。如果投标人的综合得分相等,按收费期限由短到长的顺序推荐中标候选人:收费期限也相等的,则采用投标人上年末(2017年)净资产(联合体投标的以加权值为准,联合体净资产加权值=∑公联合体各成员2017年年末净资产×其在项目公司的股权比例)从大到小确定排名顺序,推荐中标候选人。

2. 评审标准

2.1 资格评审标准

(1)投标人已参加本项目资格预审,资格预审结果为合格,并提供资格条件确认函。

(2)投标人为联合体的,联合体名称和成员及出资比例应与申请资格预审时保持一致,提供联合体协议书复印件。

2.2 初步评审标准

(1)投标文件按照招标文件规定的格式、内容填写,字迹清晰可辨;

(2)投标文件上要求投标人签字盖章处,法定代表人或法定代表人的委托代理人的签字、投标人的单位章齐全,符合招标文件规定;

(3)投标人按照第二章"投标人须知"第3.3.1项和第3.3.2项规定的金额、形式、时间和账户等要求提供了投标保证金;

(4)投标人按照第二章"投标人须知"第3.6.4项的规定,提供了法定代表人的身份证明或者法定代表人的授权委托书;

(5)投标文件中只提交了一个资本金出资方案:投标人承诺投入的项目资本金(包括总额、首期到位资本金以及资本金全部到位时间等)满足招标文件要求;

(6)投标文件没有对采购人的权利提出削弱性或限制性要求,没有对投标人的责任和义务提出实质性修改;

(7)投标人承诺的准备期、建设期、收费期满足招标文件投标人须知第1.3款要求；

(8)投标人承诺的工程质量目标、运营养护目标和服务质量目标不低于招标文件投标人须知第1.3款规定；

(9)投标文件未附有采购人不能接受的条件。

2.3　详细评审标准

对通过资格审查和初步评审的投标文件进行详细评审，满分100分。

(1)项目资金到位比例，15分：项目开工前累计到位资金5亿元时，得9分，项目开工前累计到位资金每增加0.5亿元加1分；该项最多得15分。

(2)项目收费期，50分：收费期限为30年时，得30分，收费期限每减少20天加1分；该项最多得50分。

(3)资金筹措能力，15分：针对本项目的银行贷款承诺函金额不低于123亿元人民币，得9分，每增加2亿元加1分；该项最多得15分。联合体投标的，以成员单位合计金额为准。

(4)资产负债率，5分：2017年年末资产负债率低于65%，得5分；2017年年末资产负债率低于70%，得3分；2017年年末资产负债率低于75%，得1分；2017年年末资产负债率等于或高于75%，不得分。联合体投标的，以联合体资产负债率加权值为准(联合体资产负债率加权值=∑联合体各成员2017年年末资产负债率×其在项目公司的股权比例)。

(5)项目业绩，15分：投资项目(不含出资比例低于51%的项目)已运营高速公路累计里程达到100公里，得9分；累计里程达到180公里，得12分；累计里程超过180公里，每增加100公里加1分。本项最多得15分。联合体投标的，以牵头单位业绩为准。

(6)投标人综合得分：(1)至(5)项得分之和为投标人综合得分。

3.评标程序

3.1　资格审查、初步评审、详细评审

3.1.1　评标委员会依据本章第2.1款、第2.2款规定的评审标准对投标文件进行资格审查、初步评审。有任意一项不符合评审标准的，投标予以否决。评标委员会依据本章第2.3款规定的评审标准对投标文件进行详细评审，确定投标人综合得分。

3.1.2　投标人不得存在下列任何一种情形，否则其投标予以否决。

(1)串通投标或弄虚作假或有其他违法行为的；

(2)不按评标委员会要求澄清、说明或补正的；

(3)其他按照法律、法规、部门规章等规定的作否决投标处理的情形。

3.2 投标文件的澄清和说明

3.2.1 在评标过程中，评标委员会可以书面形式要求投标人对所提交投标文件中含义不明确、对同类问题表述不一致或者有明显文字错误的内容作必要的澄清、说明。评标委员会不接受投标人主动提出的澄清、说明。

3.2.2 澄清、说明不得改变投标文件的实质性内容。投标人的书面澄清、说明属于投标文件的组成部分。

3.2.3 评标委员会对投标人提交的澄清、说明有疑问的，可以要求投标人进一步澄清、说明，直至满足评标委员会的要求。

3.3 评标结果

3.3.1 评标委员会根据投标人综合得分由高到低推荐中标候选人。如果投标人的综合得分相等，按收费期限由短到长的顺序推荐中标候选人；收费期限也相等的，则采用投标人上年末(2017年)净资产(联合体投标的以加权值为准，联合体净资产加权值=∑联合体各成员2017年年末净资产×其在项目公司的股权比例)从大到小确定排名顺序，推荐中标候选人。评标委员推荐3名中标候选人。

3.3.2 评标委员会完成评标后，应当向采购人提交书面评标工作报告。评标工作报告格式详见附件。

四、工程量清单

工程量清单是建设工程的分部分项工程项目、措施项目、其他项目、规费项目和税金项目的名称和相应数量等的明细清单。由分部分项工程量清单、措施项目清单、其他项目清单、规费税金清单组成。

在工程量清单计价实施之前，工程范围的表述形式只有图纸。工程量清单实际为图纸和技术规范(标准施工招标文件的技术标准和要求)所显示工程内容的另外一种表现形式。其本质内容与图纸和技术规范的内容应当一致，即工程量清单=招标图纸+技术规范及要求。①

① 《施工图纸与工程量清单的关系》，载个人图书馆网2015年6月14日，http://www.360doc.com/content/15/0614/16/14514811_478069351.shtml。

☞ 案例八:某项目招标文件中的工程量清单

(一)工程量清单说明

1.1 本工程量清单是根据招标文件中包含的、有合同约束力的图纸以及有骨感工程量清单的国家标准、行业标准、合同条款中约定的工程量计算规则编制。约定计量规则中没有的子目,其工程量按照图纸所标示尺寸的理论净量计算。计量采用中华人民共和国法定计量单位。

1.2 本工程量清单应与招标文件中的投标人须知、合同条款、技术标准和要求及图纸等一起阅读和理解。

1.3 本工程量清单仅是投标报价的共同基础,实际工程计量和工程价款的支付应遵循合同条款的约定和第五章"技术标准和要求"的有关规定。

1.4 补充说明:________________________________。

(二)其他说明

(三)工程量清单

工程量清单

清单 第100章 总则					
细目号	细目名称	单位	数量	单价	合价
101-1	保险费				
-a	按合同条款规定,提供建筑工程一切险	总额			
-b	按合同条款规定,提供第三方责任险	总额			
102-1	竣工文件	总额			
102-2	施工环保费	总额			
103-1	临时道路修建、养护与拆除(包括原道路的养护费)	总额			
103-2	临时工程用地	m			
103-3	临时供电设施	m			
-a	设施架设、拆除	总额			
-b	设施维修	月			
103-4	电讯设施的提供、维修与拆除	总额			

续表

细目号	细目名称	单位	数量	单价	合价
103-5	供水与排污设施	总额			
104-1	承包人驻地建设	总额			

五、设计图纸

设计图纸分平面图、地平面图、天棚平面图、立面图、节点大样图、强电铺设图、弱电铺设图等。

常见设计图纸符号及含义如表 2-2 所示。

表 2-2　常见设计图纸符号及含义

序号	名称	代号	序号	名称	代号	序号	名称	代号
1	板	B	15	吊车梁	DL	29	基础	J
2	屋面板	WB	16	圈梁	QL	30	设备基础	SJ
3	空心板	KB	17	过梁	GL	31	桩	ZH
4	槽形板	CB	18	连系梁	LL	32	柱间支撑	ZC
5	折板	ZB	19	基础梁	JL	33	垂直支撑	CC
6	密筋板	MB	20	楼梯梁	TL	34	水平支撑	SC
7	楼梯板	TB	21	檩条	LT	35	梯	T
8	盖板或沟盖板	GB	22	屋架	WJ	36	道蓬	TP
9	挡雨板或口板檐板	YB	23	托染	TJ	37	阳台	YT
10	吊车安全走道板	DB	24	天窗架	CJ	38	梁垫	LD
11	墙板	QB	25	框架	KJ	39	预埋件	M
12	天沟板	TGB	26	钢架	GJ	40	天窗墙壁	TD
13	梁	L	27	支架	ZJ	41	钢筋网	W
14	屋面梁	WL	28	柱	Z	42	钢筋骨架	C

强度等级代号	外形	钢种	公称直径 mm	符号	主要用途	常用材料
HPB235	光圆	低碳钢	8-20	Φ	非预应力	Q235
HPB335	月牙肋	合金钢	6-50	Φ̲	非预应力、预应力	20MnSi
HPB400			6-50	Φ̳		25MnSi
HPB400			6-50	Φ^R	预应力	

六、技术标准和要求

技术标准和要求①是招标文件的重要组成部分。技术规格或技术要求的确定，往往是招标能否具有竞争性，达到预期目的的技术制约因素。

技术标准和要求以招标人的技术需求书为主，投标人提供的技术标准和规范应当符合技术需求书的要求，详细的指标则可以主要由投标人提供。比如：

(1)施工招标项目的技术标准和要求由图纸和技术说明、工程量清单构成；

(2)货物招标的技术标准和要求则一般包括货物清单、规格、型号、品牌，并且这里技术规格或技术要求是指招标项目在技术、质量方面的标准，如一定的大小、轻重、体积、精密度、性能等；

(3)服务采购的技术标准和要求则会有招标人的需求和服务规范等。

招标文件规定的技术规格应采用国际或国内公认、法定标准。在招标文件中规定有关技术规格的内容需要注意下列问题：

(1)必须符合公平竞争性的要求；

(2)不得要求或标明某一特定的专利、商标或商号、设计或型号、具体原产地或生产厂家；

(3)不得有倾向某一潜在投标人或排斥某一潜在投标人的内容；

(4)但无法准确或清楚地说明拟招标项目的特点和要求，而已在招标文件内注明诸如“相当于”或“或同等品”字样的，不在此限。

全面描述招标项目需求，既是招标活动的主要依据，也是合同文件构成的重要内容，对招标人和中标人具有约束力。

---

① 《中国建设工程项目招标投标法律实务指南》，载科威先行法律信息库，https://law.wkinfo.com.cn/commentary/detail/ODExODk2? aid=MzAwMDAwOQ%3D%3D&bid=QjAwMDAwMTE5NjM%3D&title=%5B¶30-860%5D%20 技术标准和要求 &lang=中文 &q=设计图纸技术标准和要求。

☞ 案例九：某道路快速化改造项目工程量清单（节选）

分部分项工程和单价措施项目清单与计价表

工程名称：大型土石方工程　　　　　　　　　　标段：

序号	项目编码	项目名称	项目特征描述	计量单位	工程量	金额（元）		
						综合单价	合价	其中 暂估价
1	040101001001	清表	1. 平均清除30cm厚地表耕植土，打堆； 2. 清除路基范围内30cm厚建筑垃圾、树根、草皮等不适合做路基的土质，外运另计； 3. 满足设计图纸及规范要求。	m^3	65266.2	4.34	283255.31	
2	040101001002	挖一般土方	1. 土填类别：参照地质勘探报告综合考虑； 2. 挖土深度：详见施工图纸，外运另计； 3. 满足设计图纸及规范要求。	m^3	247017	6.18	1526565.06	
3	040101005004	挖淤泥、流砂	1. 河塘挖淤泥； 2. 按设计图纸及规范要求； 3. 弃置位置自考虑，含场内外运输、渣土费、弃置费等由承包人自行考虑。	m^3	38469	60.82	2339684.58	

续表

序号	项目编码	项目名称	项目特征描述	计量单位	工程量	金额(元)		
						综合单价	合价	其中 暂估价
4	040103001002	绿化用土回填	1. 绿化素土回填,土方来源由投标人自行考虑; 2. 中分带、侧分带树池等部位; 3. 满定设计图纸及规范要求。	m^3	30000	34. 85	1045500. 00	
5	040103001012	素土回填	1. 河塘的素土回填,土方来源由投标人自行考虑; 2. 满足设计图纸及规范要求。	m^3	27267	26. 01	709214. 67	
6	040202002007	翻挖掺5%石灰土	1. 含灰量:5%石灰Ⅲ级灰; 2. 满足设计图纸及规范要求。	m^3	43404	64. 64	2805634. 56	
7	040202002009	7%灰土	1. 含灰量:7%石灰,Ⅲ级灰; 2. 河塘填筑7%灰土; 3. 土方来源由投标人自行考虑; 4. 满足设计图纸及规范要求。	m^3	22727	100. 68	2288154. 36	

七、合同条款

本章将在第五节对合同条款进行说明。

八、参考资料

招标文件中的参考资料不仅可以让投标人准确地了解招标项目的详细信息,也能让投标人更加清晰地了解自身是否适合本招标项目。通过对项目地址、水文、地质、气象、交通等参考资料的详细描述,能够使整个招标项目更加精准化、专业化,也能够为项目的顺利完成提供前提条件。

九、补遗与澄清文件

招标文件发出后，如招标人认为有需要澄清的问题，则以补遗澄清文件的形式通过原途径发出。《招标投标法》第 23 条规定，招标人对已发出的招标文件进行必要的澄清或者修改的，应当在招标文件要求提交投标文件截止时间至少 15 日前，以书面形式通知所有招标文件收受人。该澄清或者修改的内容为招标文件的组成部分。

☞ 案例十：某项目招标文件对评标办法的补遗①

成洛大道（二环路至三环路）道路改造工程二期监理/标段补遗文件（一）

各投标人：

现招标人对招标文件进行补充修正，本补遗文件（一）是招标文件的组成部分，本次补遗的内容如下：

一、招标文件第三章评标办法 2.2.4(2)“项目总监理工程师任职资格与业绩：具有中级及以上技术职称的得 6 分，本项最多得 6 分”。调整为：“项目总监理工程师任职资格与业绩：具有中级技术职称的得 5 分，具有高级及以上技术职称的得 6 分，本项最多得 6 分。”

注：本标段投标文件递交截止时间（开标时间）及递交投标文件地点（开标地点）不变。

招标人：成都城投基础设施建设投资有限公司

招标代理机构：重庆大正建设工程经济技术有限公司

2020 年 12 月 16 日

第三节　招标文件的编写

《招标投标法》《招标投标法实施条例》等规定有较为详细的招标文件编写

① 载四川省公共资源交易信息网 2020 年 12 月 16 日，http://ggzyjy.sc.gov.cn/jyxx/002001/002001003/20201216/FC7C8248163649CC9D2DBF45D48583FD.html。

要求及标准,如《招标投标法》第 19 条规定了招标文件的应包括的具体内容①。

根据现行法律、法规等的规定,招标人或招标代理人在编制招标文件的过程中应当注意以下要点:

一、不得以不合理的条件限制排斥潜在投标人

招标人不得限制排斥潜在投标人,如不得利用分标段项目规避招标;不得标明特定生产供应者;不得通过限制投标条件、编制资格预审文件、招标文件等形式排斥潜在投标人;招标文件不得含有倾向或者排斥潜在投标人的其他内容等,具体法律规定如下:

根据《招标投标法实施条例》第 24 条的规定,“招标人对招标项目划分标段的,应当遵守招标投标法的有关规定,不得利用划分标段限制或者排斥潜在投标人。依法必须进行招标的项目的招标人不得利用划分标段规避招标”。

根据《招标投标法》第 20 条的规定,“招标文件不得要求或者标明特定的生产供应者以及含有倾向或者排斥潜在投标人的其他内容”。

根据《招标投标法实施条例》第 23 条的规定,“招标人编制的资格预审文件、招标文件的内容违反法律、行政法规的强制性规定,违反公开、公平、公正和诚实信用原则,影响资格预审结果或者潜在投标人投标的,依法必须进行招标的项目的招标人应当在修改资格预审文件或者招标文件后重新招标”。

根据《招标投标法实施条例》第 32 条的规定:“招标人不得以不合理的条件限制、排斥潜在投标人或者投标人。招标人有下列行为之一的,属于以不合理条件限制、排斥潜在投标人或者投标人:(一)就同一招标项目向潜在投标人或者投标人提供有差别的项目信息;(二)设定的资格、技术、商务条件与招标项目的具体特点和实际需要不相适应或者与合同履行无关;(三)依法必须进行招标的项目以特定行政区域或者特定行业的业绩、奖项作为加分条件或者中标条件;(四)对潜在投标人或者投标人采取不同的资格审查或者评标标准;(五)限定或者指定特定的专利、商标、品牌、原产地或者供应商;(六)依法必须进行招标的项目非法限定潜在投标人或者投标人的所有制形式或者组织形式;(七)以其他

① 《招标投标法》第 19 条规定:“招标人应当根据招标项目的特点和需要编制招标文件。招标文件应当包括招标项目的技术要求、对投标人资格审查的标准、投标报价要求和评标标准等所有实质性要求和条件以及拟签订合同的主要条款。国家对招标项目的技术、标准有规定的,招标人应当按照其规定在招标文件中提出相应要求。招标项目需要划分标段、确定工期的,招标人应当合理划分标段、确定工期,并在招标文件中载明。”

不合理条件限制、排斥潜在投标人或者投标人。”

根据《政府采购法实施条例》第20条规定:“采购人或者采购代理机构有下列情形之一的,属于以不合理的条件对供应商实行差别待遇或者歧视待遇:(一)就同一采购项目向供应商提供有差别的项目信息;(二)设定的资格、技术、商务条件与采购项目的具体特点和实际需要不相适应或者与合同履行无关;(三)采购需求中的技术、服务等要求指向特定供应商、特定产品;(四)以特定行政区域或者特定行业的业绩、奖项作为加分条件或者中标、成交条件;(五)对供应商采取不同的资格审查或者评审标准;(六)限定或者指定特定的专利、商标、品牌或者供应商;(七)非法限定供应商的所有制形式、组织形式或者所在地;(八)以其他不合理条件限制或者排斥潜在供应商。”

根据《工程建设项目货物招标投标办法》第25条规定,“招标文件规定的各项技术规格应当符合国家技术法规的规定。招标文件中规定的各项技术规格均不得要求或标明某一特定的专利技术、商标、名称、设计、原产地或供应者等,不得含有倾向或者排斥潜在投标人的其他内容。如果必须引用某一供应者的技术规格才能准确或清楚地说明拟招标货物的技术规格时,则应当在参照后面加上‘或相当于’的字样”。

二、用醒目方式明确关键信息

招标人应明确投标实质性要求及条件、明确投标有效期、发售期等,并用醒目形式明确关键信息,具体如下:

(一)明确实质性要求和条件

根据《工程建设项目货物招标投标办法》第21条第2、3款的规定,“招标人应当在招标文件中规定实质性要求和条件,说明不满足其中任何一项实质性要求和条件的投标将被拒绝,并用醒目的方式标明;没有标明的要求和条件在评标时不得作为实质性要求和条件。对于非实质性要求和条件,应规定允许偏差的最大范围、最高项数,以及对这些偏差进行调整的方法。国家对招标货物的技术、标准、质量等有特殊要求的,招标人应当在招标文件中提出相应特殊要求,并将其作为实质性要求和条件”。

(二)明确投标有效期

根据《招标投标法实施条例》第25条的规定,“招标人应该在招标文件中载明投标有效期。投标有效期从提交投标文件的截止之日起算”。

（三）明确投标保证金

根据《招标投标法实施条例》第26条的规定，“招标人在招标文件中要求投标人提交投标保证金的，投标保证金不得超过招标项目估算价的2%。投标保证金有效期应当与投标有效期一致。依法必须进行招标的项目的境内投标单位，以现金或者支票形式提交的投标保证金应当从其基本账户转出。招标人不得挪用投标保证金”。

（四）明确发售期

根据《招标投标实施条例》第16条第1款的规定，“……资格预审文件或者招标文件的发售期不得少于5日”。

☞ 案例十一：某项目招标文件用醒目文字表对联合体投标做出要求

3.2　本次招标接受联合体投标。联合体投标的，应满足下列要求：(1)联合体各方签订联合体协议书，明确联合体牵头人和各方权利、责任和义务；(2)具备国家建设行政主管部门颁发的公路工程施工总承包三级及以上资质的单位为牵头人；(3)组成联合体的成员不得超过3家；(4)联合体牵头人负责本项目投标报名、递交投标文件等相关事宜；(5)联合体投标应符合相关法律法规对联合体投标的相关规定，联合体各方不得再以自己名义单独或参加其他联合体在本招标项目中投标。

3.3　各投标人均可就上述标段投标，但可以中标的合同数量不超过1个标段。

三、明确提交备选方案和对备选方案的处理办法

根据《工程建设项目货物招标投标办法》第24条的规定，“招标人可以要求投标人在提交符合招标文件规定要求的投标文件外，提交备选投标方案，但应当在招标文件中作出说明。不符合中标条件的投标人的备选投标方案不予考虑”。

四、公示踏勘现场的时间和地点

《招标投标法》第21条规定，“招标人根据招标项目的具体情况，可以组织潜在投标人踏勘项目现场”。根据《招标投标法实施条例》第28条的规定，“招标人不得组织单个或者部分潜在投标人踏勘项目现场”。

五、明确合同的主要条款

通常情况下，根据建筑行业的惯例，建设工程合同分为一般条款（或称通用条款、通用合同条件）和协议条款（或称专用条款、专用合同条件）。一般条款是合同当事人根据《民法典》《建筑法》等法律法规的规定，就工程总承包项目的实施及相关事项，对合同当事人的权利义务作出的原则性约定。通常包含名词释义、发承包人的一般权利义务、工期、竣工试验、缺陷责任与保修、违约责任、争议解决等。协议条款是合同当事人根据不同建设项目的特点及具体情况，通过双方的谈判、协商对通用合同条件原则性约定细化、完善、补充、修改或另行约定的合同条件进行补充、细化和修改，当然，不得违反法律、行政法规的强制性规定和平等、自愿、公平和诚实信用原则。

总体来说，招标文件的编制应符合《招标投标法》及其配套规范的要求，不得存在招标文件发售、澄清和修改，投标文件递交等的时限少于法定时限的情形，不得存在以不合理的条件限制、排斥潜在投标人的情形。另外，招标文件内容应完整，文字的意思表示应严谨，避免出现文件前后不一致、条款存在歧义或重大漏洞等现象。

第四节　招标的方式及范围

一、招标的方式概述

按照现行法律、法规，招标可选择公开招标和邀请招标形式、同时，招投标相关法律法规还规定了“可不招标”和“有审批从审批”等特殊情形。

（1）公开招标，是指招标人以招标公告的方式邀请不特定的法人或者其他组织投标。根据《招标投标法》第3条的规定，关系社会公共利益、公众安全的，全部或者部分使用国有资金投资或者国家融资的，使用国际组织或者外国政府贷款、援助资金的工程建设项目只要符合《必须招标的工程建设项目的规定》（修订征求意见稿）对上述工程建设项目的界定，就必须采用公开招标的方式。

（2）邀请招标，是指招标人以投标邀请书的方式邀请特定的法人或者其他组织投标。根据《招标投标法》第11条的规定，“国务院发展计划部门确定的国家重点项目和省、自治区、直辖市人民政府确定的地方重点项目不适宜公开招标的，经国务院发展计划部门或者省、自治区、直辖市人民政府批准，可以进行邀请招标”。根据《招投标法实施条例》第8条的规定，“国有资金占控股或者主导地位的依法必须进行招标的项目,应当公开招标;但有下列情形之一的,可以邀请招标:(一)技术复杂、有特殊要求或者受自然环境限制,只有少量潜在投标人可供选择;(二)采用公开招标方式的费用占项目合同金额的比例过大。有前款第二项所列情形,属于本条例第七条规定的项目,由项目审批、核准部门在审批、核准项目时作出认定;其他项目由招标人申请有关行政监督部门作出认定"。

(3)可不招标情形在理论上不属于法律明文规定的必须招标范围的项目,均可不招标,但是,部分规范性文件仍然将"可不招标"的情形作了规定(见表2-3),原因是,法律规范性文件中规定的"可不招标"实际上是指原则上属于必须进行招标的项目,但是因为实际情况特殊,并且经过项目审核、批准部门审核、批准可以选择不招标的这种特殊情况。

表 2-3 可不招标相关规定

法律法规	具体条文
《招标投标法》	第六十六条　涉及国家安全、国家秘密、抢险救灾或者属于利用扶贫资金实行以工代赈、需要使用农民工等特殊情况,不适宜进行招标的项目,按照国家有关规定可以不进行招标。
《招标投标法实施条例》	第九条　除招标投标法第六十六条规定的可以不进行招标的特殊情况外,有下列情形之一的,可以不进行招标: (一)需要采用不可替代的专利或者专有技术; (二)采购人依法能够自行建设、生产或者提供; (三)已通过招标方式选定的特许经营项目投资人依法能够自行建设、生产或者提供; (四)需要向原中标人采购工程、货物或者服务,否则将影响施工或者功能配套要求; (五)国家规定的其他特殊情形。 招标人为适用前款规定弄虚作假的,属于招标投标法第四条规定的规避招标。
《工程建设项目招标范围和规模标准规定》	第八条　建设项目的勘察、设计,采用特定专利或者专有技术的,或者其建筑艺术造型有特殊要求的,经项目主管部门批准,可以不进行招标。

(4)需经审批的招标情形。根据《招标投标法实施条例》第7条的规定,"按照国家有关规定需要履行项目审批、核准手续的依法必须进行招标的项目,其招标范围、招标方式、招标组织形式应当报项目审批、核准部门审批、核准……"《招标投标法》《招标投标法实施条例》以及其他相关法律法规中关于公开招标、邀请招标和可不招标的规定都明确了需要审核、批准部门审核和批准之后才可

以确定采用何种方式。所以,招标方式的选择原则是有审批从审批原则。

例如,根据《工程建设项目勘察设计招标投标办法》第4条的规定,存在涉及国家安全、国家秘密、抢险救灾或者属于利用扶贫资金实行以工代赈、需要使用农民工等特殊情况,不适宜进行招标、主要工艺、技术采用不可替代的专利或者专有技术,或者其建筑艺术造型有特殊要求、采购人依法能够自行勘察、设计、已通过招标方式选定的特许经营项目投资人依法能够自行勘察、设计等情形时,经过项目审核、批准部门进行审核、批准之后可以不进行招标。

《公路工程建设项目招标投标管理办法》第9条规定,"有下列情形之一的公路工程建设项目,可以不进行招标:(一)涉及国家安全、国家秘密、抢险救灾或者属于利用扶贫资金实行以工代赈、需要使用农民工等特殊情况;(二)需要采用不可替代的专利或者专有技术;(三)采购人自身具有工程施工或者提供服务的资格和能力,且符合法定要求;(四)已通过招标方式选定的特许经营项目投资人依法能够自行施工或者提供服务;(五)需要向原中标人采购工程或者服务,否则将影响施工或者功能配套要求;(六)国家规定的其他特殊情形。招标人不得为适用前款规定弄虚作假,规避招标"。

(5)招标方式对比。实践中,除了常见的公开招标、邀请招标等招标方式外,根据不同项目特点还会进一步细分为其他不同的招标方式。如针对技术复杂或者无法精确拟定技术规格的项目,招标人可以采用两阶段招标。根据是否预先设置标底以及是否将标底作为评标标准,可以分为有标底招标和无标底招标。根据以预算定额下浮的比例作为评标依据还是以明确的工程量清单确定的合同总价作为评标依据,可以分为费率招标和工程量清单招标。

上述不同的招标方式均有其优点和不足,笔者通过表2-4进一步详述。

表2-4 各种招标方式对比

招标方式	优点	缺点
公开招标	公开公平公正,能有效地促使投标人提高竞争力;有利于防范招标投标活动操作人员和监督人员的舞弊现象。	审查投标人资格、招标工程的工作量大、耗费时间长、支出费用高。
邀请招标	目标较少,信息不对称造成的影响小,成本低。	有一定的排斥性,降低了竞争力。
两阶段招标	符合工程本质特点,提高工程建筑成品最终功能的实现率。	延长招标进度、需要重复交流、增加招标成本。

续表

招标方式	优点	缺点
有标底招标	便于招标单位了解、控制标价，降低不必要损失、避免决策中的盲目性。	不利于充分竞争，标底不一定正确反映市场价格，容易造成腐败现象。
无标底招标	减少了标底环节，降低了招标成本，有利于降低工程造价，杜绝了摸标底，泄露标底的腐败现象。	恶意哄抬标价不利于招标人。
工程量清单招标	体现招标的本质目的，便于投标人控制投标报价。	很难保证设计图完全符合施工要求，设计经济性容易引起承包方刻意变更索赔。
费率招标	提高招标效率，有效防止标底泄露、人为操作等情况，对那些技术复杂但是工期紧张，难以估算成本的项目便于参照市场控制投资。	忽视了工程造价的“事前”控制，可能造成工程上的“三超”现象。

二、必须招标的工程项目

根据现行法律、法规要求，将必须招标的工程项目整理如下(见表2-5)：

表2-5 必须招投标的工程建设项目

<table>
<tr><td rowspan="6">招标范围</td><td colspan="2">资金来源</td><td rowspan="6">或</td><td>项目性质</td></tr>
<tr><td colspan="2" rowspan="2">预算资金200万元人民币以上，并且该资金占投资额10%以上的项目。</td><td>能源基础设施项目。</td></tr>
<tr><td>交通运输基础设施项目。</td></tr>
<tr><td colspan="2" rowspan="2">国有企业事业单位资金，并且该资金占控股或者主导地位的项目。</td><td>通信基础设施项目。</td></tr>
<tr><td>水利基础设施项目。</td></tr>
<tr><td colspan="2">世界银行、亚洲开发银行等国际组织或使用外国政府及其机构贷款、援助资金的项目。</td><td>城市轨道交通等城建项目。</td></tr>
<tr><td rowspan="5">招标对象</td><td rowspan="5">工程建设项目</td><td colspan="3">工程。</td></tr>
<tr><td colspan="3">重要设备、材料等货物(与工程建设有关的货物)。</td></tr>
<tr><td colspan="3">勘察(工程建设有关的服务)。</td></tr>
<tr><td colspan="3">设计(工程建设有关的服务)。</td></tr>
<tr><td colspan="3">监理(工程建设有关的服务)。</td></tr>
<tr><td rowspan="3">招标标准</td><td colspan="4">施工单项合同估算价≥400万元人民币。</td></tr>
<tr><td colspan="4">重要设备、材料(工程建设有关的货物)单项合同估算价≥200万元人民币。</td></tr>
<tr><td colspan="4">勘察、设计、监理(工程建设有关的服务)单项合同估算价≥100万元人民币。</td></tr>
</table>

续表

<table>
<tr><td>相关规定</td><td>
《招标投标法》第三条　在中华人民共和国境内进行下列工程建设项目包括项目的勘察、设计、施工、监理以及与工程建设有关的重要设备、材料等的采购,必须进行招标:
(一)大型基础设施、公用事业等关系社会公共利益、公众安全的项目;
(二)全部或者部分使用国有资金投资或者国家融资的项目;
(三)使用国际组织或者外国政府贷款、援助资金的项目。
前款所列项目的具体范围和规模标准,由国务院发展计划部门会同国务院有关部门制订,报国务院批准。
法律或者国务院对必须进行招标的其他项目的范围有规定的,依照其规定。
《必须招标的工程项目规定》第二条　全部或者部分使用国有资金投资或者国家融资的项目包括:
(一)使用预算资金200万元人民币以上,并且该资金占投资额10%以上的项目;
(二)使用国有企业事业单位资金,并且该资金占控股或者主导地位的项目。
第三条　使用国际组织或者外国政府贷款、援助资金的项目包括:
(一)使用世界银行、亚洲开发银行等国际组织贷款、援助资金的项目;
(二)使用外国政府及其机构贷款、援助资金的项目。
《必须招标的工程项目规定》第四条　不属于本规定第二条、第三条规定情形的大型基础设施、公用事业等关系社会公共利益、公众安全的项目,必须招标的具体范围由国务院发展改革部门会同国务院有关部门按照确有必要、严格限定的原则制订,报国务院批准。
《必须招标的工程项目规定》第五条　本规定第二条至第四条规定范围内的项目,其勘察、设计、施工、监理以及与工程建设有关的重要设备、材料等的采购达到下列标准之一的,必须招标:
(一)施工单项合同估算价在400万元人民币以上;
(二)重要设备、材料等货物的采购,单项合同估算价在200万元人民币以上;
(三)勘察、设计、监理等服务的采购,单项合同估算价在100万元人民币以上。
同一项目中可以合并进行的勘察、设计、施工、监理以及与工程建设有关的重要设备、材料等的采购,合同估算价合计达到前款规定标准的,必须招标。
《必须招标的基础设施和公共事业项目范围的规定》第二条　不属于《必须招标的工程项目规定》第二条、第三条规定情形的大型基础设施、公用事业等关系社会公共利益、公众安全的项目,必须招标的具体范围包括:
(一)煤炭、石油、天然气、电力、新能源等能源基础设施项目;
(二)铁路、公路、管道、水运,以及公共航空和A1级通用机场等交通运输基础设施项目;
(三)电信枢纽、通信信息网络等通信基础设施项目;
(四)防洪、灌溉、排涝、引(供)水等水利基础设施项目;
(五)城市轨道交通等城建项目。
《国家发展改革委办公厅关于进一步做好〈必须招标的工程项目规定〉和〈必须招标的基础设施和公用事业项目范围规定〉实施工作的通知》
一、准确理解依法必须招标的工程建设项目范围:
(一)关于使用国有资金的项目。16号令第二条第(一)项中"预算资金",是指《预算法》规定的预算资金,包括一般公共预算资金、政府性基金预算资金、国有资本经营预算资金、社会保险基金预算资金。第(二)项中"占控股或者主导地位",参照《公司法》第二百一十六条关于控股股东和实际控制人的理解执行,即"其出资额占有限责任公司资本总额百分之五十以上或者其持有的股份占股份有限公司股本总额百分之五十以上的股东;出资额或者
</td></tr>
</table>

续表

相关规定	持有股份的比例虽然不足百分之五十，但依其出资额或者持有的股份所享有的表决权已足以对股东会、股东大会的决议产生重大影响的股东"；国有企业事业单位通过投资关系、协议或者其他安排，能够实际支配项目建设的，也属于占控股或者主导地位。项目中国有资金的比例，应当按照项目资金来源中所有国有资金之和计算。 （二）关于项目与单项采购的关系。16号令第二条至第四条及843号文第二条规定范围的项目，其勘察、设计、施工、监理以及与工程建设有关的重要设备、材料等的单项采购分别达到16号令第五条规定的相应单项合同价估算标准的，该单项采购必须招标；该项目中未达到前述相应标准的单项采购，不属于16号令规定的必须招标范畴。 （三）关于招标范围列举事项。依法必须招标的工程建设项目范围和规模标准，应当严格执行《招标投标法》第三条和16号令、843号文规定；法律、行政法规或者国务院对必须进行招标的其他项目范围有规定的，依照其规定。没有法律、行政法规或者国务院规定依据的，对16号令第五条第一款第（三）项中没有明确列举规定的服务事项、843号文第二条中没有明确列举规定的项目，不得强制要求招标。 （四）关于同一项目中的合并采购。16号令第五条规定的"同一项目中可以合并进行的勘察、设计、施工、监理以及与工程建设有关的重要设备、材料等的采购，合同估算价合计达到前款规定标准的，必须招标"，目的是防止发包方通过化整为零方式规避招标。其中"同一项目中可以合并进行"，是指根据项目实际，以及行业标准或行业惯例，符合科学性、经济性、可操作性要求，同一项目中适宜放在一起进行采购的同类采购项目。 （五）关于总承包招标的规模标准。对于16号令第二条至第四条规定范围内的项目，发包人依法对工程以及与工程建设有关的货物、服务全部或者部分实行总承包发包的，总承包中施工、货物、服务等各部分的估算价中，只要有一项达到16号令第五条规定相应标准，即施工部分估算价达到400万元以上，或者货物部分达到200万元以上，或者服务部分达到100万元以上，则整个总承包发包应当招标。

三、关于分包及支解发包的招标范围

（一）分包

分包，是指工程总承包单位将所承包的建设工程的一部分依法发包给具有相应资质的承包单位的行为，该总承包人并不退出承包关系，其与分包人就分包人所完成的工作成果向发包人承担连带责任。

根据《建筑法》第29条的规定，"建筑工程总承包单位可以将承包工程中的部分工程发包给具有相应资质条件的分包单位；但是，除总承包合同中约定的分包外，必须经建设单位认可。施工总承包的，建筑工程主体结构的施工必须由总承包单位自行完成。建筑工程总承包单位按照总承包合同的约定对建设单位负责；分包单位按照分包合同的约定对总承包单位负责。总承包单位和分包单位就分包工程对建设单位承担连带责任。禁止总承包单位将工程分包给不具备相应资质条件的单位。禁止分包单位将其承包的工程再分包。"

根据《招标投标法》第30条的规定，"投标人根据招标文件中载明的项目实际情况,拟在中标后将中标项目的部分非主体、非关键性工作进行分包,应当在投标文件中载明。”

分包必须满足以下条件:(1)分包必须取得发包人的同意;(2)分包只能一次,即分包单位不得再将其承包的工程分包出去;(3)分包必须是分包给具备相应资质条件的单位;(4)总承包人不得将主体工程分包出去。

分包项目仍然适用法律法规关于必须招标的工程项目规模标准的规定,对于属于必须招标的项目,总包人应当依法组织招标。根据《招标投标法实施条例》第29条的规定,“招标人可以依法对工程以及与工程建设有关的货物、服务全部或者部分实行总承包招标。以暂估价形式包括在总承包范围内的工程、货物、服务属于依法必须进行招标的项目范围且达到国家规定规模标准的,应当依法进行招标。前款所称暂估价,是指总承包招标时不能确定价格而由招标人在招标文件中暂时估定的工程、货物、服务的金额。”

实践中,建筑行业央企中标总承包项目后,在依法公共招标分包商的过程中,投标人往往是其系统内的其他单位。一方面,对于庞大的建筑行业央企来说,各个母子公司、兄弟单位、控股单位之间在法律上属于独立的法人,符合总承包人与分包人的独立法人关系,而且各个子公司、孙公司拥有相对独立的专业资质和业绩,可以形成有效的优势互补;另一方面,央企系统内单位统一受总部管理,在此基础上,通过一定范围内的招选程序遴选出适格的分包单位,在一定程度上节约管理成本、实现竞争,同时将此竞争控制在系统范围之内,便于日后总承包商的统一管理,借助已经形成的互相更加了解的关系和合作经验形成良好的控制局面,有利于项目整体按照发包人的意图实现最终管理目标。

(二)支解发包

支解发包,是指发包人将应当由一个承包单位完成的建设工程分解成若干部分发包给不同的承包单位的行为,是法律明确禁止的行为。《建筑法》第24条明确规定,“……禁止将建筑工程肢解发包……不得将应当由一个承包单位完成的建筑工程支解成若干部分发包给几个承包单位。”第28条规定,“……禁止承包单位将其承包的全部建筑工程肢解以后以分包的名义分别转包给他人。”《建设工程质量管理条例》中也明确规定,“建设单位不得将建设工程肢解发包,承包单位不得肢解分包”。《招标投标法》第48条规定,“中标人不得向他人转让中标项目,也不得将中标项目肢解后分别向他人转让”。另外,《民法典》

合同编①等也有类似规定。由此可见，实施支解行为的主体可以是建设单位，即支解发包；也可能是总承包人，即支解分包。两者既有区别也有联系，本文重点讨论建设单位的支解发包行为。

不难发现，尽管有上述法律法规对禁止支解发包的明文规定，但是在法律界和实务界中，如何理解支解发包仍存在争议。为了准确理解该问题，需要厘清哪些工程项目可以进行拆分，哪些工程项目不得进行拆分，以及对工程项目进行拆分是否构成支解的依据是什么。

由于支解发包行为属于合同规定的违反法律和行政法规强制性规定的行为，最终将直接导致合同无效，法律后果严重。而为了区分支解发包和合理拆分项目进行发包的边界，首先就有必要从工程技术角度区分工程项目的组成单位，这对于判断某项具体工作是否属于支解发包至关重要。

按照现行的工程标准，建设工程可分为单项工程、单位工程、分部工程和分项工程，对于大型复杂项目还可细分出子分部工程等。单项工程也称工程项目，是指具有独立的设计文件，能够独立发挥使用功能的工程。比如，一座完整的办公楼、厂房、医院等。单位工程是单项工程的组成部分，是指具备独立施工条件但不能形成独立使用功能的建筑物或构筑物。如房屋建筑中的土建工程、安装工程等。分部工程是单位工程的组成部分，是指按单位工程的结构性工程部位、构件性质、使用材料、设备种类等的不同而划分的工程项目。比如房屋建筑中的地基与基础、主体结构、建筑装饰装修、智能建筑、通风与空调、电梯、建筑节能等。分项工程既是施工的最小单位，也是构成分部工程的基本单位，如混凝土施工中的模板制作、钢筋绑扎等。

在工程法律实践中，涉及支解发包行为的环节主要集中在单位工程、分部工程，发包人需要关注国家和地方对于支解发包的有关规定。例如，《住房和城乡建设部建筑市场监管司关于基坑工程单独发包问题的复函》明确规定，“基坑工程(桩基、土方等)属于地基与基础分部工程的分项工程。鉴于基坑工程属于建筑工程单位工程的分项工程，建设单位将非单独立项的基坑工程单独发包属于肢解发包行为”。可见，住建部明确规定分项工程不得单独发包。此外，还需注意项目所在地政府和主管部门的相关规定。以上海市为例，《上海市建设工程承

① 《民法典》第 791 条第 1 款规定：“发包人可以与总承包人订立建设工程合同，也可以分别与勘察人、设计人、施工人订立勘察、设计、施工承包合同。发包人不得将应当由一个承包人完成的建设工程支解成若干部分发包给数个承包人。”

发包管理办法》第17条就明确规定,“下列建设工程业务不得肢解发包:(一)单项工程的设计业务;(二)单位工程的施工业务;(三)限额以下的建设工程的勘察、设计、施工业务;(四)丙级资质的勘察、设计单位承包的勘察、设计业务;(五)四级、专业级或者非等级资质的施工单位承包的施工业务。”通常情况下,在分部工程中会涉及较多的专业工程,依据现行法律规定,分部工程的专业分包属于可以发包的范围。施工总承包项目也可以以建设工程中的单位工程为最小标的,分包给多个专业分包单位。但是,不得违反关于禁止支解发包的规定。

值得注意的是,实践中对此存在不同理解。例如,按照《建设工程安全生产管理条例》第24条第2款的规定,“总承包单位应当自行完成建设工程主体结构的施工。”但是,对于主体结构的具体范围存在分歧。从工程技术角度,地基基础,如桩基工程虽然与主体结构有一定的联系,但并非完全不可分离,而且原建设部的《专业承包企业资质等级标准》(2010年)专门规定了地基和基础工程的专业承包资质,住建部颁布的《建筑业企业资质标准》(2014年)的专业承包序列资质标准中也列有地基基础工程。由此可见,基础工程应当属于可以进行专业分包的范围,否则作为专业资质列项将没有意义。但有的观点认为主体结构应当包括地基基础工程,理由是地基基础工程对建设工程质量的影响巨大,应当作为主体结构看待。此外,也有观点认为即使主体结构不包括地基基础工程,但是主体结构和地基基础工程密不可分,所以地基基础工程不能分包,否则就属于违法对主体结构进行分包。但是,如前所述,考虑到资质标准中将地基基础工程作为专业承包资质单独列项,故将地基基础工程视为独立于主体结构工程,可以单独发包更为合理。

四、关于“多标一招”的实务分析

(一)可采用“多标一招”的政策依据

为推动铁路项目采用TOD模式实施,2014年7月29日,国务院发布了《关于支持铁路建设实施土地综合开发的意见》,其第11条明确规定,“新建铁路项目未确定投资主体的,可在项目招标时,将土地综合开发权一并招标,新建铁路项目中标人同时取得土地综合开发权”。

针对PPP项目及时获取国有建设用地使用权问题,2016年10月11日,财政部发布的《关于联合公布第三批政府和社会资本合作示范项目加快推动示范项目建设的通知》规定,“依法需要以招标拍卖挂牌方式供应土地使用权的宗地或地块,在市、县国土资源主管部门编制供地方案、签订宗地出让(出租)合同、开展用地供后监管的前提下,可将通过竞争方式确定项目投资方和用地者的环节合并实施。”并且,国家发改委于2016年10月24日又发布了《传统基础设施领域实施政府和社会资本合作项目工作导则》规定,“各地要积极创造条件,采用多种方式保障PPP项目建设用地。如果项目建设用地涉及土地招拍挂,鼓励相关工作与社会资本方招标、评标等工作同时开展”。

除中央层面外,地方政府亦出台了相应政策,2015年10月20日,南京市人民政府发布了《关于推进南京市轨道交通场站及周边土地综合开发利用的实施意见》,其中规定,“社会资本参与轨道交通场站综合开发利用,土地使用权可以股权转让方式公开出让”。

(二)目前成功运用“多标一招”的实务案例

☞ 案例十二:大连市202路轨道延伸线及快轨三号线PPP项目(存量)两招合一

经查询财政部PPP中心项目管理库,在该项目实施过程中,政府方出资代表为大连市建设投资集团有限公司,该公司于先期已成立了两个项目公司,分别为大连金石快轨管理有限公司和大连和顺轻轨管理有限公司,政府方将社会资本采购与大连市建设投资集团有限公司转让项目公司股权合并实施,社会资本中标后与项目公司原股东签署《股权转让协议》,约定项目公司原股东将其持有的股权转移给中标社会资本方;大连市交通局经授权后,代表大连市政府与改组后的PPP项目公司签署特许经营协议,授予PPP项目公司特许经营权。通过公开竞争程序,社会资本中标后于2017年3月完成改组,PPP项目公司成为实施本项目的主体。

☞ 案例十三:北京市延庆区2022年冬奥会延庆赛区PPP项目(新建)三招合一

经查询财政部PPP中心项目管理库,在该项目实施过程中,政府方采取了三招合一的方式,即社会资本方招标、国有土地使用权出让招标及施工总承包招标三招合一。中标社会资本方为北京住总集团有限责任公司、万科企业股份有限公司、中国建筑一局(集团)有限公司组成的联合体,PPP项目公司为北京国嘉高山滑雪有限公司,其已于2018年10月17日成立。北京市延庆区政府作为实施机构,于2018年10月18日与PPP项目公司签署PPP项目合同,授权PPP项目公司为投资建设运营本项目的主体。

(三)"多标一招"需关注的法律问题

1. TOD 模式的运用

《招标拍卖挂牌出让国有土地使用权规定》中规定的有关土地使用权的招标程序与工程建设项目要求的招标程序存在差异,但是根据政策性文件,如上述国办发〔2014〕37 号文、财金〔2016〕91 号文、发改投资〔2016〕2231 号文中的项目所需的土地使用权与社会资本方的招标合并实施的条款,以及上文提及的北京市延庆区 2022 年冬奥会延庆赛区 PPP 项目中三招合一的实际案例,当城市轨道交通场站及周边物业开发项目具备了国有土地使用权的出让条件,由政府投资的轨道交通建设项目具备工程总承包发包的条件,那么国有土地使用权的出让与轨道交通项目工程总承包的招标存在合并实施的可能性。但需要关注:

(1)政府方对计划出让的场站的商业部分土地及周边商业项目土地已经完成收储,并且具备规划、出让条件。根据《节约集约利用土地规定》第 22 条规定,"经营性用地应当以招标拍卖挂牌的方式确定土地使用者和土地价格。各类有偿使用的土地供应不得低于国家规定的用地最低价标准。禁止以土地换项目、先征后返、补贴、奖励等形式变相减免土地出让价款。"根据《招标拍卖挂牌出让国有土地使用权规定》第 6 条第 1 款规定,"市、县人民政府国土资源行政主管部门应当按照出让年度计划,会同城市规划等有关部门共同拟订拟招标拍卖挂牌出让地块的出让方案,报经市、县人民政府批准后,由市、县人民政府国土资源行政主管部门组织实施。"所以计划出让的场站的商业部分土地及周边商业项目土地应根据市、县人民政府批准的国有建设用地使用权出让年度计划,并制定切实可行的出让方案。

(2)属于政府投资项目的轨道交通项目,其初步设计概算需要完成审查,且建设资金来源已落实并纳入政府预算。资金来源需要从合并出让的地块国有土地出让金中安排,并且资金平衡方案需要获得政府批准。由于轨道交通项目建设属于政府投资项目,根据《政府投资条例》第 12 条第 1 款规定,"经投资主管部门或者其他有关部门核定的投资概算是控制政府投资项目总投资的依据。"第 22 条规定,"政府投资项目所需资金应当按照国家有关规定确保落实到位。政府投资项目不得由施工单位垫资建设。"因此,在多标一招前,轨道交通项目应当完成初步设计概算审查,如果存在计划出让的相邻地块的土地出让资金反哺轨道交通项目建设的情况,应当根据评估值做好资金平衡测算工作。

(3)如果与轨道交通项目毗连的上盖物业开发项目或者场站附属商业项目需要与轨道交通项目一并施工,相关初步设计文件需要一并通过审查,并且需要社会资本方承诺落实建设资金。

根据《节约集约利用土地规定》第13条规定,“鼓励建设项目用地优化设计、分层布局,鼓励充分利用地上、地下空间。建设用地使用权在地上、地下分层设立的,其取得方式和使用年期参照在地表设立的建设用地使用权的相关规定。出让分层设立的建设用地使用权,应当根据当地基准地价和不动产实际交易情况,评估确定分层出让的建设用地最低价标准。”据此,政府方应当依法完成轨道交通场站上层国有土地使用权的分层设立方案,使得上盖物业的开发具有融资可能性,开发成果能够迅速变现。

(4)政府对拟出让的商业部分地块已完成业态规划,能够将产业、商业开发和经营条件作为合作条件,并在招标文件中明确。

以上四点为实施国有土地使用权出让招标与政府投资项目EPC招标的原则性条件,在实际操作中依然需要根据项目的具体情况进行具体分析。尤其是针对政府对合并出让地块的土地收储资金问题,在当前土地收储政策之下不得使用财政性资金之外的资金,是实施TOD项目的一大难点。

2. 股权合作型模式

根据南京市人民政府《关于推进南京市轨道交通场站及周边土地综合开发利用的实施意见》,以及大连市202路轨道延伸线及快轨三号线PPP项目中股权转让与社会资本采购两标合一的案例,若政府方将轨道交通项目场站及上盖物业或车辆段的国有土地使用权通过协议方式出让给其下属国有企业(项目公司),并且轨道交通项目部分已完成初步设计概算审查,那么项目公司的国有股权转让与轨道交通项目EPC招标可以合并实施。但采用这种模式需要具备如下条件:

(1)基于轨道交通项目场站及车辆段的公益性质,政府可以不通过招拍挂程序,而是经评估后直接通过协议出让给国有企业(项目公司)。

(2)如果需要使用财政性资金,该轨道交通项目的初步设计概算需要完成审查;并且建设资金来源需要从股权转让金安排;资金平衡方案需要获得政府批准,具备EPC招标条件。

(3)国有项目公司资产(含国有土地使用权)需要经过资产的审计和评估,从而具备股权转让招标的条件。

(4)场站上盖物业一并引进社会资本方的情况下,需要为上盖物业的土地使用权设置分层分权标准。

(5)针对拟出让的商业部分地块,政府需要完成规划及产业规划,并将TOD商业开发和运营条件作为应标条件和合作条件纳入合同内容。

上述条件涉及政府将轨道交通项目场站及周边商业地块的土地使用权协议出让给国有企业(项目公司)的法律层面的可行性。根据《城镇国有土地使用权出让和转让暂行条例》第13条规定,“土地使用权出让可以采取下列方式:(一)协议;(二)招标;(三)拍卖;(四)依照前款规定方式出让土地使用权的具体程序和步骤,由省、自治区、直辖市人民政府规定。”《招标拍卖挂牌出让国有土地使用权规定》第4条第1款规定,“工业、商业、旅游、娱乐和商品住宅等经营性用地以及同一宗地有两个以上意向用地者的,应当以招标、拍卖或者挂牌方式出让。”《协议出让国有土地使用权规定》(国土资源部令第21号)第3条规定,“出让国有土地使用权,除依照法律、法规和规章的规定应当采用招标、拍卖或者挂牌方式外,方可采取协议方式。”据此,国有土地使用权的出让通常应当经过招拍挂程序,但是基于此类项目的公益性质,商业开发仅属于此类项目附带开发内容,经市、县人民政府批准,可以采用协议转让的形式将土地使用权出让给国有企业。由于项目公司取得国有土地使用权需要交纳国有土地使用权出让金,所以政府需支付款项至项目公司以使得其获取国有土地使用权。

另外,在非PPP模式下,轨道交通项目的非商业部分建设和运营资金需要使用股权转让款,以及上盖和场站商业物业开发收益中政府方的分成部分,因此资金平衡测算存在较大难度。

(四)PPP项目“两标并一标”模式下总承包方式应用的障碍

《招标投标法实施条例》第9条规定,“除招标投标法第六十六条规定的可以不进行招标的特殊情况外,有下列情形之一的,可以不进行招标:……(三)已通过招标方式选定的特许经营项目投资人依法能够自行建设、生产或者提供……”(以下简称“两标并一标”)。

“两标并一标”在PPP项目中属于广泛出现的情形,由中标社会资本联合体中具备施工资质和能力的施工方直接签订工程总承包合同或包含货物供应的施工总承包合同,但事实上仅具备施工资质和能力的社会资本方并不具备“自行”生产货物、提供设计的能力。因此,若从严理解该条款中的“自行”的规定,中标社会资本方中的施工单位适用“两标并一标”的条款而直接签订工程总承包合同或包含货物供应的施工总承包合同本身就存在法律适用的风险。并且,PPP

项目中的“两标并一标”模式下总承包、分包法律适用存在两难困境。

在宽泛(“具备法定资质”即可)理解“两标并一标”规定的情况下,中标社会资本方中的施工单位直接签订了工程总承包合同,是否可以直接适用总承包分包的相关规定,仅就暂估价部分的分包进行招标存在不确定性。而且在中标社会资本方事实上不具备“自行”生产或提供的货物和设计能力的情况下,该部分是否需要通过招标方式进行分包亦不明确。

由于暂估价的概念通常出现在清单招标的项目中,而大部分 PPP 项目在招选社会资本方的阶段,前期工作尚未完成,甚至只是进行到可研阶段,所以 PPP 项目在采购社会资本时通常不设置暂估价,因此如果仅要求总承包单位对暂估价部分的分包进行招标,而该部分设计和服务并未在 PPP 项目采购社会资本阶段进行竞价,则扩大了总承包商直接分包的权力,存在导致工程整体投资失控的可能性,违反了总承包单位分包规定的立法本意;简言之,若要求总承包单位对于其无法“自行”提供或生产的设计和货物全部进行分包的二次招标,而该部分设计和服务已在采购社会资本阶段进行了竞价,也将导致程序层面的浪费。

第五节 招标信息的发布

招标分为公开招标和邀请招标,无论是哪种招标都需要招标人对市场或者选定的供应商或者承包商发布信息让投标人能及时地获取招标的信息。

一、招标信息发布的媒介

按照《招标公告和公示信息发布管理办法》第 8 条的规定,“依法必须招标项目的招标公告和公示信息应当在‘中国招标投标公共服务平台’①或者项目所在地省级电子招标投标公共服务平台(以下统一简称‘发布媒介’)发布。”

此外,还有《中国日报》《中国经济导报》《中国建设报》《中国采购与招标网》,招标公告在媒体或网站发布的有效时间为 5 个工作日。

二、招标信息发布的流程

招标信息有固定的发布流程。首先由招标人或招标代理机构提供发布招标公告所需证明材料,代办机构进行审核验证,资料不齐全者不予办理,反之则通

① 中国招标投标公共服务平台,网址:http://www.cebpubservice.com/。

过审核验证；其后由招标人或招标代理机构提供招标公告文本，代办机构将文本录入并添加至中国采购与招标网后台；招标人或招标代理机构填写招标公告发布委托书和发布表之后签章确认招标公告发布许可书；最后上网发布进行资料存档（如图2-1所示）。

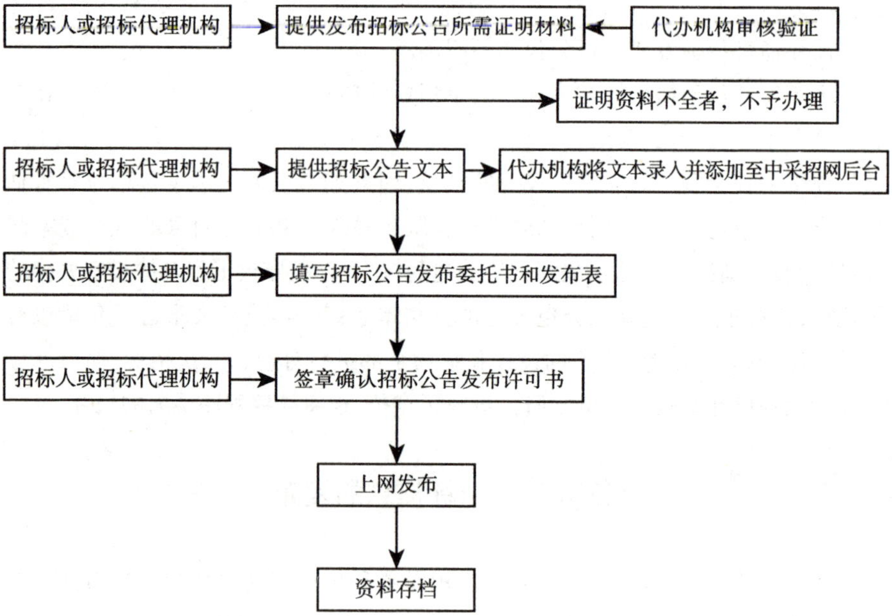

图2-1 招标公告发布流程

三、招标信息发布的时间

根据《招标投标法实施条例》第16、17条的规定，招标人应当按照资格预审公告、招标公告或者投标邀请书规定的时间、地点发售资格预审文件或者招标文件。资格预审文件或者招标文件的发售期不得少于5日。招标人应当合理确定提交资格预审申请文件的时间。依法必须进行招标的项目提交资格预审申请文件的时间，自资格预审文件停止发售之日起不得少于5日。根据《招标投标法》第24条的规定，“招标人应当确定投标人编制投标文件所需要的合理时间；但是，依法必须进行招标的项目，自招标文件开始发出之日起至投标人提交投标文件截止之日止，最短不得少于二十日”。（见图2-2）

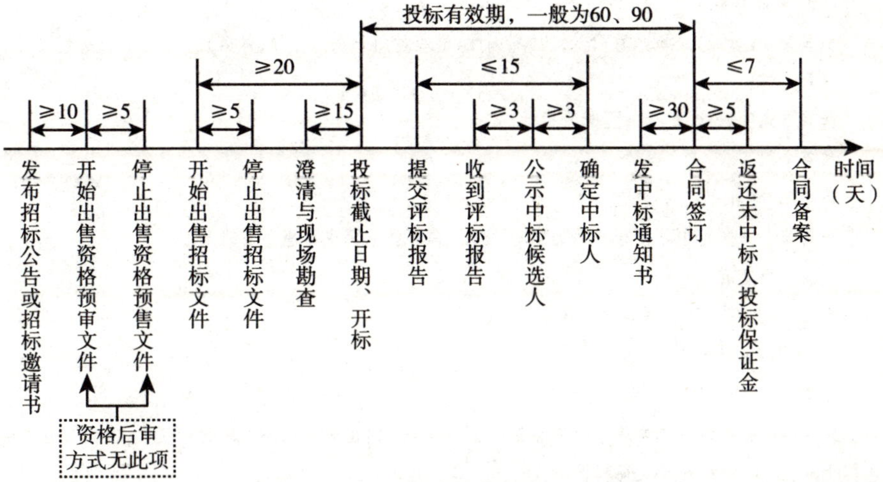

图 2-2 公开招标投标过程时间节点

四、公告内容

根据《招标公告和公示信息发布管理办法》第 5 条规定，“依法必须招标项目的资格预审公告和招标公告，应当载明以下内容：（一）招标项目名称、内容、范围、规模、资金来源；（二）投标资格能力要求，以及是否接受联合体投标；（三）获取资格预审文件或招标文件的时间、方式；（四）递交资格预审文件或投标文件的截止时间、方式；（五）招标人及其招标代理机构的名称、地址、联系人及联系方式；（六）采用电子招标投标方式的，潜在投标人访问电子招标投标交易平台的网址和方法；（七）其他依法应当载明的内容。”

此外，依法必须招标项目的招标公告和公示信息应当根据招标投标法律法规，以及国家发展改革委会同有关部门制定的标准文件编制，实现标准化、格式化。

五、公告格式

《政府采购公告和公示信息规范格式（2020 年版）》中对资格预审公告示例

项目概况

（采购标的）招标项目的潜在资格预审申请人应在（地址）领取资格预审文件，并于______年____月______日______点______分（北京时间）前提交申请文件。

(一)项目基本情况

项目编号(或招标编号、政府采购计划编号、采购计划备案文号等,如有):

项目名称:

采购方式:□公开招标 □邀请招标

预算金额:

最高限价(如有):

采购需求:(包括但不限于标的的名称、数量、简要技术需求或服务要求等)

合同履行期限:

本项目(是/否)接受联合体投标。

(二)申请人的资格要求:

1. 满足《政府采购法》第22条规定;

2. 落实政府采购政策需满足的资格要求:(如属于专门面向中小企业采购的项目,供应商应为中小微企业、监狱企业、残疾人福利性单位)

3. 本项目的特定资格要求:(如项目接受联合体投标,对联合体应提出相关资格要求;如属于特定行业项目,供应商应当具备特定行业法定准入要求)

(三)领取资格预审文件

时间:_____年_____月_____日至_____年_____月_____日(提供期限自本公告发布之日起不得少于5个工作日),每天上午至___,下午至___(北京时间,法定节假日除外)

地点:

方式:

(四)资格预审申请文件的组成及格式

(五)资格预审的审查标准及方法

(六)拟邀请参加投标的供应商数量

□采用随机抽取的方式邀请___家供应商参加投标。如通过资格预审供应商数量少于拟邀请供应商数量,采用下列方式(□1或□2)。(适用于邀请招标)

1. 如通过资格预审供应商数量少于拟邀请供应商数量,但不少于三家则邀请全部通过资格预审供应商参加投标。

2. 如通过资格预审供应商数量少于拟邀请供应商数量,则重新组织招标活动。

□邀请全部通过资格预审供应商参加投标。(适用于公开招标)

(七)申请文件提交

应在_____年_____月_____日___点___分(北京时间)前,将申请文件提交至_____。

(八)资格预审日期

资格预审日期为申请文件提交截止时间至_____年_____月_____日前。

(九)公告期限

自本公告发布之日起5个工作日。

(十)其他补充事宜

(十一)凡对本次资格预审提出询问,请按以下方式联系

1. 采购人信息

名称:____________________

地址:____________________

联系方式:____________________

2. 采购代理机构信息(如有)

名称:____________________

地址:____________________

联系方式:____________________

3. 项目联系方式

项目联系人:(组织本项目采购活动的具体工作人员姓名)

电话:

[说明:(1)采用竞争性谈判、竞争性磋商、询价等非招标方式采购过程中,如需要使用资格预审的,可参照上述格式发布公告。(2)格式规范文本中标注斜体的部分是对文件相关内容提示或说明,下同。]

六、实务案例

☞ 案例十四:某项目资格预审公告

×××项目资格预审公告

(招标编号:×××2020-104)

项目所在地区:陕西省,延安市,市辖区

一、招标条件

×××项目已由项目申批/核准/备案机关批准,项目资金来源为自筹资金7000万元,招标人为×××有限责任公司。本项目已具备招标条件,现招标方式为公开招标,特邀请有兴趣的潜在投标人提出资格预审申请。

二、项目概况和招标范围

规模:项目占地面积约37.51亩,总建筑面积14,352.30平方米。主要建设内容为保税冷链仓、保税常温仓、服务中心等,同时配套建设相关配套设施及室外工程。

范围:本招标项目划分为2个标段,本次招标为其中的(001)施工标段和(002)监理标段。

三、投标人资格要求

001施工标段的投标人资格能力要求:投标人须是国内依法注册成立在经

营期内的独管理有立法人，须具备建筑工程施工总承包二级及以上资质和有效的安全生产许可证，并在人员、设备、资金等方面具备相应的施工能力。其中，申请人拟派项目经理具备建筑工程专业二级及以上建造师执业资格和有效的安全生产考核合格证书，且未担任其他在建工程。

002 监理标段的投标人资格能力要求：投标人须是国内依法注册成立在经营期内的独立法人，须具备房屋建筑工程监理乙级及以上资质项目总监须具备房屋建筑工程专业国家注册监理工程师或陕西省级监理工程师证书，且未担任在建工程。

本项目不允许联合体投标。

四、资格预审文件的获取

获取时间：从 2020 年 10 月 28 日 8：00 到 2020 年 11 月 3 日 18：00。

获取方式：使用 CA 锁登录延安市公共资源交易网电子招投标系统进行报名，报名成功后在《延安市公共资源交易网》(ww. zyjy. yanan. gov. cn) 免费下载资格预审文件。

五、资格预审申请文件的递交

递交截止时间：2020 年 11 月 9 日 18：00。

递交方式：×××有限公司招标代理部邮寄方式递交。

六、资格预审开始时间及地点

资格预审开始时间：2020 年 11 月 10 日 9：00。

资格预审地点：×××。

评审办法：有限数量制。

七、其他

八、监督部门

本招标项目的监督部门为延安高新技术产业开发区规划建设局。

九、联系方式

招标人：×××有限责任公司

地址：×××

联系人：××

电话：××××

电子邮件：××××

招标代理机构：华正大地项目管理有限公司

地址：延安市枣园新洲小镇×栋×单元××层

联系人：卫××

电话：××××

电子邮件：××××

招标人或其招标代理机构主要负责人：　　　　　　　　（项目负责人）

招标人或其招标代理机构：　　　　　　　　　　　　（盖章）

☞ 案例十五：某项目国际招标公告

彩超诊断仪-国际招标公告

江苏海外集团国际工程咨询×××有限公司受招标人委托对下列产品及服务进行国际公开竞争性招标，于2020年10月28日在中国国际招标网公告。本次招标采用传统招标方式，现邀请合格投标人参加投标。

1. 招标条件

项目概况：彩超诊断仪、双板悬吊式DR、全高清腹腔镜系统

资金到位或资金来源落实情况：已落实

项目已具备招标条件的说明：已具备

2. 招标内容

招标项目编号：0675-204J0C103498/01

招标项目名称：彩超诊断仪

项目实施地点：中国江苏省

招标产品列表（主要设备）：

序号	产品名称	数量	简要技术规格	备注
1	彩超诊断仪	1台	1. ≥10.4大屏幕高灵敏彩色液晶触摸控制屏； 2. 探头个数：4个。	
2	双板悬吊式DR	1台	1. 阳极热容量3300kHU；2. 像素尺寸≤130像素。	
3	全高清腹腔镜系统	1套	1. 主机内有两个图像处理器，可同时处理两路图像信号； 2 采集像数：201080逐行扫描。	

3. 投标人资格要求

投标人应具备的资格或业绩：(1)各种资质证书（复印件）：如营业执照副本、经营许可证、税务登记证等（投标人是中华人民共和国境内的须提供）。

(2)质量保证资料（复印件）：TS0证书（如果有的话）

(3)国家规定需要进行医疗器械注册的,需提供国家医疗器械注册证及注册登记表(复印件)。

(4)境外生产的投标设备提供美国FDA证书或欧洲CE证书(复印件)。

(5)中华人民共和国实行制造、安装安全认可证、强制性认证(如3C认证)、准入证制度的产品,必须提供中华人民共和国有关部门颁发的资质证明文件(复印件)。

(6)提供原厂家的技术参数表(Technical Data Sheet)。

是否接受联合体投标:不接受

未领购招标文件是否可以参加投标:不可以

4. 招标文件的获取

招标文件领购开始时间:2020年10月28日

招标文件领购结束时间:2020年11月4日

是否在线售卖标书:否

获取招标文件方式:现场领购

招标文件领购地点:http://ww.365trade.com.cn/

招标文件售价:¥800/$150

其他说明:(1)招标文件获取方式:登录中招联合招标采购平台(http://ww.365trade.com.cn/)进行免费注册,注册为一次性工作,以后若有需要只需变更及完善相关信息即可;注册审核通过后可登录中招联合招标采购平台下载电子招标文件。下载者请务必至少在文件发售截止时间半个工作日前登录平台完成购买操作,否则将无法保证获取电子招标文件。

(2)下载者需要发票的,须通过平台填写"开票申请";招标文件费用及邮购费发票由招标代理机构出具电子发票;平台下载费发票由平台公司出具电子发票,联系平台公司领取。

(3)投标保证金:登录"中招联合平台 www.365trade.com.cn"在购标界面点击缴纳保证金。

(4)系统操作有任何问题可咨询平台,平台公司咨询电话为:010-86397110。

5. 投标文件的递交

投标截止时间(开标时间):2020年11月18日 14:00

投标文件送达地点:×××

开标地点:×××

6. 投标人在投标前应在必联网(https://ww. ebnew. com)或机电产品招标投标电子交易平台(https://www. chinabidding. com)完成注册及信息核验。评标结果将在必联网和中国国际招标网公示。

7. 联系方式

招标人:南通市××人民医院

地址:南通市港闸区永和路×××号

联系人:陈凯

联系方式:0513-80××××77

招标代理机构:江苏××公司

地址:南京市中山路××号××大厦××层

联系人:×××

联系方式:025-84××××67

8. 汇款方式

招标代理机构开户银行(人民币):

招标代理机构开户银行(美元):

账号(人民币):

账号(美元):

招标人或其招标代理机构主要负责人(项目负责人):__________(签名)

招标人或其招标代理机构:______________________________(盖章)

第六节 招标文件中涉及的时间

为了让招标投标活动高效开展,法律法规对各个环节的时间上作了相对具体的规定。

一、资格预审公告、招标公告或投标邀请书的发售期

根据《招标投标法实施条例》第16条第1款的规定,"招标人应当按照资格预审公告、招标公告或者投标邀请书规定的时间、地点发售资格预审文件或者招标文件。资格预审文件或者招标文件的发售期不得少于5日。"

二、澄清或修改资格预审文件时间

根据《招标投标法实施条例》第21条的规定,"招标人可以对已发出的资格

预审文件或者招标文件进行必要的澄清或者修改。澄清或者修改的内容可能影响资格预审申请文件或者投标文件编制的,招标人应当在提交资格预审申请文件截止时间至少3日前,或者投标截止时间至少15日前,以书面形式通知所有获取资格预审文件或者招标文件的潜在投标人;不足3日或者15日的,招标人应当顺延提交资格预审申请文件或者投标文件的截止时间。”

三、潜在投标人或者利害关系人提出异议的时间

根据《招标投标法实施条例》第22条的规定,“潜在投标人或者其他利害关系人对资格预审文件有异议的,应当在提交资格预审申请文件截止时间2日前提出;对招标文件有异议的,应当在投标截止时间10日前提出。招标人应当自收到异议之日起3日内作出答复;作出答复前,应当暂停招标投标活动。”

四、投标时间

同时,根据《招标投标法》第24条的规定,“招标人应当确定投标人编制投标文件所需要的合理时间;但是,依法必须进行招标的项目,自招标文件开始发出之日起至投标人提交投标文件截止之日止,最短不得少于二十日。”

根据《政府采购法》第35条的规定,货物和服务项目实行招标方式采购的,自招标文件开始发出之日起至投标人提交投标文件截止之日止,不得少于20日。

五、开标时间

根据《招标投标法》第34条的规定,“开标应当在招标文件确定的提交投标文件截止时间的同一时间公开进行;开标地点应当为招标文件中预先确定的地点。”

六、评标委员会组建时间

评标委员会由评标专家和招标人派出的代表组成。评标专家的选取可以指定也可以随机抽取,为避免评标专家名单的泄露导致招标投标活动的不公平,在开标两小时前,在相应的专家库随机抽取专家和招标人派出的代表一起组成评标委员会。

七、中标候选人公示时间

组成评标委员会后,评标委员会对投标文件的商务部分或者技术部分进行评标,其后针对投标人的情况对招标人出具评标报告,举荐1~3位中标候选人

并标明排序。根据《招标投标法实施条例》第54条的规定,“依法必须进行招标的项目,招标人应当自收到评标报告之日起3日内公示中标候选人,公示期不得少于3日。投标人或者其他利害关系人对依法必须进行招标的项目的评标结果有异议的,应当在中标候选人公示期间提出。招标人应当自收到异议之日起3日内作出答复;作出答复前,应当暂停招标投标活动。”

八、确定中标人的时间

对评标结果进行公示结束之后,即可以确定中标人,招标人向中标人发出中标通知书,向未中标的投标人发出未中标通知书。

九、签订合同和退还投标保证金的时间

《招标投标法》第46条规定,“招标人和中标人应当自中标通知书发出之日起三十日内,按照招标文件和中标人的投标文件订立书面合同。招标人和中标人不得再行订立背离合同实质性内容的其他协议。”

十、提交履约保证金的时间

招标文件要求中标人提交履约保证金的,中标人应当在签订合同时提交。

十一、行政监督涉及的时间

投标人或者其他利害关系人认为招标投标活动有违反法律法规的规定的,可以自知道或者应当知道之日起十日内向行政监督部门提出,行政监督部门在三日内决定是否受理,受理之后在三十日内作出书面的决定,维护国家利益、社会公共利益和招投标当事人的合法权益。

第七节 实务案例

☞ 案例十六:资格审查条件中设置了不合理的注册资本金条件

(一)案情概述

某单位改造工程设备采购项目采用公开招标、资格后审方式招标。招标人在招标文件中盲目提高注册资金门槛,对资质条件中注册资金要求4标段采购设备预算金额为200万元,要求投标人注册资金不低于6000万元。开标后评标

委员会经审查,发现满足注册资金要求的投标人均不足三家,并最终导致项目流标;实践中,亦有某项目招标人在招标文件中有意降低注册资金门槛,采购物资预算金额为64万元,注册资金不低于50万元。开标后评标委员会经审查,满足注册资金要求的投标人为11家,其中注册资金超过500万元的6家。由于各投标人实力、业绩差异较大,加大了评标工作量。

(二)案情分析

很多招标人将注册资金作为招标入围的"门槛",任意抬高注册资金以限制排斥部分供应商参与或故意降低注册资金以保证私下与自己达成协议的供应商能够参与进来,使采购过程无法体现公平竞争原则,甚至导致项目流标,影响工程进度。供应商注册资金数额必须高于采购预算金额,如果供应商所承揽项目的总额超出其所拥有的资金数额,可能导致项目无法完成。

招标人要在充分了解市场供求情况及潜在供应商经营实力的基础上,合理设置投标人注册资金资格条件,在保证有足够的供应商能够参与的前提下,提高注册资金资格条件,实现有序、公平竞争。

(三)相关法条

《招标投标法》第十八条 招标人可以根据招标项目本身的要求,在招标公告或者投标邀请书中,要求潜在投标人提供有关资质证明文件和业绩情况,并对潜在投标人进行资格审查;国家对投标人的资格条件有规定的,依照其规定。

招标人不得以不合理的条件限制或者排斥潜在投标人,不得对潜在投标人实行歧视待遇。

《企业法人登记管理条例》第十三条 企业法人的经营范围应当与其资金、场地、设备、从业人员以及技术力量相适应;按照国家有关规定,可以一业为主,兼营他业。企业法人应当在核准登记注册的经营范围内从事经营活动。

☞ 案例十七:某招标文件评标办法涉嫌"企业业绩量身定制"和"荣誉一劳永逸"

某建设项目施工采取招标方式选定总承包人,招标人在《招标文件》评标办法(综合评估法)中规定了"企业业绩"评分标准,即"2012年至今(以竣工时间为准)完成过建筑高度320米(含)以上房屋建筑工程业绩;2012年至今(以竣工时间为准)完成过建筑高度600米(含)以上房屋建筑工程业绩;2012年至今(以竣工时间为准)完成过建筑高度800米(含)以上房屋建筑工程业绩分别不同程度加分;同时,在企业信誉实力评分标准中规定取得“中国建设工程鲁班奖”和“中国质量奖提名奖”加分。

对此,潜在投标人对“企业业绩”及“企业信誉实力”评分标准提出了异议。

☞ 案例十八:某项目评标办法设置不合理条款(节选)

某项目总投资额不到200亿元,其中“单次中标金额超过400亿元的轨道交通建设项目”的要求不但过高,而且分值设置为6分,直接导致部分投标人即使参与投标也无法中标,该项目评分要求如下:

2. 投标人具有:

(1)单次中标金额超过150亿元的轨道交通“设计施工总承包”或“施工总承包”建设项目(含在建,不包括单轨、有轨电车及市域铁路项目),每个得2分,本项目最高不超过6分;

(2)单次中标金额超过400亿元的轨道交通“设计施工总承包”或“施工总承包”建设项目(含在建,不包括单轨、有轨电车及市域铁路项目),每个得6分,本项最高不超过6分;

(3)本项业绩如为独立投标人,该项业绩是其以独立投标人身份或联合体牵头人身份参与的轨道交通项目业绩;如为联合体,该项业绩可为联合体牵头人或联合体任一成员方以独立投标人身份或联合体牵头人身份参与的轨道交通“设计施工总承包”或“施工总承包”项目。

3. 上述业绩1、2项不可重复得分,需提供中标通知书或投资协议或PPP项目合同或竣工验收证明文件作为证明材料;在建项目业绩时间以中标通知书或投资协议或PPP项目合同载明的日期为准,已完项目以竣工验收证明文件载明的时间为准,同时提供两种及以上证明材料的,业绩时间以时间在后者为准。

4. PPP项目类型仅包含BOT、BOO、TOT、ROT、DBFO、特许经营、委托运营模式及以上类型的组合,如合同名称中明确为PPP项目的也予以认可,须提供项目在财政部政府和社会资本合作中心入库截图(复印件加盖公章)。

☞ 案例十九:某项目招标文件中含有指定设备品牌或参考品牌

(一)案情概述

某扩建项目设备招标采购,变电所二次设备继电保护装置标段要求投标人采用某企业的继保设备；高压开关柜标段要求投标人所投产品中的真空开关必须采用某进口品牌。

（二）案情分析

招标文件中的指定，就意味着非上述“国际知名品牌”及国内生产企业最终都无法参与该项目的公开竞标。招标人通过限定或者特别指定的专利、商标、品牌、原产地或者供应商的方式，以不合理的条件限制或者排斥潜在投标人。

很多专业技术人员认为在招标文件中，有些内容如果不通过列“参考品牌”的方式，很难表达清楚技术要求。虽然没有指定唯一的品牌且提供了三家及以上的品牌，但仍属于限制竞争，明显违背了招投标法的“三公”原则，极易产生投诉情况。所以当出现采购的货物或服务有“技术复杂或性质特殊”情况时，建议采用邀请招标方式进行采购。

如果必须引用某一供应者的技术规格才能准确、清楚地说明技术规格时，则应当在参照后面加上“或相当于”的字样。

（三）相关法条

《招标投标法》第三十二条　投标人不得相互串通投标报价，不得排挤其他投标人的公平竞争，损害招标人或者其他投标人的合法权益。投标人不得与招标人串通投标，损害国家利益、社会公共利益或者他人的合法权益。禁止投标人以向招标人或者评标委员会成员行贿的手段谋取中标。

《招标投标法实施条例》第三十二条　招标人不得以不合理的条件限制、排斥潜在投标人或者投标人。

招标人有下列行为之一的，属于以不合理条件限制、排斥潜在投标人或者投标人：

（一）就同一招标项目向潜在投标人或者投标人提供有差别的项目信息；

（二）设定的资格、技术、商务条件与招标项目的具体特点和实际需要不相适应或者与合同履行无关；

（三）依法必须进行招标的项目以特定行政区域或者特定行业的业绩、奖项作为加分条件或者中标条件；

（四）对潜在投标人或者投标人采取不同的资格审查或者评标标准；

（五）限定或者指定特定的专利、商标、品牌、原产地或者供应商；

（六）依法必须进行招标的项目非法限定潜在投标人或者投标人的所有制形式或者组织形式；

（七）以其他不合理条件限制、排斥潜在投标人或者投标人。

《工程建设项目货物招标投标办法》第二十五条 招标文件规定的各项技术规格应当符合国家技术法规的规定。

招标文件中规定的各项技术规格均不得要求或标明某一特定的专利技术、商标、名称、设计、原产地或供应者等，不得含有倾向或者排斥潜在投标人的其他内容。如果必须引用某一供应者的技术规格才能准确或清楚地说明拟招标货物的技术规格时，则应当在参照后面加上“或相当于”的字样。

☞ 案例二十：某项目招标文件设置不适用该项目的资格限制条款

（一）案情概述

某单位进行工程施工公开招标，在资格条件中设置有“在某省获得过施工质量优秀奖项、鲁班奖”“本地企业注册资金1000万元，外地企业注册资金3000万元”“在某省的行业业绩不少于5个”，在投标阶段，合格的投标人只有3人，全部是本地施工单位，达到招标人控制投标人的目的。

某单位进行三层办公楼施工招标，在施工资质条件中设置“具有通信施工总承包一级资质”“项目经理具有一级建造师资格、具有10个类似工程业绩”“必须是国有施工企业”等，由于设置资质条件原因，第一次招标公告后只有一家企业报名参与投标，招标公司与招标人共同商定后，修改资格条件，重新发布了招标公告。

（二）案情分析

上述两个案例，招标人用地域、奖项等与项目不相适应的资质、资格等设置不合理的条件，限制、排斥潜在投标人，达到某些预期的目的。

（三）相关法条

《招标投标法实施条例》第三十二条 招标人不得以不合理的条件限制、排斥潜在投标人或者投标人。

招标人有下列行为之一的，属于以不合理条件限制、排斥潜在投标人或者投标人：

（一）就同一招标项目向潜在投标人或者投标人提供有差别的项目信息；

（二）设定的资格、技术、商务条件与招标项目的具体特点和实际需要不相适应或者与合同履行无关；

（三）依法必须进行招标的项目以特定行政区域或者特定行业的业绩、奖项作为加分条件或者中标条件；

(四)对潜在投标人或者投标人采取不同的资格审查或者评标标准;

(五)限定或者指定特定的专利、商标、品牌、原产地或者供应商;

(六)依法必须进行招标的项目非法限定潜在投标人或者投标人的所有制形式或者组织形式;

(七)以其他不合理条件限制、排斥潜在投标人或者投标人。

第三章　投　标

通说认为，招标是一种要约邀请，而投标则是一个要约，因为投标文件需要对招标文件做出实质响应并有效投递。因此，作为投标人，一是需要关注自身的能力，即自身条件能否满足招标文件的全部要求；二是需要做到实质性响应，这种响应包括内容和形式上的相符；三是有效投递，即按照规定的时间、规定的地点进行有效投递。

本章从投标人的角度出发，首先，对投标文件的编写进行介绍，对于直接关系到投标是否有效的投标保证金的法律要求做了详细论述；其次，进一步对于投标报价部分的编制做了阐述，针对联合体投标行为及其法律要求做了阐释；最后，结合实务案例对投标行为不当的法律后果进行了分析。

希望本章内容在招投标实务中对于投标人具有帮助和指导意义，对于招标人及代理机构也起到换位思考的作用。

第一节　投标文件的编写

如果说招标文件的存在价值是“提出要求”，那么“响应招标文件的要求”就是投标文件与生俱来的使命。根据《招标投标法》第 27 条规定，“投标人应当按照招标文件的要求编制投标文件。投标文件应当对招标文件提出的实质性要求和条件作出响应。招标项目属于建设施工的，投标文件的内容应当包括拟派出的项目负责人与主要技术人员的简历、业绩和拟用于完成招标项目的机械设备等。”根据前述法条，招标文件应按照要求编制，并符合招标文件的实质性要求及条件。

一、投标文件的结构和内容

投标文件通常包括三个部分，即商务部分、价格部分和技术部分，如果是分两阶段招标的项目，则第一阶段只提交技术建议，第二阶段再提交最终技术方案和报价。根据《招标投标法实施条例》第30条第1、2、3款的规定，“对技术复杂或者无法精确拟定技术规格的项目，招标人可以分两阶段进行招标。第一阶段，投标人按照招标公告或者投标邀请书的要求提交不带报价的技术建议，招标人根据投标人提交的技术建议确定技术标准和要求，编制招标文件。第二阶段，招标人向在第一阶段提交技术建议的投标人提供招标文件，投标人按照招标文件的要求提交包括最终技术方案和投标报价的投标文件。”

（一）商务部分

通常情况下，商务部分主要包括法定代表人身份证明或授权委托书、投标保证金、投标文件附表、财务状况表、符合招标文件要求的相关业绩、商业信誉、主要人员简历等，属于联合体投标的，应当有联合体协议及联合体各成员相关资料，包括并不限于营业执照、安全生产许可证、质量管理体系认证证书、资信证明、组织机构图、银行授信额度或存款证明、银行贷款意向书、项目一览表等。

☞ 案例二十一：某项目投标文件商务部分材料结构

项目一

目　录

一、法定代表人身份证明书

二、投标文件签署授权委托书

三、投标函

四、投标函附录

五、投标担保银行保函格式

六、投标担保书

七、投标文件要求投标人提交的其他投标资料

项目二

目　录

一、投标函及投标函附

二、法定代表人身份证

三、联合体协议

四、投标保证

五、已标价工程量清单

六、施工组织设计

七、项目管理机构

八、拟分包项目情况

九、资格审查资料

十、其他材料

(二)价格部分

价格部分是对招标文件报价要求的回应,通常在投标函中予以呈现,主要包含投标一览表、分项报价表、商务偏差的说明、承诺书、优惠条件、投标人认为适宜的其他材料等。其中,投标一览表是对工程建设项目的总报价,详细分项报价表是对工程建设项目的各个部分的分别报价,一般是根据项目进行分类,是由投标人根据情况自行拟定,相较于投标一览表更详细。投标一览表和详细分项报价表的详细编制实例如下图。

☞ 案例二十二:某项目招标文件对投标报价的格式要求

致:(招标单位)

在研究了招标文件中所有文件和服务项目的技术资料后,我们对《____________项目》(招标编号:　　　　号)投标报价如下:

项目名称	投标总金额(人民币元)	备注
	小写:	
总价:(大写)		

注:

1. 投标单位如果需要对报价或其他内容加以说明,可在备注栏填写;

2. 此表应经法定代表人或法定代表授权委托人签名,并盖上公章;

3. 此表按招标文件规定密封标记要求密封递交;

4. 若本表与投标文件在内容上有出入,以本表为准;[此表中,投标总价应和(四)中的总价相一致]

5. 不得填报有选择性报价方案(如有优惠折扣声明,请在此表"备注"栏中列出,最终以优惠后的

“投标总金额”填报，并以此为准。除此以外不再接受降价函或其他形式的优惠声明）；

6. 如因投标人填写有误，导致无法唱标，责任由投标人自负。

投标人名称：（加盖公章）

法定代表人签名（或其委托的全权代表人）：

日期：年 月 日

☞ 案例二十三：某项目招标文件对投标分项报价表的格式要求

投标分项报价表

投标人名称：______ 招标编号： 单位：人民币元

编号	项目名称	单位	数量	综合单价	合价	备注
1						
2						
3						
4						
5						
	金额合计	（大写）			（小写）	

投标人名称：（加盖公章）

法定代表人签名（或其委托的全权代表人）： 日期：

注：

1. 投标项目的单价为综合单价，应包含服务期间发生的一切费用、税金、利润等。
2. 如果按单价计算的结果与总价不一致，以单价为准修正总价。
3. 如果不提供详细分项报价将视为没有实质性响应招标文件。
4. 上述各项如有更详细分项报价，应另页描述。

鉴于投标函系投标文件中的最重要部分之一，在编制中应当尤其注意准确性、规范性和合理性三点。

（1）准确性：注意检查投标一览表和详细分项报价表一致、单价计算结果和总价一致、货币大小写一致。

（2）规范性：格式应当符合招标方的要求，特别注意加盖公章和法定代表人签字之处是否遗漏，避免废标。

（3）合理性：对于基础设施施工建设的建设项目周期、项目人员安排和人员单价等，投标人根据招标文件要求充分预估。

（三）技术部分

招标的工程建设项目需要相应的技术，招标文件中也会载明项目的技术要求，投标人应该按照招标文件的要求和工程建设项目的实际情况自主进行编制。

技术部分的编写可以从技术方案、项目实施方案和设备介绍三个方面进行编制。

1. 技术方案部分

其具体内容包含投标人技术情况表、生产加工设备一览表、服务方案响应差异表、售后服务承诺及优惠条件等方面。

应当注意技术方案是报价的基础和前提。投标人应当掌握每一次投标项目的特点，力争使编制的技术方案部分具有先进性、合理性、竞争性。

2. 项目实施方案部分

其具体包含质量管理目标、质量保证体系、质量保证措施、文件要求、人力资源控制、采购控制、项目进度等方面。

3. 设备介绍部分

该部分可以对工程建设项目中会用到的主要设备进行功能等介绍，使得招标人在投标文件中可以详细地了解。

☞ 案例二十四：某招标文件对投标文件设备清单的格式要求

拟投入的主要施工机械设备表

（工程项目名称）工程

序号	机械或设备名称	型号规格	数量	国别产地	制造年份	额定功率（KW）	生产能力	用于施工部位	备注

☞ 案例二十五:投标文件要点检查对照表①

如何检查投标文件

项目名称:			点检日期	
序号	检验内容	检验方法	确认	备注
一	投标文件			
1	项目编号与名称	投标文件整篇项目编号与名称是否正确	□	
2	投标人名称	投标人名称与营业执照、资质证书、银行资信证明等证明证书一致	□	
3	投标文件排版	检查文本格式、字体、行数、图片是否模糊歪斜,是否按招标文件要求编辑	□	
4	投标文件目录	投标文件目录是否完整,页码是否更新	□	
5	投标文件的完整性	对照目录进行逐项检查	□	
6	投标内容	符合招标文件规定	□	
7	页码、页眉、页脚	有无重页和缺页	□	
8	报价	注意货币单位 只能有一个有效报价(按招标文件要去提交备选投标方案的除外) 投标报价没有大于最高投标限价 纸质版、电子版、上传应都一致	□ □ □	
9	预算书	预算书符合招标文件“预算书”的范围、数量,符合清单/预算编制的要求	□	
10	资质文件检查	顺序及完整性检查、有无复印不清楚或歪斜,检查证明材料是否齐全	□	
11	营业执照、资质、质量认证证书、安全生产许可证	有合格的营业执照,且经营范围与招标项目一致,注册资金和资质符合法律法规和招标文件要求	□	
12	总工期	总工期(总进度)响应、权利义务响应符合招标文件要求	□	
13	投标有效期	投标有效期符合招标文件要求	□	
14	偏差表	没有招标方不能接受的偏差内容	□	
15	项目经理资格	满足法律法规及招标文件的要求	□	

① 《招投标小知识|如何检查标书?》,载微信公众号“中国招标公共服务平台”2020 年 2 月 27 日,https://mp. weixin. qq. com/s/P_kv-bJ5IL_Xojb2fz1KPA。

续表

项目名称：			点检日期	
序号	检验内容	检验方法	确认	备注
16	施工业绩	满足招标文件要求	□	
17	工期(关键节点)	符合招标文件的规定	□	
18	工程质量	符合招标文件及合同的规定	□	
19	技术标准和要求	符合招标文件“技术标准和要求”规定	□	
20	其他否决其投标条件	没有法律法规和招标文件规定的其他否决其投标的内容	□	
二	分项检查			
1	开标文件	按照投标函格式要求逐页检查是否响应、漏页； 投标函中投标金额大小写检查； 单价与总价金额是否正确； 其他	□ □ □	
2	投标保证金	投标保证金是否符合要求，金额是否符合要求	□	
3	商务部分	商务部分格式是否符合要求，逐页检查是否响应、漏页； 商务标书完整性检查； 商务标书资质证书是否在有效期内； 检查企业资质齐全、有无过期； 检查投标人员信息证件对应； 其他	□ □ □ □ □ □	
4	技术部分	按照技术部分格式是否符合要求，逐页检查是否响应、漏页 施工主要机械安排 施工范围、施工概况 施工组织方案、现场组织机构 安全保障体系及措施 质量保障体系及措施 技术部分 本工程特点施工经历、同规模主体施工经历 施工总平面布置 施工网络进度计划 项目经理情况 主要技术负责人情况 主要劳动力组织计划 其他	□ □ □ □ □ □ □ □ □ □ □ □ □	

续表

项目名称：			点检日期	
序号	检验内容	检验方法	确认	备注
5	电子光盘	按照招标文件要求检查所需导入文件，三台电脑是否可以读取； 光盘正面填写信息是否正确	□ □	
三	投标文件封装和签字、盖章			
1	法定代表人签字和授权代表签字（盖章）检查	每页检查有无签字和盖章、签字是否正确，是否和授权人相符	□	
2	封装方式及密封纸张检查	检查封装方式、封装纸张是否按照招标文件要求	□	
3	封装包检查	是否按要求分装（正副本是否分开） 封装包数量____包	□ □	
4	投标文件份数	根据招标文件要求，检查投标文件是否写上正本和副本、标书要求投标文件份数是____正____副（电子版____份）	□	
5	项目编号与名称	投标文件整篇项目编号与名称是否正确	□	
6	人员名称	授权委托人、投标人名称	□	
7	密封袋封面	是否按照内封、外封要求填写信息	□	
8	签字、盖章检查	检查投标文件内需签字、盖章处是否签字、盖章	□	
9	密封袋（暗本）特殊要求检查	检查招标文件对暗包的特殊要求	□	
四	文件签署			
1	文件签署	（1）投标函未加盖单位公章或无法定代表人（或委托代理）人签字的	□	
2		（2）其他投标文件未加盖单位公章或无法定代表人（或委托代理人）签字的	□	
3		（3）如由委托代理人签字的，未附法定代表人授权委托书的	□	
4		（4）法定代表人授权委托书未加盖单位公章和法定代表人签字的	□	
5		（5）投标文件使用投标专用章替代单位公章，缺少投标专用章具备同等效力证明文件的	□	
6		（6）投标文件未按规定的格式填写，内容不全或关键字迹模糊、无法辨认的	□	

续表

项目名称：			点检日期	
序号	检验内容	检验方法	确认	备注
7		(7)是否加盖骑缝章，骑缝章是否覆盖每页	□	
8	密封袋封面	是否按照内封、外封要求填写信息	□	
9	签字、盖章检查	检查投标文件内需签字、盖章处是否签字、盖章	□	
五	开标现场准备文件			
1	委托人身份证原件授权委托书	是否携带	□	
2	投标文件递交登记表	是否携带	□	
3	投保保证金递交函原件	是否携带	□	
4	无行贿犯罪记录告知函	是否携带	□	
5	基本户开户许可证复印	是否携带	□	
6	开标时间地点	是否通知	□	
标书检验结果： A. 可以送出 □ B. 重新修改 □ 修改原因：				

二、投标策略

常见投标策略包括：选择评标最高分投标策略、利润最大化原则报价策略，具体如下：

选择评标最高分投标策略，即投标企业要实现评标最高分，就要认真研究招标文件内容，分析评标办法中评分标准，同时，要积极了解工程项目所在行业市场行情。例如，有些行业市场，是以报价最低者得，这时如果是竞争激烈的项目或企业想开发更多战略性项目或进入新市场，就需要投标企业具有较好的资金支付能力和企业声誉，采取低成本的奖励策略来实现低报价中标，赢得评标最高分。

利润最大化原则报价策略，即在一些建设项目中，施工难度、技术要求标准高，工程条件艰苦、困难重重，这种情况建设单位更需要一个技术可靠、专业、有影响力的建筑施工企业。有高科技、高管理水平的建筑施工企业可以利用高价中标战略实现利润最大化。①

投标企业在选择投标策略的同时,也应注意把控重要时点,具体如下:

一是严把领取施工项目图纸的时间。要按照招标文件中的相关规定及时到招标人或招标代理机领取项目施工图纸,避免因延迟或没有领取施工图纸导致工程投标文件成为废标。

二是合理把握施工项目实地勘测的时间。投标报价人员在编制工程项目投标施工组织设计之前,务须及时到工程项目实地现场勘测,对施工项目周围地域环境等各项影响工程施工的因素进行把控。对一些不满足施工条件的分部分项工程要重点关注,进而合理做好投标报价的统筹安排。

三是注重对工程项目答疑时间的把控。企业招投标人员要合理把握工程项目答疑的截止时间及召开答疑会的准确时间,针对招标文件规定需要招标人答疑的要及时提出,以避免因没有重视答疑时间造成答疑权利的放弃。

四是注重递交工程项目投标函和投标保证金的时间。投标企业人员要按照时间规定及时递交投标保函,积极地和公司财务部沟通,按照投标文件保证金转账要求,及时将投标保证金转至招标文件定的账户,避免因投标保证金没有及时转导致工程项目废标。

五是注重对工程项目开标时间的把控。负责公司投标的专职人员要按照招标文件规定,及时将投标文件递交至招标人,并在开标时间内赶赴开标现场,并对开标过程中出现的疑问及时与评标专家沟通。避免因工程项目施工企业投标人未到开标会现场导致放弃投标的情形。

六是要注重确认工程项目的投标时间。对于设有资格预审的投标项目,投标企业在接到招标人入围通知后,要及时在规定的时间内按照招标人要求书面提交文件进行投标项目的确认,避免因不及时确认导致失去投标资格。②

三、标书制作与检查

(一)标书的制作

根据法律规定和实践经验,为高效高质量地完成标书编制工作且尽量避免投标人所编辑投标文件被评标委员会否决,把标书的制作要点概括为以下

① 参见卢邓:《投标报价技巧与策略研究》,载《建筑与预算》2020 年第 9 期。

② 参见张玉强:《建筑工程投标报价策略与变更索赔管理》,载《价值工程》2019 年第 38 期。

五点。

1. 积极关注本行业领域内的招标信息

通常情况下,乙方单位会积极关注本行业领域内的招标公告和相关信息,对招标公告内容进行初步预判,选择与自身能力条件相匹配的项目,履行内部决策程序,作出是否参与投标的决定。

2. 深入分析招标文件根据需要及时提出质疑

乙方在购买招标文件后,应对招标公告、招标文件等资料进行深入分析研究,针对招标文件中的工程名称、评审要求、业绩要求、包封要求等任何细节有不能理解之处及时按照招标文件规定的方式提出有效质疑。根据《招标投标法实施条例》第22条的规定,“潜在投标人或者其他利害关系人对资格预审文件有异议的,应当在提交资格预审申请文件截止时间2日前提出;对招标文件有异议的,应当在投标截止时间10日前提出。招标人应当自收到异议之日起3日内作出答复;作出答复前,应当暂停招标投标活动。”

3. 综合分析招标文件和澄清补遗文件

在规定时间截止之前,招标人通常会将补遗与答疑等文件发给招标人,在相关资料中也会有一些答疑文件,编标人员应细致研读相关文件,综合分析其中涉及的补充修改内容,正确理解招标人的本意,如果投标文件内容与招标文件或答疑文件不符,就会极易废标。通常,补遗要求更加详细具体,清晰反映投标文件的细节要求,例如:“投标人按第二章投标人须知3.5.1要求只提供营业执照副本、资质证书副本和安全生产许可证等材料的扫描件(或复印件),不提供营业执照年检合格的证明材料。”

☞ 案例二十六:某项目招标文件的澄清补遗文件封面

×××项目

招标文件澄清补遗文件(二)

招标文件编号:×××

此内容作为招标文件不可分割的组成部分,与招标文件具有同等约束力,请投标人照此执行。

×××有限公司

××××年××月××日

4. 紧扣评分标准，提高投标文件质量

各个专业各个领域评标办法各异，包括综合评估法、最低价法、合理低价法、摇珠法等，但就商务而言，归根结底就有通过制和打分制两种。

(1)如编制通过制的投标文件，企业可根据自身条件，配备完全响应招标文件的人员、设备即可；确保不废标，保存企业实力。

(2)如编制打分制的投标文件，企业首先是完全响应招标文件，确保不废标；其次是紧扣评分标准，逐条核对，充分利用企业的资信、人员、业绩、设备等资源，力求完美，争取最高分，做到精益求精。责任到人，把好初审、复审、终审关。

5. 注重日常积累，建立数据库

标书中涉及的要素很多，想要短时间内将这些要素收集齐全，必须有很完整的资料库做支撑。在大数据时代，掌握的数据越多，越能胜任工作，越重视数据库建设，工作越有成效。因此积累资料是商务人员的必修课。需做到：

(1)应及时更新企业信息，包括营业执照、资质证书、安全生产许可证、财务报表等；

(2)应及时获取项目资料，包括中标项目中标通知书、施工合同、竣工验收、业绩证明等；

(3)应及时收集人员资料，包括毕业证、身份证、建造师证、安全生产考核合格证以及个人工作简历等；

(4)应同步获奖信息；

(5)应通过网盘或内部服务器建立完善数据库，并安排专人保管。

(二)标书的检查

编制标书必须慎之又慎，需要仔仔细细反复核稿，做到万无一失，在编制过程中，必须做好时间节点安排，预留标书评审及修改完善时间，一般情况下投标文件要过初审、复审、接审三次评审，应当安排好各个审查阶段的责任人，标书编制完成后难免错误频出，检查标书的工作就显得格外重要，大部分投标人被废标的原因是对招标文件研究不够深入，细节处理失当。如何检查投标文件，对于投标人来说，是至关重要的一件事。投标人应当力求投标文件不但符合招标文件要求，而且体现出质量和水平，在众多投标文件中脱颖而出。

1. 招标文件的细节要求

首先要审核招标文件，注意招标文件的特别要求，注意招标单位要求的排版、格式等要求，投标文件的组成、顺序、相关证明材料是否齐备，页码是否连续等,并应根据修改情况,及时更新技术偏离表、评审应答表、对招标文件的响应。

2. 报价部分的检查要点

注意一览表和分项表总价是否相同、大小写是否一致、分项报价表报价单位是万还是万元、各项相加是否等于总数。

3. 商务部分的检查要点

在编制商务部分时,排序要严格按照招标单位要求的顺序,技术文件与商务文件、报价文件应保持一致,互相呼应,不能前后矛盾。

4. 技术部分的检查要点

技术参数的准确性需要前后一致,介绍文件所列参数与项目部分中所罗列的参数应该一致。①

5. 评分项的检查要点

重点检查废标项、指标功能是否满足、评分项是否完全响应。

6. 封装、封印和上传

封装前扫描标书,上传电子版;按照标书封装要求严格进行封装,有需要单独做封面,不和商务文档、技术文档在一起;商务正本封面、商务副本封面、技术正本封面、技术副本封面、报价正本封面、报价副本封面;投标一览表:封面、投标一览表、保证金截图、U盘封条、档案外封条,封装处盖章签字、骑缝章。

四、实务案例

☞ 案例二十七:投标报价书漏项引发争议

(一)案情概述

某单位设备招标,招标文件报价范围明确指出总报价包括设备费、安装工程费。审核投标文件时,评委发现A公司的投标价在设备费中有漏项3000元,B公司的投标报价在安装费中有漏项7000元。招标人认为:A公司和B公司报价有漏项,应当以不响应招标文件和重大偏差为由,建议做无效标处理。专家则不同意招标人意见,因为报价有漏项未明确规定为无效投标,提出以下3种处理意见:第一种,向A公司和B公司发出澄清要求,要求其做出书面澄清。第二种,

① 参见翟丕炜:《提高商务投标文件编制水平和质量的方法》,载《中国集体经济》2019年第25期。

按报价不利于A公司和B公司处理,投标价加上所有投标人在相同项目上的投标价格中的最高值,以此作为评标价。如A公司或B公司中标,合同价按修正后的评标价处理。第三种,按报价最不利于A公司和B公司处理,投标价加上所有投标人在相同项目上的投标价格中的最高值,以此作为评标价。如A公司或B公司中标,合同价按没有修正的投标价处理。最后,采购人和评标专家讨论后,采用了第三种处理意见。

(二)案情分析

采购人最初的处理意见不妥,因为招标文件中并没有明确规定有漏项就是无效标,因此漏项不属于符合性检查的内容且漏项数额较小,不能列为重大偏差。

专家的第一种处理意见违法,向A公司和B公司发出澄清要求,要求做出书面澄清,澄清补正后,实质性地改变了投标人的投标价格,投标价属于实质性的内容,不能修改,澄清只能针对明显的算术错误进行修正。所以漏报项不宜要求澄清。第二种和第三种处理意见,按报价最不利于A公司和B公司处理,投标价加上所有投标人在相同项目上的投标价格中的最高值,以此作为评标价,这样处理较公平。但由于招标文件对清单和报价范围已明确要求,投标人漏项、未报价,应视为此漏项已经包含在其他项目的报价中,其风险应当全部由投标人A公司和B公司自己承担,不得再额外增补费用。如A公司和B公司中标,合同价按修正后的评标价处理,是不公平的,应当按照第三种处理意见,合同价按没有修正的投标价处理。

为了避免出现上述问题,建议在招标文件中加入以下限制条款以避免出现漏项问题时缺乏操作依据:

第一,在评标标准中明确规定,如有漏项的项目以其他投标人该项的最高价修正其投标报价,形成评标价,若其仍然获得中标资格,该项目的中标价为其原投标报价,其漏项部分风险自担,视作漏项部分包含在其他项目的报价中,根据原投标价签订合同。

第二,仅允许一定价格偏差范围内的漏项,超出范围的则按无效标处理,如可以规定漏项价格超过总价的5%以上的属于无效投标。

第三,对按项目清单报价的项目,可以规定若投标人出现漏项,就是无效投标。或对于价值较大的项目或设备,直接规定漏项超过几项,即属于无效投标。

采取上述二、三的方法,可以防止失误或恶意报低价的行为。

(三)相关法条

《政府采购货物和服务招标投标管理办法》第四十四条 评标工作由招标采购单位负责组织,具体评标事务由招标采购单位依法组建的评标委员会负责,并独立履行下列职责:

(一)审查投标文件是否符合招标文件要求,并作出评价;

(二)要求投标供应商对投标文件有关事项作出解释或者澄清;

(三)推荐中标候选供应商名单,或者受采购人委托按照事先确定的办法直接确定中标供应商;

(四)向招标采购单位或者有关部门报告非法干预评标工作的行为。

第二节 投标保证金

一、投标保证金的缴纳和退还

投标保证金是投标人按照招标采购文件规定的形式和金额向招标人递交的,约束投标人履行其投标响应义务的担保。

在保证金的提交方面,《招标投标法实施条例》第 26 条规定:"招标人在招标文件中要求投标人提交投标保证金的,投标保证金不得超过招标项目估算价的 2%。投标保证金有效期应当与投标有效期一致。依法必须进行招标的项目的境内投标单位,以现金或者支票形式提交的投标保证金应当从其基本账户转出。招标人不得挪用投标保证金。"

在保证金的退还方面,《招标投标法实施条例》第 31 条规定:"招标人终止招标的,应当及时发布公告,或者以书面形式通知被邀请的或者已经获取资格预审文件、招标文件的潜在投标人。已经发售资格预审文件、招标文件或者已经收取投标保证金的,招标人应当及时退还所收取的资格预审文件、招标文件的费用,以及所收取的投标保证金及银行同期存款利息。"同时,该条例第 35 条规定:"投标人撤回已提交的投标文件,应当在投标截止时间前书面通知招标人。招标人已收取投标保证金的,应当自收到投标人书面撤回通知之日起 5 日内退还。投标截止后投标人撤销投标文件的,招标人可以不退还投标保证金。"

☞ 案例二十八:某项目招标文件中的投标保证金缴纳要求

3.4.1 投标保证金

要求投标人提交投标保证金。投标保证金的金额:800,000 元(小写),捌拾万元(大写)。

投标人可以选择下列两种形式之一提交:

(1)投标人通过四川省公共资源交易平台电子招投标系统生成订单,并将投标保证金通过网上银行在线支付系统,以网上支付订单的方式从基本账户网上银行进行在线支付缴纳(以到达收款银行时间为准)。

投标保证金的金额:80万元。

转账的投标保证金应在投标截止时间前到达系统指定账户。

(2)以银行保函形式提交。采用保函递交投标保证金的,投标人需将保函扫描件附入投标文件中,并在投标截止时间前将保函原件递交给招标人。

注:本项为单项选择。

目前支持的银行包括:工商银行、农业银行、中国银行、建设银行、招商银行、浦发银行、平安银行、北农商、光大银行、交通银行、兴业银行。如投标企业基本户不在以上银行,请在以上银行开结算户,缴纳保证金时先将保证金从基本户转到结算户(高版网银),然后通过结算户网上缴纳保证金。投标企业需将投标保证金从基本账户转到结算账户的银行支付凭证附到投标文件中。

二、投标保证金的作用

投标保证金作为保证金的一种,适用于我国《民法典》对于保证金的规定。根据《民法典》第681条的规定,保证合同是为保障债权的实现,保证人和债权人约定,当债务人不履行到期债务或者发生当事人约定的情形时,保证人履行债务或者承担责任的合同。

同时,投标保证金所担保的主要是合同缔结过程中招标人的权利,如投标响应人在投标响应有效期内撤销投标响应文件;中标人在收到中标成交通知书后,无正当理由不与招标人订立合同,在签订合同时向招标人提出附加条件,或者不按照招标采购文件要求提交履约保证金,投标保证金将不予退还。法律允许招标采购文件对投标保证金不予退还情形进行约定,就是为了保护合同缔结过程中招标人的合法权利。①

三、投标保证金缴纳的时间

投标保证金缴纳时间一般为递交投标文件的截止时间,但是实务中并没特

① 参见蒋玉红:《正确理解和使用投标保证金形式》,载《招标采购管理》2020年第2期。

别规定何时应当缴纳的,可以由招标人确定合理期限内缴纳。

投标保证金的目的是保护招标人的利益,保证投标人不会做出反悔的各种行为,所以投标保证金的提交时间十分重要,要保证有足够的作用约束投标人保护招标人的利益,但是又不能过度地加重投标人的义务。《招标投标法实施条例》第 26 条、《工程建设项目施工招标投标办法》第 37 条等法律法规规定,"投标保证金的有效期和投标有效期应当一致"。

值得注意的是,在实务中由于银行系统等各种原因造成了提前缴纳投标保证金但截止时间未到账的问题,此种情况下投标是否有效是实务中应该解决的问题。

有的投标人通过电汇方式提交投标保证金,虽然已经到账了,但登录银行端口却查询不到,银行后台处理需要时间,这时候又到了投标截止时间,到了资格审查环节,因为查不到投标保证金,投标人就被认定为投标无效,但事后又查到投标人已经提交投标保证金了。

一般情况下,政府采购活动是要求投标保证金在投标截止时间前到账,不到账只能判作无效投标。如果是因为银行的原因,导致投标保证金延迟到账,一般会查询银行方面的原因,如果投标人不能提供有力证据证明是银行方面的原因,则只能按无效投标处理。

四、投标保证金缴纳的额度限制

投标保证金的目的只是约束投标人,以免投标人撤回投标文件或者中标之后不按照招标文件和投标文件来签订合同,保护招标人的利益。所以投标保证金的金额应该谨慎规定,不得过多以使得投标人的义务太重,不利于招标投标活动的开展。

通常情况下,依照《招标投标法实施条例》第 26 条的规定,"投标保证金不得超过招标项目估算价的 2%"。但是该保证金可能由于项目的不同而存在不同的特别规定。如在工程项目中,根据《工程建设项目施工招标投标办法》第 37 条规定,"投标保证金不得超过项目估算价的百分之二,但最高不得超过八十万元人民币"。另外,根据《工程建设项目勘察设计招标投标办法》第 24 条规定,在勘察设计项目中,"保证金数额不得超过勘察设计估算费用的百分之二,最多不超过十万元人民币"。

综上,投标保证金的额度原则上是不得超过招标项目估算价的 2%,但是根据投标项目不同有例外规定的需要遵从例外规定。

根据《招标投标法实施条例》第66条的规定："招标人超过本条例规定的比例收取投标保证金、履约保证金或者不按照规定退还投标保证金及银行同期存款利息的，由有关行政监督部门责令改正，可以处5万元以下的罚款；给他人造成损失的，依法承担赔偿责任。"

五、投标保证金的缴纳方式

根据《招标投标法实施条例》等相关法律法规规定，投标保证金可以采用银行汇票、现金、支票、银行本票和投标保函等形式缴纳。未按法定形式或招标人要求形式缴纳保证金的投标无效。并且使用现金或者支票形式提交的保证金应当从其基本账户转出。实务中投标资金来源包括公司自有流动资金、金融机构借贷、企业拆借民间借贷等三种方式。投标保证金缴纳方式主要有电汇和银行保函等，以银行保函方式缴纳投标保证金可以减少对投标单位现金流占用。但是该方式应当注意：

第一，投标保函有效期。投标保函的有效期与投标文件的有效期并不是同一个期限，担保函的期限应当长于招标文件的有效期限，保证投标的顺利进行。

第二，投标保函金额。保函所担保的金额与招标文件要求一致。

第三，投标保函格式。投标保函的担保条件要与招标文件相一致。实务中，如果委托人在投标书规定的投标有效期内撤回投标、委托人在投标有效期内收到招标人的中标通知后不能满足或拒绝按照投标须知的要求签署合同、不能或拒绝按招标文件的约定提交履约保证金时，投标保证金不会予以退还。需要在保函中明确上述担保条件，若未按招标文件要求明确写明担保条件，将导致投标无效。

第四，担保银行要求。要注意招标方是否对具体银行做了要求。未按招标文件要求缴纳保证金系构成投标被否的一种常见情形，其实质为投标文件没有对招标文件的实质性要求和条件作出响应。在相关具体规则中，也对该情形进行了具体约定，比如，《工程建设项目勘察设计招标投标办法》第37条规定，"投标人有下列情况之一的，其投标应作废标处理或被否决：(一)未按招标文件要求提供投标保证金……"又如，《机电产品国际招标投标实施办法(试行)》第57条规定，"在商务评议过程中，有下列情形之一者，应予否决投标：……(八)投标人未按招标文件要求提交投标保证金或保证金金额不足、保函有效期不足、投标保证金形式或出具投标保函的银行不符合招标文件要求的……"

☞ 案例二十九:某项目投标保函

投标保函

保函编号:

×××有限公司:

鉴于×××有限公司(以下称投标人)于2018年6月1日参加×××项目一期设备(电梯)(项目名称)的投标。×××支行(担保人名称,以下简称"我方")无条件地、不可撤销地保证:若投标人在投标有效期内撤销投标文件,中标后无正当理由不与招标人订立合同,在签订合同时向招标人提出附加条件,不按照投标文件要求提交履约保证金,或者发生招标文件明确规定可以不予退还投标保证金的其他情形,我方承担保证责任。收到你方书面通知后,我方在7日内向你方无条件支付人民币(大写)壹拾伍万元整。

本保函在投标有效期90天内保持有效,要求我方承担保证责任的通知应在投标有效期内送达我方。

担保银行:×××支行

银行地址:×××

邮编:

法定代表人或其授权的代理人:

电话: 传真:

日期:

(本保函失效后,请将原件退回我方注销)

(本保函仅限于委托西双版纳××自治州分行出具保函时使用)

因缴纳投标保证金不符合要求导致废标的情形归纳如下:

(1)因小数点位置点错,投标保证金数额不符合招标文件规定;

(2)因收款账号或单位名称写错,投标保证金被退回,并且没有在招标文件要求的时间之前成功转账;

(3)投标保证金不是从投标人基本账户转出的或者几个投标人的投标保证金是从同一单位或者个人的账户转出;

(4)未在规定的截止时间之前支付投标保证金;

(5)未按招标文件要求随投标文件提交转账或电汇凭证;

(6)误将其他项目的投标保函凭证装订到本项目投标文件中;

(7)转账过程中备注信息填写错误,误将此项目写成彼项目。

六、投标保证金的退还

投标保证金只是为了防止投标人撤回投标文件或者中标后不按照招标文件和投标文件签订合同所设置的对投标人的约束,不是合同中的标的金额,所以在招标投标活动已经结束,投标人在没有违反法律法规规定的情况下,招标人需要退还投标人。

我国相关法律法规对具体领域招标投标保证金的退还进行相关的规定,比如,根据《招标投标法实施条例》第31条规定:"招标人终止招标的,应当及时发布公告,或者以书面形式通知被邀请的或者已经获取资格预审文件、招标文件的潜在投标人。已经发售资格预审文件、招标文件或者已经收取投标保证金的,招标人应当及时退还所收取的资格预审文件、招标文件的费用,以及所收取的投标保证金及银行同期存款利息。"同时第35条规定:"投标人撤回已提交的投标文件,应当在投标截止时间前书面通知招标人。招标人已收取投标保证金的,应当自收到投标人书面撤回通知之日起5日内退还。投标截止后投标人撤销投标文件的,招标人可以不退还投标保证金。"

根据《工程建设项目施工招标投标办法》第63条的规定:"招标人最迟应当在与中标人签订合同后五日内,向中标人和未中标的投标人退还投标保证金及银行同期存款利息。"根据《工程建设项目货物招标投标办法》第52条规定,"招标人最迟应当在书面合同签订后五日内,向中标人和未中标的投标人一次性退还投标保证金及银行同期存款利息。"

根据《政府采购货物和服务招标投标管理办法》第38条第3款的规定:"采购人或者采购代理机构逾期退还投标保证金的,除应当退还投标保证金本金外,还应当按中国人民银行同期贷款基准利率上浮20%后的利率支付超期资金占用费,但因投标人自身原因导致无法及时退还的除外。"

七、投标保证金与履约保证金

投标保证金的意义在于避免因投标人在投标有效期内随意撤回、撤销投标等行为而给招标人造成损失;履约保证金是防止承包人在合同执行过程中发生违约,投标保证金在中标人中标后可转化为履约保证金,不足的部分由中标人补足,但二者在法律规定上并不相同,我国招投标法律法规中对履约保证金的作了若干要求，整理如下：

表 3-1 我国招标投标法律法规中对履约保证金的要求

法律法规	具体条文
《招标投标法》	第四十六条第二款 招标文件要求中标人提交履约保证金的，中标人应当提交。
	第六十条第一款 中标人不履行与招标人订立的合同的，履约保证金不予退还，给招标人造成的损失超过履约保证金数额的，还应当对超过部分予以赔偿；没有提交履约保证金的，应当对招标人的损失承担赔偿责任。
《政府采购法实施条例》	第四十八条 采购文件要求中标或者成交供应商提交履约保证金的，供应商应当以支票、汇票、本票或者金融机构、担保机构出具的保函等非现金形式提交。履约保证金的数额不得超过政府采购合同金额的10%。
《工程建设项目施工招标投标办法》	第八十一条 中标通知书发出后，中标人放弃中标项目的，无正当理由不与招标人签订合同的，在签订合同时向招标人提出附加条件或者更改合同实质性内容的，或者拒不提交所要求的履约保证金的，取消其中标资格，投标保证金不予退还；给招标人的损失超过投标保证金数额的，中标人应当对超过部分予以赔偿；没有提交投标保证金的，应当对招标人的损失承担赔偿责任。对依法必须进行施工招标的项目的中标人，由有关行政监督部门责令改正，可以处中标金额千分之十以下罚款。
《工程建设项目施工招标投标办法》	第八十四条 中标人不履行与招标人订立的合同的，履约保证金不予退还，给招标人造成的损失超过履约保证金数额的，还应当对超过部分予以赔偿；没有提交履约保证金的，应当对招标人的损失承担赔偿责任。中标人不按照与招标人订立的合同履行义务，情节严重的，有关行政监督部门取消其二至五年参加招标项目的投标资格并予以公告，直至由工商行政管理机关吊销营业执照。因不可抗力不能履行合同的，不适用前两款规定。
《重庆市招标投标条例》（2018年修正）	第三十六条第四款 招标文件要求中标人提交履约保证金的，中标人应当在签订书面合同前提交。履约保证金不得超过中标合同金额的百分之十。履约保证金可以以银行保函、支票或者现金的方式缴纳。依法必须进行招标的项目的境内中标人，以现金或者支票形式提交的履约保证金，应当从其基本账户转出。
履约保证金的对等担保要求	
《工程建设项目施工招标投标办法》	第六十二条第二、三款 招标人要求中标人提供履约保证金或其他形式履约担保的，招标人应当同时向中标人提供工程款支付担保。 招标人不得擅自提高履约保证金，不得强制要求中标人垫付中标项目建设资金。
《招标投标法》（修订草案公开征求意见稿）	删除了“招标文件要求中标人提交履约保证金的，中标人应当提交”的内容。

实务中,无论何种保函均应具备独立保函、不可撤销和见索即付的特征。

☞ **案例三十:某项目投标保函**

投标保函

保函编号:××××××

致:贵阳市交通委员会(采购人)

鉴于[投标人的名称和地址](下称“投标人”)参加以你方为采购方的[项目名称]公开招标,我行接受投标人的请求,愿向你方提供如下保证:

一、本保函项下我行承担的保证责任最高限额为人民币大写:壹亿元整,小写:¥100,00000.000(币种、金额、大写)。(下称“保证金额”)。

二、本投标保函根据“招标文件”载明的条款和条件执行。

三、投标人在规定的投标有效期内撤销或修改其投标文件的,或者投标人在收到中标通知书后无正当理由拒签合同或拒交规定履约担保的,我方承担担保责任。我方收到你方书面通知后,在7个工作口内以上述保证金额为限支付你方索赔金额。

四、本保函自签发之日起15个月内有效,要求我方承担担保责任的通知应在保函有效期内送达我方。

本保函应适用中华人民共和国法律并根据中华人民共和国法律解释。

本保函中使用的所有术语具有招标文件中规定的含义。

银行/金融机构盖章:__________

银行/金融机构名称:__________

银行/金融机构地址:__________

签字:______________

姓名:______________

职务:______________

日期:______________

☞ **案例三十一:某项目不可撤销履约保函**

不可撤销履约保函

保函编号:××××××

致________________________(下称受益人):

鉴于_____________(下称被保证人)已与贵方签订了工程编号为______

______的____________________施工合同(下称合同),工期自______年____月____日至______年____月____日。我方接受被保证人的委托,在此向受益人提供不可撤销的履约保证:

一、本保证担保的最高担保金额为人民币(币种)__________________(小写)__________________(大写)。

二、本保证担保的保证期间自______年____月____日至______年____月____日。

三、在本保证担保的保证期间内,我方将在收到受益人、该工程监理公司(全称:__________________)两方法定代表人或其授权委托代理人签字确认并加盖公章的书面索赔通知后30个工作日内,不争辩、不挑剔、不可撤销地向受益人支付索赔款,直至本保证担保的最高担保金额。

四、索赔通知应当说明索赔理由、索赔款额的计算方法,并必须在本保证担保的保证期间内送达我方。

五、本保证担保项下的权利不得转让。

六、我方提供本保证担保后,受益人与被保证人对合同进行修订的,应当将修订后的合同原件送我方备案。

七、本保证担保的保证期间届满,或我方向受益人支付的索赔款已达本保证担保的最高担保金额,我方的保证责任免除。

八、本保证担保适用中华人民共和国法律。

九、本保证担保以中文文本为准,涂改无效。

保证人:____________________(盖章)

负责人(签字或盖章):________

单位地址:____________________

邮政编码:________电话:________________传真:________________

日期:________年____月____日

(本保函失效后,请将原件退回我方注销)

☞ 案例三十二:某项目履约银行保函

履约银行保函

保函编号:××××××

致:____________

鉴于______________________(下称“社会资本”)将与____________(下

称“实施机构”)签订云南省高速公路网____________项目投资协议(下称“投资协议”),并保证按协议规定负责组建项目公司、筹措该项目的资本金,我方愿意无条件地、不可撤销地就社会资本履行与你方订立的投资协议,向你方提供担保。

1. 担保金额为人民币(大写):__________。

2. 担保有效期自政府与社会资本签订投资协议之日起至项目公司按照PPP项目合同约定提交建设期履约担保且乙方完成其项目全部资本金出资义务届满____日止,最迟不超过______年____月____日。

3. 在本担保有效期内,因社会资本违反协议约定的义务给你方造成经济损失时,我方在收到你以书面形式提出的在担保金额内的赔偿要求及保函正本后,在7天内无条件支付,无须你方出具证明或陈述理由。

4. 实施机构和社会资本对投资协议条款进行任何修改或补充,我方承担本保函规定的义务不变。

担保银行:(银行全称)(盖单位章)
法定代表人或其委托代理人:(签字)
地址:
电话:
传真:
日期:　　年　　月　　日

八、实务案例

☞ 案例三十三:某建筑工程集团总公司诉某市林科所等招投标纠纷案

(一)案情概述

2003年8月,某建筑工程集团总公司(以下简称A公司)参与某市林科所(以下简称B所)天花井森林公园道路、隧道工程项目招标,委托刘某以公司的名义参加业务投标活动。2003年8月30日B所编制出工程施工招标文件,招标文件约定:“投标截止以后,投标人不得撤回投标文件,否则其投标保证金将被没收。”8月31日B所与该市某建院监理公司(以下简称C公司)签订建设工程招标代理委托合同。2003年9月15日,天花井森林公园道路(隧道)工程的开标评标会在该市建筑交易市场进行,包括A公司在内的七家单位参加了投标。在开标前由该市工商局进行资格预审,该市建设局进行资质预审。同日上午8:30,A公司的代表刘某某、刘某在开标会签到簿上签到。当天,B所收到两份湖南建总关于参加开标评标事宜的授权委托书，代理人分别为冯某某与刘某某。在工商局进行资格预审时，建设局提出："A公司的代理人更换了，到场的代理人刘某某在建设部门没有备案。"2003年9月15日，评标委员会作出初审报告，涉案内容为："在对A公司的投标文件进行审查时，发现A公司擅自变更法人委托人，又不澄清和说明，依据2003年中华人民共和国七部委30号令及《评标委员会和评标方法暂行规定》之规定，评标委员会对其投标按废标处理。"A公司不服废标决定，遂向法院提起诉讼。

(二)案情分析

本案存在3项争议，A公司变更投标委托人，是否构成废标情形？评标委员会作出的废标决定，其后果应该由谁承担？投标保证金的性质是什么？在此，我们主要讨论投标保证金的性质。人民法院认为，招标文件约定："投标截止以后，投标人不得撤回投标文件，否则其投标保证金将被没收"，按照投标人与招标人平等地位的理解，投标保证金于特定情况下的惩罚性质应对等适用于双方，故此投标保证金具有定金的特征。投标人于招标人违反招标文件和法律、行政法规的规定时，有权利要求招标人双倍返还投标保证金即20,000元。评标委员会违反行政法规的规定作出废标决定，此行为后果理应由招标人承担，招标人应向投标人双倍返还投标保证金20,000元。针对法院的上述判决理由，除了《招标投标法》关于保证金的规定主要是出现在部门规章中，如《政府采购货物和服务招标投标管理办法》《工程建设项目施工招标投标办法》《房屋建筑和市政基础设施工程施工招标投标管理办法》《评标委员会和评标方法暂行规定》等。上述规定都有以下特点：(1)保证金条款并不是招标文件的法定条款，但在实践中招标文件中如果有保证金条款，参与投标的投标人则不得不响应，否则，投标将被作为废标或被拒绝；(2)在约定保证金条款的情形下，都规定招标人或招标代理机构有权没收或不予返还保证金，而对于投标人在特定情形下是否有权要求双倍返还保证金则很少涉及，只有《工程建设项目施工招标投标办法》规定有招标人不与中标人签订合同时，中标人有权要求双倍返还履约保证金。招标人与投标人之间属于平等的民事法律地位，投标保证金不能理解为行政处罚或行政管理手段，而是一种民事担保方式。投标保证金的意义在于，督促投标人遵守相关法律法规的规定，遵照招标、投标文件的约定履行招投标过程中的义务，投标人履行上述义务后，在招投标过程结束时，投标保证金应当予以返还。通常情况下，投标人中标之后，投标保证金往往转换成履约保证金。这样是为了有效提高招标的效率、减少缔约成本和风险。根据我们的理解，本案中，招标文件虽约定

“投标截止以后,投标人不得撤回投标文件,否则其投标保证金将被没收”,但并没有约定在何种条件下,招标人应当双倍返还投标保证金,即没有约定此投标保证金具有定金性质。而且,投标保证金是招标人针对不特定投标人收取,目的在于保证招标程序顺利进行以及自身权益不受侵害。选定中标人之前,合同的相对方还未确定,债权债务关系还不存在,投标保证金不具备《民法典》规定的定金有向对方给付金钱或其他替代物以担保债务人履行债务的性质,因此在投标人A公司未中标的情况下,不应当直接适用定金罚则来追究B所的缔约过失责任。但目前尚无法律明文规定招标人在招标过程中所应承担的缔约过失责任,因此,此案中法院的判决不妨将其理解为法院对当事人利益的一种平衡。实践中,各地法院对投标保证金的理解有所差异,从目前来看,对投标保证金是否具有定金性质这一问题并没有达成一致认识,因此,对此还需要结合具体案情个案分析。①

(三)相关法条

《招标投标法》第六十条 中标人不履行与招标人订立的合同的,履约保证金不予退还,给招标人造成的损失超过履约保证金数额的,还应当对超过部分予以赔偿;没有提交履约保证金的,应当对招标人的损失承担赔偿责任。

中标人不按照与招标人订立的合同履行义务,情节严重的,取消其二年至五年内参加依法必须进行招标的项目的投标资格并予以公告,直至由工商行政管理机关吊销营业执照。

因不可抗力不能履行合同的,不适用前两款规定。

《政府采购货物和服务招标投标管理办法》第三十八条 投标人在投标截止时间前撤回已提交的投标文件的,采购人或者采购代理机构应当自收到投标人书面撤回通知之日起5个工作日内,退还已收取的投标保证金,但因投标人自身原因导致无法及时退还的除外。

采购人或者采购代理机构应当自中标通知书发出之日起5个工作日内退还未中标人的投标保证金,自采购合同签订之日起5个工作日内退还中标人的投标保证金或者转为中标人的履约保证金。

采购人或者采购代理机构逾期退还投标保证金的,除应当退还投标保证金

---

① 万商天勤律师事务所:《某建筑工程集团总公司诉某市林科所等招投标纠纷案》,载威科先行法律信息库,https://law.wkinfo.com.cn/case-analysis/detail/MkExMDAwMDEwMzY%3D?searchId=32be20285c6d4d29ab9bda1b8d00b552&index=37&q=履约保证金&module=。

本金外,还应当按中国人民银行同期贷款基准利率上浮20%后的利率支付超期资金占用费,但因投标人自身原因导致无法及时退还的除外。

《工程建设项目施工招标投标办法》

第八十四条 中标人不履行与招标人订立的合同的,履约保证金不予退还,给招标人造成的损失超过履约保证金数额的,还应当对超过部分予以赔偿;没有提交履约保证金的,应当对招标人的损失承担赔偿责任。

中标人不按照与招标人订立的合同履行义务,情节严重的,有关行政监督部门取消其二至五年参加招标项目的投标资格并予以公告,直至由工商行政管理机关吊销营业执照。

因不可抗力不能履行合同的,不适用前两款规定。

第八十五条 招标人不履行与中标人订立的合同的,应当返还中标人的履约保证金,并承担相应的赔偿责任;没有提交履约保证金的,应当对中标人的损失承担赔偿责任。

因不可抗力不能履行合同的,不适用前款规定。

☞ 案例三十四:履约保函迟延提交引发争议

(一)案情概述

上诉人(原审原告、反诉被告):广厦建设集团有限责任公司(以下简称广厦公司)

上诉人(原审被告、反诉原告):福州市台江区房地产开发公司(以下简称台江公司)

2010年9月15日,台江公司对福机BT项目进行公开招标。投标须知第17条第17.4款第2项约定:中标人在收到中标通知后,无正当理由拒签合同协议书或未按招标文件规定提交履约担保,其投标保证金将被没收。第33.2款"履约担保形式和金额"中载明:履约担保金额为9000万元,履约担保可以以现金或银行保函的方式提交。《招标文件》同样约定:投标人在收到中标通知书后10天内,并在签订合同前,必须向回购人提供履约保证金9000万元,履约担保可以以现金或银行保函的方式提交。

2010年10月25日,台江公司、建信公司共同作出《中标通知书》,通知广厦公司已被确认为福机BT项目的中标人。广厦集团福建分公司于2010年11月30日致台江公司《承诺函》,主要内容为:我司承诺务必于2010年12月8日

17:30前将履约保函原件送达贵司,如逾期未提供,我司将按招标文件约定承担相应责任。

2010年12月14日,台江公司作出《招标结果公示》,以广厦公司"未能按照招标文件规定时限提交履约保证金、未能按招标文件规定时限签订施工合同"为由,通知广厦公司取消中标资格,并进行公示。台江公司取消广厦公司的中标后,在2010年12月27日重新与建信公司签订《建设工程招标代理合同》。

2010年12月16日,广厦集团福建分公司向台江公司作出《关于拒绝接受取消福机BT项目中标单位资格通知及清场通知的函》;同日,广厦公司向台江区建设局作出《关于取消福机BT项目中标单位资格的异议报告》。广厦集团起诉法院要求台江公司支付其前期准备工作的费用并要求返还投标保证金80万元。一审法院认为,广厦集团逾期未支付履约保证金已构成违约,台江公司有权解除合同并且根据约定没收先期支付的履约保证金,广厦集团无权要求退还,广厦集团提起上诉。

(二)案情分析

广厦公司认为双方在招标文件规定的提交履约保函的期限已过的情况下,又就履约保函的提交时间达成了新的要约和承诺,广厦公司也已按双方新达成的期限提交了履约保函,台江公司接受保函即丧失了合同解除权,其通知取消广厦公司中标资格构成违约。台江公司则认为根据招标文件及相关法律规定,该事项属于合同实质性内容,不允许双方另行约定。按照招标文件及相关法律规定,广厦公司违约的情况下,其缴纳的投标保证金台江公司有权予以没收。

关于履约保证金的提交期限的变更是否属于中标合同的实质性内容这一问题,最高院认为不属于中标合同的实质性内容。工期、工程价款、工程项目性质等中标结果中所包含的内容,应视为中标合同的实质性内容,为维护国家、集体、第三人合法权益,招标人和中标人不得另行签订协议予以变更。履约保证金的提交期限,不属于中标合同的实质性内容,当事人应可予以变更。

根据招投标文件的约定,双方当事人应在投标方提交履约保证金后签订建设施工合同,故在双方未作出相反意思表示的情况下,履约保证金提交期限顺延后,签约期限应作相应合理顺延。在台江公司同意变更履约保证金的提交期限,并实际接受了广厦公司逾期提交的履约保证金的情况下,因此招投标文件约定的招标人取消投标人中标资格的条件尚未成就。台江公司于2010年12月14日通知取消广厦公司中标资格,违反了双方的合同约定,应承担相应的违约责任。

(三)相关法条

《最高人民法院关于审理建设工程施工合同纠纷案件适用法律问题的解释(一)》第二条第一款 招标人和中标人另行签订的建设工程施工合同约定的工程范围、建设工期、工程质量、工程价款等实质性内容,与中标合同不一致,一方当事人请求按照中标合同确定权利义务的,人民法院应予支持。

《民法典》第五百四十三条 当事人协商一致,可以变更合同。

第三节 投标报价

一、投标报价的有关注意事项

在工程项目招投标过程中,投标报价是投标人或受其委托具有相应资质的工程造价咨询人按照招标文件的要求以及有关计价规定,依据发包人提供的工程量清单、施工设计图纸,结合工程项目特点、施工现场情况及企业自身的施工技术、装备和管理水平等,自主确定的工程造价和其报价。科学的确定投标报价需要注意以下几个方面的要求。

(一)科学测算成本,不盲目报价

施工成本测算,是指施工承包单位凭借历史数据和工作经验,运用一定方法对工程项目未来的成本水平及其可能的发展趋势做出科学的估计。施工成本测算是编制项目施工成本计划的依据,预测时,通常是对工程项目计划工期内影响成本的因素进行分析,比照近期已完工程项目的成本(单位成本),预测这些因素对施工成本的影响程度,估算出工程项目的单位成本或总成本。

(二)结合实施方案,认真分析清单内容

在投标报价前,投标人应结合工程实施方案对工程量清单内容进行认真分析。投标人应根据招标文件、设计图纸、地质资料等招标文件相关资料,认真分析招标工程量清单内容。并根据分析结果做出相应报价策略。

(三)更新生效法规,正确套用定额

与建设相关的法律法规、标准、规范,国家或省级、行业建设主管部门颁发的计价办法、计价定额等是编制投标报价文件的重要依据。投标报价编制前,应注意核查拟采用相关编制依据的有效性。对最新颁布的相关法律法规、标准、规范、定额等依据及时进行更新,充分理解,以便正确套用相关计价定额,以提高报价文件的编制质量和准确性。

（四）综合宏观及微观经济分析，做好不平衡报价

投标报价前，通过宏观和微观分析，在不影响工程总报价的前提下，通过调整内部各个项目的报价（如能够早日结算的项目、预计今后工程量会增加的项目、设计图纸不明确而估计修改后工程量要增加的项目），以达到既不提高总报价、不影响中标，又能在结算时得到更理想的经济效益的报价方法。

（五）严格遵守法律法规要求，不低于成本报价

《招标投标法》第33条规定："投标人不得以低于成本的报价竞标，也不得以他人名义投标或者以其他方式弄虚作假，骗取中标。"《招标投标法实施条例》第50条规定："招标项目设有标底的，招标人应当在开标时公布。标底只能作为评标的参考，不得以投标报价是否接近标底作为中标条件，也不得以投标报价超过标底上下浮动范围作为否决投标的条件。"

（六）谨遵保密要求，避免泄露报价

报价泄露不但有可能造成项目不能中标，还有可能被认定为串通投标，给投标人造成更严重的伤害。《招标投标法》第32条规定："投标人不得相互串通投标报价，不得排挤其他投标人的公平竞争，损害招标人或者其他投标人的合法权益。投标人不得与招标人串通投标，损害国家利益、社会公共利益或者他人的合法权益。禁止投标人以向招标人或者评标委员会成员行贿的手段谋取中标。"

二、投标报价的编制依据和步骤

投标报价的组成部分大致包括投标总价表、工程项目总价汇总表、单项工程费用汇总表、单位工程费汇总表、分部分项工程量清单计价表、项目措施清单计价表、其他项目清单计价表、规费和税费项目清单计价表、分部分项工程量清单计价表和施工项目费用分析表等。

关于投标报价的编制依据，成本测算是核心工作，投标报价前的成本测算就是对整个项目实施过程中所发生的全部费用进行预估。根据业主下发的资料和实地调研反馈的资料。结合企业实际情况。先编制施工组织设计，再模拟测算工程中的直接费、间接费和其他费汇总后得出项目从中标至竣工交付全过程将会产生的总成本费用。

以建设工程为例，相关的编制依据及规范性文件主要有：《建设工程工程量清单计价规范》（GB50500—2013）及相关专业工程量计算规范；国家或省级、行业建设主管部门颁发的计价办法；企业定额，国家或省级、行业建设主管部门颁发的计价定额；招标文件、工程量清单及其补充通知、答疑纪要；建设工程设计文件及相关资料；施工现场情况、工程特点及投标时拟定的施工组织设计或施工方案；与建设项目相关的标准、规范等技术资料；市场价格信息或工程造价管理机构发布的工程造价信息；其他相关资料。

具体编制步骤如下：

(1)研究招标文件

投标人取得招标文件后，为保证工程量清单报价的合理性，应对投标人须知、合同条件、技术规范、图纸和工程量清单等重点内容进行分析，深刻而正确地理解招标文件和招标人的意图。

(2)工程现场调查

招标人在招标文件中一般会明确是否组织现场踏勘以及组织进行工程现场踏勘的时间和地点，投标人对一般区域调查重点注意以下几个方面：

①自然条件调查

自然条件调查主要包括对气象资料，水文资料，地震、洪水及其他自然灾害情况，地质情况等的调查。

②施工条件调查

施工调查的内容主要包括：工程现场的用地范围、地形、地貌、地物、高程，地上或地下障碍物，现场的三通一平情况；工程现场周围的道路、进出场条件、有无特殊交通限制；工程现场施工临时设施、大型施工机具、材料堆放场地安排的可能性，是否需要二次搬运；工程现场邻近建筑物与招标工程的间距，结构形式、基础埋深、新旧程度、高度；市场给水及污水、雨水排放管线位置、高程、管径、压力、废水、污水处理方式，市政、消防供水管道管径、压力、位置等；当地供电方式、方位、距离、电压等；当地煤气供应能力，管线位置、高程等；工程现场通信线路的连接和铺设；当地政府有关部门对施工现场管理的一般要求、特殊要求及规定，是否允许假日和夜间施工等。

③其他条件调查

其他条件调查主要包括各种构件、半成品及商品混凝土的供应能力和价格，以及现场附近的生活设施、治安环境等情况的调查。

(3)询价与工程量复核

①询价，是投标报价中的一个重要环节，工程投标活动中，投标人不仅要考虑投标报价能否中标，还应考虑中标后所承担的风险。因此，在报价前必须通过各种渠道，采用各种方式对所需人工、材料、施工机具等要素进行系统调查，掌握

各要素的价格、质量、供应时间、供应数量等数据,这样才能够为报价提供可靠的依据。询价时要特别注意两个问题:一是产品质量必须可靠,并满足招标文件的有关规定;二是供货方式、时间、地点,有无附加条件和费用。

②工程量复核。工程量清单作为招标文件的组成部分,是由招标人提供的。工程量的大小是投标报价最直接的依据。复核工程量的准确程度,将影响承包商的经营行为:一是根据复核后的工程量与招标文件提供的工程量之间的差距,从而考虑相应的投标策略;二是根据工程量的大小采取合适的施工方法,选择适用、经济的施工机具设备,投入使用相应的劳动力数量等。复核工程量应注意以下几方面:投标人应认真根据招标说明、图纸、地质资料等招标文件资料,计算主要清单工程量,复核工程量清单。其中特别注意,按一定顺序进行,避免漏算或重算;正确划分分部分项工程项目,与“清单计价规范”保持一致。针对招标工程量清单中的遗漏和错误,是否向招标人提出修改意见取决于投标策略。投标人可以向招标人提出,由招标人统一修改并把修改情况通知所有投标人;也可以运用一些报价的技巧提高报价的质量,争取在中标后能获得更大的收益。

(4)工程承包合同的几种计价类型

总价合同,是指合同中确定一个完成项目的总价,承包人据此完成项目全部内容的合同。采用总价合同类型招标,评标委员会评标时易于确定报价最低的投标人,评标过程较为简单,评标结果客观;发包人易于进行工程造价的管理和控制,易于支付工程款和办理竣工结算。总价合同仅适用于工程量不大且能够精确计算、工期较短、技术不太复杂、风险不大的项目。采用总价合同类型,要求发包人应提供详细而全面的设计图纸,以及各项相关技术说明。

单价合同亦称“单价不变合同”。由合同确定的实物工程量单价,在合同有效期间原则上不变,并作为工程结算时所用单价;而工程量则按实际完成的数量结算,即量变价不变合同。

成本加酬金合同是由发包人向承包人支付工程项目的实际成本,并按照事先约定的某一种方式支付酬金的合同类型。对于酬金的约定一般有两种方式:一是固定酬金,合同明确一定额度的酬金,无论实际成本大小,发包人都按照约定的酬金额度进行支付;二是按照实际成本的比率计取酬金。

(5)编制施工方案

投标人要编制了符合招标人的条件的施工方案后才能按照施工方案对投标进行报价。常见的报价内容应当包括:计算工人、物料、设备的单价;计算各分部分项和单价措施项目的综合单价、总价;根据以上价格确定投标总价。

三、常见的投标报价方法

投标报价确定之后要对招标人提交投标文件进行报价，投标人可以通过运用有利于自己的报价方法进行报价，增加中标的概率，实务中，常用的报价方法主要有：不平衡报价法、多方案报价法和增加建议方案。

(一)不平衡报价法

不平衡报价法指的是一个项目的投标报价在总价基本确定后，通过调整项目内部各个部分的报价，以达到在不提高总价的条件下，既不影响中标，又能在结算时得到更理想的经济效益。这种方法在工程项目中运用得比较普遍，对于工程项目，一般可根据具体情况考虑采用不平衡报价法。

比如，单价在合理范围内可提高的分部分项部分，如能够早日结算的项目(如开办费、营地设施、土方、基础工程等)等可以先结算的部分，可以考虑在合理范围内报高价，以便早日收回资金，提高公司资金的流动性。

在采用不平衡报价法中，应当注意合理调整分部分和分项目的价格，不能让某些部分过于偏离市场价格。

(二)多方案报价法

多方案报价法，是指对一些招标文件，如果发现招标文件中的工程范围不很明确，条款不清楚或很不公正，或技术规范要求过于苛刻时，要在充分估计投标风险的基础上，按多方案报价法处理。即按原招标文件报一个价，然后再提出："如某条款(如某规范规定)作某些变动，价可降低多少……"报一个较低的价。这样可以降低总价，吸引采购方。或是对某部分工程提出按"成本补偿合同"方式处理，其余部分报一个总价。

(三)增加建议方案

增加建议方案，是指有时招标文件中规定，可以提出建议方案，即可以修改原设计方案，提出投标者的方案。这时投标者应组织一批有经验的设计和施工工程师，对原招标文件的设计和施工方案进行仔细研究，提出可以降低总造价或提前竣工或使工程运用更合理的方案以吸引采购方，促成自己的方案中标。但要注意的是，对原招标方案一定要标价，以供采购方比较。增加建议方案时，不要将方案写得太具体，保留方案的技术关键，防止采购方将此方案交给其他承包商，保留自己的竞争力。同时要强调的是，建议方案一定要比较成熟，或过去有这方面的实践经验。因为投标时间不长，如果仅为中标而匆忙提出一些没有把握的建议方案，可能会引起很多的后患。

四、实务案例

☞ 案例三十五：恶意低价投标引发争议

（一）案情概述

某单位设备采购招标，预算金额120万元。某投标人以最低报价65万元中标。在商谈合同时，中标人代表以向项目负责人支付2万元回扣为条件，要求降低质量标准供货并无条件通过验收。遭到拒绝后，中标人一直拖延，拒签合同，影响项目施工进度，招标人蒙受了重大损失。

（二）案情分析

“恶意低价投标”通常是投标人“低价中标、高价索赔”投标策略的应用，投标人先以“低价”作为诱饵和手段，抢夺中标机会，在中标后的合同履行期间，中标人以各种理由强调其履约困难，要求追加合同价款，以弥补其不合理低价的损失。如果业主单位不能满足中标人的要求，中标人通常会采用以下应对措施。

1. 偷梁换柱、以次充好，提供伪劣货物、服务和工程，以牺牲工程质量的方式降低工程成本，创造盈利空间。

2. 故意拖延工程进度或者供货、服务时间，恶意增加业主单位的进度压力，迫使业主单位妥协。

3. 创造解除合同的条件，人为恶意地提前终止合同，以减小其履约成本，迫使业主单位重新选择施工单位，严重影响工程进度。

在评标过程中发现“恶意低价投标”现象时，招标人要依靠评标委员会的评审工作予以处理。具体做法如下：

（1）如果经分析认为投标报价是合理的，或者招标人确定的标底与市场价格不符，投标报价明显低于标底是因招标方原因造成的，或者投标报价虽然较低但是投标人的报价并不低于成本价，招标人可以接受的，建议由评标委员会按照正常程序继续进行评审，不必采取其他的特别应对措施。

（2）如果经分析后发现投标报价明显低于其他投标报价或者在设有标底时明显低于标底，使得其投标报价可能低于其个别成本价，存在恶意报价可能性的，应当由评标委员会要求该投标人作出书面说明并提供相关证明材料，投标人不能合理说明或者不能提供相关证明材料的，由评标委员会认定该投标人以低于成本报价竞标，对其投标作否决投标处理。

(3)如果出现大面积、多家的投标人以不合理的低价投标时，评标委员会应当严格审查被怀疑的每一份投标文件，查找投标文件中或者多份投标文件之间是否存在“异常一致”或者“投标报价呈规律性差异”等串通投标的情形，发现存在串通投标情况的，评标委员会应当认定其为串通投标行为，否决所有涉及的投标文件。

在上述第2种和第3种情况中，投标人的投标文件被做否决投标处理后，将不再对评标活动产生影响，有效解除了“恶意低价投标”对评标活动的干扰。

对于第3种情况，投标人被认定为串通投标的，招标人或者行政监督部门还可以将其报告给相关主管部门，列入投标人黑名单中，取消投标人在一定期限内参加必须招标项目的投标人资格。情节严重的，招标人或者行政监督部门可以申请工商行政管理机关吊销其营业执照。

(三)相关法条

《招标投标法实施条例》

第三十九条 禁止投标人相互串通投标。有下列情形之一的，属于投标人相互串通投标：

(一)投标人之间协商投标报价等投标文件的实质性内容；

(二)投标人之间约定中标人；

(三)投标人之间约定部分投标人放弃投标或者中标；

(四)属于同一集团、协会、商会等组织成员的投标人按照该组织要求协同投标；

(五)投标人之间为谋取中标或者排斥特定投标人而采取的其他联合行动。

第四十条 有下列情形之一的，视为投标人相互串通投标：

(一)不同投标人的投标文件由同一单位或者个人编制；

(二)不同投标人委托同一单位或者个人办理投标事宜；

(三)不同投标人的投标文件载明的项目管理成员为同一人；

(四)不同投标人的投标文件异常一致或者投标报价呈规律性差异；

(五)不同投标人的投标文件相互混装；

(六)不同投标人的投标保证金从同一单位或者个人的账户转出。

☞ 案例三十六：分项报价低于市场价引发争议

(一)案情概述

某单位施工项目招标，评标委员会推荐H公司中标，中标价格670万元，评标结果公示后,D公司质疑H公司低于成本价竞标,主要依据有三方面:(1)H公司报价比其他三家投标人算术平均价(870万元)低了200万元;(2)H公司某几项分项报价明显低于国内市场价格50%;(3)H公司报价过低可能在供货时偷工减料或降低管材质量。鉴于以上三方面原因,D公司认为H公司违反《招标投标法》第33条"投标人不得以低于成本报价竞标"的规定,应否决H公司的投标。招标公司受到质疑后组织评标专家复核,评标委员会复核后认为D公司质疑H公司"以低于成本报价竞标"理由不充分,项目管理单位同意评标委员会意见并维持原评标结果不变。

(二)案情分析

鉴于国内现行规定中缺乏对低于成本价的明确判断依据,实践中对于是否低于成本价认定应十分谨慎。本案例中D公司的认定依据缺乏说服力。首先,市场价和成本价是两个概念,需要强调的是只有低于成本价的竞争才存在恶意竞争之说。《招标投标法》里所指的成本不是指社会平均成本,而是指企业的个别成本。如果投标企业的价格虽然低于市场价格,但无法证明其报价低于自己企业的生产成本,就不能认定恶意竞争。其次,在工程类项目的报价体系中,有选择地就某些分项内容报高价或报低价是工程项目中常见的报价技巧。而关于第三条存在供货质量等合同风险问题,业主单位可以要求H公司提高履约保证金,以降低买方风险。

(三)相关法条

《招标投标法》第三十三条 投标人不得以低于成本的报价竞标,也不得以他人名义投标或者以其他方式弄虚作假,骗取中标。

☞ 案例三十七:以某铁路项目投标报价编制为例,①说明具体编制过程

(一)组织机构的建立

制定投标报价前的成本策划制度,组织相关人员并设立成本计算的组织机构。责任到人。相关人员应针对图纸与施工组织设计方案广泛收集与项目成本有关的数据和资料。完成本测算编辑的准备工作。

① 参见《投标文件编制,你的洪荒之力用对了吗?》,载微信公众号"采购与招标网服务平台"2016年8月25日,https://mp.weixin.qq.com/s/faNaq0nd-bS312eRP6t7YA。

（二）资料的收集

根据建设单位下发的招标文件、答疑补遗文件、图纸、工程量清单、指导性施工组织设计等资料来收集跟踪项目的基本情况，如地理位置、业主信息、设计单位信息资金状况、概（预）算情况等。

（三）实地调研

组织专业人员进行现场实地调研工程概况和经济环境等包括：地形、地貌、气候、水文、交通、通信、地上地下障碍物、材料价格调查、土石方调配计算、材料的堆放与周转、当地劳动力情况、水电、燃料的价格及来源、大小临安排布置、大型机械安拆等工作以及竞争单位的实力情况等。投标前进行实地调研是为了更好地做好成本策划分析。实地调研报告作为一手资料，应保证客观准确，为成本测算和投标报价提供依据。

（四）工程量复核

根据收集的资料和实地调研报告对工程量进行复核。检查招标图纸与实际相符度和工程量清单中是否有漏项，做好记录。

（五）编制成本测算

1. 测算依据

铁路工程施工成本测算均要根据公司实际情况客观公正地进行，要兼顾考虑技术的可执行性、经济动态性和政策支持性以及市场大环境和实际项目现场情况等因素。要以公司成本定额、公司劳务指导单价、公司在建项目指导价、市场调查材料价等作为依据来进行测算。

2. 直接费测算

铁路项目直接费在项目总成本中占比较大。铁路项目综合单价涵盖的内容较多，直接费测算时应按照工程量清单中的目内容分解为工费测算、材料费测算、机械费测算三项。一般来说措施费不单独计量。往往以人、材、机费用之和作为基数。再根据铁路费用定额规定，结合单位成本管理水平、成本控制措施等综合计算后分摊入综合单价中。

工费的测算是根据实地调研资料和历史经验，结合工期和拟投的人员数量来计算的。

材料费因在建安费中的占比较大其测算应重点把握。应逐项分析主材、地材、辅材、其他材料费。再结合材料实地调研反馈的市场价、供货地点、运输方式和装卸费等来测算。

机械费的测算应根据工程所在地的机械设备型号、数量工作效率等来测算，还要考虑到可能发生的设备租赁费及新购设备推销费等。

3. 间接费测算

依据工程特点和公司核算标准,测算管服人员工资、工作人员安家费、办公用固定资产购置费、食堂餐具、行政管理用固定资产使用费、经理部办公易耗品购置包干费、资料表格印刷费、竣工资料费、通信费、经理部房租水电费、广告宣传费、节日庆典费、施工配合费、差旅费、办公费、降温费、取暖费、职工伙食补助费、职工之家器材费、项目招待所建家费、审计中介费、财务费用、社保费、印花税后汇总得出间接费。

4. 其他费测算

依据工程特点和公司核算标准,测算征拆及征地费、安全生产费、小临设施临时用地、小临设施费、人员及设备调遣费、测量试验费用、信息化建设、运杂费、周转材料费用推销、营业线施工配合费、河道补救措施、水源保护区桥梁集中排水、总承包风险费汇总后得出其他费。

5. 费用汇总

完成以上成本费的测算后。将测算结果汇总后形成总成本。编制测算说明,介绍测算编制依据和计价依据,描述工程量的计算规则,对施工中可能遇到的费用问题进行预判。①

☞ 案例三十八:不平衡报价引起法律纠纷

(一)案情概述

丽水市莲都区林业局办公楼装修工程经公开招投标确定建设单位,招标文件规定:本合同采用可调价格合同,合同价格调整按招标文件第十款工程结算方式第(三十三)、(三十四)调整;按每个月实际完成工程量的80%支付工程款,竣工验收合格后支付至工程总价的85%,工程余款15%待工程结算后一个月内扣留5%保修款后结清。招标文件第十、工程结算方式第(三十三)规定“工程量清单所列的工程量系招标人估算的和临时的,作为投标报价的共同基础,实际完成工程量由承包单位计量、招标人、监理工程师核准,单价按(三十四)原则结算”;第(三十四)规定“1. 与投标文件相同的项目,结算单价仍按中标报价单价结算;2. 新增项目的工程量,其结算单价应采取类似套用原则,套用中标报价中类似项

① 参见续涛涛:《铁路工程投标报价前的成本测算》,载《科技经济市场》2020年第8期。

目组成;没有类似项目单价的,由业主和承包商根据项目具体情况参照中标价的下浮率确定,但新增项目的工程量单价不能高于浙江省和丽水市现行工程造价计价依据确定的单价”。原告浙江佳华时代装饰工程有限公司经投标,中标承建丽水市莲都区林业局办公楼装修工程,并于2007年10月19日与被告丽水市莲都区林业局签订《建设工程施工合同》一份,约定:工程内容为施工图范围内装修、水电安装工程;合同价款为1,158,912元;本合同采用可调价格合同,合同价款调整方法为按招投标文件第(三十三)、(三十四)调整,增加工程不让利,人工工资按省信息价补差;被告在收到原告并经被告核准的所完成总工程量总价的85%按月支付进度款,工程验收合格后并经审计部门审定,除留5%作为质量保证金外,余款在15日内付清。2007年10月18日,原、被告签订《工程质量保修书》,约定:质量保修期从工程实际竣工之日起算,根据国家有关规定约定保修期为二年。2008年4月5日,原、被告签订《补充协议书》一份,约定:本协议书为莲都区林业局办公楼装饰工程施工合同的组成部分,原合同的有关条款及相关联系单适用本协议;工程增加办公楼铝合金门窗、外墙面改造装饰及弱电等施工内容;增加工程量约60万元(附建筑工程预算书)。2008年4月,案涉工程施工完成。2008年5月9日,原告向被告工作人员交付案涉办公楼的钥匙。原告已支付130万元工程款。后因双方当事人对欠付工程款金额争议巨大,且工程审计结果未出,故被告至今尚未支付剩余工程款。2016年1月6日,丽水市中兴工程咨询有限公司出具鉴定结论,双方对造价不能达成一致意见,由法院裁决。

(二)案情分析

案涉工程系必须进行招投标的工程,双方应当按照招标文件和中标人的投标文件订立书面合同。根据招标文件第(三十四)单价按以下原则结算:(1)与投标相同的项目,结算单价仍按中标报价单价结算。(2)新增项目的工程量,其结算单价应采取类似套用原则,套用中标报价中类似项目组成;没有类似项目单价的,由业主和承包商根据项目具体情况参照中标价的下浮率确定,但新增项目的工程量单价不能高于浙江省和丽水市现行工程造价计价依据确定的单价。而上诉人浙江佳华时代装饰工程有限公司中标后与被上诉人丽水市莲都区林业局签订的《建设工程施工合同》第三部分专用条款第23.2第(2)款约定,采用可调价格合同,合同价款调整方法:按招投标文件工程结算方式第(三十三)、(三十四)调整,增加工程不让利,人工工资按省信息价补差。《建设工程施工合同》中关于“增加工程不让利,人工工资按省信息价补差”的约定实质性变更了招投标文件的内容,且上诉人并没有提供证据证明该实质性变更具有正当事由,故应认定该约定无效，上诉人要求按该约定对人工工资按省信息价补差，缺乏依据，法院判决不予支持。

关于网线工程的结算价款问题，案涉工程招投标时虽然未禁止不平衡报价，但仍应在合理范围内进行，该案中，上诉人承包案涉工程的负责人李某某在招投标和增加工程量等方面采取了不正当的手段，明显存在恶意；上诉人不仅投标单价畸高，而且实际工程量比标底增加约10倍，上诉人的上述行为，不仅有违民事活动应遵循的诚实信用原则，更有损社会公共利益、扰乱社会经济秩序。一审法院对超投标范围15%以内工程量按中标价计算工程价款，对超投标范围15%以外工程量按鉴定机构重新组价下浮后造价12,880元作为工程价款，并无不当。

（三）相关法条

《招标投标法》第三条第一款第二项 在中华人民共和国境内进行下列工程建设项目包括项目的勘察、设计、施工、监理以及与工程建设有关的重要设备、材料等的采购，必须进行招标：

……

（二）全部或者部分使用国有资金投资或者国家融资的项目；

……

第四十六条第一款 招标人和中标人应当自中标通知书发出之日起三十日内，按照招标文件和中标人的投标文件订立书面合同。招标人和中标人不得再行订立背离合同实质性内容的其他协议。

《最高人民法院关于审理建设工程施工合同纠纷案件适用法律问题的解释（一）》第十九条 当事人对建设工程的计价标准或者计价方法有约定的，按照约定结算工程价款。

因设计变更导致建设工程的工程量或者质量标准发生变化，当事人对该部分工程价款不能协商一致的，可以参照签订建设工程施工合同时当地建设行政主管部门发布的计价方法或者计价标准结算工程价款。

建设工程施工合同有效，但建设工程经竣工验收不合格的，依照民法典第五百七十七条规定处理。

第四节 联合体投标

一、联合体投标的概念和法律性质

联合体投标是指实践中，工程建设项目是大型复杂项目，对资金和技术要求比较高,单靠一个法人或者其他组织的力量不能顺利完成的,法人或者其他组织可以联合几家企业集中各自的优势组成一个联合体,以一个投标人的身份参加投标。

联合体的法律性质,我国相关法律未作出明确的规定。上述法律法规规定的"联合共同承包"或者"联合体共同投标"型的工程建设联合体不属于《民法典》第967条规定的"合伙",因为"法人型联营"必须在"联营"后成立新的法人,并应以新法人自身的资质条件承担工程。虽然在民法典中,删除了关于"联营"的概念,但由两个或两个以上的民事主体订立联合协议,共同出资、共同经营、共享收益、共担风险,对债务、责任承担无限连带责任的营利性组织这一法律特性,仍然被实践接受和采纳。其特性为:

(1)主体的有条件性。《招标投标法》规定,联合体各方均应具备承担招标项目的相应能力;国家有关规定或者招标文件对投标人资格条件有规定的,联合体各方均应当具备规定的相应资格条件。法律或招标人对投标人的资格提出了明确要求,有兴趣的法人或其他组织根据自身具备的资格、实力、专长,依据优势互补的原则,成立投标联合体,争取投标成功,联合体的成立应当满足一定的条件。

(2)组成的自主性。联合体应根据自主的原则组成,其行为属于各方自愿的、共同的法律行为,法律也没有赋予招标人强制要求投标人组成联合体的权利,是否组成联合体由联合体各方自己决定。《招标投标法》第31条第4款明确规定"招标人不得强制投标人组成联合体共同投标"。

(3)组织的临时性。工程建设联合体投标一般适用于大型建设项目和结构复杂的建设项目,在开标评标定标之后,如果联合体未中标,则联合体即解散;如果联合体中标,则联合体依照联合体协议确定的各方在招标项目中承担相应的工作和责任,在完成招标项目并经有关方面验收后解散,所以联合体是一个临时性的组织,不具有法人资格。

二、联合体投标的适用范围及特征

(一)联合体投标的适用范围

我国《政府采购法》对联合体表述为:两个以上的自然人、法人或者其他组织可以组成一个联合体,以一个供应商的身份共同参加政府采购。《招标投标法》对联合体的表述为:两个以上法人或者其他组织可以组成一个联合体,以一个投标人的身份共同投标。两部法律对联合体主体表述有所不同,《政府采购法》规定的联合体范围包括自然人、法人、其他组织,而《招标投标法》规定联合体的范围包括法人或者其他组织,不包括自然人。

实践中,联合体投标通常适用于大型招投标项目或政府采购项目。基于不同的项目要求,常见的联合体投标包括如下三类:一是总包单位与分包单位联合投标,如大型施工项目;二是投资人与建设单位联合投标,如政府与社会资本方合作项目(PPP 项目);三是设计单位与建设单位联合投标,如设计、采购、施工总承包项目(EPC 项目)。

(二)联合体投标的条件

《政府采购法》规定,以联合体形式进行政府采购的,参加联合体的供应商均应当具备一定条件,包括六个方面:"(1)具有独立承担民事责任的能力;(2)具有良好的商业信誉和健全的财务会计制度;(3)具有履行合同所必需的设备和专业技术能力;(4)有依法缴纳税收和社会保障资金的良好记录;(5)参加政府采购活动前三年内,在经营活动中没有重大违法记录;(6)法律、行政法规规定的其他条件。"

我国《招标投标法》规定:联合体各方均应当具备承担招标项目的相应能力;国家有关规定或者招标文件对投标人资格条件有规定的,联合体各方均应当具备规定的相应资格条件。根据上述法律规定,联合体各方必须都具备承担招标项目的相应能力或相应资格条件,不能是其中一部分具备。

但在实践中,联合体成员通常包括不同类型的投标人,如 PPP 项目中联合体成员一般会包括投资单位、建设单位和运营单位等。由不同主体组成联合体投标更有利于内部的专业化分工,尤其针对复杂的项目,也很少有企业可以满足全部投标要求,参与竞标,不利于充分竞争。基于此,笔者认为现有法律规定联合体各方必须都具备承担招标项目的相应能力或相应资格条件,反而有悖于联合体投标的初衷。笔者建议一方面在现有法律规定体系下,招标人也可以将大型项目进一步细分,针对不同的项目需求分开招标,招标完成后由招标单位统一协调不同投标人。但采用该方式,程序较为烦琐且耗时较长,对招标人的组织协调能力也提出了更高的要求;另一方面也建议相关部门应进一步完善联合体投标的相关法律规定,应当允许在联合体投标时,招标单位有权针对不同的类型的投标人设置有针对性的业绩和资质要求,以满足项目实际需要。

(三)联合体投标的特征

首先,其成立具有明确的目的性。在了解到有关大型工程建设项目的招标公告后,有兴趣的法人或其他组织根据自身的优势、实力与其他有专长优势的法人或组织之间进行信息交流,依据优势互补的原则,针对具体的招标项目,经过谈判,明确各自的权利义务,成立投标联合体。其目的非常明确,即通过强强联合、优势互补,争取对该项目的投标成功。

其次,投标联合体的存续时间与招标项目的完成具有相关性。一般情况下,投标联合体因针对特定的招标项目而成立,在开标评标定标之后,如果联合体未中标,则联合体即解散;如果联合体中标,则联合体依照联合体协议确定各方在招标项目中承担相应的工作和责任。

再次,投标联合体的存续以联合体内各方对招标项目某方面具有专业优势为内在根据。对于大型复杂的招标项目,没有各具专业优势的各方组成的投标联合体是没有竞争力的,也是很难中标的。优势互补、强强联合是投标联合体的最主要特征。

最后,投标联合体的成立具有自主性。组成投标联合体的各方是自愿的,其加入或退出联合体,不受任何其他单位或个人的强迫。这是市场经济条件下市场主体自主经营权在合法范围内不受侵犯的必然内容之一。

三、联合体投标的法律规定

根据《政府采购法实施条例》第 22 条的规定:“联合体中有同类资质的供应商按照联合体分工承担相同工作的,应当按照资质等级较低的供应商确定资质等级。以联合体形式参加政府采购活动的,联合体各方不得再单独参加或者与其他供应商另外组成联合体参加同一合同项下的政府采购活动。”根据《招标投标法》第 31 条第 2 款规定:“联合体各方均应当具备承担招标项目的相应能力;国家有关规定或者招标文件对投标人资格条件有规定的,联合体各方均应当具备规定的相应资格条件。由同一专业的单位组成的联合体,按照资质等级较低的单位确定资质等级。”即联合体的资质等级应当按照资质等级较低的供应商确定,并且联合体不得在招标投标活动中途进行变更,也就是各方不得再单独参加或者与其他供应商另外组成联合体参加同一合同项下的政府采购活动,以保证联合体的竞争力。并且法律或者招标文件对投标人资格条件有要求的,联合体各方均应具备规定的相应的资格条件,而不能相互代替。

四、联合体投标的意义

(一)提高竞争力,分散风险

组成联合体投标能够增强投标竞争能力。其一,联合体投标时可有效弥补各方技术力量的相对不足,共同提高承担项目完成度与可靠性。其二,联合体各方对于各自擅长的领域的成本控制更加精准、有效,也能够保证工程质量的前提下更有效地控制成本,增加在投标中的竞争实力。其三,联合体各方就同一工程项目的施工合作过程中也能够更加便利得相互学习对方的优势,突破自身可能存在的薄弱环节。

组成联合体投标可分散风险。其一,联合体投标过程中双方可相互分担投标保证金、履约保证金等,可降低单方投标产生的资金负担,减轻公司现金流压力。其二,联合体投标情形下各方可通过内部协议分配施工过程中的权利义务,并分担可能产生的法律责任,分散各方对外履约风险。其三,联合体投标中各联合体方可根据自身优势及擅长领域分担建设公司,也能够更有效的保障工程质量及时间、成本等,联合体合作方式本身即可分散、降低可能存在的工程质量、期间违约等风险。

当下工程建设项目的专业技术水平要求均呈现上升趋势,在规模大要求高的建设工程项目中,数家企业组成联合体,以联合体的名义参与投标,已成为填补企业资源和技术缺口,提高企业竞争力以及分散、降低企业经营风险,适应当前市场环境的一种良好方式。

(二)提高中标人履约能力

联合体中标,按照联合体的内部分工,各自按资质类别等级的许可范围承担工作,能够提高中标人的履约能力。防止中标人因履约能力差而对招标项目采取转包、违法分包、支解分包等形式损害招标人的利益。

在大型建设项目和结构复杂的建设项目中,联合体各方能充分发挥各自的优势。可以更有效、快捷地解决工程中出现的要点难点,由于联合体是紧密的合作团体,也是利益共同体,大家相互都有督促监督的责任和义务,因而也使得联合体各方的优势得到更大的发挥。

五、联合体中标后的职责分工

联合体中标后,联合体各方共同就中标项目向招标人承担连带责任,即招标人有权要求联合体的任何一方履行全部合同义务,联合体的任何一方均不得以其内部联合体协议的约定来对抗招标人。联合体各方应当签订共同投标协议,明确约定各方拟承担的工作和责任,并将共同投标协议连同投标文件一并提交招标人。联合体中标后,联合体各方将按照投标时递交的联合体协议落实施工程设计、施工、采购等工作,在此过程中因成员一方原因导致工程质量问题或发包人索赔等情形,联合体全部成员均可能对外承担连带责任。

当前,很多大型基础设施项目以"F+EPC(融资—设计—采购—施工一体化)""股权投资+工程总承包""股权投资+BOT(设计—经营—转让)"等集投资、建设、运营一体化的形式进行招标。笔者认为,在这样的项目中,各方在完成工程项目过程中均应享有:项目监督权、知情权、有关招标项目的信息共享权、收益权、项目分工中的协调权、损失追偿权、参与项目管理权等权利。这有利于联合体各方增强责任感,既要依据联合体内部协议完成自己的工作职责,又要互相监督协调,保证项目整体按照招标人的预期完成。

六、实务案例

☞ 案例三十九:强制潜在投标人组成联合体进行投标

(一)案情概述

某工程项目,采用公开招标方式。由于该项目设计上要求比较复杂,根据设计部门的建议并经建设单位研究决定,对参加投标单位的主体要求为不得低于二级资质。有A、B、C、D四家单位参加投标,A、B、D三个投标单位符合资质要求,且施工力量、施工工艺和水平以及业绩上都相差不大,C单位资质为三级。经C单位的私下活动,建设单位同意让C与A组成联合体承包工程,并明确向A暗示,如果不接受与C联合体投标,则选择B单位。A为了获得该项工程,当时同意了与C联合承包该工程,并承诺将部分工程交给C单位施工,于是A和C联合投标获得成功。中标后,因A单位与C单位发生纠纷,A单位就招标提出质疑和申述。

(二)案情分析

该项目的建设单位,为了照顾某些个人关系,指使A和C强行联合,强制投标人组成联合体共同投标,限制投标人之间的竞争,并最终排斥了其他投标人可能中标的机会,构成了不正当竞争。因此A和C组成的投标联合体无效。

(三)相关法条

《招标投标法》第三十一条 两个以上法人或者其他组织可以组成一个联合体,以一个投标人的身份共同投标。联合体各方均应当具备承担招标项目的相应能力;国家有关规定或者招标文件对投标人资格条件有规定的,联合体各方均应当具备规定的相应资格条件。由同一专业的单位组成的联合体,按照资质等级较低的单位确定资质等级。联合体各方应当签订共同投标协议,明确约定各方拟承担的工作和责任，并将共同投标协议连同投标文件一并提交招标人。联合体中标的，联合体各方应当共同与招标人签订合同，就中标项目向招标人承担连带责任。招标人不得强制投标人组成联合体共同投标，不得限制投标人之间的竞争。

☞ 案例四十：武汉市轨道交通 8 号线项目被叫停

2017 年 2 月 13 日，武汉市轨道交通 8 号线一期 PPP 项目社会资本采购竞争性磋商预成交结果公示，招商银行（牵头方）、中国光大银行和汉口银行三家商业银行预中标，三家银行联合体作为社会资本出资金额 28.41696 亿元。预成交资本金财务内部收益率按照央行 5 年期以上银行贷款利率为基准下浮 3%，股权持有期为 25 年。

2017 年 2 月 27 日，该项目因存在风险分配不当的问题被叫停。

关于请核查××××××项目不规范操作问题的函

××××××财政厅：

你省××××××市城乡建设委员会实施的××××××项目社会资本采购预成交公示于 2017 年 2 月 13 日在中国政府采购网发布。公示信息及项目材料显示，该项目存在风险分配不当等问题，请你厅尽快核查确认有关情况，于 3 月 10 日前函告我部金融司。

财政部办公厅

2017 年 2 月 22 日

（一）案情分析

以银行等金融机构作为社会资本方参与轨道交通项目，先例不多。在武汉 8 号线一期 PPP 项目中，三家银行联合体在“武汉地铁股权投资基金（契约型）”的优先级投资人实际为债性投资人，获得固定收益的回报。加之该项目是由 BT 转为 PPP，优先级也未参与到项目的风控、设计中去，一个没有建设和运营能力，仅具备在保本保收益情况下的投资主体很难对 PPP 全项目周期承担责任。

☞ 案例四十一:某“投建营一体化”项目招标文件对联合体的要求

(一)案情概述

某公路项目招标公告要求,该项目为“股权投资+施工总承包”模式,项目接受联合体投标,成员数量不超过10家,其中包括股权投资人(不得超过4家)和施工方(不得超过9家),并在投资人资格要求部分对投标人进行了区分,分别为:投标人(指联合体中所有成员)、投标人(指联合体中的股权投资人)、投标人(指联合体中的施工方),并针对每一种投标人分别提出不同的资格业绩的要求;另外,在对投标人(指联合体中的施工方)的资格提出要求时,又将项目划分为九个工区,并针对每一个工区分别提出资格要求。

(二)案情分析

对于招标人而言,一旦招标的工程项目出现应由联合体承担责任问题,他可以选择联合体中的任何一方或多方要求其承担部分或全部责任。而人为将本应共同经营、共享利益、共担风险的组织,按照不同的职能划分,分组招选联合体,直接使《建筑法》第27条关于“共同承包”“资质就低”的法律规定形同虚设;而对于仅承担投资责任而不与建设和运营相挂钩的一组联合体,本质是为政府方提供了隐性的举债行为。另一方面,在联合体分组招标的情况下,如果招标人又在招总承包人的同时整个工程划分多个“工区”,造成实施专业分包工程的成员“搭便车”“对号入座”加入联合体,则有建设单位直接指定分包人的嫌疑。

目前,此项目正处于招标阶段,实践中是否还有与武汉地铁8号线项目存在类似的“风险分配不当等问题”继续被叫停,而法律上是否应该更进一步的明确立法,在项目招标之前的审批环节加强监管,从根本上杜绝使此类安排。

(三)相关法条

《建筑法》第二十七条 大型建筑工程或者结构复杂的建筑工程,可以由两个以上的承包单位联合共同承包。共同承包的各方对承包合同的履行承担连带责任。

两个以上不同资质等级的单位实行联合共同承包的,应当按照资质等级低的单位的业务许可范围承揽工程。

《住建部房屋建筑和市政基础设施工程施工分包管理办法》第七条 建设单位不得直接指定分包工程承包人。任何单位和个人不得对依法实施的分包活动进行干预。

第四章 开 标

开标这一法定环节具有重大的形式意义,招投标活动正是进行到这一环节,各方参与者才像是集会一样——在特定的时间、在特定的地点,怀揣着己方利益的重大关切,共同对其公开、公平、公正性进行现场监督。虽然从流程上来说这个环节似乎更像一个仪式,但唱标的过程仍然值得关注,实务中,也时常发生各种各样的“插曲”,考验开标组织者的应变能力。

本章从开标前的踏勘以及标前会入手,对开标的时间、地点、流程、记录以及参与人等方面的法律要素一一进行阐述,以流水线的方式叙述,内容涉及了流标、废标以及重新招标。在叙述过程中结合具体案例,力争通过实务将开标活动的情形展现在读者面前。

第一节 开标前的准备工作

一、招标人组织踏勘现场

(一)概述

踏勘现场,是指招标人组织投标人对项目的实施现场的经济、地理、地质、气候等客观条件和环境进行的现场调查。踏勘现场是投标人在招标文件中对工程现场场地的叙述了解的基础之上对工程现场的更深入了解,有助于投标人制定施工方案,对工程现场的深入了解也是招投标报价环节提交相关材料重要的依据。

招标人可根据项目情况决定是否进行踏勘现场,根据

《招标投标法》第21条规定："招标人根据招标项目的具体情况，可以组织潜在投标人踏勘项目现场。"根据《工程建设项目施工招标投标办法》第32条第1款规定："招标人根据招标项目的具体情况，可以组织潜在投标人踏勘项目现场，向其介绍工程场地和相关环境的有关情况。潜在投标人依据招标人介绍情况作出的判断和决策，由投标人自行负责。"要注意的是，第32条最后一款特别说明，"招标人不得单独或者分别组织任何一个投标人进行现场踏勘。"《招标投标法实施条例》第28条同样对招标人组织踏勘项目现场作出明确的规定，"招标人不得组织单个或者部分潜在投标人踏勘项目现场"。另外根据《工程建设项目施工招标投标办法》第22条规定，招标代理机构也可以在招标人委托的范围内，承担组织投标人踏勘现场事宜。

(二)踏勘前期准备

为了利用现场踏勘的机会让潜在投标人获得更有利的信息，招标人在组织现场踏勘前，需做好总体部署、任务分工、时间安排、人员配备、设备配置等工作；同时结合踏勘现场情况，确定固定的踏勘路线，分专业、有针对性地制定项目踏勘计划，为项目现场踏勘工作的顺利开展做好充分的准备。

以学校建设工程设计项目为例，踏勘工作的前期准备大概为以下几个步骤。

1. 踏勘资料准备

首先要熟悉招标文件的内容及对必要的资料进行收集与整理，如准备现场踏勘告知书和任务书、准备学校建设地址的地形图、收集建设地址周边的市政规划信息、收集建设地址周边的交通信息、供电、供水、排污、环境保护、地质情况报告等。此外，准备项目现场踏勘必要的图纸、表格，如发放给潜在投标人的地形图、潜在投标人的签到表、过程记录表格等。

2. 踏勘工作人员安排

由项目负责人在踏勘现场介绍项目内容及项目相关信息，如介绍项目概况、项目计划、项目的预期目标等。另做好专业技术人员的准备，拟定人员职责和分工，配备必要的设备。

3. 踏勘线路规划

招标人须提前在项目踏勘现场做好必要的标识，确定踏勘行走路线，做好沿途的安保措施，如沿途做好指示牌，潜在危险的地方加护栏、贴警示牌，准备好安全帽、救生设备、应急措施等。

4. 踏勘前告知工作

在开展项目现场踏勘前招标人应向潜在投标人发出项目现场踏勘告知书、

任务书、地形图等,以便潜在投标人现场踏勘时查看地形图与项目现场情况是否吻合,有针对性地进行现场踏勘,更清楚地了解项目现场的实际情况。同时笔者建议招标人做现场踏勘温馨提醒注意事项,如提醒到达地点时间、停车场地、交通条件、食宿条件,注意现场障碍物和安全隐患等。①

(三)踏勘注意事项

以工程项目为例,踏勘现场应注意以下事项。

(1)在踏勘现场时应严格检查现场是否存在已开工等情况。

(2)在踏勘现场时应认真了解临水、临电接入位置,临时排污口、雨水井位置,施工临时路口、临时设施搭建位置,施工用围墙大门可设置位置等现场基本情况,以便于技术标书的编制。

(3)顺便还需留意场地内"三通一平"已平整情况,是否有沟渠、明暗浜及地下管线(有的话,要提供地质勘察报告及地下综合管线图),临时围墙、大门建设单位是否已设置好(已设置好的话,需观察其位置),是否桩基工程已完成。

(4)考察施工现场及周围地形、地貌、水文、气候、地质、沟渠、交通道路、可作为合理土方堆放的场地、可搭设临设的场地等情况,仔细检查现有的建筑物以及可作为储存和施工用途的空间,了解施工中必须拆除或挖除的障碍物等,工程所在地的劳动力、建材市场的供应情况等,以获得一切可能影响投标报价的直接资料。

(5)施工组织设计的编制应注重:施工技术措施的经济性、可靠性、科学性;施工方案的可行性、先进性。

以下为踏勘情况记录表(模板):②

工程现场踏勘情况记录表

编号:

<table>
<tr><td rowspan="5">工程基本情况</td><td>工程名称</td><td></td></tr>
<tr><td>工程地址</td><td></td></tr>
<tr><td>建设单位名称</td><td></td></tr>
<tr><td>受理申请施工许可时间</td><td>年　　月　　日</td></tr>
<tr><td>施工许可申请表编号</td><td></td></tr>
</table>

① 参见《如何科学合理的组织招标现场踏勘工作》,载搜狐网,https://www.sohu.com/a/303234885_780972。

② 参见《工程项目踏勘现场应注意的事项,及踏勘情况记录表(模板)》,载微信公众号"洁净工程聪明"2020年5月6日,https://mp.weixin.qq.com/s/MMPuxyqHQgzJ 4vX1Z4E9JQ。

续表

<table>
<tr><td rowspan="8">现场踏勘情况记录</td><td>现场踏勘时间</td><td>年　月　日</td></tr>
<tr><td>申报工程位置是否与现场踏勘位置相符</td><td>是□　否□</td></tr>
<tr><td>现场地上物拆除情况</td><td>施工区域内地上物全部拆除完毕　是□　否□</td></tr>
<tr><td>现场安全防护措施</td><td>现场周边已设置围挡(连续全封闭设置,砖砌高度不低于2.5米,钢结构高度不低于5米)　是□　否□
已向施工单位提供了各类地下管线资料并制定了安全保护措施　是□　否□
施工现场上方空中区域无障碍　是□　否□
已要求施工单位对可能影响的毗邻建筑物制定了安全防护措施　是□　否□</td></tr>
<tr><td>是否符合施工条件</td><td>供水和排水　符合□　不符合□
电力　符合□　不符合□
工地出入口道路已硬化(不少于30米)　符合□　不符合□
洗车槽已按标准建立,有循环水源、有沉淀池　符合□　不符合□
工地已设置门房,配备专职人员　符合□　不符合□
施工扬尘治理措施　符合□　不符合□</td></tr>
<tr><td>有无违法开工行为</td><td>有□　无□</td></tr>
<tr><td>现场照片</td><td>(附后)</td></tr>
<tr><td>备注</td><td></td></tr>
<tr><td colspan="3">注意事项:
1. 现场踏勘人员应认真勘察施工现场各项情况是否符合施工要求,对有关资料可进行询问式调查,并如实填写《工程现场踏勘记录表》。
2. 现场建设单位负责人员应配合踏勘工作,主动提供有关勘察资料,认真核对记录情况,如有异议应当场提出;如无异议,应签字确认,并对已签字确认情况承担相应法律责任。</td></tr>
</table>

工程现场建设单位负责人意见:______________________________

(签名):________　联系电话:____________　_____年_____月_____日

现场踏勘人员(签名):________　________　________　________　________

_____年_____月_____日

二、投标预备会(标前会)

(一)概述

投标预备会也称标前会、招标文件交底会,由招标人按照投标须知规定的时间和地点在现场踏勘之后召集参与现场踏勘的人员召开的针对现场踏勘发现的问题及疑问进行集中解释和说明的会议。所以标前会实际上是对招标文件中关于工程现场情况的补充说明,并且是公开的,是面向所有的参与现场踏勘的人员,也就是投标人的会议。在有的招标中,对于既不参加现场勘查,又不前往参加标前会议的投标人,可以认为他已中途退出,从而取消投标人投标的资格。

标前会的目的是对于较大的工程项目招标,通常在报送投标报价前由招标机构召开一次标前会议,以便向所有有资格的投标人澄清他们提出的各种问题。一般来说,投标人应当在规定的标前会议日期之前将问题用书面形式寄给招标机构,然后招标机构将其汇集起来研究,提出统一的解答。公开招标的规则通常规定,招标机构不得向任何投标人单独回答其提出的问题,只能统一解答,而且要将所有问题的解答发给每一个购买了招标文件的投标人,以显示其公平对待。

标前会议通常在我国境内召开,开会日期和时间在招标文件的“投标人须知”中写明;在标前会议期间,招标机构往往会组织投标人到拟建工程现场参观和考察,投标人也可以在该会议后到现场专门考察当地建设条件,以便正确作出投标报价。标前会议和现场考察的费用通常由投标人自行负担。如果投标人不能参加标前会议,可以委托其当地的代理人参加,也可以要求招标机构将标前会议的记录寄给投标人。①

(二)标前会议内容

标前会议议程主要包括介绍参加会议单位和主要人员、介绍问题解答人、投标单位提出问题并解答和通知有关事项四个流程。②

标前会议是招标人给所有投标人提供的一次质疑的机会。在标前会议前,投标人应消化吸收招标文件中的各类问题,整理成书面文件,及时寄往招标单位指定地点要求答复,或在标前会议上要求澄清。招标人在回答问题的同时,展示工程勘察资料,供投标单位参考。标前会议上提出的问题和解答的概要情况,应记录作为招标文件的组成部分发给所有投标人。

投标人参加标前会议提出的质疑,要注意如下几点:(1)对工程范围不清的

---

① 参见《什么是标前会议?投标单位投标前必须要参加吗?》,载微信公众号“投标智库”2019年9月10日,https://mp.weixin.qq.com/s/-rFLPN-ttBjUuWMRZ py6zg。

② 参见邹祖绪、刘芳主编:《建设工程法律与法规》,武汉理工大学出版社2010年版,第92页。

问题提出,应要求进行说明;(2)对招标文件中图纸和规范有矛盾之处,请求说明以何为准;(3)对含糊不清的合同条件,要求进行澄清、解释;(4)对自己有利的矛盾、含糊不清的条款,不要在标前会议上提出;(5)注意不要让业主或竞争对手通过自己提出的问题推测和了解自己的施工方案或投标设想;(6)注意提问的方式方法;(7)所有疑问一定要求业主书面作答,并列入招标文件或书面证明与招标文件具有同等效力。

标前会需要形成书面会议记录并公告,招标机构有责任将标前会议记录和对各种问题的统一答复或解释整理为书面文件,随后分别寄给所有的投标人或者公告给各个投标人或潜在投标人,并且还需要在网上进行公示公告,让所有公民和市场主体都知晓招标投标活动的具体情况,维护社会公共利益。并且标前会实际上是对招标文件中关于工程项目的补充,所以标前会公告的形式是以"补充通知"或"补遗"为称来公告,明确标前会的补充性质,如果它们与原招标文件有矛盾,应当说明以会议记录和问题解答记录为准。标前会议上,可能对开标日期作出最后确认或者修改,如开标日期有任何变动,不仅应当及时以电传或书信方式通知所有的投标人,还应当在重要的报纸上发布通告。

会议记录包含的内容主要有工程范围的释明、招标文件中的图纸或前期设计图纸与现场情况矛盾之处的解释说明、合同条款的释明等方面并且还需要加上该书面会议记录与书面招标文件有同等效力的条款,因为标前会是招标文件的补充说明,在签订合同时也需要根据工程项目的实际情况进行签约,所以要使得标前会的会议记录具有和招标文件一样的效力。

(三)实务案例

☞ 案例四十二:某公路施工项目招标的标前会答疑书及补遗书

贵州省绥阳至道真二级公路施工招标标前
会议答疑书及补遗书(01号)

一、临时用地(取、弃土场,料场,便道,预制场,驻地等)费用是否计入报价?

答:见招标文件"合同专用条款"第42条。

二、保畅费用是否计入报价?

答:见招标文件"合同专用条款"第75条。

三、田家湾隧道、三江河大桥便道比较长,使用原有便道出现损坏是否存在赔偿?

答:由投标人自行考虑,报价在100章计列。

四、田家湾隧道、三江河大桥动力线现有容量低,其增容搭接费用是否计入报价?

答:由投标人自行考虑,报价在100章计列。

五、结构物的主材(水泥、钢材等)厂家是否为指定厂家?

答:由投标人自行考虑,但要满足相关规定的要求。

六、非结构物的水泥是否可就当地水泥使用?

答:由投标人自行考虑,但要满足相关规定的要求。

七、主材运距是否以遵义为中心起算?

答:由投标人自行考虑。

八、第一合同段:清单号203-1-a开挖土石方:原数童为838,874m^3,改为854,620m^3。

九、第二合同段:清单号203-1-a开挖土石方:原数量为747,312m^3,改为535,825m^3。

贵州省公路桥梁工程总公司

2007年6月18日

回执			
投标单位名称	(加盖公章)		
已收到标前会议补疑书及补遗书(01号)			
投标单位经办人		时间	年　月　日
请各投标人下载清单成功之后24小时之内回函确认(0851-5211232)			

第二节　开　标

一、开标的时间

为了防止利用投标完成至开标的时间间隔,进行"暗箱操作",保证招标投标事项的公平、透明程度,我国法律法规对开标时间进行了相关规定。《招标投标法》第34条规定:"开标应当在招标文件确定的提交投标文件截止时间的同一时间公开进行;开标地点应当为招标文件中预先确定的地点。"《招标投标法实施条例》第 44 条第 1 款规定:"招标人应当按照招标文件规定的时间、地点开标。"

一般情况下,开标时间应当与提交投标文件的截止时间相一致。招标人应当在招标文件中明确说明开标时间,该时间一旦确认,非经法定程序不得予以更改,避免给投标人或潜在投标人造成损失。

在特殊情况下,提交投标文件的地点和开标地点不一致的,投标截止时间和开标时间可以有一段合理间隔以让每个投标人有足够的时间参与开标。法律法规对此并没有明确的规定,合理间隔一般由招标人依据项目具体情况确定。

如需要修改开标时间,则需要经过法定程序。《招标投标法实施条例》第 21 条规定:"招标人可以对已发出的资格预审文件或者招标文件进行必要的澄清或者修改。澄清或者修改的内容可能影响资格预审申请文件或者投标文件编制的,招标人应当在提交资格预审申请文件截止时间至少 3 日前,或者投标截止时间至少 15 日前,以书面形式通知所有获取资格预审文件或者招标文件的潜在投标人;不足 3 日或者 15 日的,招标人应当顺延提交资格预审申请文件或者投标文件的截止时间。"

二、开标的地点

通常情况下,招投标中的开标地点以招标文件预先确定的地点为准,法律没有强制性规定。比如,《招标投标法》第 34 条规定:"开标应当在招标文件确定的提交投标文件截止时间的同一时间公开进行;开标地点应当为招标文件中预先确定的地点。"又如,《政府采购货物和服务招标投标管理办法》第 39 条规定:"开标应当在招标文件确定的提交投标文件截止时间的同一时间进行。开标地点应当为招标文件中预先确定的地点。采购人或者采购代理机构应当对开标、评标现场活动进行全程录音录像。录音录像应当清晰可辨,音像资料作为采购文件一并存档。"

然而,对于特定项目,开标一定需要在有形市场进行。比如,为了规范建筑市场行为,加强对建设工程承发包的监督,防止腐败现象的发生,维护建设工程交易活动当事人的合法权益,保证工程建设质量,全国多省市制定了关于建筑工程的有形建筑市场管理的相关规定。以四川省为例,根据《四川省有形建筑市场管理暂行办法》第 4 条第 1 款规定:"凡在四川省行政区域内新建、扩建、改建的限额以上建设工程,包括各类房屋建筑、土木工程、设备安装、管道线路铺设、装饰装修和水利、交通、电力等专业工程的施工、监理、中介服务、材料设备采购，都必须在有形建筑市场进行交易。”又以深圳市为例，根据深圳市人民政府印发《关于建设工程招标投标改革若干规定》，“建设工程招标投标实行集中交易制度。按照规定必须招标的建设工程，应当进入深圳市建设工程交易服务中心统一进行招标投标”。

鉴于法律层面对于开标地点限制不多，同时随着通讯技术和电子商务的发展，电子开标也逐步成为一种常见形式。比如，住房和城乡建设部办公厅《关于加强新冠肺炎疫情防控有序推动企业开复工工作的通知》，其倡导疫情期间“全面推行电子招投标和异地远程评标，对非必须到现场办理的业务，一律采用线上办理。对涉及防疫防控或保障城市运行必需等特殊情况的应急工程项目，经有关部门同意可以不进行招标。大力推行施工许可线上全流程办理和电子证照，进一步简化审批流程。有条件的地区可采用‘在线申报、在线审批、自行打证’模式，不再经政府办事窗口现场办理”。

三、开标的法定流程

1. 传统开标流程

《招标投标法》第 36 条规定：“开标时，由投标人或者其推选的代表检查投标文件的密封情况，也可以由招标人委托的公证机构检查并公证；经确认无误后，由工作人员当众拆封，宣读投标人名称、投标价格和投标文件的其他主要内容。招标人在招标文件要求提交投标文件的截止时间前收到的所有投标文件，开标时都应当当众予以拆封、宣读。开标过程应当记录，并存档备查。”

实务中，根据项目不同和招标单位不同，开标具体流程有些许差异。大致流程如图 4-1 所示：

具体步骤如下①：

(1)签到和确认参与人员

主持人介绍开标人、唱标人、记录人、监督人员、招标人代表、招标代理机构代表、投标人代表、公证机构公证人员、见证人员等，在基础设施建设施工项目中，由招标办的监管人员或招标办授权的有形建筑市场工作人员进行监督，由上述人员作为监管人员。投标人的代表应该准备授权委托书、身份证明等材料，由

① 参见《招标投标小知识|开标要素和开标程序》，载微信公众号“中国招标公共服务平台”，https://mp.weixin.qq.com/s/p_LXmu6vL4zJmP02DCrdw。

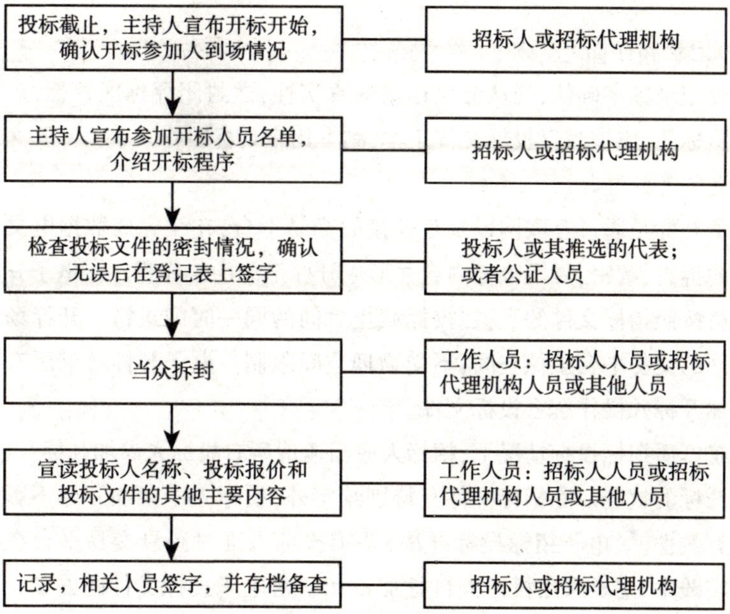

图 4-1　开标流程

工作人员核对签到人的身份,保证投标代表有权出席开标会。

(2)宣布开标纪律和程序

主持人宣布开标纪律和开标程序等。开标纪律一般包括:凡与开标无关人员不得进入开标会场;参加会议的所有人员应关闭寻呼机、手机等,开标期间不得高声喧哗;投标人代表有疑问应举手发言,参加会议人员未经主持人同意不得在场内随意走动等内容。

(3)检查密封情况

投标人或其委托的代表检查投标文件的密封情况,或者由招标人寻找公证机构进行公证,对于密封破损的投标文件,应当予以拒收或退回;确认投标文件的密封状况。

(4)当众拆封

由招标人组织的专门人员进行拆封,拆封都应当当众进行。

(5)唱标

由唱标人宣读投标人的名称、投标价格和投标文件的其他主要内容,唱标人由招标人的工作人员担任,唱标的内容包括投标人的名称、每一个投标的价格、价格有无折扣或修改、替代方案的总金额、建设工程项目的工期、质量和投标保证金等。

(6)记录和存档

会议记录签字确认,确认会议记录的真实性;送封闭评标区评标,对于工程量清单招标的,应该封存投标文件正本,副本用来清标工作。

2. 电子开标流程

电子开标是通过互联网以及其连接的交易平台,在线完成数据电文形式投标文件的拆封、解密,展示唱标内容并形成开标记录的工作程序。电子开标时间应当严格按照招标文件约定,在投标截止时间的同一时间进行。开标场所是依托互联网的交易平台虚拟空间,不受物理空间限制。电子开标要求所有投标人准时参加开标并操作解密投标文件。

传统纸质招标投标情况下,招标人应当邀请所有投标人参加开标,投标人有不参加开标的权利。除招标文件有特别约定外,投标人不参加开标不影响其投标文件有效性。《电子招标投标办法》要求投标人准时登录交易平台在线参加开标。实践中,主要采用投标人自行加密和解密电子投标文件的方式。投标人如果不在线参加开标并操作解密,其他任何单位和个人都不能解密投标文件。电子开标时,需要所有投标人在线签到并电子签名确认开标记录。

电子开标的流程如下:

(1)招标人或招标代理机构在交易平台指定开标主持人。主持人只能根据交易平台事先设定的流程和权限操作电子开标。

(2)参加电子开标的投标人通过互联网在线签到。

(3)开标时间到达,交易平台按照事先设定的开标功能,自动提取投标文件。

(4)交易平台自动检测投标文件数量。投标文件少于3个时,系统进行提示。主持人根据实际情况和相关规定,决定继续开标或终止开标。

(5)主持人按招标文件规定的解密方式发出指令,要求招标人和(或)投标人准时并在约定时间内同步完成在线解密。

(6)开标解密完成后,交易平台向投标人展示已解密投标文件开标记录信息。

(7)投标人对开标过程有异议的,可通过交易平台即时提出。

(8)交易平台生成开标记录,参加开标的投标人在线电子签名确认。

(9)开标记录经电子签名确认后,向各投标人公布。[①]

---

① 参见《招标投标小知识|电子开标基本流程》,载微信公众号“中国招标公共服务平台”2018年6月5日,https://mp.weixin.qq.com/s/ygXROzcEDxFu6NndDB-1Rg。

3. 双信封法开标流程

根据《公路工程建设项目招标投标管理办法》(交通运输部2015年第24号令)第37条的规定,投标文件按照招标文件规定采用双信封形式密封的,开标分两个步骤公开进行:第一步骤对第一信封内的商务文件和技术文件进行开标,对第二信封不予拆封并由招标人予以封存;第二步骤宣布通过商务文件和技术文件评审的投标人名单,对其第二信封内的报价文件进行开标,宣读投标报价。未通过商务文件和技术文件评审的,对其第二信封不予拆封,并当场退还给投标人;投标人未参加第二信封开标的,招标人应当在评标结束后及时将第二信封原封退还投标人。

四、开标活动的参与人

开标过程中需要到场的人员,一般有招标人、投标人、招标代理机构、监管机构以及招标人聘请的机构和人员。这里,除招标人、投标人、监管人员外,其他机构和人员参加开标都不是必需的。具体邀请哪些机构和人员出席和参加开标,由招标人根据其项目情况自行决定。需要强调的是,评标委员会成员不得参加开标活动,或者说参加开标活动的人如果是评标专家库成员,那么在组建评标委员会抽取专家时应当回避。

(1)招标人

根据《招标投标法》的规定,招标人在开标过程中需要到场主持开标并作为招标合同的当事人参加招标。

(2)投标人

根据《招标投标法》的规定,开标程序中,招标人应当邀请所有投标人参加,投标人可以自行选择参加或不参加开标。实践中,招标人会在招标文件中规定投标人必须派代表参加开标,否则其投标不被接受,此种情形下,投标人必须派代表参加开标,否则其投标有可能被招标人拒绝。

北京市住房和城乡建设委员会于2011年10月12日发布并于2011年12月1日开始实施的《关于进一步加强和规范建设工程招标投标工作的通知》第9条规定,“施工项目开标时,投标人拟派的项目负责人应当参加开标会议。投标人拟派的项目负责人缺席的,招标人应当如实记录,该投标人的投标文件作废标处理”。

(3)招标代理机构

招标代理机构作为招标人委托的、代表招标人开展招标工作的中介组织,应当负责组织整个招标过程。通常,招标代理人在开标过程中负责组织工作、记录工作。

(4)律师

律师参与开标过程的作用如下:①为招标人在开标现场的行为和决断提供有效、合法的咨询意见;②为开标过程提供见证法律服务。

(5)审计人员

对于实施跟踪审计的工程建设项目,审计机构从项目一开始便介入工作,有的甚至拥有资金审批的权力。因此,为了让审计机构对工程项目的全过程进行了解,招标人往往会邀请审计人员参加并见证开标过程。

(6)公证机构

公证机构参加开标过程往往起到证明开标过程中的某一项行为真实性的作用。比如,对于投标文件的密封情况,招标人就可以委托公证机构检查确认并公证。

(7)纪检、监察人员

对于国家政府机关或国有企业招标人,根据其内部监督管理的需要,往往会邀请上级或内部的纪检、监察人员参加开标。

(8)国家行政机关人员

这里主要是指国家重大项目稽查人员、建设行政监管部门人员等。各地方均有相关规定,建设行政管理部门有权对工程建设项目的开标过程进行监督。例如,《北京市建设工程招标投标监督管理规定》第15条第2款规定:“招标人应当接受市规划委、市建委或者区、县建委等有关行政监督部门对开标过程的监督。”

五、开标过程的记录要求

根据《招标投标法》第36条第3款的规定:“开标过程应当记录,并存档备查。”根据《招标投标法实施条例》第44条第3款规定:“投标人对开标有异议的,应当在开标现场提出,招标人应当当场作出答复,并制作记录。”根据《公路工程建设项目招标投标管理办法》第36条规定:“开标由招标人主持,邀请所有投标人参加。开标过程应当记录,并存档备查。投标人对开标有异议的,应当在开标现场提出,招标人应当当场作出答复,并制作记录。未参加开标的投标人,视为对开标过程无异议。”根据《经营性公路建设项目投资人招标投标管理规定》第24条第2款规定:“开标由招标人主持,邀请所有投标人代表参加。招标人对开标过程应当记录,并存档备查。”

☞ 案例四十三:某项目开标记录(信封一)

表1 ××至××高速公路交工验收质量检测招标 GC5300002020006390010O2 标段工程建设其他项目开标记录

开标时间:2020年12月2日11时00分

开标地点:云南省公共资源交易中心

(一)唱标记录

序号	投标人	密封情况	投标保证金	项目负责人姓名/检测工程师证书号	投标保证金	备注	投标保证金形式	投标文件递交时间	异议内容	签名
1	××省交通建设质量监督检测有限公司	完好	已缴纳	高××/(公路)检师 0602305DAQJ	2万元	—	银行转账	2020-12-02 10:34:48		
2	××交通运输通信信息工程质量检测中心	完好	已缴纳	张××/(公路)检师 1028913JA	2万元	—	银行转账	2020-11-30 13:12:26		
3	×××集团检测认证有限公司	完好	已缴纳	黄××/(公路)检师 0601727J	2万元	无	银行转账	2020-11-30 0:20:53		
4	××交科院检测技术(北京)有限公司	完好	已缴纳	吴×/(公路)检师 1136971AJ	人民币大写贰万元(¥20,000.00)	—	银行转账	2020-11-27 13:38:25		

☞ 案例四十四:某项目开标记录(信封二)

表2 ××至××高速公路交工验收质量检测招标 GC530000202000639001001 标段工程建设其他项目开标记录

开标时间:2020年12月3日14时20分

开标地点:云南省公共资源交易中心

(一)唱标记录

序号	投标人	密封情况	投标保证金	密封情况	投标报价(元)	备注	投标保证金形式	投标文件递交时间	异议内容	签名
1	××省公路科学技术研究院	完好	已缴纳	完好	大写:陆佰零陆万肆仟玖佰陆拾捌元整(小写:¥6,064,968.00)	无	银行转账	2020-12-01 19:09:08		

续表

序号	投标人	密封情况	投标保证金	密封情况	投标报价（元）	备注	投标保证金形式	投标文件递交时间	异议内容	签名
2	××科技股份有限公司	完好	已缴纳	完好	人民币（大写）伍佰玖拾玖万陆仟伍佰壹拾陆元（￥5,996,516.00）	无	银行转账	2020-12-01 15:43:08		
3	×××集团检测认证有限公司	完好	已缴纳	密封完好	人民币（大写）陆佰零伍万肆仟柒佰肆拾玖元（￥6,054,749.00）	YLJGJC-1标段	银行转账	2020-12-01 14:49:26		
4	×××工程检测咨询有限公司	完好	已缴纳	密封完好	人民币（大写）伍佰玖拾玖万贰仟肆佰陆拾叁元（￥5,992,463.00元）	无	银行转账	2020-12-01 1:41:26		
5	×××交通科研院有限公司	完好	已缴纳	按招标文件密封	5,960,000	—	银行转账	2020-11-30 18:35:00		
6	×××质安交通工程监控检测中心有限责任公司	完好	已缴纳	完好	大写：陆佰万壹仟陆佰壹拾元（￥6,001,610.00）	无	银行转账	2020-11-30 17:14:32		
7	×××高速公路试验检测科研中心有限公司	完好	已缴纳	按招标文件要求密封完好	陆佰零壹万贰仟零柒拾叁元（￥6,012,073.00）	—	银行转账	2020-11-30 13:38:54		
招标控制价（元或%）			6,065,229.00							

六、关于投标文件的澄清

根据《招标投标法》第39条规定："评标委员会可以要求投标人对投标文件中含义不明确的内容作必要的澄清或者说明，但是澄清或者说明不得超出投标文件的范围或者改变投标文件的实质性内容。"同时，根据《招标投标法实施条例》第52条规定，"投标文件中有含义不明确的内容、明显文字或者计算错误，评标委员会认为需要投标人作出必要澄清、说明的，应当书面通知该投标人。投标人的澄清、说明应当采用书面形式，并不得超出投标文件的范围或者改变投标文件的实质性内容。评标委员会不得暗示或者诱导投标人作出澄清、说明，不得接受投标人主动提出的澄清、说明。"

因此，开标工作人员只负责做好现场唱标和记录，如投标文件中有矛盾的内容，需要评标阶段由评标委员会进行处理。如果工作人员越权进行澄清，不但会影响评标委员会工作的正常开展，还可能侵犯其他投标人的合法权益。[①]

七、实务案例

☞ 案例四十五：开标延期后是否应继续公开发售招标文件

（一）案情概述

某单位工程项目进行公开招标，根据招标公告，开标日期为2月25日。但在2月19日，采购人提出想对采购标的进行一些调整。于是招标公司修改了已发出的招标文件。考虑到《招标投标法》中"招标人对已发出的招标文件进行必要澄清或者修改的，应当在招标文件要求提交投标文件截止时间十五日前"之规定，招标公司决定把开标时间延长到3月7日进行。于是招标公司很快在有关媒体发布了招标文件内容的更正公告以及开标的延期公告。延期公告发出的第三天，H公司来到招标公司，要求购买招标文件被拒绝。招标公司的解释是"根据我们的招标文件，购买招标文件的时间早就截止了，开标日期虽然延期了，但出售招标文件的时间我们并没有延期"。H公司在这个项目未开标之前向监管部门投诉了招标公司。监督部门责令招标公司改正，H公司获得了该次采购的投标资格。

（二）案情分析

关于开标时间延期后，供应商是否可以继续购买招标文件，国内相关法律法规没有明确规定，但根据国际惯例应该顺延。在国际招标中延期是比较多的，也是正常的。如到投标截止时间止，只有两家投标人，一般会把开标延期7~10天，在此期间就可能有厂商来投标。在国际招标中延期开标与购买标书的时间是同步延期的。法律没有规定时，我们应该采用国际惯例，除非我们的采购文件有特别说明。

---

① 参见《开标时发现投标文件中有内容相互矛盾，可以要求投标人现场澄清吗?》，https://view.inews.qq.com/a/20210126A01TYG00。

(三)相关法条

《招标投标法》第二十三条 招标人对已发出的招标文件进行必要的澄清或者修改的,应当在招标文件要求提交投标文件截止时间至少十五日前,以书面形式通知所有招标文件收受人。该澄清或者修改的内容为招标文件的组成部分。

☞ 案例四十六:未开标即确定项目中标人

(一)案情概述

2014年6月,某化工公司作为招标人对外发放招标文件,就其550万吨立方米/a卤水开发工程的采购进行招标。该化工公司在采购招标文件中载明:投标有效期为从开标之日起60天;投标保证金50万元整;投标截止时间为2014年7月14日17:00前;开标时间为2014年7月15日。山东省煤田地质局第二勘探队收到以上招标文件后决定参与该项目的投标。为此,勘探队于2014年6月26日以银行转账的方式向该化工公司支付了50万元的投标保证金。该项采购一直未开标,该化工公司也未向勘探队返还投标保证金。勘探队诉至法院,请求判令该化工公司向其返还投标保证金50万元及逾期利息。利息自2014年9月15日(投标有效期届满后)起至付清之日止,按照中国人民银行同期同类贷款利率计算。

(二)案情分析

该化工公司收款后一直未开标确定中标人,依照招标投标规则,应及时退还相应投标保证金。该化工公司长期持有勘探队的投标保证金的行为违背诚实信用原则,应当承担缔约过失责任。因此,法院判令该化工公司向勘探队返还投标保证金50万元,并支持了逾期付款的利息损失。①

(三)相关法条

《招标投标法》

第三十四条 开标应当在招标文件确定的提交投标文件截止时间的同一时间公开进行;开标地点应当为招标文件中预先确定的地点。

第三十五条 开标由招标人主持,邀请所有投标人参加。

---

① 山东省煤田地质局第二勘探队与河南亿鑫化工有限责任公司招标投标买卖合同纠纷案,河南省舞阳县人民法院一审民事判决书,(2018)豫1121民初223号。

第三十六条 开标时，由投标人或者其推选的代表检查投标文件的密封情况，也可以由招标人委托的公证机构检查并公证；经确认无误后，由工作人员当众拆封，宣读投标人名称、投标价格和投标文件的其他主要内容。

招标人在招标文件要求提交投标文件的截止时间前收到的所有投标文件，开标时都应当当众予以拆封、宣读。

开标过程应当记录，并存档备查。

第四十五条 中标人确定后，招标人应当向中标人发出中标通知书，并同时将中标结果通知所有未中标的投标人。

中标通知书对招标人和中标人具有法律效力。中标通知书发出后，招标人改变中标结果的，或者中标人放弃中标项目的，应当依法承担法律责任。

《民法典》

第四百七十三条 要约邀请是希望他人向自己发出要约的表示。拍卖公告、招标公告、招股说明书、债券募集办法、基金招募说明书、商业广告和宣传、寄送的价目表等为要约邀请。

商业广告和宣传的内容符合要约条件的，构成要约。

第五百条 当事人在订立合同过程中有下列情形之一，造成对方损失的，应当承担赔偿责任：

（一）假借订立合同，恶意进行磋商；

（二）故意隐瞒与订立合同有关的重要事实或者提供虚假情况；

（三）有其他违背诚信原则的行为。

第五章　评　标

如果说招投标制度的所有设计都是为了以公平的方式选择到最适格的中标人，那么评标活动本身无非是决定整个招投标模式能否实现目的“临门一脚”；更确切地说，评标活动本身是否能够依法合规，直接关系到招投标立法的初衷能否实现。从这个角度来看，对于评标活动的关注度多高都不为过。但是无论如何，评标的主体是人，只要是人必然会受到主观因素的影响，因此法律明确了组建评标委员会的方式，要集体决策，要无记名评分。本章对评标委员会的组建、专家的遴选做了详细叙述；同时，我们必须承认，人的评价难免带有主观因素，因此，评价方法必须事前有所交代，于是本章将重点同时放在了评标方法上，作为投标人只有对评标方法充分理解才能够在投标文件中踩中“采分点”，分析自己的利弊，从而做出响应和迎合。

评标的办法是招标投标活动中非常重要的一部分，和招标人选择中标人息息相关，所以评标更要保证公平公正，保护招标人和投标人的信息，保证评价标书的专业性和科学性。

第一节　评标概述

一、评标委员会及评标流程

评标，是指由招标人组织成立的由招标人代表和专家组成的评标委员会按照招标文件和法律法规的既定要求和程序，对所有合格标书进行综合的对比分析和评审，选出 1~3

个最符合招标文件条件的投标人以供招标人选择。

评标委员会的评标是招标人后期选择中标人的重要依据，评标委员会借助专家的专业知识和招标人代表的两两结合，能最大限度地在符合招标人条件和维护招标人利益的前提下选择最优的方案，选择最优的投标人，促进招标投标的进程。

评标工作虽然只是一种评选、评比的工作，但是其中需要注意的问题有很多，不仅仅对于评标委员会是这样，包括投标单位和招标单位的做法都可以对评标环节造成影响，换句话说招投标中的每个步骤的错误操作，都能对评标活动造成破坏，进而影响整个招投标活动的结果。所以对于评标环节的把控是整个招投标活动中最紧要的一环。

评标是直接决定中标单位的一个环节。使用科学的、适宜的评标方法进行评标在建设工程项目招投标环节中是尤为重要的，并且评标过程必须在严格公平的环境下进行，这样才能保证有良好的市场竞争环境，保证参与招投标各方的权益，还能提高效率，快速地选出合理的中标人。

评标是招标投标活动中的重要环节，是招标能否成功的关键，是确定中标人的必要前提。一般而言，包括下列过程：①

（1）由招标人根据相关法规的规定委托评标专家组成评标委员会；

（2）由评标委员会根据招标文件的规定和要求，对投标人提交的投标文件进行评审比较；

（3）由评标委员会根据评审结果出具评审报告、向招标人推荐中标候选人。

评标委员会除根据招标文件的规定进行工作外，评标工作必须遵循法律法规的规定，坚持公平、公正、科学和择优的原则，维护招投标双方的合法权益。（见图 5-1）

二、评标的原则

（一）公平、公正和诚实信用原则

公平、公正是法律法规的广泛性原则，招标投标活动涉及国家利益、社会公共利益和招投标当事人的利益，所以评标更要秉持着公平、公正的原则。

《招标投标法》第 5 条规定："招标投标活动应当遵循公开、公平、公正和诚实信用的原则。"《评标委员会和评标方法暂行规定》第 3 条规定："评标活动遵

① 王霁虹律师团队：《中国建设工程项目招标投标法律实务指南》。

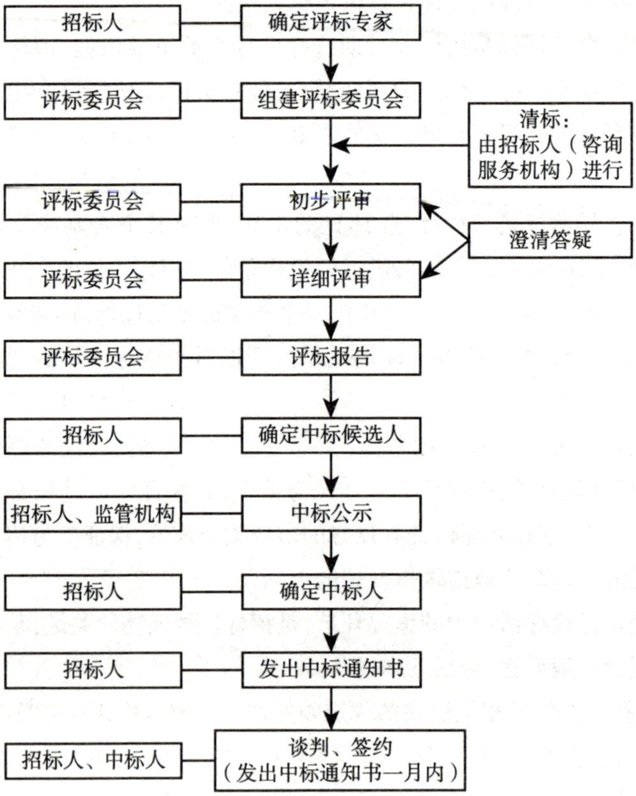

图 5-1　评标中标程序流程

循公平、公正、科学、择优的原则。”第 17 条第 2 款规定：“招标文件中规定的评标标准和评标方法应当合理，不得含有倾向或者排斥潜在投标人的内容，不得妨碍或者限制投标人之间的竞争。”为了体现“公平”和“公正”的原则，招标人和招标代理机构应在制作招标文件时，依法选择科学的评标方法和标准；招标人应依法组建合格的评标委员会；评标委员会应依法评审所有投标文件，择优推荐中标候选人。

（二）严格保密原则

《招标投标法》第 38 条第 1 款规定：“招标人应当采取必要的措施，保证评标在严格保密的情况下进行。”严格保密的措施涉及多方面，包括：评标地点保密；评标委员会成员的名单在中标结果确定之前保密；评标委员会成员在封闭状态下开展评标工作，评标期间不得与外界有任何接触，对评标情况承担保密义务；招标人、招标代理机构或相关主管部门等参与评标现场工作的人员，均应承担保密义务。

（三）独立评审原则

《招标投标法》第38条第2款规定："任何单位和个人不得非法干预、影响评标的过程和结果。"《招标投标法实施条例》第48条第1款规定："招标人应当向评标委员会提供评标所必需的信息，但不得明示或者暗示其倾向或者排斥特定投标人。"评标是评标委员会受招标人委托，由评标委员会成员依法运用其知识和技能，根据法律规定和招标文件的要求，独立对所有投标文件进行评审和比较，以评标委员会的名义出具评标报告，推荐中标候选人的活动。评标委员会虽然由招标人组建并受其委托评标，但是，一经组建并开始评标工作，评标委员会即应依法独立开展评审工作。不论是招标人，还是有关主管部门，均不得非法干预、影响或改变评标过程和结果。

（四）严格遵守评标方法

《招标投标法》第40条规定："评标委员会应当按照招标文件确定的评标标准和方法，对投标文件进行评审和比较；设有标底的，应当参考标底……"《招标投标法实施条例》第49条第1款规定："评标委员会成员应当依照招标投标法和本条例的规定，按照招标文件规定的评标标准和方法，客观、公正地对投标文件提出评审意见。招标文件没有规定的评标标准和方法不得作为评标的依据。"《评标委员会和评标方法暂行规定》第17条规定："评标委员会应当根据招标文件规定的评标标准和方法，对投标文件进行系统地评审和比较。招标文件中没有规定的标准和方法不得作为评标的依据。招标文件中规定的评标标准和评标方法应当合理，不得含有倾向或者排斥潜在投标人的内容，不得妨碍或者限制投标人之间的竞争。"

前述法律法规均明确规定了评标委员会有遵守招标文件确定的评标标准和方法的义务，不得依据招标文件中未规定的标准和方法对投标文件进行评审和比较。

三、评标阶段

（一）初步评审

1. 初步评审审查内容

初步评审是评标中的一个环节。在初步评审环节，评标委员会一般会根据招标文件规定的评标标准、条件和方法，对投标文件进行系统的评审和比较，主要审查下列内容：(1)投标人递交的投标文件的时效性；(2)投标文件的密封符合性;(3)投标文件及所附文件的完整性;(4)投标文件及所附文件的符合性;(5)投标文件及所附文件的真实性等。

2. 初步评审标准和条件

一般情形下,初步评审的评审标准和条件如下:(1)投标人是否在招标公告规定的报名投标的截止时间前报名投标;(2)投标人是否依照招标公告或招标人书面通知规定的时间和方式获取招标文件;(3)投标文件是否在招标文件规定的截止时间期限内提交;(4)投标文件的格式和内容是否符合招标文件的规定;(5)投标文件中的证明资料是否符合招标文件的要求;(6)投标文件的装订或密封是否符合招标文件的要求,招标人和招标代理机构需在接收投标人递交的投标文件时,当场验证密封情况,并如实在投标文件递交签收表中记载,同时在向相关投标人出具的收条中记录有关密封检查情况;(7)投标文件是否按照招标文件的要求签字和/或盖章的;(8)以联合体形式投标的,是否附联合投标协议,或者联合体中有成员是否有单独或参加另一个联合体申请同一项目投标;(9)招标人按照法律、法规、规章约定的其他标准和条件。

3. 初步评审结果

未通过初步评审的投标文件不得进入详细评审。经初步评审后,评标委员会需按照投标报价的高低或者招标文件规定的其他方法对投标文件进行排序。

(二)详细评审

1. 详细评审审查内容

通过初步评审的投标人进入详细评审。在详细评审环节,评标委员会应当根据招标文件确定的评标标准和方法,对其技术部分和商务部分做进一步评审、比较。详细评审分为以下两个部分。

(1)必要合格条件的评审

必要合格条件的评审主要是对投标申请人法定投标资格的评审,重点审查下列内容:①投标人是否符合法律、法规和规章对企业资质和项目经理资质规定的资格条件和其他强制性标准;②投标人是否处于正常的生产经营状态等。

(2)附加合格条件的评审

附加合格条件可以根据项目的具体特点和招标人的要求设定相应的评审内容。一般而言,主要是针对投标人的履约能力进行评审,具体包括下列内容:①投标人财务状况;②人力资源状况;③机械设备;④管理体系等。

2. 详细评审方法

详细评审阶段的评审方法主要包括:(1)定量评审法;(2)定性评审法。

具体而言:(1)对必要合格条件的评审:不管是采用定量评审法,还是采用定性评审法,此部分评审均只进行定性评审,任何一项评审项目不合格即可拒绝其投标。(2)附加合格条件的评审:①实行定性评审法的,主要是体现招标人结合招标项目特点对投标人的具体要求;②实行定量评审法的,此部分可以方便评审委员会排出投标人作为中标候选人的排名次序,体现择优选择的原则。

3. 详细评审条件和标准

一般情形下,详细评审的条件和标准如下:

(1)详细评审的标准和条件主要根据评审办法中详细评审阶段应评审的内容进行设定;

(2)与评审内容相对应,标准及条件可以文字说明或表格的形式予以表现;

(3)能够量化的标准必须进行量化,无法精确量化的,例如:对优、良、中、差或合理、不合理等的定性性质的标准,必须给予详细的标准说明,对优、良、中、差或合理、不合理等进行定义,尽可能地限制评审委员会自由裁量的空间。

4. 详细评审必要合格条件

必要合格条件仅限于法律、法规等规定必须满足的法定允许投标的条件。招标人超出法定允许投标条件的其他条件,应当在附加合格条件中考虑。根据行业惯例,必要合格条件的评审部分,主要是对投标人是否具备下列必要合格条件进行审查。

(1)企业营业执照

投标人必须是合法注册的具有独立法人资格的企业,具有有效的营业执照。①申请人需提供加盖法人公章的复印件予以证明;②地方工商部门年审有特别规定的,应提供相关政策文件复印件。

(2)企业资质等级

投标人应当具有建设行政主管部门核发的、能够满足承揽招标项目所需的最低企业资质等级标准(含)以上资质的有效资质证书。①投标人应提供加盖法人公章的复印件予以证明;②在极特殊的情况下,招标人可在招标文件中要求投标人提供合法公证机关出具的公证书。

(3)注册资本金

投标人的注册资本金应当不少于相关政府部门规定的最低金额。

(4)项目经理资质等级

投标人应当具有由政府主管部门核发的、符合招标公告中规定的最低项目经理(注册建造师)资质等级标准(含)以上资质的有效资质证书。①投标人需提供加盖法人公章的复印件予以证明;②招标人可在招标文件中设定提供合法公证机关出具的公证书的要求。

(5)安全生产许可证

施工招标项目应当要求投标人具有政府主管部门核发的安全生产许可证。①由投标人提供加盖法人公章的复印件予以证明;②在极特殊的情况下,招标人可在招标文件中设定提供合法公证机关出具的公证书的要求或者要求提供原件进行核对;③对施工企业因出现安全事故被政府主管部门暂扣安全生产许可证的,尤有必要。

(6)其他资格条件

投标人还应符合下列资格条件的要求:

①没有处于被责令停业,投标资格被取消,财产被接管、冻结,破产状态。

②在最近3年内没有骗取中标和严重违约及重大工程质量问题。对此:第一,由申请人出具加盖法人印章和法定代表人签字或盖章的承诺书证明;第二,招标人可要求承诺书附有经过合法公证机关对承诺书内容进行公证的公证书。

③招标人按照法律、行政法规规定约定的其他资格条件。证明材料参照上述原则提出明确的和合理的要求。

5.详细评审附加合格条件

附加合格条件是招标人根据招标项目特点和自己的要求,切合资格预审的目的设立的附加条件。

(1)附加合格条件的设定

在这里,评审因素的考虑及其标准和条件的设定应当紧密围绕投标人的履约能力这一核心目的。具体而言:

①在实行定性评审法时,需要载明合格标准。

②在实行定量评审法,应当载明各个评审因素的评审标准、量化分值和权重,评审因素一般应当实行百分制评审(招标人不限制投标人数量,又实行定量评审法的,应当在评审办法中明确一个合格分数线,如60分以上为合格)。

③在设立附加合格条件时,具体标准、条件、分值及权重应当参考下列内容:

第一,人力资源,包括企业组织机构、人员情况,拟派项目经理情况,拟派项

目技术负责人、项目副经理(如专业安装经理)和合同经理情况,项目经理部人员构成情况等;

第二,财务状况,包括净资产(货币资金)、资产负债率、平均货币资金余额和主营业务收入的比值、资信情况(授信额度)等内容;

第三,机械设备情况,如自有机械设备、可投入(闲置)机械设备、拟投入机械设备等情况;

第四,企业管理体系,主要是指企业的质量体系、环保体系、安全体系,这是保障项目成功的体系保证;

第五,企业以往业绩,包括企业同类工程经历、合同履约率等;

第六,在施和新承接工程情况;

第七,诉讼及不良行为记录情况;

第八,其他招标人结合项目具体情况进行设定条件和标准。

(2)附加合格条件的详细评审

附加合格条件的评审主要是对投标人是否符合招标设立的附加合格条件的评审。

第二节 评标委员会

评标是招标投标活动中非常重要的部分,评标由评标委员会完成,评标委员会根据法律规定必须由招标人根据相关法律法规组成,保证评标的公平公正和专业性。

一、评标委员会的组建

通常情况下,招标投标活动涉及国家利益和社会公共利益,而评标作为核心环节,对于专家的选取应当十分谨慎,为了保障评标活动的公平性,法律作了较为详细具体的规定。

(一)评标委员会组建责任主体

《招标投标法》第37条第1款规定:“评标由招标人依法组建的评标委员会负责。”《评标委员会和评标方法暂行规定》第8条第1款规定:“评标委员会由招标人负责组建。”根据以上规定,评标委员会的组建责任主体应为招标人。当然,若招标人是委托招标代理机构组织招标的,也可在招标代理服务合同中约定(要求)由招标代理机构协助组建评标委员会。根据招标人授权,招标代理机构可依法办理评标专家的随机抽取和通知等工作事宜。但是,对评标委员会成员资格、人员构成以及专家选择方式等关键事项还需要由招标人进行确认。

(二)评标委员会专家数量

根据《招标投标法》第37条,《评标委员会和评标方法暂行规定》第2条、第9条的规定,法律只对依法必须进行招标的项目的评标专家人数进行了限定,即必须为5人以上的单数,对于非依法必须招标项目并未作强制性规定。因此,非依法必须招标项目的评标专家即使少于5人,甚至为偶数,也并不违反上述有关招标的法律规定。此类项目由招标人根据项目的技术、经济特征及管理需求自行确定评标专家即可,这也体现了招标投标法区别规定、分类管理的原则。相关法律法规对特殊招标项目的评标委员会人数有特殊要求的,组建评标委员会时应当特别加以注意。(详见表5-1)

表5-1　评标委员会专家数量相关规定

法律法规	具体条文
《评标委员会和评标方法暂行规定》	第九条　评标委员会由招标人或其委托的招标代理机构熟悉相关业务的代表,以及有关技术、经济等方面的专家组成,成员人数为五人以上单数,其中技术、经济等方面的专家不得少于成员总数的三分之二。
《政府采购货物和服务招标投标管理办法》	第四十七条　评标委员会由采购人代表和评审专家组成,成员人数应当为5人以上单数,其中评审专家不得少于成员总数的三分之二。 采购项目符合下列情形之一的,评标委员会成员人数应当为7人以上单数: (一)采购预算金额在1000万元以上; (二)技术复杂; (三)社会影响较大。 评审专家对本单位的采购项目只能作为采购人代表参与评标,本办法第四十八条第二款规定情形除外。采购代理机构工作人员不得参加由本机构代理的政府采购项目的评标。 评标委员会成员名单在评标结果公告前应当保密。
《水利工程建设项目招标投标管理规定》	第四十条　评标工作由评标委员会负责。评标委员会由招标人的代表和有关技术、经济、合同管理等方面的专家组成,成员人数为七人以上单数,其中专家(不含招标人代表人数)不得少于成员总数的三分之二。
《医疗机构药品集中采购工作规范》	第七十一条　实行公开招标采购的专家委员会人数应当为13人以上单数,实行邀请招标和直接采购的专家委员会人数应当为7人以上单数。

(三)评标专家的专业要求

俗话说,隔行如隔山,评标不但是一个公平判断的过程,也是一个专业分辨的过程,因此,各行业的招投标实施规则均对评标专家的专业性占比提出了明确具体的要求。(详见表5-2)

表5-2 评标专家的专业要求相关规定

法律法规	具体条文
《招标投标法》	第三十七条第二款　依法必须招标项目,其评标委员会由招标人代表和有关技术、经济方面专家组成,成员人数为五人以上单数,技术、经济方面的专家不得少于成员总数的三分之二。
《招标投标法实施条例》	第四十五条第一款　国家实行统一的评标专家专业分类标准和管理办法。具体标准和办法由国务院发展改革部门会同国务院有关部门制定。
《评标委员会和评标方法暂行规定》	第十一条　评标专家应符合下列条件: (一)从事相关专业领域工作满八年并具有高级职称或者同等专业水平; (二)熟悉有关招标投标的法律法规,并具有与招标项目相关的实践经验; (三)能够认真、公正、诚实、廉洁地履行职责。
《医疗机构药品集中采购工作规范》	第七十条　根据药品的类别,由药品集中采购工作管理机构从专家库中按照专家类别随机抽取产生,并组成专家委员会。药学和医学专家原则上按照3∶2的比例确定,同时考虑不同级别医疗机构的专家参与。
《交通运输部科技项目招标投标管理(暂行)办法》	第三十条　评标专家应当熟悉政府采购、招标投标的相关政策法规,有良好的职业道德,遵守招标纪律,从事相关领域工作满8年并具有高级职称或者具有同等专业水平。

(四)评标专家抽取地域的确定

由于评标一般应在开标后立即进行,因此评标地点不宜远离开标场所。抽取专家也应以确定的评标场所为基点,遵循就近的原则,同时考虑项目复杂程度、技术难度、评标成本(如专家往来差旅费)等因素,综合权衡确定评标专家抽取地域。实践中,通常可以市或省级片区为单位进行抽取。例如,《水利工程建设项目招标投标管理规定》第41条规定,公益性水利工程建设项目中,中央项目的评标专家应当从水利部或流域管理机构组建的评标专家库中抽取;地方项目的评标专家应当从省、自治区、直辖市人民政府水行政主管部门组建的评标专家库中抽取,也可从水利部或流域管理机构组建的评标专家库中抽取。

(五)评标专家选取的回避要求

根据《评标委员会和评标方法暂行规定》第12条的规定:“有下列情形之一的,不得担任评标委员会成员:(一)投标人或者投标人主要负责人的近亲属;(二)项目主管部门或者行政监督部门的人员;(三)与投标人有经济利益关系,可能影响对投标公正评审的;(四)曾因在招标、评标以及其他与招标投标有关活动中从事违法行为而受过行政处罚或刑事处罚的。评标委员会成员有前款规定情形之一的,应当主动提出回避。”已经进入评标委员会的应当更换①。(详见表5-3)

表5-3　评标专家选取的回避要求相关规定

法律法规	具体条文
《招标投标法》	第三十七条第四款　与投标人有利害关系的人不得进入相关项目的评标委员会;已经进入的应当更换。
《招标投标法实施条例》	第四十六条第三款　评标委员会成员与投标人有利害关系的,应当主动回避。
《机电产品国际招标投标实施办法(试行)》	第五十一条第二款　……同一项目包评标中,来自同一法人单位的评标专家不得超过评标委员会总人数的1/3。
《广州市房屋建筑和市政基础设施工程评标专家管理办法》	第十三条　在同一组评标委员会中,来自同一个工作单位的专家不得超过一名。
《山东省房屋建筑和市政工程招标投标办法》	第三十三条第三款　评标委员会中,通过随机抽取的评标专家,来自同一单位的不得超过两人……

(六)评标委员会中招标人委派的代表

在招标实践中,对《招标投标法》第37条“依法必须进行招标的项目,其评标委员会由招标人的代表和有关技术、经济等方面的专家组成”中的关于招标人代表的委派存在两种不同理解:一种认为评标委员会必须有招标人代表参加,另一种认为评标委员会不一定必须有采购人代表参加。

1.招标人必须委派代表

持此种观点的理由是依法必须招标项目往往都是涉及国计民生的重大项

① 《招标投标法》第37条第4款:“与投标人有利害关系的人不得进入相关项目的评标委员会;已经进入的应当更换。”

目，经济技术属性复杂，多涉及国家和社会公共利益，要求招标人代表参加评标是为了充分落实招标人项目法人责任，保障国家和社会公共利益。对于依法必须招标项目，招标人不能将评标工作完全置身事外，更不能将委派招标人代表认为是招标人可以选择放弃的权利，招标人应当依法委派代表参加依法必须招标项目的评标。

2. 招标人可以不委派代表

持此种观点的理由有三，一是既然在法律表述上并未明确“必须”或“应当”则应视为是“可以”，即可以委派，也可以不委派；二是认为这是招标人的权利，而非义务，是权利就可以选择放弃；三是招标人代表不参加评标有利于评标委员会独立评审。

如《政府采购货物和服务招标投标管理办法》第 47 条第 2 款规定：“评审专家对本单位的采购项目只能作为采购人代表参与评标，本办法第四十八条第二款规定情形除外。采购代理机构工作人员不得参加由本机构代理的政府采购项目的评标。”对于有特殊规定的，应按有关规定执行。同时，有些规定对委派业主代表限定过于严格。如长沙市人民政府办公厅《关于规范政府投资项目招标投标行为的实施意见》规定，实行无业主评委评标制。政府投资项目原则上不派业主代表参加评标，但服务类项目可派一名代表参加评标委员会；技术复杂、有特殊要求的项目由招标人提出书面申请，经市政府或市公共资源交易管理委员会批准后，可派一名代表参加评标委员会。

笔者同意第二种观点，首先，毕竟招标人是组建评标委员会的责任方，即使评标委员会中没有招标人的代表，也不能以此认为招标人有推诿责任的嫌疑；其次，法律对于招标人在评标专家的选取和中标人的确定上享有的自主权予以了充分的保护，评标委员会只有向招标人推荐中标候选人的权利，除非得到招标人授权，否则中标人最终是由招标人确定的，这里的招标人是指招标人集体决策，而不是招标人中的个别代表，在此情况下，再要求招标人派一名代表进入评标委员会，只能作为权利理解，作为义务则费解；再次，评标之所以组建专门的第三方机构，立法本意即是尊崇其独立专业判断的地位，法律明确要求评标委员会不得向招标人征询确定中标人的意向,[①]如果将法律要求解读为必派代表,则该立法本意模糊;最后,根据实践经验得出,招标人是评标服务的购买人,与评标结果具有直接相关性,而评标委员会是临时组织,在评标过程中,如有甲方的代表发表倾向性意见,很难想象其他本与其意见相左的专家会不受其干扰。综上,笔者认为,该法律规定是立法者既希望维护评标委员会的第三方独立判断主体地位,又有些许不放心的安排,随着招投标活动规则被更广泛的社会群体所接受,以及招投标制度规则的日益普及化、专业化和深入人心,无论是招标活动本身还是评标委员会以及评标专家,其公信力将得到更大程度的提升,在此前提下,该规定完全可以取消。

(七)关于政府采购项目专家库的产生办法

政府采购项目的评标委员会必须在财政部门设立的专家库中抽取,根据《政府采购货物和服务招标投标管理办法》第48条的规定,采购人或者采购代理机构应当从省级以上财政部门设立的政府采购评审专家库中,通过随机方式抽取评审专家。

对技术复杂、专业性强的采购项目,通过随机方式难以确定合适评审专家的,经主管预算单位同意,采购人可以自行选定相应专业领域的评审专家。财政部印发《政府采购评审专家管理办法》第12条规定,采购人或者采购代理机构应当从省级以上人民政府财政部门设立的评审专家库中随机抽取评审专家。评审专家库中相关专家数量不能保证随机抽取需要的,采购人或者采购代理机构可以推荐符合条件的人员,经审核选聘入库后再随机抽取使用。同时,该办法第13条规定,技术复杂、专业性强的采购项目,通过随机方式难以确定合适评审专家的,经主管预算单位同意,采购人可以自行选定相应专业领域的评审专家。

(八)关于随机抽取或招标人直接指定

评审专家的选取办法包括随机抽取或招标人直接指定两种方式,根据《招标投标法》第37条第3款规定:“前款专家应当从事相关领域工作满八年并具有高级职称或者具有同等专业水平,由招标人从国务院有关部门或者省、自治区、直辖市人民政府有关部门提供的专家名册或者招标代理机构的专家库内的相关

① 《招投标法实施条例》第49条第2款规定:“评标委员会成员不得私下接触投标人,不得收受投标人给予的财物或者其他好处,不得向招标人征询确定中标人的意向,不得接受任何单位或者个人明示或者暗示提出的倾向或者排斥特定投标人的要求,不得有其他不客观、不公正履行职务的行为。”

专业的专家名单中确定；一般招标项目可以采取随机抽取方式，特殊招标项目可以由招标人直接确定。”

根据《评标委员会和评标方法暂行规定》第10条规定：“评标委员会的专家成员应当从依法组建的专家库内的相关专家名单中确定。按前款规定确定评标专家，可以采取随机抽取或者直接确定的方式。一般项目，可以采取随机抽取的方式；技术复杂、专业性强或者国家有特殊要求的招标项目，采取随机抽取方式确定的专家难以保证胜任的，可以由招标人直接确定。”

（九）直接确定评标专家的情形

《招标投标法》第37条，《招标投标法实施条例》第46条、第47条规定，对于一般招标项目，原则上应采取随机抽取的方式确定评标专家。但对于符合技术复杂、专业性强或者国家有特殊要求，以及采取随机抽取方式确定的专家难以保证胜任评标工作等的特殊招标项目，也允许招标人直接确定专家人选。实践中，直接确定评标专家的具体情形有：专家库中没有相应专业的专家；专家库中有相应专业的专家，但不能满足招标项目的实际需要；专家库中有相应专业的专家，但满足招标项目的要求专家数量不足；专家库的专业分类不能满足招标项目的专业要求等。招标人在直接确定专家时，应当优先从评标专家库内选择，只有在现有评标专家库内没有能够满足要求的专家的情况下，招标人才可以从库外邀请专家，且受邀请的专家应当满足担任评标专家的所有资格条件，包括不存在应当回避的情形。直接确定的评标专家参与评标的权利、义务与其他随机抽取的专家完全一致，不存在任何特权。

（十）评标专家的抽取及通知

关于评标专家抽取时间，《招标投标法》《招标投标法实施条例》均未作明确规定。《评标委员会和评标方法暂行规定》第8条规定，评标委员会成员名单一般应予开标前确定。而《机电产品国际招标投标实施办法（试行）》（商务部令2014年第1号）规定，“抽取评标所需的评标专家的时间不得早于开标时间3个工作日……”《政府采购评审专家管理办法》第14条也规定，“除采用竞争性谈判、竞争性磋商方式采购，以及异地评审的项目外，采购人或者采购代理机构抽取评审专家的开始时间原则上不得早于评审活动开始前2个工作日。”另外，很多地方性法规对评审专家的抽取时间也都有类似规定，招标人抽取专家时应遵照执行相关规定。关于评标专家的具体抽取及通知工作，目前随着IT技术的发展，已经可以实现计算机自动抽取、通知功能。例如，作者所在单位的招投标管理系统已经开发出评标专家自动抽取、通知模块，抽取专家时，只需工作人员按照事先确定的抽取方案进行简单设置，就可以实现计算机自动抽取，自动语音或短信通知，并且可根据被抽中专家回复情况实时自动补抽。抽取完成后，抽取结果对招标人及抽取人员保密，只有在开标前半小时才对抽取人员予以解密。通过计算机自动抽取和通知评委，可以极大限度地降低抽取评委的泄密风险，同时也有利于节省人力资源、提高抽取效率，建议有条件的招标人或代理机构抽取专家尽量使用计算机自动抽取、通知系统。

二、评标委员会的权利义务

根据《招标投标法》及相关规定，评标委员会主要职责与权限如下：

(1)负责评标活动的权利(《招标投标法》第 37 条第 1 款)；

(2)要求投标人对投标文件作必要的澄清或说明的权利(《招标投标法》第 39 条、《招标投标法实施条例》第 52 条)；

(3)按招标文件确定的评标办法，对投标文件进行评审和比较并推荐中标候选人的权利(《招标投标法》第 40 条)；

(4)否决所有投标的权利(《招标投标法》第 42 条)；

(5)确保评标客观、公正，独立表达评审意见的权利(《评标委员会和评标方法暂行规定》第 13 条)。

三、评标委员会的法律责任

根据法律法规的规定，评标委员会在评标过程中必须要遵守相关的法律约束条款，评标委员如违反法律法规规定的，由相关法律法规规定的条款追究责任。

《招标投标法》中并未详细规定评标委员会成员的相关责任，但《招标投标法实施条例》第 71 条中，对于评标委员会成员的部分行为罗列除了禁止性的规定，“评标委员会成员有下列行为之一的，由有关行政监督部门责令改正；情节严重的，禁止其在一定期限内参加依法必须进行招标的项目的评标；情节特别严重的，取消其担任评标委员会成员的资格：(一)应当回避而不回避；(二)擅离职守；(三)不按照招标文件规定的评标标准和方法评标；(四)私下接触投标人；(五)向招标人征询确定中标人的意向或者接受任何单位或者个人明示或者暗示提出的倾向或者排斥特定投标人的要求；(六)对依法应当否决的投标不提出否决意见；(七)暗示或者诱导投标人作出澄清、说明或者接受投标人主动提出的澄清、说明；(八)其他不客观、不公正履行职务的行为。”

同时,《招标投标法》第56条也规定评标委员会成员不得收受贿赂影响评标公正性,"评标委员会成员收受投标人的财物或者其他好处的,评标委员会成员或者参加评标的有关工作人员向他人透露对投标文件的评审和比较、中标候选人的推荐以及与评标有关的其他情况的,给予警告,没收收受的财物,可以并处三千元以上五万元以下的罚款,对有所列违法行为的评标委员会成员取消担任评标委员会成员的资格,不得再参加任何依法必须进行招标的项目的评标;构成犯罪的,依法追究刑事责任。"

在政府采购程序中,若评审专家存在上述行为,根据《政府采购法实施条例》的相关规定,评审专家评审意见无效,不得获取评审费;有违法所得的,没收违法所得;给他人造成损失的,依法承担民事责任。评审专家评标没有按照采购文件规定的评审方法、标准、程序进行或者泄露评审等情况的,评审专家收受供应商、招标人、采购代理机构不正当利益或者贿赂,构成犯罪的,依法追究刑事责任。对于刑事责任方面,在后文中会予以详细阐述。

第三节 评标方法

一、评标方法由招标文件确定

根据《招标投标法》第40条的规定,评标委员会应当按照招标文件确定的评标标准和方法,对投标文件进行评审和比较;设有标底的,应当参考标底。评标委员会完成评标后,应当向招标人提出书面评标报告,并推荐合格的中标候选人。招标人根据评标委员会提出的书面评标报告和推荐的中标候选人确定中标人。招标人也可以授权评标委员会直接确定中标人。国务院对特定招标项目的评标有特别规定的,从其规定。

根据《招标投标法实施条例》第49条第1款的规定,评标委员会成员应当依照招标投标法和本条例的规定,按照招标文件规定的评标标准和方法,客观、公正地对投标文件提出评审意见。招标文件没有规定的评标标准和方法不得作为评标的依据。

综上所述,在招投标法的法律语境中,评标采用何种方法,取决于招标文件的规定,同时,招标文件中没有规定的评标标准和方法不能作为评标的依据。

二、综合评估法与经评审的最低投标价法

《招标投标法》第41条规定:"中标人的投标应当符合下列条件之一:

（一）能够最大限度地满足招标文件中规定的各项综合评价标准；（二）能够满足招标文件的实质性要求，并且经评审的投标价格最低；但是投标价格低于成本的除外。”

《政府采购法实施条例》第 34 条规定：“政府采购招标评标方法分为最低评标价法和综合评分法。最低评标价法，是指投标文件满足招标文件全部实质性要求且投标报价最低的供应商为中标候选人的评标方法。综合评分法，是指投标文件满足招标文件全部实质性要求且按照评审因素的量化指标评审得分最高的供应商为中标候选人的评标方法。技术、服务等标准统一的货物和服务项目，应当采用最低评标价法。采用综合评分法的，评审标准中的分值设置应当与评审因素的量化指标相对应。招标文件中没有规定的评标标准不得作为评审的依据。”

《评标委员会和评标方法暂行规定》作为针对评标环节的具体规定，于 2001 年 7 月 5 日国家计委、经贸委等七部令第 12 号发布，此后，根据 2013 年 3 月 11 日国家发展和改革委员会、工业和信息化部、财政部、住房和城乡建设部、交通运输部、铁道部、水利部、国家广播电影电视总局、中国民用航空局令第 23 号《关于废止和修改部分招标投标规章和规范性文件的决定》进行了修正。

《评标委员会和评标方法暂行规定》第 29 条规定，“评标方法包括经评审的最低投标价法、综合评估法或者法律、行政法规允许的其他评标方法。”据此，评标方法主要存在两种，即综合评估法与最低评标价法。

（一）综合评估法

综合评估法，是指采取折算为货币、打分等方法，在同一基础或者同一标准上将投标文件技术、商务等评审因素进行量化，对量化结果进行加权，计算出每一投标的综合评估或者综合评估分的评标方法。最终获得评标总得分最高的投标人会成为中标候选人或者中标人。①

《评标委员会和评标方法暂行规定》第 34 条对于综合评估法的适用范围作出了明确规定，“不宜采用经评审的最低投标价法的招标项目，一般应当采取综合评估法进行评审。”

影响综合评估法评标的主要因素包括：投标报价、施工组织设计、资质、信誉、财务状况、服务水平、对招标文件的响应程度以及相应的权重等。

---

① 参见阳光时代律师事务所编著：《工程建设项目招标投标法律实务问题解答与案例评析》，中国建筑工业出版社 2012 年版，第 115 页。

《评标委员会和评标方法暂行规定》第35条规定，"根据综合评估法，最大限度地满足招标文件中规定的各项综合评价标准的投标，应当推荐为中标候选人。衡量投标响应文件是否最大限度地满足招标文件中规定的各项评价标准，可以采取折算为货币的方法、打分的方法或者其他方法。需量化的因素及其权重应当在招标文件中明确规定。"在涉及采购成套设备或大型工程的招投标过程中，仅仅针对各个投标人的报价进行比较，通常不能反映投标响应文件之间的优劣或差别，无法对投标文件作出合适的评价。因此，必须综合考虑投标报价、技术、商务以及上述其他因素，即通过综合评估法进行评标，以保证最大限度地满足招标文件中规定的各项综合评估标准。

根据《评标委员会和评标方法暂行规定》第36条的规定，以综合评估法评标，一般做法是将各个评审因素在同一基础或者同一标准上进行量化，使各投标响应文件具有可比较性。技术部分和商务部分被量化后，评标委员会应当对这两部分的量化结果进行加权，计算出每一投标的综合评估价或综合评估分。

综合评估法的最大优势在于其最大限度上综合了价格、技术等方面因素的影响力，也相对客观地反映了建设工程招标文件的相关要求，能够较为全面地表现评估投标人的整体实力。此外，综合评估法引入了权值的概念，评审委员会成员发挥其专业技术和能力，对照评估标准进行评估，使评价指标结果更具科学性，以此有效地避免不正当的低价竞争给招标人带来的经济损失，并降低了招标结果不符合招标要求的可能性。

但应注意的是，综合评估法应用过程中存在两大劣势。第一，综合评估法受个人的主观因素影响较大。综合评估法除了在报价方面存在一定的公正性外，其他的标准都会或多或少地受到个人主观因素的影响。评标专家的工作能力、工作态度和职业操守都是重要的影响因素。第二，评估标准难以细致制定、精确到每一个分数值。并且各个指标和分值之间的对应关系和权重难以把握，难以事先制定并且公布具体计算的"基准价格"等参数和计算办法，特别是在目前不正当竞争行为比较多的情况下，容易被个别的投标人或者评审委员会成员人为地破坏。

（二）经评审的最低投标价法

经评审的最低投标价法是指在投标文件满足招标文件实质性要求的前提下，不对投标响应文件的商务、技术等评审因素进行评分或者价格折算，评标委员会根据招标文件中规定的评标价格调整方法，对投标报价作必要调整，将调整后的投标价格最低者推荐为中标候选人的评审方法。即对通过商务和技术评审的全部投标人,不考虑其商务和技术因素,按照投标报价从低到高的顺序进行排序的评审方法。①

《评标委员会和评标方法暂行规定》第30条规定,“经评审的最低投标价法一般适用于具有通用技术、性能标准或者招标人对其技术、性能没有特殊要求的招标项目。”

当投标人通过商务和技术评审阶段,其商务和技术因素不再被纳入考虑范围内,所以经评审的最低投标价法对于招标前期的工作质量要求比较高,避免出现投标人的商务和技术因素不合格却通过商务和技术评审阶段的情况。因而,在具体的工作环节,评标委员会必须加强对投标企业的资格预审,以更好地确保在竞标中入围的投标人都具有较高资质、良好信誉以及较强独立完成项目的能力。

经评审的最低投标价法的优势在于,其不仅强调最低投标价,并且强调经过评审,因此其更适合使用财政资金和其他共有资金而进行的采购招标,能体现“满足需要即可”的公共采购的宗旨,在不违反法律法规原则的前提下,能最大限度地满足招标人的要求和意愿。并且通过竞争,经评审的最低投标价法能够节约资金。

但需要明确的是,如上所述,该方法对于招标前期的工作质量要求比较高,特别是对于关键的技术和商务指标,需要慎重考虑。因此对评审委员会成员的专业水平要求比较高,需要评审委员会成员认真考评和计算,才能得出结果,相对而言也提升了时间成本。

值得注意的是,经评审的最低投标价法不等同于最低价中标。最低价中标适用于大批量简单货物的招标,适用于货物的型号规格和质量标准比较简单明确的情况。通俗来说,它是指在招标投标时,由报价最低的投标人中标的评标方法。

当前社会上很多人对经评审的最低投标价法提出质疑,认为其是造成恶意低价抢标和导致劣质工程的根本原因,这实际上是混淆了二者的概念和特征。简单而言,经评审的最低投标价法,其前提在于经过技术和商务指标的严格评审程序,因此可以保证投标人符合招标文件的实质性要求。在通过严格评审程序

① 参见阳光时代律师事务所编著:《工程建设项目招标投标法律实务问题解答与案例评析》,中国建筑工业出版社2012年版,第115页。

的基础上，选择最低投标价，既节约了成本，与招标文件的要求亦不存在冲突。相比而言，最低价中标并不存在经评审的最低投标价法中的严格评审程序，不符合招标前期的工作质量要求，其衡量标准仅仅包括价格这一项，缺乏对于投标人技术、商务等因素的实质考核和评估，容易导致招标结果不符合招标要求，二者存在本质上的差别。

目前存在的恶意低价抢标现象和劣质工程，是投标人诚信缺失、招标人对工程监督不到位、验收走过场、处罚过轻等因素造成的，也不排除一些招标人与投标人串通、投标人通过偷工减料非法获利等原因。在招投标过程中，投标人投出低价是一件极为正常的事情。低价是否属于恶意在评标阶段是难以判断的。只有供应商低价投标且中标，然后不签订合同或者提出不合理条件作为签订合同的条件，或者不履行合同或以次充好、偷工减料，或者在验收时以欺骗手段蒙混过关等情况发生，才属于恶意低价投标。仅仅因为投标人以大大低于其他投标人的价格投标就认定为恶意低价投标，或者将经评审的最低投标价法等同于最低价中标是不科学的，也是不合理的。

下面从概念、适用范围、具体做法、所形成的报告以及如何推荐为中标候选人方面对以上两种评标方法进行对比分析：

表 5-4　两种评标方法分析

类别	经评审的最低投标价法	综合评估(分)法
概念 《政府采购法实施条例》	指投标文件满足招标文件全部实质性要求且投标报价最低的供应商为中标候选人的评标方法。	指投标文件满足招标文件全部实质性要求且按照评审因素的量化指标评审得分最高的供应商为中标候选人的评标方法。
适用范围 《政府采购法实施条例》	技术、服务等标准统一的货物和服务项目，应当采用最低评标价法。	采用综合评分法的，评审标准中的分值设置应当与评审因素的量化指标相对应。
适用范围 《评标委员会和评分方法暂行规定》	一般适用于具有通用技术、性能标准或者招标人对其技术、性能没有特殊要求的招标项目。	不宜采用经评审的最低投标价法的招标项目，一般应当采取综合评估法进行评审。

续表

类别	经评审的最低投标价法	综合评估(分)法
具体做法 《评标委员会和评分方法暂行规定》	采用经评审的最低投标价法的，评标委员会应当根据招标文件中规定的评标价格调整方法，以所有投标人的投标报价以及投标文件的商务部分作必要的价格调整。 采用经评审的最低投标价法的，中标人的投标应当符合招标文件规定的技术要求和标准，但评标委员会无需对投标文件的技术部分进行价格折算。	评标委员会对各个评审因素进行量化时，应当将量化指标建立在同一基础或者同一标准上，使各投标文件具有可比性。 对技术部分和商务部分进行量化后，评标委员会应当对这两部分的量化结果进行加权，计算出每一投标的综合评估价或者综合评估分。
形成报告 《评标委员会和评分方法暂行规定》	根据经评审的最低投标价法完成详细评审后，评标委员会应当拟定一份“标价比较表”，连同书面评标报告提交招标人。“标价比较表”应当载明投标人的投标报价、对商务偏差的价格调整和说明以及经评审的最终投标价。	根据综合评估法完成评标后，评标委员会应当拟定一份“综合评估比较表”，连同书面评标报告提交招标人。“综合评估比较表”应当载明投标人的投标报价、所作的任何修正、对商务偏差的调整、对技术偏差的调整、对各评审因素的评估以及对每一投标的最终评审结果。
推荐中标候选人 《评标委员会和评分方法暂行规定》	根据经评审的最低投标价法，能够满足招标文件的实质性要求，并且经评审的最低投标价的投标，应当推荐为中标候选人。	根据综合评估法，最大限度地满足招标文件中规定的各项综合评价标准的投标，应当推荐为中标候选人。 衡量投标文件是否最大限度地满足招标文件中规定的各项评价标准，可以采取折算为货币的方法、打分的方法或者其他方法。需量化的因素及其权重应当在招标文件中明确规定。

第四节　流标、废标与重新招标

一、《招标投标法》中的“流标”

在《招标投标法》的语境下，流标指有效投标不足 3 家导致招标活动无法继续的情形。此处的有效投标不足 3 家，既有可能是投标商本身不足 3 家，也有可能是因为个别投标被评标委员会否定导致有效投标不足 3 家，就此角度而言，

“投标被否决”也有可能成为流标的原因，按照法律法规规定有效投标不足3家的情形如表5-5所示：

表5-5 流标（有效投标不足三家）

类别	法律法规	具体条文
流标（有效投标不足三家）	《招标投标法》	第二十八条第一款 投标人少于三个的，招标人应当依照本法重新招标。
	《招标投标法实施条例》	第四十四条 投标人少于三个的，不得开标；招标人应当重新招标。
	《公路工程建设项目招标投标管理办法》	第五十一条 评标委员会对投标文件进行评审后，因有效投标不足3个使得投标明显缺乏竞争的，可以否决全部投标。未否决全部投标的，评标委员会应当在评标报告中阐明理由并推荐中标候选人。 投标文件按照招标文件规定采用双信封形式密封的，通过第一信封商务文件和技术文件评审的投标人在3个以上的，招标人应当按照本办法第三十七条规定的程序进行第二信封报价文件开标；在对报价文件进行评审后，有效投标不足3个的，评标委员会应当按照本条第一款规定执行。 通过第一信封商务文件和技术文件评审的投标人少于3个的，评标委员会可以否决全部投标；未否决全部投标的，评标委员会应当在评标报告中阐明理由，招标人应当按照本办法第三十七条规定的程序进行第二信封报价文件开标，但评标委员会在进行报价文件评审时仍有权否决全部投标；评标委员会未在报价文件评审时否决全部投标的，应当在评标报告中阐明理由并推荐中标候选人。
	《评标委员会和评标方法暂行规定》	第二十七条 评标委员会根据本规定第二十条、第二十一条、第二十二条、第二十三条、第二十五条的规定否决不合格投标后，因有效投标不足三个使得投标明显缺乏竞争的，评标委员会可以否决全部投标。 投标人少于三个或者所有投标被否决的，招标人在分析招标失败的原因并采取相应措施后，应当依法重新招标。

二、不同语境下的“废标”

虽然《招标投标法》和《政府采购法》中均出现了“废标”这一概念，但“废标”的内涵完全不同。《招标投标法》中的“废标”是指在评审阶段，某一份特定的投标文件因不符合招标文件的实质性要求而被评标委员会所“废弃”，丧失了参加下一阶段评审或被推荐为中标候选人的资格，等同于“投标无效”。

《政府采购法》中的"废标"是指整个招标活动无效,当时的招标、开标、评标工作不得再继续,应予废标,即便确定了中标人,中标也无效。因此,招标投标法语境下的废标,权利主体是评标委员会,而政府采购法语境下的废标,作出废标决定的权利主体是采购人或者政府监管部门。

综上所述,以下我们将废标区分为废标(采购活动无效)①和废标(投标被否决)两种方式进行表述。(见表5-6)

表5-6 废标的两种方式

类别	法律法规	具体条文
废标(采购活动无效)	《政府采购法》	第七十三条 有前两条违法行为之一影响中标、成交结果或者可能影响中标、成交结果的,按下列情况分别处理: (一)未确定中标、成交供应商的,终止采购活动; (二)中标、成交供应商已经确定但采购合同尚未履行的,撤销合同,从合格的中标、成交候选人中另行确定中标、成交供应商; (三)采购合同已经履行的,给采购人、供应商造成损失的,由责任人承担赔偿责任。
	《工程建设项目货物招标投标办法》	第三十二条第三款 一个制造商对同一品牌同一型号的货物,仅能委托一个代理商参加投标,否则应作废标处理。 第四十三条 投标文件不响应招标文件的实质性要求和条件的,评标委员会应当作废标处理,并不允许投标人通过修正或撤销其不符合要求的差异或保留,使之成为具有响应性的投标。
废标(投标被否决)	《招标投标法》	第四十二条第一款 评标委员会经评审,认为所有投标都不符合招标文件要求的,可以否决所有投标。
	《经营性公路建设项目投资人招标投标管理规定》	第二十二条 招标文件明确要求提交投标担保的,投标人应按照招标文件要求的额度、期限和形式提交投标担保。投标人未按照招标文件的要求提交投标担保的,其提交的投标文件为废标。

① 根据《关于废止和修改部分招标投标规章和规范性文件的决定》(2013年第23号令)的规定,将《评标委员会和评标方法暂行规定》第20条中的"该投标人的投标应作废标处理"修改为"应当否决该投标人的投标"。将第21条中的"其投标应作废标处理"修改为"应当否决其投标"。将第23条中的"应作废标处理"修改为"应当予以否决"。将第25条第2款中的"废标"修改为"否决投标"。

续表

类别	法律法规	具体条文
废标（投标被否决）	《评标委员会和评标方法暂行规定》	第二十一条　在评标过程中，评标委员会发现投标人的报价明显低于其他投标报价或者在设有标底时明显低于标底，使得其投标报价可能低于其个别成本的，应当要求该投标人作出书面说明并提供相关证明材料。投标人不能合理说明或者不能提供相关证明材料的，由评标委员会认定该投标人以低于成本报价竞标，其投标应当作废标处理。 第二十二条　投标人资格条件不符合国家有关规定和招标文件要求的，或者拒不按照要求对投标文件进行澄清、说明或者补正的，评标委员会可以否决其投标。 第二十三条　评标委员会应当审查每一投标文件是否对招标文件提出的所有实质性要求和条件作出响应。未能在实质上响应的投标，应当予以否决。 第二十五条　下列情况属于重大偏差： （一）没有按照招标文件要求提供投标担保或者所提供的投标担保有瑕疵； （二）投标文件没有投标人授权代表签字和加盖公章； （三）投标文件载明的招标项目完成期限超过招标文件规定的期限； （四）明显不符合技术规格、技术标准的要求； （五）投标文件载明的货物包装方式、检验标准和方法等不符合招标文件的要求； （六）投标文件附有招标人不能接受的条件； （七）不符合招标文件中规定的其他实质性要求。 投标文件有上述情形之一的，为未能对招标文件作出实质性响应，并按本规定第二十三条规定作否决投标处理。招标文件对重大偏差另有规定的，从其规定。

三、政府采购活动中的“流标”与“废标”

如前所述，废标在政府采购活动中是指采购活动无效，而根据法律对流标的规定，流标同样会导致采购活动无效，在这种情况下，“流标”与“废标”在政府采购活动中可能表述相同的意思。区别在于所要描述的问题是否发生在政府采购项目开评标的过程中，如果是在开评标过程中出现了影响公正的违法违规行为导致政府采购活动“半途而废”，须重新组织招标活动，则此种情况下“废标”与“流标”意思相同；如果政府采购项目开评标过程顺利，没有出现上述行为，并且已经确定中标者，但在中标结果公告后因某种原因被投诉，监管部门介入调查后对该项目作废标处理，作出依法重新进行招标的决定。那么，在这种情形下，通常不会称该项目“流标”，因为该项目已经成功完成了招标程序，并没有“半途而废”,只是后来因为投诉被废标处理。在这种语境下,“废标”与“流标”的含义完全不同,“废标”更多地体现了行为结束后权利主体对结果的判断;而“流标”则是对于过程本身能否继续进行下去的客观状态进行的描述。

四、招采法中的“中标无效”

前述可见,虽然法律中并没有直接使用“流标”的概念,但是对于“中标无效”的规定非常清晰地体现了“违反法律规定”的含义,因为“中标无效”一定是在“中标结果”产生之后,而违反法律的情形有可能发生在招标、投标、评标的过程当中,因此,导致该“中标结果”虽然已然存在违法因素,但真正被发现却存在滞后性,针对此种情况,法律专门规定了依据法律,中标结果自始当然无效。因此,法律之所以需要规定“中标无效”,完全是为了规定如果此前存在违法行为并且造成了结果如何处置,这种违法行为当然也包含如果有效投标不足三家而评标活动没有停止,直到得出中标结果的情况。从这个意义上来说,“中标无效”的法律规定是“应流未流”“应废未废”“评标过程中又发生其他违法行为”的处置办法。通常,被依法认定为“中标无效”,责任方有可能面临一定的法律制裁。

表 5-7　中标无效

项目	法律法规	具体条文
中标无效	《招标投标法》	第六十四条　依法必须进行招标的项目违反本法规定,中标无效的,应当依照本法规定的中标条件从其余投标人中重新确定中标人或者依照本法重新进行招标。
	《招标投标法实施条例》	第八十一条　依法必须进行招标的项目的招标投标活动违反招标投标法和本条例的规定,对中标结果造成实质性影响,且不能采取补救措施予以纠正的,招标、投标、中标无效,应当依法重新招标或者评标。
中标无效	《政府采购法》	第七十七条　供应商有下列情形之一的,处以采购金额千分之五以上千分之十以下的罚款,列入不良行为记录名单,在一至三年内禁止参加政府采购活动,有违法所得的,并处没收违法所得,情节严重的,由工商行政管理机关吊销营业执照;构成犯罪的,依法追究刑事责任: (一)提供虚假材料谋取中标、成交的; (二)采取不正当手段诋毁、排挤其他供应商的; (三)与采购人、其他供应商或者采购代理机构恶意串通的; (四)向采购人、采购代理机构行贿或者提供其他不正当利益的; (五)在招标采购过程中与采购人进行协商谈判的; (六)拒绝有关部门监督检查或者提供虚假情况的。 供应商有前款第(一)至(五)项情形之一的,中标、成交无效。

续表

项目	法律法规	具体条文
	《公路工程建设项目招标投标管理办法》	第六十八条　招标人有下列情形之一的,由交通运输主管部门责令改正,可以处三万元以下的罚款: (一)不满足本办法第八条规定的条件而进行招标的; (二)不按照本办法规定将资格预审文件、招标文件和招标投标情况的书面报告备案的; (三)邀请招标不依法发出投标邀请书的; (四)不按照项目审批、核准部门确定的招标范围、招标方式、招标组织形式进行招标的; (五)不按照本办法规定编制资格预审文件或者招标文件的; (六)由于招标人原因导致资格审查报告存在重大偏差且影响资格预审结果的; (七)挪用投标保证金,增设或者变相增设保证金的; (八)投标人数量不符合法定要求不重新招标的; (九)向评标委员会提供的评标信息不符合本办法规定的; (十)不按照本办法规定公示中标候选人的; (十一)招标文件中规定的履约保证金的金额、支付形式不符合本办法规定的。

五、不同语境下的“无效投标”

“无效投标”的字面含义是指投标行为不具有法律效力,但在哪个阶段发生被认定为无效的情形,权利主体则有所不同。例如,如果是投递行为本身有瑕疵,《招标投标法实施条例》第 36 条第 1 款规定,“未通过资格预审的申请人提交的投标文件,以及逾期送达或者不按照招标文件要求密封的投标文件,招标人应当拒收。”那么在投标进入评审前即有可能被认定为“无效投标”;如果是在投标进入评审阶段后,则有权将其认定为无效投标的就是评标委员会,这里的“无效投标”与前述投标被否决在政府采购活动中还有可能是整个采购活动被否决(废标),主要原因在于信息不对称,或是信息滞后,而导致全部投标被认为是“无效投标”,例如,发生了“因重大变故,采购任务取消”的情况。

因此,在现有法律语境下,可以得出这样的分析结论,即“无效投标”有可能导致“流标”或“废标”,“废标”(采购活动无效)也有可能导致全部投标变成了“无效投标”。

六、重新招标——“流标”“废标”的法律结果

根据现有法律规定,“流标”“废标”的法律结果不能直接采取议标、竞争性

谈判、单一来源采购、询价等非招标方式，而应当依法重新组织招标，但如果重新招标后仍然发生流标的情况，则依照法律规定有可能不再进行招标采取其他方式进行采购，但是，如果是在政府采购中，招标人因采购价格过低导致没有足够的投标人时，应当提请财政部门审批要求增加预算，更改招标条件后再重新进行招标。（见表5-8）

表5-8 重新招标

项目	法律法规	具体条文
重新招标	《招标投标法》	第二十八条第一款 ……投标人少于三个的，招标人应当依照本法重新招标。 第四十二条第二款 依法必须进行招标的项目的所有投标被否决的，招标人应当依照本法重新招标。
	《公路工程建设项目招标投标管理办法》	第三十五条第二款 投标人少于3个的，不得开标，投标文件应当当场退还给投标人；招标人应当重新招标。
	《工程建设项目货物招标投标办法》	第三十四条第四款 依法必须进行施工招标的项目提交投标文件的投标人少于三个的，招标人在分析招标失败的原因并采取相应措施后，应当依法重新招标。重新招标后投标人仍少于三个的，属于必须审批、核准的工程建设项目，报经原审批、核准部门审批、核准后可以不再进行招标；其他工程建设项目，招标人可自行决定不再进行招标。

七、如何顺利完成招标活动

招投标活动开始于招标，发展于投标，高潮在于评标，完成于中标。这其中的每一个环节均有较为具体的法律要求，能否顺利完成招标工作，关系到招标人和采购人是否可以完成预期目标，投标人的商业机会能否实现，招标代理人和评标人的工作进行得是否顺利，这是一项综合性的系统工程，要求各个环节和参与方都不能出现纰漏。以下从招投标活动参与人的角度予以分析。

（一）招标人（采购人）

1. 不滥用和过度使用招标方式进行采购

从立法角度看，为提高市场资源配置效率，依法必须招标项目的范围正在逐渐缩小，但一些企事业单位为了“防止腐败”，无论何种项目都倾向于选择招标的方式，实际上，合理选择询价、竞争性谈判等非招标采购工具，只要过程公开和透明，一样能够预防腐败，既实现采购目的，还能够提高采购效率。

2. 推行集中采购和归类合并采购

招标金额的大小，是能否吸引更多潜在投标人参与招标活动的一项重要指标。对于通用性货物、服务类项目实行集中采购，由上级单位实行统一招标，其下属单位根据招标结果实行订单采购；把金额较小且无特殊要求的品类打包进行招标，可以大大提高招标成功的概率，达到节约采购成本，降低采购频次的效果。

3. 准确发布招标信息

招标信息的精准度和准确性非常重要，实践中，招标范围不明、采购内容不清的现象时有发生，潜在投标人只有购买招标文件后，才清晰采购内容及参与投标能否带来收益。

4. 合理设置资格条件和技术需求

《招标投标法》第 19 条第 1 款规定："招标人应当根据招标项目的特点和需要编制招标文件……"招标文件是整个招标过程中极为重要的法律文件，也是评标依据。招标条款设置过于宽松则可能达不到采购预期，过于苛刻，则会涉嫌限制或排斥潜在投标人，也会造成项目流标。

(二)投标人方面

1. 认真研读投标文件；
2. 按时支付投标保证金；
3. 注意投标文件的盖章密封等细节要求；
4. 投标报价等实质性条件做出响应。

(三)评标委员会方面

1. 注意区分重大偏差与细微偏差

《评标委员会和评标方法暂行规定》第 26 条规定，细微偏差不影响投标文件的有效性。应充许合理偏离的存在，对于标书中如含义不明确、表述不一致或文字、计算错误等情况尽可能要求投标人澄清、说明或者补正以确保投标文件的有效性。

2. 谨慎行使否决所有投标的权力

根据《政府采购法》第 36 条的规定，在政府采购招标中，出现有效投标人不足三家的情况，意味着招标失败。但在非政府采购项目中有效投标不足三个，不代表招标项目失败。

《招标投标法》第 42 条第 1 款规定："评标委员会经评审，认为所有投标都不符合招标文件要求的，可以否决所有投标。"这里否决所有投标前提是，认为所有投标都不符合招标文件要求。

《评标委员会和评标方法暂行规定》第27条第1款规定:“……因有效投标不足三个使得投标明显缺乏竞争的,评标委员会可以否决全部投标。”这里否决全部投标须具备两个前提,一是有效投标不足三个,二是投标明显缺乏竞争。因此,即使出现了有效投标不足三个的情况,还应当继续评审剩余投标是否具备竞争性。

(四)各方主体应加强自律

在招标活动中导致“中标无效”的主体有招标人、投标人、招标代理机构和评标委员会及其成员等多方面,出现“中标无效”,往往意味着发生了违法行为,目的多是为了谋求私利而主观故意为之,性质恶劣。杜绝违法违规,加强自律是根本,参与招投标活动的各方人员要知法、懂法和守法,对法律法规心存敬畏。

(五)监督部门应当依法履行监督职责

监管机制规范引导是途径,应建立企业诚信档案,对招投标活动及合同履行过程中存在违法、失信行为的企业及个人,一经查实,要追责和封杀,营造健康有序的招投标市场环境。

第五节　实务案例

☞ 案例四十七:评审阶段剩余合格投标商少于三个继续评标

(一)案情概述

某单位设备采购公开招标,在招标公告中规定采用资格后审方式,3个投标商进行了投标。资格审查时,发现其中一个投标商的生产许可证过期,确定其资格条件不满足招标文件要求,资格审查没有通过;其他2个投标商,资格条件、技术能力满足要求,评标委员会对投标文件进行了评审,认为两家投标商在技术、价格方面具有竞争性,评标委员会对两家投标商进行详细的综合评审,向招标人推荐了中标候选人。

(二)案情分析

否决不合格投标或者界定为废标后,因有效投标不足三个使得投标明显缺乏竞争的,评标委员会可以否决全部投标。投标人少于三个或者所有投标被否决的,招标人在分析投标失败的原因并采取相应措施后,应当依法重新招标。西本案中,评标委员会一致认为本次开标在商务、技术、价格方面具存在足够竞争性，评标委员会对剩余二家投标商进行详细的综合评审，向招标人推荐中标候选人。

（三）相关法条

《评标委员会和评标方法暂行规定》第二十七条 评标委员会根据本规定第二十条、第二十一条、第二十二条、第二十三条、第二十五条的规定否决不合格投标后，因有效投标不足三个使得投标明显缺乏竞争的，评标委员会可以否决全部投标。投标人少于三个或者所有投标被否决的，招标人在分析招标失败的原因并采取相应措施后，应当依法重新招标。

☞ 案例四十八：评标专家为满足招标人的要求修改评分表

（一）案情概述

某单位设备招标，评标委员会按照招标文件规定的标准进行评审，招标人代表知道排名后，向本单位相关领导进行汇报，招标单位不同意排名第一的候选人，招标人代表反复做通每个评标专家的工作，评标专家重新进行了打分，向招标领导小组推荐招标单位满意的候选人，引起其他投标厂家的投诉。

（二）案情分析

评标委员会成员应当客观、公正地履行职责，遵守职业道德，对所提出的评审意见承担个人责任。评标委员会成员不得与任何投标人或者与招标结果有利害关系的人进行私下接触，不得收受投标人、中介人、其他利害关系人的财物或者其他好处，不得向招标人征询其确定中标人的意向，不得接受任何单位或者个人明示或者暗示提出的倾向或者排斥特定投标人的要求，不得有其他不客观、不公正履行职务的行为。任何单位和个人不得非法干预、影响评标的过程和结果。

该案例中，监督部门核实情况后，对相关责任人进行了严肃处理，同时要求招标人重新进行招标。

（三）相关法条

《评标委员会和评标方法暂行规定》第十三条 评标委员会成员应当客观、公正地履行职责，遵守职业道德，对所提出的评审意见承担个人责任。评标委员会成员不得与任何投标人或者与招标结果有利害关系的人进行私下接触，不得收受投标人、中介人、其他利害关系人的财物或者其他好处，不得向招标人征询其确定中标人的意向，不得接受任何单位或者个人明示或者暗示提出的倾向或者排斥特定投标人的要求，不得有其他不客观、不公正履行职务的行为。

《招标投标法》第三十八条 招标人应当采取必要的措施，保证评标在严格保密的情况下进行。任何单位和个人不得非法干预、影响评标的过程和结果。

☞ 案例四十九：某科技股份公司投诉评标专家案①

（一）案情概述

2009年5月，某招标代理机构代理的某市疾病防控中心500万元的疾病防控设备公开招标的采购结果揭晓，投标供应商某科技股份公司未中标，在其看到该项目中标公告中的五名评审专家的名单后，未中标供应商认为本次投标失利与招标公司聘请的评审专家的资格有关，其提出经过其调查，五名专家中只有一位是高级工程师，其他都不符合法律规定，属于政府官员和招标公司的业务人员，都没有八年以上相关工作阅历。为此，未中标供应商向招标公司提出了质疑。对于质疑内容，招标公司认为，本次采购评审专家是市政府采购专家库里随机抽取的，且都是在有关部门的监督下进行的，没有违反法律规定。质疑供应商不满意招标公司的答复意见，遂由向某市财政局投诉。

本案争议焦点：评审专家的资质及抽取是否符合法律规定。

某市财政局经过书面审查后认为，被投诉人代理的某市疾病防控中心500万元的疾病防控设备的五名评标专家是在市政府采购专家库中随机抽取的，随机抽取专家过程由市纪检、审计、财政三个机关的相关人员进行了监督，是符合财政部有关规定的。五名专家分别由采购人的办公室主任、采购人业务处长、某代理机构合同执行部部长、某医院主任医师以及某学会秘书长构成。这些评审专家早在本次采购活动开始之前均经过市财政局审核认定，且都持有《政府采购评审专家证书》，符合财政部、监察部关于印发《政府采购评审专家管理办法》的通知第8、9条规定。故投诉供应商提出的投诉理由不能成立，予以驳回。

（二）案情分析

前述的采购案例，招标公司的操作规程、财政局的投诉处理决定均有悖于客

---

① 《某科技股份公司投诉评标专家案》，载威科先行法律信息库网，https://law.wkinfo.com.cn/judgment-documents/detail/MjAxMDA0Mzg4MzU%3D?searchId=964eefdfa71d4bf18211e2718688bdc3&index=2&q=评标&module=。

观、公正的法律原则。所存在的主要问题有以下几个方面:

其一,与采购项目有利害关系的专家应当回避。政府采购项目的评审专家必须具备独立身份,能够站在第三方的客观立场,在评审过程中不带有主观色彩,以保持科学、公正的态度。然而,前述案例的相关评审专家与采购项目存在直接利害关系,专家名单中一名隶属于招标公司,按照规定这名专家是必须回避的。此外,采购人的业务处长、办公室主任也是不宜以专家身份参加评审的。

其二,专家构成违反了相关规定。本案中的采购项目是通过公开招标的采购方式进行采购的,但评标委员会中的技术、经济等方面的专家少于成员总数的三分之二,不符合相关规定。

(三)相关法条

《政府采购货物和服务招标投标管理办法》第四十五条 采购人或者采购代理机构负责组织评标工作,并履行下列职责:

(一)核对评审专家身份和采购人代表授权函,对评审专家在政府采购活动中的职责履行情况予以记录,并及时将有关违法违规行为向财政部门报告;

(二)宣布评标纪律;

(三)公布投标人名单,告知评审专家应当回避的情形;

(四)组织评标委员会推选评标组长,采购人代表不得担任组长;

(五)在评标期间采取必要的通讯管理措施,保证评标活动不受外界干扰;

(六)根据评标委员会的要求介绍政府采购相关政策法规、招标文件;

(七)维护评标秩序,监督评标委员会依照招标文件规定的评标程序、方法和标准进行独立评审,及时制止和纠正采购人代表、评审专家的倾向性言论或者违法违规行为;

(八)核对评标结果,有本办法第六十四条规定情形的,要求评标委员会复核或者书面说明理由,评标委员会拒绝的,应予记录并向本级财政部门报告;

(九)评审工作完成后,按照规定向评审专家支付劳务报酬和异地评审差旅费,不得向评审专家以外的其他人员支付评审劳务报酬;

(十)处理与评标有关的其他事项。

采购人可以在评标前说明项目背景和采购需求,说明内容不得含有歧视性、倾向性意见,不得超出招标文件所述范围。说明应当提交书面材料,并随采购文件一并存档。

☞ 案例五十：徐某、左某等9人涉嫌串通投标、对非国家工作人员行贿、非国家工作人员受贿案①

（一）案情概述

本案主要涉案人员徐某系无业人员，刘某系A公司某县分公司总经理，陈某系B公司法定代表人，左某系综合评标专家库成员。

2016年10月，徐某、刘某商议共同出资竞标工程项目，并雇用工作人员负责财务、项目管理、标书制作等事宜。2017年11月，徐某、刘某、陈某共同商议借用公司资质投标某街道"城乡统筹一体化"农民安置房EPC项目，并约定无论哪家公司中标均由陈某承建，徐某、刘某从项目施工中获取利益。之后，三人以A公司、B公司，以及陈某借用的C公司资质参与投标，同时陈某还联系到三家具有EPC资质的设计单位，分别作为上述三公司的投标联合体。在投标过程中，三人统一制定投标报价以提高中标概率，并在评标前联系评标委员会成员左某等人，让其在技术标评分时给上述公司打高分。后A公司以3.586亿元的报价中标。预中标公示期间，因其他投标人对评标结果提出质疑而复评，刘某、陈某等人又多次到出借EPC资质的设计单位所在地开具证明，并通过联系评标委员会成员左某等人要求其在复评时维持原评标结果，最终该项目维持了A公司中标的结果。

经查，在2017年6月至2018年2月，徐某、刘某通过相同手法，即借用资质竞标工程项目、统一制定投标报价、联系评标委员会成员评高分并给予财物、中标后将项目转包给他人或通过投资方式从项目承建中获得利益等方式，先后中标6个项目，共计金额7亿余元。

另查明，徐某、刘某等人为实现中标目的，给予项目评标委员会成员左某等人财物，共计77万余元。

（二）案件办理情况

本案系由坚持合法经营、公平竞争的多家民营企业连续举报案发。公安机关经侦查，以徐某、左某等9人涉嫌串通投标、对非国家工作人员行贿、非国家工作人员受贿等犯罪，于2018年11月移送检察机关审查起诉。

---

① 最高人民检察院：《投标"一手托多家"，法律应当如何出手？——第二届民营经济法治建设峰会检察机关服务民营经济典型案例之十一》。

(三)案情分析

辩护人提出,徐某等人所犯串通投标罪和对非国家工作人员行贿罪属于牵连犯,应择一重罪处罚。检察机关认为,徐某等人实施的串通投标报价、贿赂评审专家的行为,分别侵犯不同客体,触犯不同罪名,应对这两个行为数罪并罚,并据此依法提起公诉。

2019年8月,法院作出一审刑事判决,认定徐某等人构成串通投标罪和对非国家工作人员行贿罪;左某等人利用职务上的便利,在招标评标活动中,非法收受他人财物,为他人谋取利益,数额较大,构成非国家工作人员受贿罪。

检察机关在办案过程中发现相关部门的监管措施存在欠缺,向行业主管部门发出检察建议书,相关部门采纳检察建议,通过强化按月排查等监管措施,堵塞行业漏洞,净化招标投标市场。

(四)典型意义

检察机关坚持依法惩处和平等保护相结合,通过依法惩治违法犯罪市场主体,更好地保护广大合法经营的民营企业,推动民营企业筑牢守法合规经营底线。招标投标活动应遵循公开、公平、公正和诚实信用的原则,实践中存在的招标人虚假招标或私泄标底、投标人串通投标或贿赂投标、中标人中标后擅自切割标段或转包等违法犯罪行为,损害了招标、投标人的利益,破坏了公平竞争的环境,影响了市场经济的健康发展,应依法惩治其中的组织者、骨干分子和积极参与者,切实维护市场秩序。为有效惩治和预防招标投标领域中的违法违规行为,检察机关向主管部门制发《检察建议书》,将办案中发现的监管漏洞及时反馈给监管部门,推动行业整治。

☞ 案例五十一:某项目被评标委员会判定不构成废标

(一)案情概述

某单位施工招标,有3家投标单位,经评标委员会初步评审,投标人丙的投标文件中《规费税金项目清单与计算表》出现计算错误,计算基础和费率正确,但计算出的税金金额错误,且低于招标文件要求的税金计取标准,其中四名专家认为应当视为算术性错误,可以允许投标人进行澄清,另一名专家则认为应当视为低于法定标准计取税金,按招标文件规定应做废标处理。由于评标委员会成员意见不一致,按照"少数服从多数"的原则进行表决,认定丙投标文件存在的问题为算术性错误,并进行了澄清。

（二）案情分析

评标委员会判定废标时，既要考虑如果判定为废标，对废标的投标人是否不公平，还要考虑如果不判定为废标，对其他投标人是否不公平。只有当法律法规有明文规定或招标文件有明确约定时，才可以判定废标。对于废标原因较牵强的投标更不能轻言废标。本案例中投标人丙《规费税金项目清单与计算表》中计算基础和费率正确就足以证明投标人并不想降低法定计费标准，完全有可能是因为对计价软件操作不熟练或操作人员人为失误导致。该投标如果被判定为废标，一旦投标人以计算基础和费率正确为由进行质疑投诉，招标人或评标委员会将很难给以令人信服的答复。因此，对于投标文件中含义不明确、描述不一致或者有明显文字和计算错误的内容，只要招标文件允许，评标委员会都应当要求投标人予以澄清、说明或补正。

（三）相关法条

《招标投标法》第四十二条第一款 评标委员会经评审，认为所有投标都不符合招标文件要求的，可以否决所有投标。

☞ 案例五十二：某项目因招标文件编制问题导致废标

（一）案情概述

2017年8月31日，惠东县公安局委托惠东县公共资源交易中心（政府采购部）对惠东县公安局强制戒毒所及拘留所办公家具及服务采购项目发布招标公告。2017年9月12日，广东高美家具实业有限公司报名参与该采购项目。2017年10月9日，江西白莲钢质制品有限公司向惠东县财政局投诉招标文件第68页第2项商务技术评审表中关于售后免费更换服务（分值8分）的该条评分细则得分设置没有量化细化。2017年10月16日，家具实业公司接到中标涉案采购项目的通知。2017年11月20日，惠东县财政局作出惠东财采决〔2017〕3号《政府采购投诉处理决定书》，认为采购项目的招标文件的评分标准过于笼统，评审因素没有细化量化，违反了《政府采购法实施条例》第34条第4款的规定，属于违法行为，且该违法行为影响了采购的公正性，因此作出决定：对“惠东县公安局强制戒毒所及拘留所办公家具及服务采购项目”（项目编号：惠东公易采〔2017〕020号）予以废标，责令重新开展采购活动。家具实业公司收到上述处理决定后，向惠东县财政局县政府提起行政复议。2018年1月23日，惠东县财政局县政府作出惠东府行复〔2017〕38号《行政复议决定书》，决定维持惠东县财政局作出的惠东财采决〔2017〕3号《政府采购投诉处理决定书》。家具实业公司不服，遂向法院提起行政诉讼。

（二）案情分析

县财政局作为涉案采购项目的监督管理部门，负责依法受理和处理供应商投诉，享有对江西白莲钢质制品有限公司提出的投诉作出处理的法定职责。

本案中，县财政局在受理投诉后，经审查认为涉案采购项目的招标文件的评分标准过于笼统，评审因素没有细化量化，违反了《政府采购法实施条例》第34条第4款的规定，具体为"采用综合评分法的，评审标准中的分值设置应当与评审因素的量化指标相对应。"故该招标文件属于违法文件，且该违法文件影响了采购的公正性，因此决定"惠东县公安局强制戒毒所及拘留所办公家具及服务采购项目"（项目编号：惠东公易采〔2017〕020号）予以废标，责令重新开展采购活动。该等决定并无不当，人民法院亦予以支持。①

（三）相关法条

《招标投标法》第十九条 招标人应当根据招标项目的特点和需要编制招标文件。招标文件应当包括招标项目的技术要求、对投标人资格审查的标准、投标报价要求和评标标准等所有实质性要求和条件以及拟签订合同的主要条款。

国家对招标项目的技术、标准有规定的，招标人应当按照其规定在招标文件中提出相应要求。

招标项目需要划分标段、确定工期的，招标人应当合理划分标段、确定工期，并在招标文件中载明。

《政府采购法实施条例》第三十四条 政府采购招标评标方法分为最低评标价法和综合评分法。

① 广东高美家具实业有限公司与惠东县财政局、惠东县人民政府财政行政管理（财政）案，博罗县人民法院一审行政判决书，（2018）粤1322行初64号。

第六章　中标及合同

从看到中标公示的那一刻起，中标人可以告慰自己，之前的努力都没有白费，终于可以有所交代，这仿佛是一篇文章，终于画上圆满的句号；然而，另一部大戏，才刚刚拉开了帷幕，比如：合同如何签署，即如何将招投标活动成果及其所形成的权利义务关系以法律的形式予以固化。无论是以招标文件中的合同文本，还是以投标文件中的响应内容，以及双方在中标后进行的谈判纪要、备忘录等作为双方今后履行合同权利义务关系的依据，招标人和中标人为了将招投标活动中所确立的权利义务关系进一步清晰化、确定化，履约便利化、争议及纠纷解决高效化，都会签订正式的书面合同并按照行业主管部门的要求进行备案。该行为应当视为招标人与中标人之间对业已存在的合同关系的确认，而非独立于招投标行为之外订立新合同。因此，招标人与中标人签订的书面合同的实质性内容不应与招投标文件的内容相悖。

本章从剖析中标的法律含义入手，对中标环节涉及的法律概念逐一进行阐述，对中标人、中标候选人、中标通知书、中标公示、中标的有效与无效、中标后的合同谈判直到正式签署书面合同、合同范本的选择、补充协议、黑白合同进行论述。当然，在项目中标后，中标人还需要投入大量精力做资金、场地、设备、人员等诸多方面的进场准备工作，并不仅限于本章内容，鉴于专题所限，本章仅从以上角度进行阐述，并引用若干实务案例，希望读者通过对本章的学习对中标与合同有更加深刻的认知。

第一节　中标及中标人

一、中标的概念

中标，是指招标人向经评标委员会对投标文件的评审和比较从而推荐出的中标候选人中选择一位投标人发出中标通知书，并在规定的时间内与之签订书面合同的行为。

从以上法定概念中可以得出，中标这一法律行为的成立至少应当包括两个阶段，一是收到中标通知书，招标人需要对选定的投标人发出中标通知书，告知其已经中标，成为中标人。二是在收到中标通知书后30日内与招标人签订书面合同。

二、中标人与中标候选人

中标人不同于中标候选人，中标候选人早于中标人产生，中标候选人一般为3名，再无其他废标情形下排名第一的即为中标人。对于中标人与中标候选人并无直接法律定义，但通过相关法律规定可以发现二者的区别及关联。

（一）相关法律规定

《招标投标法》和《招标投标法实施条例》等法律规定中对中标候选人、中标人的数量、要求等有明确的规定，具体法律规定见表6-1和表6-2。

表6-1　《招标投标法》对中标候选人等的规定

项目	《招标投标法》	具体内容
中标人如何确定	招标人确定	招标人根据评标委员会提出的书面评标报告和推荐的中标候选人确定中标人。
	评标委员会直接确定	招标人也可以授权评标委员会直接确定中标人。
中标人的投标应当符合二条件之一	1. 综合标准 2. 最低价	1. 能够最大限度地满足招标文件中规定的各项综合评价标准； 2. 能够满足招标文件的实质性要求，并且经评审的投标价格最低；但是投标价格低于成本的除外。

表 6-2 《招标投标法实施条例》对中标候选人等的规定

项目	《招标投标法实施条例》	具体内容
中标候选人数量	不超过 3 个	评标完成后，评标委员会应当向招标人提交书面评标报告和中标候选人名单。中标候选人应当不超过 3 个，并标明排序。
中标候选人——中标人	排名第一	国有资金占控股或者主导地位的依法必须进行招标的项目，招标人应当确定排名第一的中标候选人为中标人。排名第一的中标候选人放弃中标、因不可抗力不能履行合同、不按照招标文件要求提交履约保证金，或者被查实存在影响中标结果的违法行为等情形，不符合中标条件的，招标人可以按照评标委员会提出的中标候选人名单排序依次确定其他中标候选人为中标人，也可以重新招标。
中标候选人自身发生变化	审查确认	中标候选人的经营、财务状况发生较大变化或者存在违法行为，招标人认为可能影响其履约能力的，应当在发出中标通知书前由原评标委员会按照招标文件规定的标准和方法审查确认。
		第五十七条　招标人和中标人应当依照招标投标法和本条例的规定签订书面合同，合同的标的、价款、质量、履行期限等主要条款应当与招标文件和中标人的投标文件的内容一致。招标人和中标人不得再行订立背离合同实质性内容的其他协议。 招标人最迟应当在书面合同签订后 5 日内向中标人和未中标的投标人退还投标保证金及银行同期存款利息。 第五十八条　招标文件要求中标人提交履约保证金的，中标人应当按照招标文件的要求提交。履约保证金不得超过中标合同金额的 10%。 第五十九条　中标人应当按照合同约定履行义务，完成中标项目。中标人不得向他人转让中标项目，也不得将中标项目支解后分别向他人转让。 中标人按照合同约定或者经招标人同意，可以将中标项目的部分非主体、非关键性工作分包给他人完成。接受分包的人应当具备相应的资格条件，并不得再次分包。 中标人应当就分包项目向招标人负责，接受分包的人就分包项目承担连带责任。

(二) 中标候选人不等于中标人

根据《招标投标法》第 40 条的规定，评标委员会应当按照招标文件确定的评标标准和方法,对投标文件进行评审和比较;设有标底的,应当参考标底。评标委员会完成评标后,应当向招标人提出书面评标报告,并推荐合格的中标候选人。招标人根据评标委员会提出的书面评标报告和推荐的中标候选人确定中标人。招标人也可以授权评标委员会直接确定中标人。国务院对特定招标项目的评标有特别规定的,从其规定。

招标人没有授权评标委员会直接确定中标人时,中标候选人选出之后还需要在中标候选人中确定中标人,根据现行《招标投标法》的规定,此时确定中标人的要素为顺位原则:以第一位为原则,第二位、第三位为例外。首先招标人应当确定排名第一的中标候选人为中标人,但是在排名第一的中标候选人放弃中标、因不可抗力提出不能履行合同,或者招标文件规定应当提交履约保证金而在规定的期限内未能提交的,招标人可以确定排名第二的中标候选人为中标人,排名第二的中标候选人因前款规定的同样原因不能签订合同的,招标人可以确定排名第三的中标候选人为中标人。

但是,根据 2019 年 12 月,国家发改委官网发布《招标投标法(修订草案公开征求意见稿)》来看,在评标委员会推荐不超过三个合格的中标候选人时,对每个中标候选人的优势、风险等评审情况进行说明;除招标文件明确要求排序的外,推荐中标候选人不标明排序,此时招标人根据评标委员会提出的书面评标报告和推荐的中标候选人,按照招标文件规定的定标方法,结合对中标候选人合同履行能力和风险进行复核的情况,自收到评标报告之日起 20 日内自主确定中标人,不再像以前一样按照顺位原则确定中标人。①

(三)中标人的法律要求

《招标投标法》对于中标人的标准提出了以下两方面要求:

一是能够最大限度地满足招标文件中的各项评价标准,例如招标文件中对技术的要求,对商务资信的要求等,投标人的投标文件中需要有明确的最大限度地满足招标文件中各项要求,有足够的能力完成工程建设项目;

二是能够满足招标文件中的实质性要求,并经评审的投标价格最低,但是投标价格低于成本的除外。此条反映了市场经济的客观规律:最低价格者取胜,但是并不是只要投标价格低就可以中标,在此之前还必须满足招标文件中的实质性要求,把满足实质性要求放在价格评审之前就是为了避免最低投标价者中标的这个评标方法不被滥用,并且投标价格低于成本价的除外,避免恶意竞争和后

---

① 国家发改委网,https://hd.ndrc.gov.cn/yjzx/yjzx_add.jsp? SiteId=325。

续的一系列问题。这项标准是与市场经济的原则相适应的,体现了优胜劣汰的原则,经评审的投标价格最低,仍然是以投标报价最低的中标作为基础,但又不是简单地去比较价格,而是对投标报价要作评审,在评审的基础上进行比较,这样较为可靠、合理。

《招标投标法(修订草案公开征求意见稿)》在表述上作了若干调整,详见附件2。

三、中标公示

(一)中标公示的内容

中标公示,是指招标人或招标代理机构依法对招标采购结果,对外公布的一种文书。因为在招标过程中,由于该投标人综合考量下来性价比或实质的资质等高于与之竞标的其他投标人,招标方将其认可的中标方进行公示,方便利害关系人提出异议和提高招投标过程的透明性,将招标投标活动的信息放置于社会之中,接受社会的监督,确保招标投标活动的公平公正。

表 6-3 关于中标公示的相关规定

法律法规	具体内容
《招标公告和公示信息发布管理办法》	第六条 依法必须招标项目的中标候选人公示应当载明以下内容: (一)中标候选人排序、名称、投标报价、质量、工期(交货期),以及评标情况; (二)中标候选人按照招标文件要求承诺的项目负责人姓名及其相关证书名称和编号; (三)中标候选人响应招标文件要求的资格能力条件; (四)提出异议的渠道和方式; (五)招标文件规定的其他内容。 依法必须招标项目的中标结果公示应当载明中标人名称。
《政府采购货物和服务招标投标管理办法》	第六十九条第二款 中标公示应当载明下列内容:采购人及其委托的采购机构的名称、地址、联系方式,项目名称和项目编号,中标人名称、地址和中标金额,主要中标标的的名称、规格型号、数量、单价、服务要求,中标公告期限以及评审专家名单。
《公路工程建设项目招标投标管理办法》	第五十三条 应当公示中标候选人排序、名称、投标报价、在投标文件中承诺的主要人员姓名、个人业绩、相关证书编号、项目业绩和被否决投标的投标人名称、否决依据和原因等内容。

续表

法律法规	具体内容
《公路工程标准施工招标文件》（2018年版）	应当公示中标候选人排序、名称、投标报价，对工程质量要求、安全目标和工期的相应情况、在投标文件中承诺的项目经理和项目总工姓名、个人业绩、相关证书名称和编号、项目业绩和被否决投标的投标人名称、否决依据和原因等内容。

《招标投标法（修订草案公开征求意见稿）》第51条为增加条目，具体细化了中标公示的内容。

1. 中标人的名称（建议改为“中标人基本信息”）包括中标人的名称、地址等基本的工商信息；投标报价，评分或者评标价，质量，工期（交货期），资质业绩，项目负责人信息。

2. 确定中标人的主要理由。

3. 中标候选人名单。

4. 所有被否决的投标（包括被否决投标的投标人名称、否决依据和原因，明确其他投标人未中标的原因，方便社会监督）。

5. 提出异议的渠道和方式；中标公示的第一目的就是让社会对招标投标过程进行监督，让有异议的利害关系人对招标投标活动提出异议，维护招标投标活动的公平公正，所以在中标公示中载明提出异议的渠道和方式不可或缺。

6. 法律法规和招标文件规定公示的其他内容。

（二）中标公示途径

根据《招标公告和公示信息发布管理办法》第8条的规定，公示公告信息应当在指定的平台进行发布，依法必须招标项目的招标公告和公示信息应当在“中国招标投标公共服务平台”或者项目所在地省级电子招标投标公共服务平台（以下统一简称发布媒介）发布，就算发布在省级平台中，平台也需要将相关信息同步至国家平台，形成信息的互通和统一，方便社会进行监督和相关部门予以监管。

（三）中标公示时间

根据《招标投标法实施条例》第54条第1款的规定，“依法必须进行招标的项目，招标人应当自收到评标报告之日起3日内公示中标候选人，并且公示期不得少于3日。”此条是对工程建设项目的中标公示的规定。

根据其他法律法规的规定，中标公示的时间有以下差异：

一是依法必须公开招标的政府采购项目是长期公示，但是中标公告发布的

7个工作日内属于质疑期,此条是对政府采购项目的规定;

二是依法必须公开招标的机电产品国家招标项目不得少于3日,机电产品的中标公示和建设工程项目的中标公示时间一样。

(四)公示期间暂停

上述公示时间内,可能会因为某些原因暂停计算。

根据《招标投标法实施条例》第54条的规定,依法必须进行招标的项目,招标人应当自收到评标报告之日起3日内公示中标候选人,公示期不得少于3日。投标人或者其他利害关系人对依法必须进行招标的项目的评标结果有异议的,应当在中标候选人公示期间提出。招标人应当自收到异议之日起3日内作出答复;作出答复前,应当暂停招标投标活动。

(五)实务案例

☞ 案例五十三:重庆市某综合诊疗台项目预中标公示

综合诊疗台(第二次)项目预中标公示

一、项目编号:2020-JL13(05)-W10031[招标文件编号:2020-JL13(05)-W10031]

二、项目名称:综合诊疗台(第二次)

三、中标(成交)信息

供应商名称:重庆泰和生元医疗器械有限责任公司

供应商地址:重庆市

中标(成交)金额:68.3000000(万元)

四、主要标的信息

序号	供应商名称	货物名称	货物品牌	货物型号	货物数量	货物单价(元)
1	重庆泰和生元医疗器械有限责任公司	综合诊疗台	德国 ATMOS	C21	2	341,500

五、评审专家(单一来源采购人员)名单:

张某某、葛某某、谭某某、李某、王某某

六、代理服务收费标准及金额:

本项目代理费收费标准:无

本项目代理费总金额:××××万元(人民币)

七、公告期限

自本公告发布之日起 1 个工作日。

八、其他补充事宜

综合诊疗台(第二次)项目预中标公示[2020-JL13(05)W10031]

2020 年 11 月 3 日,我单位就以下项目进行了公开招标,根据公开招标评标报告,现将本次评标结果公示如下:

项目名称:综合诊疗台(第二次)

项目编号:2020-JL13(05)-W10031

评标结果:

排名	供应商名称	数量	品牌型号	综合得分	报价(万元)
1	重庆泰和生元医疗器械	2 台	德国 ATMOSC21	81.14	68.3
2	重庆钧翕贸易有限公司	2 台	德国 Otopront BASIC PLUS	76.65	66.11
3	重庆科旺医疗器械有限公司	2 台	荷兰 ENTERMED Ergomed	75.75	66.448

评标委员会推荐重庆泰和生元医疗器械有限责任公司为预中标供应商。

评标委员会:从重庆市财政局评审专家库中随机抽取 5 名评审专家,分别是:张某某、葛某某、谭某某、李某、王某某。

☞ 案例五十四:深圳某项目 I 标段全过程造价咨询服务的中标公示

中标公示

招标项目编号	400000000000000
招标项目名称	深圳某项目 I 标段全过程造价咨询服务
标段名称	深圳某项目 I 标段全过程造价咨询服务
项目编号	41000000000000
项目名称	深圳某项目 I 标段
公示时间	2019-08-19　13:09 至 2019-08-24　13:09

续表

招标人	×××××××有限公司
招标代理机构	×××××××工程咨询有限公司
招标方式	公开招标

中标人信息

中标人	××××××工程造价咨询有限公司
S 中标价	1000 万元
中标工期	—
项目经理	无
资格等级	无
资格证书	无
是否暂定金额	否

以上案例也可以看出，实务中在中标公示这一部分其实规范性很低，未依法披露提出异议的方式和渠道和中标人的资格能力条件也未予以披露等情况较为普遍，很难达到中标公示的目的和意义，需要加强监管。

四、中标通知书

（一）中标通知书的发出

根据《招标投标法》第 45 条第 1 款的规定，“中标人确定后，招标人应当向中标人发出中标通知书，并同时将中标结果通知所有未中标的投标人。”

关于中标通知书的发出，根据《招标投标法》第 45 条的规定，中标人确定后，招标人应当向中标人发出中标通知书，并同时将中标结果通知所有未中标的投标人。中标通知书对招标人和中标人具有法律效力。中标通知书发出后，招标人改变中标结果的，或者中标人放弃中标项目的，应当依法承担法律责任。

（二）中标通知书的格式及内容

中标通知书一般包括中标人、项目名称、中标价格、工期、工程质量、开竣工时间、和质量标准等信息，一般会采用固定的格式。

☞ 案例五十五:某项目社会投资人招标中标通知书

建设工程交易平台

防伪码:5000000000000000

中标通知书

通知书编号:20000000000A

招标编号:GC500000000000000000001

中标人名称:××××××有限公司　　　选择

你方于××××-××-××13:58:30(投标日期)所递交的××××××××××××××招标(项目名称)×××××招标标段投标文件已被我方接受,被确定为中标人。

中标价(费率或单价等):收益率7.1%;市级配套560万元/公里;日常养护73万元/公里·年;第一次大修费300万元/公里

工期(供货期):详见定标意见书　　　日历天。

项目负责人:详见定标意见书(姓名)。

请你方在接到本通知书后的30日内到××××××(指定地点)与我方签订服务合同,在此之前按招标文件第二章“投标人须知”第7.3款规定向我方提交履约担保。

随附的投标文件澄清、说明、补正事项纪要(如果有),是本中标通知书的组成部分。

特此通知。

附:澄清、说明、补正事项纪要

招标人/招标代理(盖单位章)

法定代表人:(签字)

打印日期:××××-××-××

作为办理后续手续的唯一中标凭证,请妥善保管,复印无效!遗失不补!

(三)中标通知书的法律效力

《招标投标法》第45条第2款规定:“中标通知书对招标人和中标人具有法律效力。中标通知书发出后,招标人改变中标结果的,或者中标人放弃中标项目的,应当依法承担法律责任。”

在实务中,由于缔约过失责任和违约责任需要承受的责任程度不相同,因此在不同的案例中，当事人对中标通知书的效力认定各不相同，接下来，通过结合实务案例，将对中标通知书的效力情况进行具体分析。

1. 中标通知书视为要约，合同未成立

招标人和中标人应当在中标通知书发出后 30 日内签订合同，所以此时的合同并未成立；并且，明确规定此时的合同必须为书面形式，此时招标投标的合同就是要式合同，书面形式是合同成立必备的一个条件，中标通知书发出之后还没有签订书面合同，所以合同并未成立，此时的中标通知书相当于要约，是招标人邀请中标人与之签订合同的意思表示，所以此后招标人或者中标人有任何反悔的行为时，应该承担的是缔约过失责任。但是在实务中，此种主张没有实际的相关案例给予支撑，稍显薄弱。

2. 中标通知书视为承诺，合同成立并生效

此种观点认为，在理论上，招标人发出的招标文件是要约邀请，而投标人提交投标文件的行为就是要约，招标人选定中标人并发出中标通知书的行为是承诺。根据《民法典》第 502 条第 1 款的规定，“依法成立的合同，自成立时生效但是法律另有规定或者当事人另有约定的除外。”所以招标人向投标人发出中标通知书时，即视为已经发出承诺且该承诺已经生效，合同成立并生效，此后招标人或者中标人有任何反悔的行为应承担违约责任。

笔者认为，如将招标文件视为要约邀请，投标文件视为要约，则将中标通知书视为承诺则符合合同成立的过程要素，当然，此时虽然可以宣布合同成立，但是招标人和中标人还是应当将之前体现在要约和承诺中的合同权利义务关系条款以签署正式合同的形式进行固化。

第二节　中标无效

中标人是通过招标人发布招标文件、投标人提交投标文件、开标、评标等一系列招标投标活动确定的。招标投标活动需要确保过程的公平公正，在任何一个环节有违反法律法规规定的行为的，都有可能导致招标投标活动的不公平，导致中标最后被认定无效。

一、中标无效的原因

根据法律法规的规定，在招标投标活动中有以下几种情况会导致中标被认定无效。

(一)招标代理机构泄密或串通

招标代理机构是代理招标人进行招标投标活动的机构,其可以频繁地接触应该保密的招标投标的关键信息,如果招标代理机构向投标人泄密或者与投标人或者招标人串通,可能会导致获取信息的不公平,损害其他投标人的利益,损害招标人的利益、国家利益或者社会公共利益。

所以根据《招标投标法》第50条第1款的规定,"招标代理机构违反本法规定,泄露应当保密的与招标投标活动有关的情况和资料的,或者与招标人、投标人串通损害国家利益、社会公共利益或者他人合法权益的,处五万元以上二十五万元以下的罚款;对单位直接负责的主管人员和其他直接责任人员处单位罚款数额百分之五以上百分之十以下的罚款;有违法所得的,并处没收违法所得;情节严重的,禁止其一年至二年内代理依法必须进行招标的项目并予以公告,直至由工商行政管理机关吊销营业执照;构成犯罪的,依法追究刑事责任。给他人造成损失的,依法承担赔偿责任。"

在实务中也有相关案例,根据四川省绵阳中院(2014)绵民抗字第1号民事裁定书的判决可知,因私下串通行为,对中标结果产生了重大影响,属于《招标投标法》第50、55条规定情形,依照《合同法》第52条第1款第5项①的规定,应依法认定无效。②

(二)招标人泄密

招标人向他人,一般都是投标人透露已获取招标文件的潜在投标人的名称、数量或者可能影响公平竞争的有关招标投标的其他情况的,或者泄露标底的,或导致信息的不公平,导致投标人之间的竞争不平等,损害其他投标人的合法权益,损害国家利益或者社会公共利益,根据《招标投标法》第52条的规定,招标

① 现对应《民法典》第153条。

② 《招标投标法》第50条规定:"招标代理机构违反本法规定,泄露应当保密的与招标投标活动有关的情况和资料的,或者与招标人、投标人串通损害国家利益、社会公共利益或者他人合法权益的,处五万元以上二十五万元以下的罚款;对单位直接负责的主管人员和其他直接责任人员处单位罚款数额百分之五以上百分之十以下的罚款;有违法所得的,并处没收违法所得;情节严重的,禁止其一年至二年内代理依法必须进行招标的项目并予以公告,直至由工商行政管理机关吊销营业执照;构成犯罪的,依法追究刑事责任。给他人造成损失的,依法承担赔偿责任。前款所列行为影响中标结果的,中标无效。"第55条规定:"依法必须进行招标的项目,招标人违反本法规定,与投标人就投标价格、投标方案等实质性内容进行谈判的,给予警告,对单位直接负责的主管人员和其他直接责任人员依法给予处分。前款所列行为影响中标结果的,中标无效。"《民法典》第153条规定:"违反法律、行政法规的强制性规定的民事法律行为无效。但是,该强制性规定不导致该民事法律行为无效的除外。违背公序良俗的民事法律行为无效。"

人有上述行为的，给予警告，可以并处1万元以上10万元以下的罚款；对单位直接负责的主管人员和其他直接责任人员依法给予处分；构成犯罪的，依法追究刑事责任。

（三）串通招投标、行贿谋取中标

此种行为，是指投标人相互串通投标或者与招标人串通投标损害其他投标人利益或者招标人合法权益，或者投标人以向招标人或者评标委员会成员行贿的手段谋取中标，损害国家利益、社会公共利益或者招标人和其他投标人合法权益，根据《招标投标法》第53条的规定，投标人有上述行为的，中标无效，处中标项目金额千分之五以上千分之十以下的罚款，对单位直接负责的主管人员和其他直接责任人员处单位罚款数额百分之五以上百分之十以下的罚款；有违法所得的，并处没收违法所得；情节严重的，取消其一年至二年内参加依法必须进行招标的项目的投标资格并予以公告，直至由工商行政管理机关吊销营业执照；构成犯罪的，依法追究刑事责任。给他人造成损失的，依法承担赔偿责任。

在实务中也有相关的案例，例如最高院（2015）民申字第2782-1号民事裁定书。

（四）以他人名义投标

以他人名义投标是指投标人以其他法人或者其他组织的名义投标或者以其他弄虚作假的方式骗标的，对国家利益、社会公共利益或者招标人、投标人的合法利益造成了损害，根据《招标投标法》第54条的规定，投标人有上述行为的，中标无效，给招标人造成损失的，依法承担赔偿责任；构成犯罪的，依法追究刑事责任。

（五）违法谈判影响中标结果

根据法律法规的规定，在确认中标人前，招标人与投标人并没有就投标价格或者投标方案等实质性内容进行谈判的环节，只是招标人发布招标文件让投标人知悉招标工程的信息，投标人编制投标文件并提交，招标人再组织评标委员会对投标文件进行评审，全程都没有招标人和投标人谈判的环节，如若招标人与投标人就投标价格或者投标方案等实质性内容作出谈判，那么实际上就是对投标人的一种信息泄露，会损害国家利益、社会公共利益或者招投标人的合法权益，根据《招标投标法》第55条的规定，依法必须进行招标的项目，招标人有上述行为的，给予警告，对单位直接负责的主管人员和其他直接责任人员依法给予处分。前款所列行为影响中标结果的，中标无效。

(六)违法确定或更换评标专家

除《招标投标法》第37条第3款规定的特殊招标项目外,依法必须进行招标的项目,其评标委员会的专家成员应当从评标专家库内相关专业的专家名单中以随机抽取方式确定。依法必须进行招标的项目的招标人非因《招标投标法》和《招标投标法实施条例》规定的事由,不得更换依法确定的评标委员会成员。违法选取或者更换评标专家会导致评标环节的不公平,损害国家利益、社会公共利益或者招投标人的合法权益,中标无效。

(七)违法确定中标人

中标人需要招标人在评标委员会确定的中标候选人之中确定或者招标人直接授权由评标委员会确定,招标人在评标委员会依法推荐的中标候选人以外确定中标人或者依法必须进行招标的项目在所有投标被评标委员会否决后自行确定中标人的,构成违法确定中标人,那么评标的意义不复存在,损害国家利益、社会公共利益和其他投标人的合法权益,所以根据《招标投标法》第57条的规定,招标人有上述行为的,中标无效,责令改正,可以处中标项目金额千分之五以上千分之十以下的罚款;对单位直接负责的主管人员和其他直接责任人员依法给予处分。

二、中标无效的认定

中标无效的认定主要有以下两种情况:一是被司法机关认定为"中标无效";二是被行政机关认定为"中标无效"。

(一)被司法机关认定中标无效

被司法机关认定中标无效主要是指通过诉讼或仲裁按照有关法律对中标无效予以认定。实践中经常出现以下情形:合同已经签署并履行一段时间,合同双方由于工程进度、工程款支付、工程质量等其他原因产生纠纷,此时,某个当事人在纠纷诉讼中主张中标无效,司法审理机关对此予以认定。

(二)被行政机关认为中标无效

在我国现行法律、法规和部门规章中,唯一明确规定由建设行政主管部门行使中标无效确定权的是《房屋建筑和市政基础设施工程施工招标投标管理办法》(2001年6月1日建设部令第89号发布,根据2018年9月28日住房和城乡建设部令第43号修正)。但是,该办法的层级仅为部门规章,建设行政主管部门是否有权认定中标无效依然存在争议。

实践中,在中标公示阶段,如果有投标人以中标无效为由进行投诉,行政监督机关查证属实后,一般要求招标人组织评标委员会重新评标,从而回避作出中标无效的决定。

三、中标无效的后果

(一)中标无效对招标程序的影响

根据《招标投标法》的规定,依法必须进行招标的项目违反本法规定,中标无效的,应当依照本法规定的中标条件从其余投标人中重新确定中标人或者依照本法重新进行招标。对于并非法定必须招标的项目,当事人可自行选择确定签约方的方式。因此,中标无效对招标程序可能造成下列影响:

1. 重新招标;

2. 选择其他方式确定签约方。

(二)中标无效对合同履行的影响

根据最高人民法院《关于审理建设工程施工合同纠纷案件适用法律问题的解释》第1条的规定,建设工程中标无效的,施工合同应当认定无效。双方应当按照合同无效的情况处理双方的争议。无效合同除争议解决条款外,其他条款均无效,即恢复到签约前的状态,双方费时费力约定的价格条件、质量要求、结算条款等均无效,故合同无效是双方都应尽量避免的情形。

对于勘察设计合同、监理合同、采购合同来说,中标无效同样也会导致合同无效的结果。

需要注意的是,对于非强制招标的项目,如发生中标无效,招标人(业主)有权不重新招标而自行确定签约方。

第三节　合同谈判

中标通知书发出之后的环节就是签订书面合同,而在签署书面合同前,招标人与中标人可以进行合同谈判。

一、合同谈判的范畴和意义

(一)关于合同谈判的法律规定

《招标投标法》第43条规定:"在确定中标人之前,招标人不得与投标人就投标价格、投标方案等实质性内容进行谈判。"

《招标投标法》第55条规定:"依法必须进行招标的项目,招标人违反本法规定,与投标人就投标价格、投标方案等实质性内容进行谈判的,给予警告,对单位直接负责的主管人员和其他直接责任人员依法给予处分。前款所列行为影响中标结果的,中标无效。”

而何为合同的实质性内容,《民法典》第 470 条的规定,合同的内容由当事人约定,一般包括下列条款:(1)当事人的姓名或者名称和住所;(2)标的;(3)数量;(4)质量;(5)价款或者报酬;(6)履行期限、地点和方式;(7)违约责任;(8)解决争议的方法。当事人可以参照各类合同的示范文本订立合同。

因此,招标人与中标人就合同实质性内容进行谈判应当开始于中标通知书发出之后。根据《招标投标法》第 46 条第 1 款的规定:“招标人和中标人应当自中标通知书发出之日起三十日内,按照招标文件和中标人的投标文件订立书面合同……”

《招标投标法实施条例》第 57 条第 1 款的规定:“招标人和中标人应当依照招标投标法和本条例的规定签订书面合同,合同的标的、价款、质量、履行期限等主要条款应当与招标文件和中标人的投标文件的内容一致。招标人和中标人不得再行订立背离合同实质性内容的其他协议。”

根据《最高人民法院关于审理建设工程施工合同纠纷案件适用法律问题的解释(一)》第 2 条第 1 款的规定,招标人和中标人另行签订的建设工程施工合同约定的工程范围、建设工期、工程质量、工程价款等实质性内容,与中标合同不一致,一方当事人请求按照中标合同确定权利义务的,人民法院应予支持。所以招标人与中标人签订的合同中的实质性条款必须和招标文件和投标文件中载明的一致。

(二)合同谈判的意义

1. 对招标人的意义

(1)通过谈判与该投标人代表和相关技术人员接触,进一步了解并确认该投标人在技术、经验以及资金、人力资源、物力资源和管理能力等方面的实力,能令人满意地圆满实施招投标合同所规定的工作。

(2)在评标过程中可能对投标人的标价进行了修正,在合同谈判时可以由投标人确认。

(3)与投标人共同讨论并确认变更情况,包括设计的局部变更、技术条件或合同条件的变更等,若投标人有意作出变更,这样可能导致合同基本条件及价格、质量标准和工期的变动,因此有必要与投标人进行合同谈判,以达成一致。

(4)若认为投标人报价存在不合理的情形,可以通过合同谈判进行核查和合理调整,争取降低投标人报价,减少成本;投标人可能提出招标人降价要求,双方可以在自愿的基础上就价格进行调整。

(5)将双方业已达成的协议进一步确认和具体化。

(6)在再谈判方面,财政部《关于规范政府和社会资本合作合同管理工作的通知》第2条第6款的规定为PPP项目合同的执行期预留了调整和变更空间。再谈判有利于缓和PPP合同在长期履行过程中可能存在的缺陷,使合同适应投标人的实际需求,进而保障公共利益。

2. 对中标人的意义

(1)与招标人澄清投标书中迄今尚未澄清的一些商务和技术条款,并说明自己对该项目、条款的理解和自己的报价基础,力争使招标人接受对自己有利的解释并予以确认。

(2)尽可能改善合同条件,争取更平等的地位,争取将己方的利益最大化。

(3)对项目实施中可能遇到的问题(如支付期限,图纸审查和批准等)提出要求,对涉及重要内容的合同条款通过合同谈判予以细化,以尽量避免今后实施中的风险。

(4)如果在谈判中,招标人对实质性条款(如项目内容、范围、合作期限等)作出变更,投标人则可相应提出价格调整。

(5)针对再谈判,投标人可以在再谈判阶段中明确提出自身诉求,进一步明确自身的权利和义务,在后续合作期间内保障自身利益。例如,招标人若想要降低收费价格,运营收入的减少会使投标人在补贴或特许期方面向投标人索要更多的补偿。

二、合同谈判中的注意事项

对于招标人来说,一旦双方签署合同,天平的重心会逐渐转向中标人一边,中标人会变得越来越强势,因此,招标人应当充分把握签署合同之前的合同谈判机会。招标人应当坚守招标文件中所附的合同条款,该合同由招标人事先拟定,由招标人的律师经过了严格的把关,对于招标人来说是比较有利的。

另外,有的招标人可能会要求中标人以承诺函的形式缩短工期、减少工程价款。有的中标人迫于签署合同的急切心情,在此阶段可能会答应招标人的此类“非分”要求。但该缩短工期、减少工程价款的承诺函因违背了招投标文件而存在无效的风险。

对于投标人来说，中标人希望中标之后签署的合同能使自己的利益最大化。因此，实践中，中标人在合同谈判中需注意下列问题：一是根据自身情况准确评估己方提出的投标报价、工期或其他关键条件是否有进一步压缩的空间，以此来应对招标人的进一步过分要求；二是尽量防止在合同之外签署让利或缩短工期的承诺函；三是需要关注合同中的不公平条款，据理力争。

第四节　签署合同

一、合同范本核心条款对比分析

（一）《建设项目工程总承包合同（示范文本）》（GF-2020-0216）

该示范文本于2020年11月发布，适用于房屋建筑和市政基础设施项目工程总承包承发包活动。为推荐使用的非强制性使用文本。合同当事人可结合建设工程具体情况，参照该示范文本订立合同，并按照法律法规和合同约定承担相应的法律责任及合同权利义务。针对新增加的《发包人要求》附件，笔者认为，该附件旨在将合同中的工程范围、工期、技术要求等发承包人重点关注的核心内容进行提炼，使双方对核心条款更加明确，在合同履行过程中便于阅读和查看。此附件不应与合同条款相矛盾，更不能体现出不合理、不合规、不合法的强制性要求。共由四部分内容：第一部分是合同协议书，第二部分是通用合同条件，第三部分是专用合同条件，第四部分是专用合同条件附件。

（二）《公路工程标准施工招标文件合同文本》（2018年版）

为加强公路工程施工招标管理，规范招标文件编制，交通运输部公路局会同国家发展改革委法规司，组织华工程咨询有限公司和国内专家对《公路工程标准施工招标文件》（2009年版）进行修订，并经审定形成此版本。表6-4为两版本的对照。

招标人在根据《公路工程标准招标文件》编制项目“专用合同条款”时，可根据具体情况和实际需要对通用条款进行“补充”和“细化”，但不得与其中的强制性条款相抵触。

表 6-4 《建设项目工程总承包合同(示范文本)》(2020)与《公路工程标准施工招标文件合同文本》(2018)对比

《建设项目工程总承包合同(示范文本)》(2020)(第一部分 通用合同条件)	《公路工程标准施工招标文件合同文本》(2018)(第一节 通用合同条款)
第 1 条 一般约定	1. 一般约定
第 2 条 发包人	2. 发包人义务
第 3 条 发包人的管理	
	3. 监理人
第 4 条 承包人	4. 承包人
第 5 条 设计	
第 6 条 材料、工程设备	5. 材料和工程设备
第 7 条 施工	6. 施工设备和临时设施
	7. 交通运输
	8. 测量放线
	9. 施工安全、治安保卫和环境保护
第 8 条 工期和进度	10. 进度计划
第 9 条 竣工试验	11. 开工和竣工
第 10 条 验收和工程接收	18. 竣工验收
第 11 条 缺陷责任与保修	19. 缺陷责任与保修责任
	12. 暂停施工
	13 工程质量
第 12 条 竣工后试验	14. 试验和检验
第 13 条 变更与调整	15. 变更
第 14 条 合同价格与支付	16. 价格调整 17. 计量与支付
第 15 条 违约	22. 违约
第 16 条 合同解除	
第 17 条 不可抗力	21. 不可抗力
第 18 条 保险	20. 保险
第 19 条 索赔	23. 索赔
第 20 条 争议解决	24. 争议解决

（三）《PPP（Public-Private Partnership）项目合同指南》

该文本是指政府方（政府或政府授权机构）与社会资本方（社会资本或项目公司）依法就PPP项目合作所订立的合同。在PPP项目中，除项目合同外，项目公司的股东之间，项目公司与项目的融资方、承包商、专业运营商、原料供应商、产品或服务购买方、保险公司等其他参与方之间，还会围绕PPP项目合作订立一系列合同来确立和调整彼此之间的权利义务关系，共同构成PPP项目的合同体系。PPP项目合同是整个合同体系的基础和核心，政府方与社会资本方的权利义务关系以及PPP项目的交易结构、风险分配机制等均通过PPP项目合同确定，并以此作为各方主张权利、履行义务的依据和项目全生命周期顺利实施的保障。

（四）《政府和社会资本合作项目通用合同指南》（2014年版）

为规范政府和社会资本合作项目合同编制工作，鼓励和引导社会投资，增强公共产品供给能力，根据国务院《关于创新重点领域投融资机制鼓励社会投资的指导意见》有关要求，编制《政府和社会资本合作项目通用合同指南》（2014年版）。该指南由正文和附件组成，主要反映合同的一般要求，采用模块化的编写框架，共设置15个模块、86项条款，适用于不同模式合作项目的投融资、建设、运营和服务、移交等阶段，具有较强的通用性。

表6-5　《PPP（public-private partnership）项目合同指南》与《政府和社会资本合作项目通用合同指南》（2014年版）

《PPP（public-private partnership）项目合同指南》①	《政府和社会资本合作项目通用合同指南》②（2014年版）
第一章　总　则	第一章　总　则
第一节　PPP项目主要参与方 一、政府 二、社会资本方 三、融资方 四、承包商和分包商 五、专业运营商（部分项目适用） 六、原料供应商（部分项目适用） 七、产品或服务购买方（部分项目适用） 八、保险公司 九、其他参与方	第二章　合同主体 第6条　政府主体 1. 主体资格 2. 权利界定 3. 义务界定 第7条　社会资本主体 1. 主体资格 2. 权利界定 3. 义务界定 4. 对项目公司的约定

① 参见永兴县人民政府网，http://www.yxx.gov.cn/2136/content_1409486.html。

② 参见大观区发展和改革委员会网，http://aqxxgk.anqing.gov.cn:9999/show.php?id=575703。

续表

《PPP(public-private partnership)项目合同指南》	《政府和社会资本合作项目通用合同指南》(2014 年版)
第二节　PPP 项目合同体系 一、PPP 项目合同 二、股东协议 三、履约合同 (一)工程承包合同 (二)运营服务合同 (三)原料供应合同 (四)产品或服务购买合同 四、融资合同 五、保险合同 六、其他合同	
第二章　PPP 项目合同的主要内容	
第一节　PPP 项目合同概述 一、合同主体 (一)政府方 (二)项目公司	第二章　合同主体 第 6 条　政府主体 1. 主体资格 2. 权利界定 3. 义务界定 第 7 条　社会资本主体 1. 主体资格 2. 权利界定 3. 义务界定 4. 对项目公司的约定
二、合同主要内容和条款	第一章　总则 第 3 条　声明和保证 第 5 条　合同构成及优先次序
三、风险分配 (一)风险分配原则 (二)常见风险分配安排	第三章　合作关系 第 8 条　合作内容 1. 项目范围 2. 政府提供的条件 3. 社会资本主体承担的任务 4. 回报方式 5. 项目资产权属 6. 土地获取和使用权利 第 10 条　排他性约定

续表

《PPP(public-private partnership)项目合同指南》	《政府和社会资本合作项目通用合同指南》(2014年版)
第二节 引言、定义和解释 一、引言 (一)签署时间及签署主体信息 (二)签约背景及签约目的 二、定义 三、解释	
第三节 项目的范围和期限 一、项目的范围 二、项目合作期限 (一)期限的确定 (二)期限的延长 (三)期限的结束	第一章 总则 第1条 术语定义和解释 第2条 合同背景和目的
第四节 前提条件 一、前提条件 (一)前提条件的含义和作用 (二)常见的前提条件 二、前提条件豁免 三、未满足前提条件的后果 (一)合同终止 (二)合同终止的效力和后果	第三章 合作关系 第8条 合作内容 1. 项目范围 第9条 合作期限
第五节 项目的融资 一、项目公司的融资权利和义务 二、融资方的权利 (一)融资方的主债权和担保债权 (二)融资方的介入权 三、再融资	第一章 总则 第4条 合同生效条件
第六节 项目用地 一、土地权利的取得 (一)一般原则 (二)两种实践选择 二、取得土地使用权或其他相关权利的费用 (一)取得土地使用权或其他相关权利所涉及的费用 (二)费用的承担 三、土地使用的权利及限制 (一)项目公司的土地权利——土地使用权 (二)项目公司土地使用权的限制 (三)政府方的场地出入权	第五章 项目前期工作 第18条 前期工作内容及要求 第19条 前期工作任务分担 第20条 前期工作经费 第21条 政府提供的前期工作支持 第22条 前期工作监管 第23条 前期工作违约及处理

续表

《PPP(public-private partnership)项目合同指南》	《政府和社会资本合作项目通用合同指南》(2014年版)
第七节　项目的建设 一、项目的设计 (一)设计的范围 (二)设计工作的分工 (三)项目设计要求 (四)设计的审查 (五)项目设计责任 二、项目的建设 (一)项目建设要求 (二)项目建设责任 (三)政府方对项目建设的监督和介入	第四章　投资计划及融资方案 第 12 条　项目总投资 1. 投资规模及其构成 2. 项目投资计划 第 13 条　投资控制责任 第 14 条　融资方案 第 15 条　政府提供的其他投融资支持 第 16 条　投融资监管 第 17 条　投融资违约及其处理
第八节　项目的运营 一、开始运营 (一)概述 (二)开始运营的条件 (三)因项目公司原因导致无法按期开始运营的后果 (四)因政府方原因导致无法按期开始运营的后果 (五)因中性原因导致无法按期开始运营的后果 二、运营期间的权利与义务 (一)项目运营的内容 (二)项目运营的标准和要求 (三)运营责任划分 (四)暂停服务 三、政府方对项目运营的监督和介入 四、公众监督	第 8 条　合作内容 6. 土地获取和使用权利
第九节　项目的维护 一、项目维护义务和责任 (一)项目维护责任 (二)维护方案和手册 (三)计划外的维护	第六章　工程建设 第 24 条　政府提供的建设条件 第 25 条　进度、质量、安全及管理要求 第 26 条　建设期的审查和审批事项 第 27 条　工程变更管理 第 28 条　实际投资认定 第 29 条　征地、拆迁和安置 第 30 条　项目验收 第 31 条　工程建设保险 第 32 条　工程保修 第 33 条　建设期监管 第 34 条　建设期违约和处理

续表

《PPP(public-private partnership)项目合同指南》	《政府和社会资本合作项目通用合同指南》(2014年版)
第十节　股权变更限制 一、限制股权变更的考虑因素 (一)政府方关注 (二)社会资本关注 二、股权变更的含义与范围 (一)直接或间接转让股权 (二)并购、增发等其他方式导致的股权变更 (三)股份相关权益的变更 (四)兜底规定 三、股权变更的限制 (一)锁定期 (二)其他限制 (三)违反股权变更限制的后果	第八章　运营和服务 第38条　政府提供的外部条件 第39条　试运营和正式运营 第40条　运营服务标准 第41条　运营服务要求变更 第42条　运营维护与修理 第43条　更新改造和追加投资 第44条　主副产品的权属 第45条　项目运营服务计量 第46条　运营期的特别补偿 第47条　运营期保险 第48条　运营期政府监管 第49条　运营支出 第50条　运营期违约事项和处理 第55条　项目运营收入
第十一节　付费机制 一、付费机制的分类 (一)政府付费 (二)使用者付费 (三)可行性缺口补助 二、设置付费机制的基本原则和主要因素 (一)基本原则 (二)主要考虑因素 (三)定价和调价机制	
第十二节　履约担保 一、概述 (一)履约担保的含义和方式 (二)要求项目公司提供履约担保的主要考虑因素 (三)选择履约担保方式的基本原则 二、常见的履约担保方式——保函 (一)建设期的履约保函 (二)运营维护期的履约保函/维护保函 (三)移交维修保函 其他保函 (一)投标保函 (二)担保合同前提条件成就的履约保函	

续表

《PPP(public-private partnership)项目合同指南》	《政府和社会资本合作项目通用合同指南》(2014年版)
第十三节　政府承诺 一、付费或补助 二、负责或协助获取项目相关土地权利 三、提供相关连接设施 四、办理有关政府审批手续 五、防止不必要的竞争性项目 六、其他承诺	第8条　合作内容 4. 回报方式
第十四节　保险 一、一般保险义务 (一)购买和维持保险义务 (二)保单要求 (三)保险条款变更 二、常见的保险种类 (一)货物运输保险 (二)建筑工程一切险 (三)安装工程一切险 (四)第三者责任险 (五)施工机具综合保险 (六)雇主责任险	第三章　合作关系 第11条　合作履约担保
第十五节　守法义务及法律变更 一、法律的含义(通常会规定在合同的定义中) 二、守法义务 三、"法律变更"的定义(通常会规定在合同的定义中) 四、法律变更的后果 (一)政府方可控的法律变更的后果 (二)政府方不可控的法律变更的后果	第三章　合作关系 第8条　合作内容 2. 政府提供的条件

续表

《PPP（public-private partnership）项目合同指南》	《政府和社会资本合作项目通用合同指南》（2014年版）
第十六节　不可抗力 一、不可抗力的定义和种类 （一）定义方式 （二）不可抗力的特殊分类 1. 政治不可抗力 2. 自然不可抗力 二、不可抗力的法律后果 （一）免于履行 （二）延长期限 （三）免除违约责任 （四）费用补偿 （五）解除合同	第六章　工程建设 第31条　工程建设保险
第十七节　政府方的监督和介入 一、政府方的监督权 （一）项目实施期间的知情权 （二）进场检查和测试 （三）对承包商和分包商选择的监控 （四）参股项目公司 二、政府方的介入权 （一）项目公司未违约情形下的介入 （二）项目公司违约情形下的介入	第八章　运营和服务 第47条　运营期保险
第十八节　违约、提前终止及终止后处理机制 一、违约事件 （一）概述 （二）违约事件的界定方式 （三）政府方违约事件 （四）项目公司违约事件 二、提前终止的事由 （一）概述 （二）政府方选择终止 三、终止后的处理机制 （一）回购义务 （二）回购补偿 （三）补偿的支付	第十一章　不可抗力和法律变更 第64条　法律变更

续表

《PPP(public-private partnership)项目合同指南》	《政府和社会资本合作项目通用合同指南》(2014 年版)
第十九节　项目的移交 一、移交范围 二、移交的条件和标准 (一)权利方面的条件和标准 (二)技术方面的条件和标准 三、移交程序 (一)评估和测试 (二)移交手续办理 (三)移交费用(含税费)承担 四、转让 (一)项目相关合同的转让 (二)技术转让 五、风险转移	第十一章　不可抗力和法律变更 第 60 条　不可抗力事件项目 第 61 条　不可抗力事件的认定和评估 第 62 条　不可抗力事件发生期间各方权利和义务 第 63 条　不可抗力事件的处理
第二十节　适用法律及争议解决 一、适用法律 二、争议解决 (一)友好协商 (二)专家裁决 (三)仲裁 (四)争议期间的合同履行	第十章　收入和回报 第 58 条　财务监管 第 59 条　违约事项及其处理
第二十一节　合同附件 一、常见的合同附件 (一)项目场地范围 (二)项目所需审批 (三)技术附件 (四)商务附件 (五)履约担保格式 (六)移交条件 二、各行业合同附件例举 (一)城市(集中)供水 (二)集中供暖 (三)管道燃气供应 (四)污水处理 (五)垃圾焚烧处理 (六)保障性安居工程 (七)地下综合管廊 (八)轨道交通 (九)医疗和养老服务设施	第十二章　合同解除 第 65 条　合同解除的事由 第 66 条　合同解除程序 第 67 条　合同解除的财务安排 第 68 条　合同解除后的项目移交 第 69 条　合同解除的其他约定

续表

《PPP(public-private partnership)项目合同指南》	《政府和社会资本合作项目通用合同指南》(2014 年版)
第三章　不同付费机制下的核心要素	第十三章　违约处理 第 70 条　违约行为认定 第 71 条　违约责任承担方式 第 72 条　违约行为处理
第一节　政府付费 一、可用性付费 (一)概述 (二)适用条件 (三)可用性付费的设置 二、使用量付费 (一)概述 (二)使用量付费的设置 三、绩效付费 (一)概述 (二)绩效付费的设置 四、政府付费的调价机制 (一)公式调整机制 (二)基准比价机制 (三)市场测试机制	第七章　政府移交资产 第 35 条　移交前准备 第 36 条　资产移交 第 37 条　移交违约及处理
第二节　使用者付费 一、使用者付费机制的适用条件 (一)项目使用需求可预测 (二)向使用者收费具有实际可操作性 (三)符合法律和政策的规定 二、使用者付费的定价机制 (一)定价方式 (二)政府参与定价的考虑因素 (三)政府参与定价的方式 三、唯一性条款和超额利润限制机制 (一)唯一性条款 (二)超额利润限制	第九章　社会资本主体移交项目 第 51 条　项目移交前过渡期 第 52 条　项目移交 第 53 条　移交质量保证 第 54 条　项目移交违约及处理
第三节　可行性缺口补助 一、投资补助 二、价格补贴	第十五章　其他约定 第 82 条　合同适用法律

续表

《PPP(public-private partnership)项目合同指南》	《政府和社会资本合作项目通用合同指南》(2014年版)
第四章　不同行业下的特定条款	第十四章　争议解决 第73条　争议解决方式 1. 协商 2. 调解 3. 仲裁或诉讼 第74条　争议期间的合同履行
第一节　公共交通项目 一、项目的范围和期限 (一)项目的范围 (二)项目期限 二、付费和调价机制 (一)付费机制 (二)调价机制 (三)唯一性条款 (四)政府对项目的优惠政策	第十五章　其他约定 第86条　合同附件
第二节　公用设施项目 一、付费和调价机制 (一)购电安排 (二)电价组成要素 (三)电价调整机制 二、连接设施建设 (一)全部由政府负责建设 (二)由项目公司和政府方共同负责建设 (三)全部由项目公司负责建设 三、原料供应 (一)由项目公司负责 (二)由政府方负责 四、环境保护责任	
第三节　社会公共服务项目 一、付费和调价机制 (一)付费机制 (二)调价机制 二、绩效监控机制 (一)绩效监控方案 (二)政府监控措施 (三)运营委员会 (四)未达到绩效标准的后果	

二、签署合同应注意的事项

(一)合同主体单位名称与招标人、中标人名称一致

招标人与中标人签署合同是法律规定,招标人在完成招标活动后有义务与中标人签署合同,中标人在完成投标,收到中标通知书后有义务与招标人签署合同,这里的招标人是指招标人本身,而不是被招标人授权的单位,这里的中标人也是指中标人本身,而不是中标人的投资子公司等被授权的单位。以上叙述是法律本身的含义,因为如果招标人在完成招标后可以授权其他单位签署合同,那么该被授权单位应当为投标人在投标过程中所无法预期的,如后续合同履行过程中发生争议,那么中标人无法确定承担责任的主体是招标人还是合同签订人;如果允许中标人中标后授权其子公司签署合同,那么招标文件对于投标人的资格要求形同虚设,如发生后续合同履约风险,同样存在合同义务的承担主体无法确定的问题。

实践中,存在政府作为招标人完成招标活动后由政府授权的实施机构代为签署合同,以及政府在公开遴选社会投资人前已经通过公开招标的方式招选了全过程造价咨询或监理人等工程项目服务机构,待社会资本中标成立项目公司后,再由项目公司与中标单位签署合同的情况。针对招标人方面是否存在签约主体适格的问题,中标人一般不会深究,但在签约阶段应当注意招标文件中的表述及相关主体的授权问题;针对中标人以己方名义签署合同的问题,不但有法律规定,同时招标人会有明确的跟踪和要求,而且投标保证金作为担保可以有效防范风险。

(二)合同内容符合双方谈判最终确认的版本

合同签署的过程也是双方谈判、磋商和妥协退让的过程,双方合同管理部门和责任人员应当将每次谈判后达成一致的内容及时更新,在制作最终签约版本时逐一仔细核对全部条款,虽然该工作看似琐碎,但是实践中曾经有大量案例,双方对最终谈判达成的“一致意见”存在不同理解,而最终合同版本未经足够重视确认,而导致执行过程中发生争议。

(三)合同签章清晰骑缝章无缺漏

书面形式的合同一般以签名、盖章为其成立要件,签章需要保持清晰,签章位置可以参照《党政机关公文格式国家标准》(2012 年)的规定,规范用印,按照该规定,印章用红色,不得出现空白印章。单一机关行文时,一般在成文日期之上、以成文日期为准居中编排发文机关署名,印章端正、居中下压发文机关署名

和成文日期,使发文机关署名和成文日期居印章中心偏下位置,印章顶端应当上距正文(或附件说明)一行之内。这种盖章的规范要求,俗语上称为"骑年盖月";另外,在合同页数较多的情况下,建议采取加盖骑缝章的方式有效地降低文本被变造或套印的风险。

(四)合同签章是法定代表人或授权代表人签字

《最高人民法院民二庭第 18 次法官会议纪要》司法观点:"章有真假之分,人也有有权无权之别,不可简单根据加盖公章这一事实就认定公章显示的公司就是合同当事人,关键要看盖章之人有无代表权或代理权。盖章之人为法定代表人或有权代理人的,即便其未在合同上盖章甚至盖的是假章,只要其在合同书上的签字是真实的,或能够证明该假章是其自己加盖或同意他人加盖的,仍应作为公司行为,由公司承担法律后果。反之,盖章之人如无代表权或超越代理权的,则即便加盖的是真公章,该合同仍然可能会因为无权代表或无权代理而最终归于无效。"

但作为善意第三人,判断对方单位的公章管理有无问题非常困难。实践中如合同经由营业执照记载的法定代表人实施签名并盖章的,相对方没有理由担心其他,当然必要时也可查询工商登记档案中法定代表人的签字式样;对于法定代表人变动,造成变更手续过渡期间名义法定代表人与实际法定代表人不一致的情况,相关司法观点认为按照商事外观主义的原则,一般以执照记载的法定代表人为准,如有确切证据证明法人权力机关作出决议变更法定代表人且为合同相对人所知悉的,则以该法人权力机关的意志为准;由委托代理人签名并实施盖章的,作为合同向对方应当核查授权委托书,并视情况要求提供经公证机构公证的授权委托书。

(五)授权代表签字的有授权委托书

核查授权委托书时,应当注意以下要素:第一,授权内容是否为签署与己方单位签署该合同,合同名称要求清晰完整正确,授权签署主合同的同时,是否授权签署补充协议和其他合同附件;第二,授权的时间效力,授权日期是否在合同签署日期之前;第三,授权是否需要公证,对于大型项目签署合同通常会举办专门的签约仪式,而且通常由法定代表人亲自签名盖章,如确因特殊情况不能现场签约,需授权他人代为签署的,建议要求对方出具经过公证的授权委托书。

(六)合同页码连贯没有缺页

合同文本的制作具有非常严格的要求,在合同底部标注页码,采用"第 X 页,共 Y 页"的格式,不仅可以方便合同本身存档和方便查阅,对于防止疏忽大意的混淆和人为故意偷换具有同等重要的意义。

（七）合同签订时间地点完善

实践中，经常有合同的签订日期被忽视的情形，其实，合同签订日期非常重要，即有可能是合同生效的时间，也可能是确定材料价格、质量工艺标准、不可抗力事件等的依据，甚至还可能是确定诉讼时效的依据；多个同类合同、补充合同（协议），签订日期很可能是确定各个合同、补充合同（协议）效力先后的依据。《民法典》将合同成立时间规定为合同各方最后一方签字盖章之日起成立。如合同履行任一方有证据可以证明最后签章的签注日期，则以该签注盖章之日为合同成立日；若无，则鉴于履行行为原则上应该晚于合同签订日，故在能证明履行行为的基础上，该履行行为应可以视为合同成立的起点，所以为了有效避免纠纷，应该明确在合同上写明签订时间。

合同签约地点同样不可忽视，尤其是在涉外合同中。如果当事人之间就合同的准据法或裁判管辖没有特别的约定时，合同签订地是决定准据法及裁判管辖的要素。在实践中，经常会出现双方在不同时间、地点签字，然后互换合同文本的情况，所以此种情况下更应当将合同签订地明确写在合同文本当中。

三、《补充协议》与“黑白合同”

（一）关于签署《补充协议》的法律规定

根据《招标投标法》第46条的规定，招标人和中标人在签订书面合同之后，不得再行订立背离合同实质性内容的其他协议。该规定从法律上对补充协议的签订进行了限制。

实务中，下列情形都可以认为是补充协议的表现形式：补充协议、备忘录、承诺函、双方共同签署的会议纪要、文件、设计变更以及工程洽商往来函件等。

（二）关于合同备案的法律规定

合同备案的本意，是指合同当事人在签订合同时，不需要其他机关的审查，只需在合同签订之后将合同报相关主管部门存档备查。《行政许可法》并未授权建设主管部门或其他部门对施工合同进行审查的行政权力。

但是实践中，各地行政管理机关在进行合同备案的实际操作时，均不同程度地扩大其行政权力，增加了对备案合同的审查程序，对于不符合有关条件的合同（与招标文件、中标人的投标文件不符），备案机关不予备案。因此，备案审查的关键在于合同条款是否背离了招标文件、投标文件的实质性内容。目前，合同备案主要针对建设工程施工合同。对勘察设计合同和监理合同的备案，尚不是行政机关的管理重点,国家层面的法规对此没有强制性要求,各地对此的规定也较少。

施工合同备案的重要性主要体现在以下两方面:一是施工合同备案是开展下一步工作的重要条件。我国各地政府对于建设工程施工合同均有备案要求,对于不进行备案的合同,将不能够获得开展下一步工作(一般为领取施工许可证)的行政批准。比如,《北京市房屋建筑和市政基础设施工程施工合同管理办法(试行)》即把施工合同在建设主管部门进行备案作为获批施工许可证的前提条件。二是备案的施工合同可以作为工程结算的依据。根据《最高人民法院关于审理建设工程施工合同纠纷案件适用法律问题的解释(一)》第 2 条的规定,招标人和中标人另行签订的建设工程施工合同约定的工程范围、建设工期、工程质量、工程价款等实质性内容,与中标合同不一致,一方当事人请求按照中标合同确定权利义务的,人民法院应予支持。

笔者认为,对于招标项目合同的补充协议的效力问题,并不能统一以是否备案作为判定其效力的标准。比如,合同履行过程中会出现较大数量的设计变更与工程洽商,如果都要求其进行备案,则将极大地加重发包人承包人的工作,同时给备案机关也会带来很大的工作量。对于一般的设计变更与工程洽商,即便不进行备案,法院或仲裁机构也给予了认可。例如,重庆市高级人民法院《关于当前民事审判若干法律问题的指导意见》完整的规定了此类建设工程项下的“黑白合同”如何处理,即不是必须招投标的项目,实际也未经过招投标程序,发包方直接与承包方签订建设工程施工合同,并按照建设行政主管部门的规定,将施工合同在相关行政管理部门予以登记备案,但由于种种原因,登记备案的合同与发包方和承包方在先签订的施工合同在价款、质量和工期等方面存在较大差异的,应当探究当事人的真实意思和合同的实际履行情况,确定一份合同作为结算依据,登记备案的合同并不必然作为双方的结算依据……即认可了未经备案的“黑合同”也有效,可以作为相应的结算依据。因此,在判断施工合同法律效力时,如没有明显损害相关主体利益或社会公共利益的情形,则应充分尊重当事人的意思表示,维护当事人真实意思表示的合同效力。

(三)关于“黑白合同”

“黑白合同”又称“阴阳合同”,是指法律法规规定必须进行招投标的工程项目合同,开发企业与施工方就同一建筑工程或同一专业工程签订两份不同的合同,一份经过招标投标用于建设主管部门备案,另一份是对外不公开的、与备案合同内容不一致的、实际履行的私下协议,前一份备案合同称为“白合同”,后一份称为“黑合同”。所以,招标人和中标人签订的建设工程施工合同约定的工程范围、建设工期、工程质量、工程价款等实质性内容,与中标合同不一致的合同就是黑合同。一般情况下,黑合同中的主要内容体现在招标人强迫中标单位垫资带资承包、压低工程款等,损害了招标投标活动的公平性。

实践中,无论黑合同在白合同之前签订、黑白合同同时签订还是黑合同在白合同之后签订,都会导致招投标的无效。但是,如果工程已经竣工,在结算工程价款时,针对黑白合同问题法律法规作出了以下规定,即《最高人民法院关于审理建设工程施工合同纠纷案件适用法律问题的解释(一)》第1条第1款规定:“建设工程施工合同具有下列情形之一的,应当依据民法典第一百五十三条第一款的规定,认定无效:(一)承包人未取得建筑业企业资质或者超越资质等级的;(二)没有资质的实际施工人借用有资质的建筑施工企业名义的;(三)建设工程必须进行招标而未招标或者中标无效的。”

“黑合同”在“白合同”之前签订实际上是招标人并没有按照《招标投标法》的规定进行招标选定中标人,而是在确定中标人之前和投标人进行谈判签订的合同,根据以上法律法规的规定,此时,合同属于无效合同。

《招标投标法》第43条规定,“在确定中标人前,招标人不得与投标人就投标价格、投标方案等实质性内容进行谈判。”如果招标人在中标人确定之前和投标人进行谈判,从而签订了黑合同,则招标人和投标人的行为已经违反了《招标投标法》第43条的规定,此时前后签署的两份合同都无效。

在“黑白合同”都无效时,《最高人民法院关于审理建设工程施工合同纠纷案件适用法律问题的解释(一)》第24条第1款规定,当事人就同一建设工程订立的数份建设工程施工合同均无效,但建设工程质量合格,一方当事人请求参照实际履行的合同关于工程价款的约定折价补偿承包人的,人民法院应予支持。所以当“黑白合同”均无效时,但是建设工程质量合格,可以按照实际履行的合同结算工程价款,实际履行的合同也很难确定时,可以按照最后签订的合同进行结算。

“黑合同”签订在中标之后,一般会伴随着双方的承诺书,声明备案合同仅用于履行备案手续,不作为实际履行。根据《招标投标法》第46条规定:“招标人和中标人不得再行订立背离合同实质性内容的其他协议。”“黑白合同”之间存在实质性违背,即中标合同之外的合同必须在工程价款、工程质量和工程期限等方面与中标合同具有实质性背离时,根据《最高人民法院关于审理建设工程施工合同纠纷案件适用法律问题的解释(一)》第2条的规定,招标人和中标人另行签订的建设工程施工合同约定的工程范围、建设工期、工程质量、工程价款等实质性内容,与中标合同不一致,一方当事人请求按照中标合同确定权利义务的,人民法院应予支持。

因此,在此情况下,《补充协议》构成了法律上的“黑合同”,属于无效合同。

(四)无效补充协议(黑合同)的内容

虽然,法律上已有上述规定,但实践中“黑白合同”已然成为房地产开发和建设工程领域中常见的做法,其实质是一种对合同签订上的监督缺位导致产生的违法违规行为。例如:承包人向发包人让利或者发包人压缩工期就是“黑合同”的常见表现形式。

由于建筑市场周期长,施工难度大,建筑工程本身的特点决定了建筑工程的工期不能太短。实践中,一些“政绩工程”“献礼工程”层出不穷,通常会在“黑合同”中通过压缩工期达到不合法的经济目的,违背了建筑市场客观发展规律,同时使得工程质量无法保证。

根据《最高人民法院第八次全国法院民事商事审判工作会议》第30条规定,“要依法维护通过招投标所签订的中标合同的法律效力。当事人违反工程建设强制性标准,任意压缩合理工期、降低工程质量标准的约定,应认定无效。对于约定无效后的工程价款结算,应依据建设工程施工合同司法解释的相关规定处理。”第31条规定,“招标人和中标人另行签订改变工期、工程价款、工程项目性质等影响中标结果实质性内容的协议,导致合同双方当事人就实质性内容享有的权利义务发生较大变化的,应认定为变更中标合同实质性内容。”

当然,建设工程开工后,因规划调整等不可预见的原因,涉及合同实质性内容变更的,属于合同的正常变更,不属于“黑白合同”。《民法典》第533条规定,合同成立后,合同的基础条件发生了当事人在订立合同时无法预见的、不属于商业风险的重大变化,继续履行合同对于当事人一方明显不公平的,受不利影响的当事人可以与对方重新协商;在合理期限内协商不成的,当事人可以请求人民法院或者仲裁机构变更或者解除合同。即基于客观原因对合同进行变更,适用情势变更原则。

(五)签署无效补充协议(“黑合同”)的法律责任

《招标投标法》第59条规定了招标人与中标人违法订立合同的法律责任。具体如下:

(1)责令改正。招标人不按照招标文件和中标人的投标文件订立合同的,应停止违法行为，并根据法律规定，按照招标文件和中标人的投标文件订立合同。

（2）罚款。处罚对象：实施违法行为的招标人和中标人；罚款的范围：中标项目金额的5‰以上10‰以下，具体数额由作出处罚决定的行政机关根据招标人和中标人违法行为的情节轻重决定。

另外，对于《补充协议》中出现不符合监管要求的合同条款，亦应当视为无效，根据《最高人民法院关于审理建设工程施工合同纠纷案件适用法律问题的解释（一）》第25条的规定，当事人对垫资和垫资利息有约定，承包人请求按照约定返还垫资及其利息的，人民法院应予支持，但是约定的利息计算标准高于垫资时的同类贷款利率或者同期贷款市场报价利率的部分除外。当事人对垫资没有约定的，按照工程欠款处理。当事人对垫资利息没有约定，承包人请求支付利息的，人民法院不予支持。

此外，在一些政府部门发布的规范性文件中，对于建设工程领域尤其是政府投资项目的垫资、带资施工存在限制性的规定。例如：

《国务院办公厅转发建设部等部门关于进一步解决建设领域拖欠工程款问题意见的通知》中规定：（1）政府投资工程一律不得要求施工企业带资建设；（2）对在政府投资项目中带资施工的企业，银行不得发放贷款；（3）带资施工的企业也不得要求分包单位垫资。

《北京市房屋建筑和市政基础设施工程施工合同管理办法（试行）》第12条规定：（1）严禁政府投资项目使用带资承包方式进行建设；（2）非政府投资项目，承包人带资建设的，发包人应当在招标文件和施工合同中明确带资数额、期限、利息计算方式等内容，并应当在施工合同签订后办理具有强制执行效力的公证文书。

因此，从遵守政府监管规定的角度出发，对于政府投资的项目，发包人应当按照规定不得签署设置带资施工条款的《补充协议》，否则视为无效。

四、拒不签署合同的法律责任

（一）招标人不与中标人订立合同的责任

根据《工程建设项目施工招标投标办法》第80条规定："依法必须进行招标的项目的招标人有下列情形之一的，由有关行政监督部门责令改正，可以处中标项目金额千分之十以下的罚款；给他人造成损失的，依法承担赔偿责任；对单位直接负责的主管人员和其他直接责任人员依法给予处分：……（四）无正当理由不与中标人订立合同……”

依据上述，招标人若在中标结果公示后无正当理由不与中标人订立合同的，有关行政监督部门可责令其改正，并可处中标项目金额千分之十以下的罚款；如有给他人造成损失的，应当对该损失承担赔偿责任。

（二）中标人不与招标人订立合同的责任

根据《招标投标法实施条例》第74条规定，“中标人无正当理由不与招标人订立合同，在签订合同时向招标人提出附加条件，或者不按照招标文件要求提交履约保证金的，取消其中标资格，投标保证金不予退还。对依法必须进行招标的项目的中标人，由有关行政监督部门责令改正，可以处中标项目金额10‰以下的罚款。”

依据上述，中标人不签订合同的，招标人可不退还其投标保证金；如招标项目为依法必须进行招标的项目，则有关行政监督部门可责令其改正并处中标项目金额10‰以下的罚款。

笔者认为，在招投标实务中，由于中标人不签订书面合同，不实施建设工程给招标人造成的损失范围应当在“已发生、可预见”的范围内，主要包括招标人组织招标和评标活动发生的费用；因工期延误导致工程建设成本增加的费用；甚至包括两次中标价之间的差额费用（可证明范围内），以及招标人因组织二次招标而发生的其他费用。

第五节　实务案例

☞ 案例五十六：“黑白合同”内容不一致引发的争议

（一）案情概述

甲方：泰州市新东方房地产开发有限公司（以下简称新东方公司）

乙方：浙江天业建设有限公司（以下简称天业公司）

甲、乙双方在项目招投标之前签订《施工合同意向协议》，该协议第4条约定，“工程造价：暂定4000万元（实际按中标价）”。第11条约定，“本意向协议双方签字盖章后一个月内开标，乙方若能中标，双方在中标后十日内签订《建设工程施工合同》，贰佰万元的投保保证金转为履约保证金”。同时约定，“如乙方不能中标，开标后三日内甲方将全额退还乙方的招标保证金”。后乙方中标，双方签署《建设工程施工合同》并履行了备案程序，但是，关于工程款项结算，《施工合同意向协议》约定为据实结算,《建设工程施工合同》约定为固定价格。合同履行过程中,双方就本案工程款结算发生争议,乙方向一审法院提起诉讼。

(二)案情分析

因该项目属于必须招标的工程项目,甲乙双方在招标前就合同实质性内容进行磋商属于违法行为,所签署的合同是"黑合同",属于无效合同,应当受到法律的制裁。如项目已经竣工,且工程质量合格,则应根据备案的《建设工程施工合同》来确定当事人之间的权利义务关系。

(三)相关法条

《最高人民法院关于审理建设工程施工合同纠纷案件适用法律问题的解释(一)》第二条　招标人和中标人另行签订的建设工程施工合同约定的工程范围、建设工期、工程质量、工程价款等实质性内容,与中标合同不一致,一方当事人请求按照中标合同确定权利义务的,人民法院应予支持。

☞ 案例五十七:某项目中标后签订改变招标文件实质性条件的合同引发争议

(一)案情概述

丽水市莲都区林业局办公楼装修工程经公开招投标确定建设单位,招标文件规定:本合同采用可调价格合同,合同价格调整按招标文件第十款工程结算方式第(三十三)、(三十四)调整;按每个月实际完成工程量的80%支付工程款,竣工验收合格后支付至工程总价的85%,工程余款15%待工程结算后一个月内扣留5%保修款后结清。招标文件第十款、工程结算方式第(三十三)规定"工程量清单所列的工程量系招标人估算的和临时的,作为投标报价的共同基础,实际完成工程量由承包单位计量、招标人、监理工程师核准,单价按(三十四)原则结算";第(三十四)规定"1. 与投标文件相同的项目,结算单价仍按中标报价单价结算;2. 新增项目的工程量,其结算单价应采取类似套用原则,套用中标报价中类似项目组成;没有类似项目单价的,由业主和承包商根据项目具体情况参照中标价的下浮率确定,但新增项目的工程量单价不能高于浙江省和丽水市现行工程造价计价依据确定的单价"。原告浙江佳华时代装饰工程有限公司经投标,中标承建丽水市莲都区林业局办公楼装修工程,并于2007年10月19日与被告丽水市莲都区林业局签订《建设工程施工合同》一份,约定:工程内容为施工图范围内装修、水电安装工程;合同价款为1,158,912元;本合同采用可调价格合同,合同价款调整方法为按招投标文件第(三十三)、(三十四)调整,增加工程不让利,人工工资按省信息价补差;被告在收到原告并经被告核准的所完成总工程量总价的85%按月支付进度款,工程验收合格后并经审计部门审定,除留5%作为质量保证金外,余款在十五日内付清。2007年10月18日,原、被告签订《工程质量保修书》,约定:质量保修期从工程实际竣工之日算起,根据国家有关规定约定保修期为二年。2008年4月5日,原、被告签订《补充协议书》一份,约定:本协议书为莲都区林业局办公楼装饰工程施工合同的组成部分,原合同的有关条款及相关联系单适用本协议;工程增加办公楼铝合金门窗、外墙面改造装饰及弱电等施工内容;增加工程量约60万元(附建筑工程预算书)。2008年4月,案涉工程施工完成。2008年5月9日,原告向被告工作人员交付案涉办公楼的钥匙。原告已支付130万元工程款。后因双方当事人对欠付工程款金额争议巨大,且工程审计结果未出,故被告至今尚未支付剩余工程款。2016年1月6日,丽水市中兴工程咨询有限公司出具鉴定结论,双方对造价不能达成一致意见,由法院裁决。

(二)案情分析

案涉工程系必须进行招投标的工程,双方应当按照招标文件和中标人的投标文件订立书面合同。根据招标文件第(三十四)单价按以下原则结算:(1)与投标相同的项目,结算单价仍按中标报价单价结算;(2)新增项目的工程量,其结算单价应采取类似套用原则,套用中标报价中类似项目组成;没有类似项目单价的,由业主和承包商根据项目具体情况参照中标价的下浮率确定,但新增项目的工程量单价不能高于浙江省和丽水市现行工程造价计价依据确定的单价。而上诉人浙江佳华时代装饰工程有限公司中标后与被上诉人丽水市莲都区林业局签订的《建设工程施工合同》第三部分专用条款第23.2条第2款约定,采用可调价格合同,合同价款调整方法:按招投标文件工程结算方式第(三十三)、(三十四)调整,增加工程不让利,人工工资按省信息价补差。《建设工程施工合同》中关于"增加工程不让利,人工工资按省信息价补差"的约定实质性变更了招投标文件的内容,且上诉人并没有提供证据证明该实质性变更具有正当事由,故应认定该约定无效,上诉人要求按该约定对人工工资按省信息价补差,缺乏依据,本院判决不予支持。

关于网线工程的结算价款问题,案涉工程招投标时虽然未禁止不平衡报价,但仍应在合理范围内进行,本案中,上诉人承包案涉工程的负责人李某某在招投标和增加工程量等方面采取了不正当的手段,明显存在恶意;上诉人不仅投标单价畸高,而且实际工程量比标底增加约10倍,上诉人的上述行为,不仅有违民事活动应遵循的诚实信用原则,更有损社会公共利益、扰乱社会经济秩序。一审法院对超投标范围15%以内工程量按中标价计算工程价款,对超投标范围15%以外工程量按鉴定机构重新组价下浮后造价12,880元作为工程价款,并无不当。

(三)相关法条

《招标投标法》

第三条第一款第二项　在中华人民共和国境内进行全部或者部分使用国有资金投资或者国家融资的工程建设项目包括项目的勘察、设计、施工、监理以及与工程建设有关的重要设备、材料等的采购,必须进行招标。

第四十六条第一款　招标人和中标人应当自中标通知书发出之日起三十日内,按照招标文件和中标人的投标文件订立书面合同。招标人和中标人不得再行订立背离合同实质性内容的其他协议。

《最高人民法院关于审理建设工程施工合同纠纷案件适用法律问题的解释(一)》第十九条　当事人对建设工程的计价标准或者计价方法有约定的,按照约定结算工程价款。

因设计变更导致建设工程的工程量或者质量标准发生变化,当事人对该部分工程价款不能协商一致的,可以参照签订建设工程施工合同时当地建设行政主管部门发布的计价方法或者计价标准结算工程价款。

建设工程施工合同有效,但建设工程经竣工验收不合格的,依照民法典第五百七十七条规定处理。

第七章　招投标活动监管

随着招投标制度的广泛运用,招投标活动中存在的问题也越发突出,围标、串标等违法违规行为屡禁不止。为了保证招投标工作公平公正地开展,有必要对招投标活动进行监管。由于招投标活动的招标对象具有特殊性,政府在监管中存在一定双重性。同时,由于招投标活动涉及众多行业,目前我国对招投标活动的监管权限分散于各级别、各部门行政监管部门,又使招投标监管具有一定复杂性。招投标监管涉及招投标活动的方方面面,对于招标人、投标人及其他招投标活动参与主体而言,招投标的监管都是招投标制度的重要一环。

本章从招投标监管的理论入手,阐述监管的必要性、监管涉及的主体和客体等,在此基础上,对监管部门、监管内容、监管方式等一一进行阐述,并结合具体案例、司法判决等,力求让读者了解招投标监管的法律法规、流程操作及实务开展情况。

第一节　招投标活动监管概述

一、我国招投标活动监管的发展历程

学界普遍认可需要对招投标活动进行监管,招投标活动监管存在如下几点必要性:

第一,政府投资项目招投标的利益相关者众多,招投标过程存在信息不对称,容易产生逆向选择和道德风险。再从“经济人”的角度来说,政府投资项目所涉及的国有资金,对于政府投资项目招投标的行为主体来说,具有很大的吸引

力,使招投标行为主体为了追求个人利益最大化而违反相关法律法规制度,阻碍了政府投资项目招投标的规范运行,这时便需要对政府投资项目招投标进行监管,纠正不当行为,维持政府投资项目招投标的有序运行。

第二,政府投资项目投资大、密切关系到民生,政府投资项目招投标中存在的一些问题,如资质挂靠等,导致了隐性垄断的出现,造成了资源的不合理配置。隐性垄断严重影响了市场的公平和经济的发展。因此,需要对招投标进行监管,保证资源的合理配置,消除不正当竞争。

第三,政府投资项目具有公共物品的基本特性,如非竞争性、存在"免费搭车"的问题,由此决定了政府投资项目招投标所产生的矛盾无法通过市场竞争来解决,市场的作用无法充分发挥,此时,就需要通过非市场的监督来对政府投资项目招投标进行引导。

政府投资项目招投标的上述特性,使仅依靠市场监督不足以对政府投资项目招投标进行有效的规范,根据公共利益理论,公共利益的代表,特别是政府,就应对其进行监管,以促进市场公平争,维护公共利益。也就是说,为了维护政府投资项目招投标的规范,对其实施监管是必要的。

我国招投标监管的发展历程与招投标的发展息息相关。改革开放后,国外的招投标交易方式被引进国内,并逐步运用于工程建筑领域。招投标的监管也随之逐步建立和发展,这个过程大致可分为招投标监管的建立、发展和完善三个方面。

(一)招投标监管的建立

20世纪80年代,招投标自引入我国之后,经过了从试行到推广再到兴起,国家也相应地制定了招投标相关的法律法规,如颁布了将招投标制度提上议程的规定,出台了《建筑安装工程施工和设计招标投标试行办法》等办法,各地也不断组建了招投标管理机构,相继出台了一些法律法规,由此开始了对招投标的法制化监管的探索。而此时期的招投标,大多只是形式上的招投标,缺乏公正性,存在大量的问题,促使了招投标监管的形成。

(二)招投标监管的发展

20世纪90年代,全国加大了对招投标行业的管理,从国家到各省市不断发布了众多法律法规,极大地推动了招投标的规范化和法制化建设。而自1995年起,建设工程交易中心在全国各地逐步建立起来,其重要职能之一是对招投标进行管理和监督,促进招投标程序化和信息透明化,从一定程度上有效减少了招投标过程中腐败现象,招投标监管自此开始形成并发展起来。这段时期是我国招投标快速发展的时期,也是招投标监管水平得到提升的时期。

(三)招投标监管的完善

随着招投标监管的不断发展,2000年《招标投标法》开始实施,这是从法律的角度强化对招投标的监管。《招标投标法》的实行,标志着我国招投标逐步实现法制化,极大地影响着我国今后的招投标管理。此后,招投标的各项法律法规制度不断出台和完善,招投标监管的方式不断多样化,监管不断全面化,监管水平不断改善。①

二、招投标活动监管的主体

招投标监管分为主体与客体。主体即为招投标监管实施的当事人,按照当事人的情形,可以分为监管者、被监管者以及除此之外的第三方。监管者即作为对整个招投标行为实施防范、观察、控制和纠偏的责任者或管理者,其主要职责就是随时察觉招投标活动中的不良意图、不当方式和查处违规、违法行为,避免工程项目招投标的继续沉沦。被监管者本身的职责定位是在实现单位或个人的价值过程中,遵守国家、地方及行业的法律法规,按照社会公德允许的行为范式参与公共工程招投标活动,去完成工程招投标目标。作为被监管者,一切行动都是建立在自身行业自律的基础上。第三方则是在监管者和被监管者之外,与上述两类人没有隶属关系和利益依存关系的团体或个人。其本身并没有被赋予特定的职责,但一个公民的正义感使其对于自身觉察的招投标过程中存在问题进行分析,将不利情形及时反馈给监管者,这是一个对社会公众利益负责的群体,他的存在弥补了监管者或被监管者对于监管项目的模糊认识,部分地消解了"当局者迷"的困惑,作为必然选择,此种职能很大程度上也演变为监管者行动方式中的一种。监管者、被监管者、第三方之间的关系如图7-1所示。

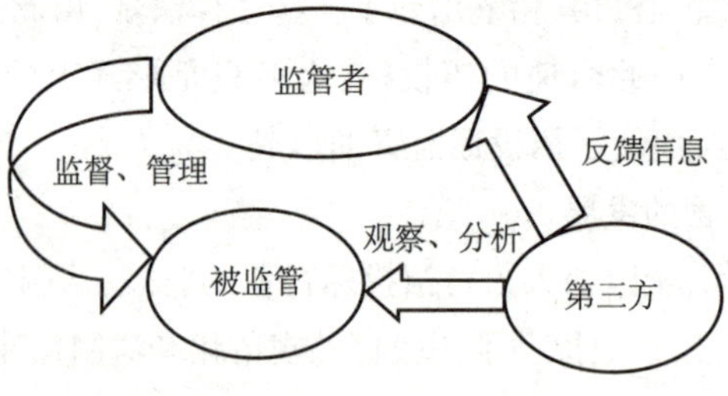

图7-1 监管者、被监管者与第三方的关系

① 黄曦霈:《我国政府投资项目投招标监管体系研究》,中南大学2013年硕士学位论文。

监管中的客体主要是指监管工作中的事件本身以及所依存的外部环境。这种客体不但与监管中的当事人存在联系，更重要的在于所监管的事项本身（如工程项目本身）以及监管时所存在的周边政治经济、法律环境等因素。政府工程项目本身的投资规模、投资方式、资金划拨的程序、项目达到的要求和效果以及项目所处的位置，对周边民众的影响等因素，构成了项目本身的多元特征，这种多元特征是监管中客体的一个重要特点，因为项目本身的复杂程度、投资大小、公众受益程度对于监管主体的行动方式、行为准则等将产生重大影响。由于监管本身也有成本代价，对于投资大、影响深远的公共工程项目，监管机构自然将投入较大的人力、财力、物力，以确保政府项目的有效实施；而对于社会影响小、公众关心程度不足的项目，出于节约监管资源的角度，监管机构在策略选择、人员配置等方面都会有所区别，避免对不同的监管对象采取千篇一律的监管方式和监管手段。所以，客体中的项目实际情况是构成监管客体极为重要的组成部分，项目情况反映了监管工作的迫切性、必要性和重要性，避免无谓的监管成本的增加。此外，监管客体中的另一方面是监管项目所依存的外部环境。这种外部环境并非自然地理环境，而是指监管对象所处的政治环境、经济环境、法律环境和科学环境的综合体，是一种软体制和软科学为主导的软环境。对项目的监管离不开所处的环境，不同政治体制、经济发展水平与阶段、宽松程度不一的法律环境都会对监管机构的监管行为产生很大影响，监管的工作内容、方式、要点都取决于现阶段的政治、法律、经济发展的特点，同时也受所处阶段科技发展水平的制约，因为监管手段依托于科技力量的发达程度，先进的科技为监管工作的便利创造了有利条件，监管工作的高效性也给予科技进步有力的支持。这些软环境对于监管工作的展开必不可少。①

我国招投标监管经过多年的发展完善后，目前基本形成了招投标活动的监管框架。

1. 级别分工

招标投标的级别分工是指各级监督部门按照招标投标影响大小和自己的职权对招标投标活动进行监督。包括以下两级：

针对国家级重大建设项目，由国务院发展改革部门指导和协调全国招标投标工作，对国家重大建设项目的工程招标投标活动实施监督检查。国务院工业和信息化、住房城乡建设、交通运输、铁道、水利、商务等部门，按照规定的职责分

① 林乃善：《招投标监管行为分析》，载《经济与管理》2011 年第 25 期。

工对有关招标投标活动实施监督。

针对各行政区域的招标投标工作，由县级以上地方人民政府发展改革部门指导和协调本行政区域的招标投标工作。县级以上地方人民政府有关部门按照规定的职责分工，对招标投标活动实施监督，依法查处招标投标活动中的违法行为。①

例如，建设行政主管部门为法定的建设项目招标代理机构资质管理部门。工程招标代理机构资格分为甲级、乙级和暂定级。住房和城乡建设部作为国务院建设主管部门，负责甲级工程招标代理机构资格的认定，而乙级、暂定级工程招标代理机构资格则由工商注册所在地的省、自治区、直辖市人民政府建设主管部门认定。

2. 部门分工

因招投标涉及较为广泛的领域和行业，故不同类型的招投标活动可能受到不同部门的监督。

根据《国务院办公厅印发国务院有关部门实施招标投标活动行政监督的职责分工意见的通知》规定，国家发展计划委员会指导和协调全国招投标工作，会同有关行政主管部门拟定《招标投标法》配套法规、综合性政策和必须进行招标的项目的具体范围、规模标准以及不适宜进行招标的项目，报国务院批准；指定发布招标公告的报刊、信息网络或其他媒介。② 对于招投标过程（包括招标、投标、开标、评标、中标）中泄露保密资料、泄露标底、串通招标、串通投标、歧视排斥投标等违法活动的监督执法，按现行的职责分工，分别由有关行政主管部门负责并受理投标人和其他利害关系人的投诉。

---

① 《招标投标法实施条例》第 4 条："国务院发展改革部门指导和协调全国招标投标工作，对国家重大建设项目的工程招标投标活动实施监督检查。国务院工业和信息化、住房城乡建设、交通运输、铁道、水利、商务等部门，按照规定的职责分工对有关招标投标活动实施监督。县级以上地方人民政府发展改革部门指导和协调本行政区域的招标投标工作。县级以上地方人民政府有关部门按照规定的职责分工，对招标投标活动实施监督，依法查处招标投标活动中的违法行为。县级以上地方人民政府对其所属部门有关招标投标活动的监督职责分工另有规定的，从其规定。财政部门依法对实行招标投标的政府采购工程建设项目的政府采购政策执行情况实施监督。监察机关依法对与招标投标活动有关的监察对象实施监察。"

② 《国务院办公厅印发国务院有关部门实施招标投标活动行政监督的职责分工意见的通知》第 1 条："国家发展计划委员会指导和协调全国招投标工作，会同有关行政主管部门拟定《招标投标法》配套法规、综合性政策和必须进行招标的项目的具体范围、规模标准以及不适宜进行招标的项目，报国务院批准；指定发布招标公告的报刊、信息网络或其他媒介。有关行政主管部门根据《招标投标法》和国家有关法规、政策，可联合或分别制定具体实施办法。"

按照这一原则，工业（含内贸）、水利、交通、铁道、民航、信息产业等行业和产业项目的招投标活动的监督执法，分别由经贸、水利、交通、铁道、民航、信息产业等行政主管部门负责；各类房屋建筑及其附属设施的建造和与其配套的线路、管道、设备的安装项目和市政工程项目的招投标活动的监督执法，由建设行政主管部门负责；进口机电设备采购项目的招投标活动的监督执法，由外经贸行政主管部门负责。有关行政主管部门须将监督过程中发现的问题，及时通知项目审批部门，项目审批部门根据情况依法暂停项目执行或者暂停资金拨付。①

此外，另有财政部门依法对实行招标投标的政府采购工程建设项目的政府采购政策执行情况实施监督。监察机关依法对与招标投标活动有关的监察对象实施监察。② 设区的市级以上地方人民政府还可以根据实际需要，建立统一规范的招标投标交易场所，为招标投标活动提供服务。③

上述部门分工可简化为表 7-1。

表 7-1　有关部门对招投标活动的监督分工

类别	部门	职责
政府行政主管部门	发改委、建设部和地方建设委员会及下属政府行政主管部门	负责招投标的综合指导和协调工作
	经贸、水利、交通、铁道等行业的行政主管部门	行政主管部门通过下设招标办等管理机构，对行业内工程招投标进行监管

① 《国务院办公厅印发国务院有关部门实施招标投标活动行政监督的职责分工意见的通知》第 4 条："从事各类工程建设项目招标代理业务的招标代理机构的资格，由建设行政主管部门认定；从事与工程建设有关的进口机电设备采购招标代理业务的招标代理机构的资格，由外经贸行政主管部门认定；从事其他招标代理业务的招标代理机构的资格，按现行职责分工，分别由有关行政主管部门认定。"

② 《招标投标法实施条例》第 4 条："国务院发展改革部门指导和协调全国招标投标工作，对国家重大建设项目的工程招标投标活动实施监督检查。国务院工业和信息化、住房城乡建设、交通运输、铁道、水利、商务等部门，按照规定的职责分工对有关招标投标活动实施监督。县级以上地方人民政府发展改革部门指导和协调本行政区域的招标投标工作。县级以上地方人民政府有关部门按照规定的职责分工，对招标投标活动实施监督，依法查处招标投标活动中的违法行为。县级以上地方人民政府对其所属部门有关招标投标活动的监督职责分工另有规定的，从其规定。财政部门依法对实行招标投标的政府采购工程建设项目的政府采购政策执行情况实施监督。监察机关依法对与招标投标活动有关的监察对象实施监察。"

③ 《招标投标法实施条例》第 5 条：设区的市级以上地方人民政府可以根据实际需要，建立统一规范的招标投标交易场所，为招标投标活动提供服务。招标投标交易场所不得与行政监督部门存在隶属关系，不得以营利为目的。

续表

类别	部门	职责
司法机关	公安部门、法院等	对招投标中违法犯罪行为进行监督、审判
政府自身监督机构	人大、监察、审计部门等	包括政党和人大监督，行政监察，上下级工作监督，各专业部门的职能监督等，对招投标监管具有辅助和制衡作用

三、实务案例

☞ 案例五十八：某项目被财政局认定废标引发争议

(一) 案情概述

大连市政府采购项目“大连市中心城区生活垃圾焚烧处理发电二期BOT项目”，招标人为城建局，招标代理机构为大连理工招标代理有限公司。2016年6月21日，项目发布资格预审公告，7月26日进行资格预审，共有6家联合体投标人通过资格预审，其牵头人分别为原告曦然公司和泰达公司以及其他案外公司。经采用综合评分法评审，综合得分第一名为泰达公司，第二名为曦然公司。2016年9月28日，预中标结果在大连市政府采购网发布公示，宣布泰达公司为预中标人。预中标结果公示后，原告曦然公司于2016年9月29日向招标人递交《政府采购质疑书》，质疑评委会对其投标文件的商务部分评分。招标人和采购代理机构受理质疑后，于10月8日组织原评委会针对质疑提出的相关问题进行复查，评委会复查后修正了对原告曦然公司的评分，原告曦然公司综合得分由第二名变为第一名。

2016年10月28日，泰达公司对复查修正向招标人提出质疑，招标人于2016年11月7日进行了书面答复，因对答复有异议，泰达公司于2016年11月28日向财政局投诉。财政局受理投诉并经审查、调查后于2016年12月27日作出大财采诉〔2016〕10号《政府采购投诉处理决定书》，驳回泰达公司的投诉。《政府采购投诉处理决定书》除上述驳回泰达公司投诉内容外，另载明：“因本项目各联合体投标人被发现存在着有成员被法院强制执行及参加本项目前三年受到过较大数额罚款的行政处罚情况，不符合《招标文件》对投标人资格的相关要求及《中华人民共和国政府采购法》第二十二条第一款第五项、《中华人民共和国政府采购法实施条例》第十九条第一款关于供应商的资格要求。本项目对招标文件作实质响应的供应商不足三家，根据《政府采购法》第三十六条第一款第一项规定，本局决定本项目废标。”

原告对废标处理决定不服，行政复议后，市政府听证程序，并作出大政行复字〔2017〕5号《行政复议决定书》维持财政局作出的废标处理决定，原告曦然公司不服遂提起诉讼。

（二）案情分析

本案系因废标职权行使主体所引发的争议。根据前述规定，财政部门作为政府采购的监督管理部门，依法具有对参加政府采购活动的采购人、采购代理机构和供应商进行监督管理的职责，并有权依照相关法律规定纠正其所发现的违法行为，其监督管理的对象主要是使用财政性资金进行采购的政府采购人。在招标采购单位应予废标而未废标的情况下，作为监督招标采购单位的有权机关，财政部门直接作出废标处理决定，属于其对政府采购活动履行监督管理职责的必要内容。若按照曦然公司的观点，财政部门在评标结束后无权针对法定废标情形直接废标，则会出现“应予废标而未废标”的情形，违反维护国家利益和社会公共利益和公正原则。故财政局作出案涉废标处理决定，未超越职权并无不当。①

（三）相关法条

《政府采购法》

第一条　为了规范政府采购行为，提高政府采购资金的使用效益，维护国家利益和社会公共利益，保护政府采购当事人的合法权益，促进廉政建设，制定本法。

第二条第二款　本法所称政府采购，是指各级国家机关、事业单位和团体组织，使用财政性资金采购依法制定的集中采购目录以内的或者采购限额标准以上的货物、工程和服务的行为。

第十三条　各级人民政府财政部门是负责政府采购监督管理的部门，依法履行对政府采购活动的监督管理职责。

各级人民政府其他有关部门依法履行与政府采购活动有关的监督管理职责。

第二十二条　供应商参加政府采购活动应当具备下列条件：

（一）具有独立承担民事责任的能力；

（二）具有良好的商业信誉和健全的财务会计制度；

---

① 参见大连曦然实业发展有限公司与大连市财政局、大连市人民政府行政复议二审案，大连市中级人民法院行政判决书，（2017）辽02行终588号。

（三）具有履行合同所必需的设备和专业技术能力；

（四）有依法缴纳税收和社会保障资金的良好记录；

（五）参加政府采购活动前三年内，在经营活动中没有重大违法记录；

（六）法律、行政法规规定的其他条件。

采购人可以根据采购项目的特殊要求，规定供应商的特定条件，但不得以不合理的条件对供应商实行差别待遇或者歧视待遇。

第三十六条 在招标采购中，出现下列情形之一的，应予废标：

（一）符合专业条件的供应商或者对招标文件作实质响应的供应商不足三家的；

（二）出现影响采购公正的违法、违规行为的；

（三）投标人的报价均超过了采购预算，采购人不能支付的；

（四）因重大变故，采购任务取消的。

废标后，采购人应当将废标理由通知所有投标人。

第五十九条 政府采购监督管理部门应当加强对政府采购活动及集中采购机构的监督检查。

监督检查的主要内容是：

（一）有关政府采购的法律、行政法规和规章的执行情况；

（二）采购范围、采购方式和采购程序的执行情况；

（三）政府采购人员的职业素质和专业技能。

《政府采购法实施条例》

第六十三条 各级人民政府财政部门和其他有关部门应当加强对参加政府采购活动的供应商、采购代理机构、评审专家的监督管理，对其不良行为予以记录，并纳入统一的信用信息平台。

第十九条 政府采购法第二十二条第一款第五项所称重大违法记录，是指供应商因违法经营受到刑事处罚或者责令停产停业、吊销许可证或者执照、较大数额罚款等行政处罚。

供应商在参加政府采购活动前3年内因违法经营被禁止在一定期限内参加政府采购活动，期限届满的，可以参加政府采购活动。

☞ 案例五十九：某项目被废标后引发招投标活动监管主体资格行政诉讼案例

招投标活动的监管存在多头监管的情况，如监管主体是否具备监管的资格常成为引发争议的焦点。①

（一）案情概述

2018年4月招标人今世缘集团有限公司发布招标公告，就国缘宾馆室内装修工程进行公开招标。在招标公告中，对投标人资格要求及其他资格要求均作了明确规定和说明。原告华鼎公司参加投标并提供了相关材料。2018年5月28日被告涟水县招标投标管理办公室对国缘宾馆室内装修工程评标结果予以公示，原告被确定为第一中标候选人。在公示期间，深圳海外装饰工程有限公司向被告进行投诉、举报，称原告施工的泰州市人民医院新区医院（一期）二标段室内装饰工程尚未进行竣工验收，原告在投标中却提供了该工程已竣工的虚假竣工验收报告，该公司同时向县纪委、监委信访反映。被告经调查，认定原告提供的业绩资料《单位工程竣工验收证明书》中，设计单位项目负责人“孙某某”签名不是孙某某本人所签，认为原告行为违反了《招标投标法》第33条和《招标投标法实施条例》第42条的规定，属于提供虚假的业绩证明文件，以其他方式弄虚作假来骗取中标。2018年8月24日被告对原告作出涟招管罚〔2018〕3号《行政处罚决定书》。原告不服该处罚决定，向一审法院提起行政诉讼，其中，争议焦点之一为被告是否有权对原告作出行政处罚。

（二）案情分析

法院认为：在一般情况下，县级以上人民政府住房和城乡建设行政主管部门按照职责分工和监管权限，受理和处理建设工程领域招标投标投诉，对异议处理进行行政监督。但法律法规同时又授权县级以上人民政府可以对招标投标活动行政监督职责进行分工。

该案中，为加强全县招标投标管理工作，2002年2月10日中共涟水县委员会、涟水县人民政府联合下发《关于进一步加强公有资金采购和招标投标管理工作的意见》（涟发〔2002〕6号）（简称县委县政府6号文件），决定成立涟水招标办，负责全县招标投标工作实施日常管理和监督，并依法查处招标投标活动中违法违规行为。由此可见，县委县政府6号文件就有关招标投标活动监督职责进行了分工，确定由该案被上诉人涟水招标办依法查处招标投标活动中的违法行为。县委县政府6号文件的制定虽然在《招标投标法实施条例》之前，但其内容并不违反上述法律、法规等规定。相反，还契合了相关法律法规的精神。县委

① 参见昆山市华鼎装饰有限公司与涟水县招标投标管理办公室行政处罚案，淮安市中级人民法院二审行政判决书，（2018）苏08行终239号。

县政府6号文件在《招标投标法实施条例》正式实施后取得合法性依据，被上诉人涟水招标办依据县委县政府6号文件的规定，有权查处招标投标活动中的违法行为，是该案适格的被告。上诉人华鼎公司认为县委县政府6号文件不能作为被上诉人行使招投标领域行政处罚权依据的主张不能成立，一审判决并无不当，法院予以支持。

（三）相关法条

《招标投标法实施条例》

第四条 国务院发展改革部门指导和协调全国招标投标工作，对国家重大建设项目的工程招标投标活动实施监督检查。国务院工业和信息化、住房城乡建设、交通运输、铁道、水利、商务等部门，按照规定的职责分工对有关招标投标活动实施监督。县级以上地方人民政府发展改革部门指导和协调本行政区域的招标投标工作。县级以上地方人民政府有关部门按照规定的职责分工，对招标投标活动实施监督，依法查处招标投标活动中的违法行为。县级以上地方人民政府对其所属部门有关招标投标活动的监督职责分工另有规定的，从其规定。财政部门依法对实行招标投标的政府采购工程建设项目的政府采购政策执行情况实施监督。监察机关依法对与招标投标活动有关的监察对象实施监察。

第四十二条 使用通过受让或者租借等方式获取的资格、资质证书投标的，属于招标投标法第三十三条规定的以他人名义投标。投标人有下列情形之一的，属于招标投标法第三十三条规定的以其他方式弄虚作假的行为：

（一）使用伪造、变造的许可证件；

（二）提供虚假的财务状况或者业绩；

（三）提供虚假的项目负责人或者主要技术人员简历、劳动关系证明；

（四）提供虚假的信用状况；

（五）其他弄虚作假的行为。

《招标投标法》第三十三条 投标人不得以低于成本的报价竞标，也不得以他人名义投标或者以其他方式弄虚作假，骗取中标。

《江苏省房屋建筑和市政基础设施工程招标投标异议与投诉处理实施办法》第三条 省住房和城乡建设行政主管部门负责指导监督全省房屋建筑和市政基础设施工程招标投标活动异议和投诉的处理。县级以上人民政府住房和城乡建设行政主管部门（以下统称行政监督部门）按照职责分工和监管权限，受理和处理招标投标投诉，对招标投标的异议处理进行监督。县级以上人民政府对招标投标活动监督职责分工另有规定的，从其规定。

☞ 案例六十：某项目评标过程中评标委员会成员沟通、协调、上网查询引发争议

评标过程中，评标委员会成员依法评标是保证招投标活动公平合法的关键，故评标委员会成员是否公允、是否存在违法行为成为引发争议的焦点。①

（一）案情概述

2017年1月22日，大连北黄海经济区管理委员会规划建设部作为庄河市疏港路南段海绵改造工程EPC总承包项目（以下简称承包项目）的招标人，发布招标公告，要求设计阶段项目负责人为市政专业高级工程师及以上职称。后原告、华西公司与大连顺迪市政工程有限公司组成的投标联合体等10家单位参与投标。

2017年2月24日，该项目公开招标。评标专家在评审过程中，对三家公司组成的投标联合体提交的投标文件中设计阶段项目负责人“结构专业高级工程师”专业是否属于市政专业职称产生疑问，委托招标代理公司工作人员上网查询，并将查询结果显示给专家。后经评标委员会评审，评标委员会将华西公司投标文件做废标处理。并确定原告和深圳市市政设计研究院有限公司联合体为第一中标候选人。2017年2月27日，该项目中标候选人情况在大连建设工程信息网公示。

2017年2月28日，因华西公司质疑，招标人于2017年3月2日针对华西公司投标文件为废标问题作出书面回复并抄送被告。2017年3月3日，被告作出《关于暂停承包项目招标投标活动的通知》，告知招标人暂停该项目的招标投标活动。2017年3月16日，被告作出《关于承包项目异议答复的函》，以招标人答复不符合要求为由要求招标人对华西公司的异议给予答复。2017年3月17日，招标人作出《关于申请承包项目异议界定的函》，请被告协调评标委员会对华西公司提供的依据进行界定。2017年3月21日，招标人和被告组织原评标委员会对华西公司的质疑问题进行了专项审查，维持原评审结果。

2017年3月30日，华西公司再次向被告投诉，被告作出《关于暂停承包项目招标投标活动的通知》，并对华西公司的投诉材料进行审查，于2017年4月11

① 参见庄河市建设工程招标投标管理办公室、沈阳鑫通建设工程有限公司案，大连市中级人民法院二审行政判决书，（2020）辽02行终22号。

日出具《不予受理决定书》。后华西公司与大连顺迪市政工程有限公司联合体向庄河市纪委投诉,并提交了《大连市人力资源和社会保障局出具的有关市政专业职称问题的答复意见》。

2017年5月31日,被告作出《关于承包项目依法重新确定中标候选人的函》,建议招标人组织重新招标;同年7月19日,招标人作出《关于承包项目确定中标人审查结果的通知》,决定案涉项目重新组织招标。

2017年8月2日,原告向被告投诉,请求:(1)撤销招标人《关于承包项目确定中标人审查结果的通知》;(2)责令招标人依法确定原告联合体为承包项目中标人。

2017年9月1日,被告作出《关于承包项目招标投标活动投诉案件延期作出处理决定的通知》,决定对原告的处理期限进行延期,处理决定的作出期限将视案情具体进展情况确定。2018年3月7日至9日,被告对案涉项目的4位评标专家作出《行政处罚决定书》,决定禁止4名专家参加案涉项目评标。

2018年4月2日,被告作出庄招处字〔2018〕第1号行政处理决定书,该决定书除对案涉项目的投诉处理过程进行记录外,针对原告的投诉,其认定事实主要为,在案涉项目评标时,评标委员会相关成员未按照有关规定作出判断,而是凭主观臆断作出了选择性的符合性审查;评标委员会成员在评标过程中实施了沟通、协调、上网等行为,直接影响了本项目的评标结果。相关成员因受处罚导致评标委员会成员缺额4人,故被告决定:由招标人择日补充抽取缺额专家,形成完整的评标委员会组织重新评标。原告对该行政处理决定不服,向法院提起诉讼。

(二)案情分析

一审法院认为:任何单位和个人不得非法干预、影响评标的过程和结果。招标人应当向评标委员会提供评标所必需的信息,但不得明示或者暗示其倾向或者排斥特定投标人,评标委员会成员不得私下接触投标人及利害关系人。具体到本案,评标专家在评标过程中委托招标代理机构工作人员对"结构专业高级工程师"专业是否属于市政专业职称问题进行上网查询并将查询结果进行显示的行为,是评标专家对专业问题所做的查询,应招标人向评标委员会提供评标所必需的信息。被告提供的评标委员会人员王某某、尤某某、崔某、林某、刘某某《询问(调查)笔录》中,评标委员会成员均否认在评标过程中存在相关单位和个人的干扰或不当要求。被告提供的证据中也没有评标委员会成员违法沟通、协调行为的记载,故被告行政处理决定认定的事实缺乏证据支持,其仅以评标专家在评标过程中进行了上网查询即认定存在违法行为依据不足。并且，评标专家应依法对招标文件进行独立评审，但该规定是评标专家在评标过程中享有的权利，而非禁止性规定。因此，被告依照上述规定认定评标委员会成员在评标过程中违法进行沟通、协调、上网行为依据不足，该院对此不予确认。

二审法院认为：任何单位和个人不得非法干预、影响评标的过程和结果。评标由招标人依法组建的评标委员会负责；评标委员会应当按照招标文件所确定的评标标准和方法对投标文件进行审查；评标委员会认为投标文件没有对招标文件的实质性要求和条件作出响应的，应当否决其投标。据此，投标人的投标文件是否符合招标文件的要求，认定权在评标委员会。此外，案涉建设工程项目属于政府采购项目，故仍应适用《政府采购法》关于政府采购监督管理的有关规定。各级人民政府财政部门是负责政府采购监督管理的部门，依法履行对政府采购活动的监督管理职责。各级人民政府其他有关部门依法履行与政府采购活动有关的监督管理职责。据此，政府采购监督管理部门依法具有对参加政府采购活动的采购人、采购代理机构和供应商进行全程监督管理的职责，并有权依照相关法律规定纠正其所发现的违法行为。该案中，从案涉处理决定的内容来看，被上诉人认为在案涉项目评标时存在以下违法问题：(1)评标委员会相关成员未按照有关规定作出判断，而是凭主观臆断作出了选择性的符合性审查；(2)评标委员会成员在评标过程中实施了沟通、协调、上网等行为，直接影响了本项目的评标结果。

该案中，从现有证据来看，案涉评标专家均是从评标专家库依法抽取，即其均是符合法律规定的有权参与评标的专家。案涉评标专家运用自身的专业技能对案涉项目发表评标意见，行使的是法律赋予的权利，在无据证明其存在法律所规定的禁止性行为的情况下，其评标意见是具有法律效力的意见。此外，从前述法律规定的内容来看，评标委员会成员的评标意见是否系按照有关规定作出，是否属于主观臆断，关系的是评标委员会成员的个人责任，并非是否定其评标意见法律效力的法定理由。故上诉人以此为由认定案涉项目评标违法，缺乏法律依据。另外，从现有证据来看，如原审法院所述，上诉人提供的评标委员会人员王某某、尤某某、崔某、林某、刘某某《询问(调查)笔录》中，评标委员会成员均否认在评标过程中存在相关单位和个人的干扰或不当要求。上诉人提供的证据中也没有评标委员会成员违法沟通、协调行为的记载，故上诉人无据证明案涉评标委员会成员存在前述法律规定的不得私下接触投标人、不得收受投标人的财物或者其他好处、不得透露对投标文件的评审和比较、中标候选人的推荐情况以及与评标有关的其他情况等禁止性行为，上诉人仅以评标专家在评标过程中进行了上网查询即认定其存在违法行为，缺乏事实和法律依据。

（三）相关法条

《政府采购法》第三十六条 在招标采购中，出现下列情形之一的，应予废标：

（一）符合专业条件的供应商或者对招标文件作实质响应的供应商不足三家的；

（二）出现影响采购公正的违法、违规行为的；

（三）投标人的报价均超过了采购预算，采购人不能支付的；

（四）因重大变故，采购任务取消的。

废标后，采购人应当将废标理由通知所有投标人。

《招标投标法》第三十八条 招标人应当采取必要的措施，保证评标在严格保密的情况下进行。任何单位和个人不得非法干预、影响评标的过程和结果。

《招标投标法实施条例》

第四十八条 招标人应当向评标委员会提供评标所必需的信息，但不得明示或者暗示其倾向或者排斥特定投标人。招标人应当根据项目规模和技术复杂程度等因素合理确定评标时间。超过三分之一的评标委员会成员认为评标时间不够的，招标人应当适当延长。评标过程中，评标委员会成员有回避事由、擅离职守或者因健康等原因不能继续评标的，应当及时更换。被更换的评标委员会成员作出的评审结论无效，由更换后的评标委员会成员重新进行评审。

第四十九条 评标委员会成员应当依照招标投标法和本条例的规定，按照招标文件规定的评标标准和方法，客观、公正地对投标文件提出评审意见。招标文件没有规定的评标标准和方法不得作为评标的依据。评标委员会成员不得私下接触投标人，不得收受投标人给予的财物或者其他好处，不得向招标人征询确定中标人的意向，不得接受任何单位或者个人明示或者暗示提出的倾向或者排斥特定投标人的要求，不得有其他不客观、不公正履行职务的行为。

第五十一条 有下列情形之一的，评标委员会应当否决其投标：

（一）投标文件未经投标单位盖章和单位负责人签字；

（二）投标联合体没有提交共同投标协议；

（三）投标人不符合国家或者招标文件规定的资格条件；

（四）同一投标人提交两个以上不同的投标文件或者投标报价，但招标文件要求提交备选投标的除外；

（五）投标报价低于成本或者高于招标文件设定的最高投标限价；

（六）投标文件没有对招标文件的实质性要求和条件作出响应；

（七）投标人有串通投标、弄虚作假、行贿等违法行为。

第二节　招投标活动的监管方式

一、传统监管方式

根据《铁路建设工程招标投标监管暂行办法》规定，铁路建设工程招标投标监管方式主要包括监督检查、投诉处理、办理备案、行政处罚、记录公告等方式。① 监督检查包括专项检查、抽查，并以抽查方式为主。地区铁路监督管理局应制订监督检查计划，合理确定抽查比例和频次，随机确定检查人员和检查对象，依法开展监督检查工作。② 同时，地区铁路监督管理局开展监督检查可以联合有关行政监管部门共同进行，必要时可聘请有关专家、邀请建设项目上级管理部门参加。③ 地区铁路监督管理局依法开展监督检查及调查，监督人员应主动出示证件，并有权要求招标人、投标人、投诉人、被投诉人和评标委员会成员等有关当事人予以配合，如实提供相关资料及情况。④

① 《铁路建设工程招标投标管理办法》第7条："招标人委托招标代理机构进行招标的，应当与被委托的招标代理机构签订书面委托合同。招标人授权项目管理机构进行招标或者由项目代建人承担招标工作的，招标人或者代建项目的委托人应当出具包括委托授权招标范围、招标工作权限等内容的委托授权书。多个招标人就相同或者类似的招标项目进行联合招标的，可以委托招标代理机构或者其中一个招标人牵头组织招标工作。"

② 《铁路建设工程招标投标管理办法》第8条："依法必须进行招标的铁路工程建设项目，招标人应当根据国务院发展改革部门会同有关行政监督部门制定的《标准施工招标资格预审文件》《标准施工招标文件》《标准设备采购招标文件》《标准材料采购招标文件》《标准勘察招标文件》《标准设计招标文件》《标准监理招标文件》等标准文本以及铁路行业补充文本，结合招标项目具体特点和实际需要，编制资格预审文件和招标文件。"

③ 《铁路建设工程招标投标管理办法》第9条："采用公开招标方式的铁路工程建设项目，招标人应当依法发布资格预审公告或者招标公告。

依法必须进行招标的铁路工程建设项目的资格预审公告或者招标公告应当至少载明下列内容：（一）招标项目名称、内容、范围、规模、资金来源；（二）投标资格能力要求，以及是否接受联合体投标；（三）获取资格预审文件或者招标文件的时间、方式；（四）递交资格预审文件或者投标文件的截止时间、方式；（五）招标人及其招标代理机构的名称、地址、联系人及联系方式；（六）采用电子招标投标方式的，潜在投标人访问电子招标投标交易平台的网址和方法；（七）对具有行贿犯罪记录、失信被执行人等失信情形潜在投标人的依法限制要求；（八）其他依法应当载明的内容。"

④ 《铁路建设工程招标投标管理办法》第12条："资格预审应当按照资格预审文件载明的标准和方法进行。"

二、电子化监管方式

除上述传统监管之外，监管部门也在致力于运用电子化方法进行监管，提高监管能力，较为典型的就是利用“大数据”助推工程招投标监管。在“大数据”引领时代转型的背景下，积极研发全流程“电子化”招投标工作流程，借助“大数据”对招投标海量数据中蕴藏的各种规律进行分析研判，不仅有助于创新监管体系准确把握监管动态与方向，也对进一步净化建设工程项目招投标市场大有裨益。

实践中，“大数据”可以对工程招投标监管提供技术支撑。充分利用“大数据”手段对全流程留痕的海量招投标历史数据分类进行量化分析，实施专业化技术处理，打造“数据铁笼”，可以防止人为因素的干扰，从中挖掘出围标串标者的投标历史痕迹，找准项目的“痛点”和“风险点”，帮助行政监管部门挖出“中标专业户”和“陪标专业户”，为有效遏制围标串标提供强大的技术支撑。同时，“大数据”可以对工程招投标监管提供可靠依据。目前，正普遍应用的全流程“电子化”招投标系统借助计算机技术的硬件代码、IP 地址、计价软件代码等提取技术和投标文件、投标报价、工程量清单等雷同分析技术，自动识别围标串标等不正当行为，为监督部门有效遏制围标串标提供了有力的措施，如果全流程“电子化”招投标系统在正式投入使用之前已通过安全性、稳定性的检测与评估，且通过司法部门的权威认证，由“大数据”提供的依据和由此产生出来的结果判断就可以作为事实依据，帮助评标委员会作出最后的结论性判定，防止出现漏判和误判。

随着我国建设工程电子招投标的普及和信息化系统不断完善，标准陆续健全，数据日益丰富，各行业监管数据的共享联动越来越受到重视。适时和海量的工程招投标数据进行系统性归纳和分析，借助“大数据”这只“天眼”创新建设工程项目招投标新的监管模式时不我待。①

三、实务案例

☞ 案例六十一：某行政机关取消某公司第一中标候选人资格引发争议

（一）案情概述

原告九丰公司、第三人昇平公司都参与了吉水县古城墙保护南门延伸工程

① 王健民：《“大数据”助推工程招投标监管新突破》，载《中国招标》2020 年第 8 期。

的招投标活动，2014年9月23日，经评标委员会评标，推荐昇平公司为第一中标排序人。2014年9月25日，吉水县发改委收到九丰公司提出的《关于吉水县古城墙保护南门延伸工程投标质疑的投诉书》，并予以立案受理。同日，在吉水县发改委等部门的共同监督下，吉水县古城墙保护南门延伸工程评标委员会对投标企业重新进行评标认定，仍然向招标人推荐昇平公司为第一中标排序人。招标人于9月26日对中标候选人进行了为期3天的公示，公示的第一中标排序人为昇平公司。公示期间内，九丰公司未就评标结果向招标人提出异议。

2014年10月20日，吉水县发改委作出吉水发改字〔2014〕21号决定，认定昇平公司在参与吉水县古城墙保护南门延伸工程施工投标中，项目技术负责人的社保由省文保中心缴纳，而不是按招标文件要求，由投标单位缴纳，没有响应招标文件，根据《招标投标法实施条例》第51条第6项的规定，决定取消昇平公司的第一中标候选人资格。昇平公司不服该处理决定向吉安市人民政府申请行政复议。吉安市人民政府作出吉府复字〔2014〕66号行政复议决定书，认为九丰公司对吉水县古城墙保护南门延伸工程项目评标结果进行投诉，按照《招标投标法实施条例》有关规定，应当在中标候选人公示期间先向招标人提出异议，由招标人对异议作出答复后，再向吉水县发改委投诉。吉水县发改委未经招标人异议答复程序，即受理九丰公司投诉并作出吉水发改字〔2014〕21号决定，属程序违法。且根据《招标投标法实施条例》第51条的规定，否决投标人的投标应由评标委员会作出。吉水县古城墙保护南门延伸工程评标委员会2014年9月23日的评标及2014年9月25日的投诉书重新认定，向招标人正式推荐的第一中标排序人均为昇平公司。吉水县发改委作出的吉水发改字〔2014〕21号决定，属适用法规错误，由此吉安市人民政府撤销该决定。九丰公司不服该行政复议决定，向法院提起行政诉讼。

（二）案情分析

投标人或者其他利害关系人对依法必须进行招标的项目的评标结果有异议的，应当在中标候选人公示期间提出；就《招标投标法实施条例》第54条规定事项投诉的，应当先向招标人提出异议；对《招标投标法实施条例》规定应先提出异议的事项进行投诉的，应当附提出异议的证明文件。九丰公司投诉早于中标候选人公示，未在投诉前向招标人提出异议，吉安市人民政府认定吉水县发改委受理该投诉违反法定程序符合上述规定。

评标由招标人依法组建的评标委员会负责；评标委员会应当按照招标文件确定的评标标准和方法，对投标文件进行评审；投标文件没有对招标文件的实质性要求和条件作出响应,评标委员会应当否决其投标。据此,投标人在参加投标过程中是否存在不响应招标文件的实质性要求和条件的行为,认定权在评标委员会。行政监督部门经查实认为招标投标活动存在违反招标投标法及其实施条例规定情形的,应当依法进行处理,但无权对投标文件是否实质性响应招标文件进行直接认定,也无权以投标文件未实质性响应招标文件而否决投标人投标。吉水县发改委认定昇平公司在参与吉水县古城墙保护南门延伸工程施工投标中,没有响应招标文件,并依据该条规定,决定取消昇平公司的第一中标候选人资格。据此,判决驳回原告九丰公司的诉讼请求。九丰公司不服提起上诉,江西省高级人民法院二审驳回上诉,维持原判。

(三)相关法条

《招标投标法实施条例》

第四十九条 评标委员会成员应当依照招标投标法和本条例的规定,按照招标文件规定的评标标准和方法,客观、公正地对投标文件提出评审意见。招标文件没有规定的评标标准和方法不得作为评标的依据。评标委员会成员不得私下接触投标人,不得收受投标人给予的财物或者其他好处,不得向招标人征询确定中标人的意向,不得接受任何单位或者个人明示或者暗示提出的倾向或者排斥特定投标人的要求,不得有其他不客观、不公正履行职务的行为。

第五十一条 有下列情形之一的,评标委员会应当否决其投标:

(一)投标文件未经投标单位盖章和单位负责人签字;

(二)投标联合体没有提交共同投标协议;

(三)投标人不符合国家或者招标文件规定的资格条件;

(四)同一投标人提交两个以上不同的投标文件或者投标报价,但招标文件要求提交备选投标的除外;

(五)投标报价低于成本或者高于招标文件设定的最高投标限价;

(六)投标文件没有对招标文件的实质性要求和条件作出响应;

(七)投标人有串通投标、弄虚作假、行贿等违法行为。

第五十四条 依法必须进行招标的项目,招标人应当自收到评标报告之日起3日内公示中标候选人,公示期不得少于3日。投标人或者其他利害关系人对依法必须进行招标的项目的评标结果有异议的,应当在中标候选人公示期间提出。招标人应当自收到异议之日起3日内作出答复;作出答复前,应当暂停招标投标活动。

第六十条 投标人或者其他利害关系人认为招标投标活动不符合法律、行政法规规定的，可以自知道或者应当知道之日起10日内向有关行政监督部门投诉。投诉应当有明确的请求和必要的证明材料。就本条例第二十二条、第四十四条、第五十四条规定事项投诉的，应当先向招标人提出异议，异议答复期间不计算在前款规定的期限内。

电子政务有别于传统行政方式的最大特点，体现在行政方式的无纸化、信息传递的网络化等方面。当事人在接受电子政务化的行政处理方式后，又以行政机关未向其送达书面处理决定书为由主张行政程序违法的，人民法院应不予支持。此案对于以电子政务方式进行招投标引发的行政纠纷具有借鉴意义。

☞ 案例六十二：某投标单位两次被评为废标引发的行政争议

（一）案情概述

第三人机场集团公司委托第三人浦东机场公司通过国际招标采购某国际机场扩建工程所需高杆灯，该招标项目于2008年9月8日开标，共有艾伯克斯公司、E灯具厂及希优公司三家企业参与投标。经招标机构组织的评标委员会评审，推荐艾伯克斯公司中标，该评标结果于2008年10月7日在招标网上进行公示。评标委员会对希优公司的评审结论为：技术废标。希优公司不服评标委员会的评标结果，认为废标理由不成立，故先后两次向被告市商委提出书面质疑，要求重新评标。被告于同年12月10日在招标网上作出重新评标的质疑处理决定，要求招标机构严格按规定组织专家重新评标。招标机构根据被告要求组织了新的评标委员会进行了重新评标，新的评标委员会评审结论仍为技术废标，但是改变了理由。被告收到招标机构提交的重新评标专家报告后，作出了“同意专家复评意见，维持原评标结果”的决定，并于同年12月29日对重新评标报告予以网上备案，招标网当即自动生成高杆灯中标公告，公告显示：“经重新评标，艾伯克斯公司为某国际机场扩建工程西航站楼站坪工程、维修机坪、货机坪工程高杆灯国际招标项目的最终中标人。”被告于12月31日通过招标网出具《国际招标评标结果通知》，招标机构凭该通知向中标人发出中标通知书，并将结果通知其他投标人，同时将投标保证金退还各投标人。希优公司不服，提起涉案行政诉讼。

希优公司在二审上诉中认为：废标理由事实依据不足，重新评标后，将废标理由由初评时不满足招标文件打星号条款改变为招标文件要求以外的其他理由没有依据，废标理由不能成立。重新评标是一次招投标过程中对初评质疑的处理程序,应当受《机电产品国际招标投标实施办法》(2004年修订版)第41条第3款等条款的规制,既然重新评标后原废标理由不成立,说明上诉人的质疑已经成立,不应再以新的理由宣告废标。被上诉人未提供对重新评标专家抽取过程进行监督的证据,且重新评标应以专家组意见作出而不是组成新的评标委员会,居某作为专家参与重新评标不符合规定。根据《机电产品国际招标投标实施办法》(2004年修订版),投标人如对评标结果有异议,除在网上提出质疑之外,还应提交书面文件,故该案所涉并非纯粹的电子政务。被上诉人收到上诉人质疑后,未向上诉人送达针对上诉人质疑的处理决定,也未告知上诉人是否受理质疑、是否启动重新评标等内容,其行政程序违法。

(二)案情分析

根据涉案重新评标专家材料载明的专家姓名、职务、专家库级、人数等信息,参与涉案重新评标的专家组成符合法定要求。被上诉人市商委关于网络系统设计程序已经足以保证评审专家抽取的随机性和公正性的答辩意见应予采纳。上诉人希优公司认为被上诉人应对重新评标专家抽取过程进行现场监督的上诉意见缺乏法律依据,其对于重新评标负责机构及评标委员会组成人员的质疑,亦缺乏相应的事实和法律依据,均不能成立。

原审法院关于《机电产品国际招标投标实施办法》(2004年修订版)第41条第3款规定只适用于第一次评标,并不适用于重新评标的意见正确,上诉人希优公司关于重新评标更改废标理由违反《机电产品国际招标投标实施办法》(2004年修订版)第41条第3款规定的上诉意见,不能成立。

相关法律已明确规定招标业务的相关程序均在招标网上完成,被上诉人市商委已依法在招标网上公布了组织专家重新评标的质疑处理决定,又于重新评标后对重新评标报告予以网上备案,生成了载明最终中标人的中标公告。上诉人希优公司通过查看招标网上公布的上述内容即已知道被上诉人经过重新评标作出了维持原评标结果的决定。因此,上诉人关于被上诉人应直接向其送达针对质疑作出的处理决定的上诉意见,及其对于处理过程相关程序的质疑意见,因未提供相应的法律依据,不予采纳。

(三)相关法条

《机电产品国际招标投标实施办法》(2004年修订版)第四十一条　在评标结束后,招标机构应当在招标网进行评标结果公示,公示期为7日。招标机构应按商务、技术、价格评议3个方面对每1位投标人的不中标理由在《评标结果公示表》中分别填写。填写的内容必须明确说明招标文件的要求和投标人的响应内容。《评标结果公示表》中的内容包括“推荐中标人及制造商名称”、“评标价格”和“不中标理由”等，应当与评标报告一致。评标结果公示为一次性公示，凡未公示的不中标理由不再作为废标或不中标的依据，因商务废标而没有参加技术评议的投标人的技术偏离问题除外。该条主要是关于首次评标结果公示时间、公示内容的规范性要求，而不是针对重新评标的要求。

第三节　招投标活动的监管内容

招标投标活动的监管对象主要为招标人、招标代理机构、投标人。对招标人的监管主要包括是否存在规避招标、支解发包、排斥潜在投标人等违法违规行为。对投标人的监管主要包括是否存在相互串通或者以向招标人或评标委员会成员行贿的手段谋取中标等违法违规行为；对评标委员会成员的监管主要包括是否科学、公正、客观地评价投标人的标书和答辩内容等。对招标代理机构的监管主要包括是否存在与招标人、投标人串通损害国家利益、社会公共利益或者他人合法权益等违法违规行为。不同监管部门的监管内容可能存在一定差别，具体包括行政部门监管、财政部门监管、监察部门监管和其他监管。

一、行政部门监管内容

监管的内容从审批建设工程项目开始应该一直延续到招标投标活动的结束，大概有以下内容：审批、核准招标项目的招标内容、招标方式和招标组织形式、对部分招标项目采取邀请招标方式进行批准或认定、对评标过程进行监督、接受依法必须进行招标项目招标投标的书面报告、接受依法必须进行招标项目自行招标备案、受理或处理投诉、对招标投标违法行为的查处、招标代理机构资格认定、招标从业人员职业资格认定等。

1. 招标审批

根据《招标投标法》第 9 条规定，“招标项目按照国家有关规定需要履行项目审批手续的，应当先履行审批手续，取得批准”。《招标投标法实施条例》第 7 条规定，“按照国家有关规定需要履行项目审批、核准手续的依法必须进行招标的项目，其招标范围、招标方式、招标组织形式应当报项目审批、核准部门审批、核准。项目审批、核准部门应当及时将审批、核准确定的招标范围、招标方式、招标组织形式通报有关行政监督部门”。

2. 批准或认定邀请招标项目

根据《招标投标法》第 11 条规定,“国务院发展计划部门确定的国家重点项目和省、自治区、直辖市人民政府确定的地方重点项目不适宜公开招标的,经国务院发展计划部门或者省、自治区、直辖市人民政府批准,可以进行邀请招标”。《招标投标法实施条例》第 8 条规定,“国有资金占控股或者主导地位的依法必须进行招标的项目,应当公开招标;但有下列情形之一的,可以邀请招标:(1)技术复杂、有特殊要求或者受自然环境限制,只有少量潜在投标人可供选择;(2)采用公开招标方式的费用占项目合同金额的比例过大。有前款第二项所列情形,属于本条例第七条规定的项目,由项目审批、核准部门在审批、核准项目时作出认定;其他项目由招标人申请有关行政监督部门作出认定”。

3. 监督评标过程

根据《招标投标法实施条例》第 46 条第 4 款规定,“有关行政监督部门应当按照规定的职责分工,对评标委员会成员的确定方式、评标专家的抽取和评标活动进行监督”。保证评标过程的公平公正。

4. 接受书面报告

根据《招标投标法》第 47 条规定,“依法必须进行招标的项目,招标人应当自确定中标人之日起十五日内,向有关行政监督部门提交招标投标情况的书面报告”。便于监管部门对招标投标活动的监管。

5. 接受招标备案

根据《招标投标法》第 12 条第 3 款规定,“依法必须进行招标的项目,招标人自行办理招标事宜的,应当向有关行政监督部门备案”。

6. 受理或处理投诉

根据《招标投标法》第 65 条规定,“投标人和其他利害关系人认为招标投标活动不符合本法有关规定的,有权向招标人提出异议或者依法向有关行政监督部门投诉”。《招标投标法实施条例》第 60 条规定,“投标人或者其他利害关系人认为招标投标活动不符合法律、行政法规规定的,可以自知道或者应当知道之日起 10 日内向有关行政监督部门投诉……”第 61 条第 2 款规定,“行政监督部门应当自收到投诉之日起 3 个工作日内决定是否受理投诉,并自受理投诉之日起 30 个工作日内作出书面处理决定……”第 62 条第 1 款规定,“行政监督部门处理投诉,有权查阅、复制有关文件、资料,调查有关情况,相关单位和人员应当予以配合。必要时,行政监督部门可以责令暂停招标投标活动”。

7. 查处招标投标违法行为

根据《招标投标法》第 7 条第 2 款规定，“有关行政监督部门依法对招标投标活动实施监督，依法查处招标投标活动中的违法行为”。《招标投标法》第 5 章、《招标投标法实施条例》第 6 章均规定行政监督部门对各种招标投标违法行为进行处理的权限和违法行为相应的法律责任。（详见本书第十章法律责任部分）

8. 监督招标代理机构、评标委员会成员

根据《招标投标法实施条例》第 11 条规定，国务院住房城乡建设、商务、发展改革、工业和信息化等部门，按照规定的职责分工对招标代理机构依法实施监督管理。根据《招标投标法实施条例》第 46 条第 4 款规定，“有关行政监督部门应当按照规定的职责分工，对评标委员会成员的确定方式、评标专家的抽取和评标活动进行监督。行政监督部门的工作人员不得担任本部门负责监督项目的评标委员会成员”。

二、财政部门监管内容

根据《招标投标法》《预算法》《预算法实施条例》的规定，财政部门的监督主要包括对实行招标投标的政府采购工程建设项目的预算执行情况和政府采购政策执行情况实施监督、中央预算、地方预算的审查和批准、对中央一般公共预算收入编制内容的监管，包括本级一般公共预算收入、从国有资本经营预算调入资金、地方上解收入、从预算稳定调节基金调入资金、其他调入资金。对中央一般公共预算支出编制内容的监管，包括本级一般公共预算支出、对地方的税收返还和转移支付、补充预算稳定调节基金。

除了行政机关可以对招标投标活动的监管，当招标人、投标人、招标代理机构的行为损害了潜在投标人或者利害关系人的合法权益，潜在投标人或者利害关系人可以向相关部门提出投诉。

根据《招标投标法》第 65 条，《招标投标法实施条例》第 22、44、54、64 条的规定，投诉的主体主要有两类：潜在投标人及其利害关系人，但是不同的招标投标活动环节可以提出异议的话题会不一样；根据《招标投标法》第 65 条、《招标投标法实施条例》第 60 条的规定，招标投标活动的工程建设项目如果有明确的监管部门的就向相关的行政监督部门投诉，如果没有指明具体的行政监督部门，就视不同的地方而定，一般是地方建设局所设置的“招标办”。

潜在投标人和利害关系人的投诉的时间有一定的限制，根据《招标投标法实施条例》第22、60条的规定,潜在投标人或利害关系人对资格预审文件有异议的,已经向招标人提出异议之后的知道或应当知道起10日内可以向行政监督部门提出异议;根据《招标投标法实施条例》第44、60条的规定,投标人自知道或应当知道对开标程序有异议的,已经向招标人提出异议之后的10日内可以向行政监督部门提出异议;根据《招标投标法实施条例》第54、60条的规定,投标人或利害关系人自知道或应当知道对评标程序有异议的,已经向招标人提出异议之后的10日内可以向行政监督部门提出异议;根据《招标投标法实施条例》第60条的规定,"投标人或利害关系人对招投标项目中其他事项存在异议的,可以自知道或者应当知道之日起10日内向有关行政监督部门投诉……"

例如(2016)赣08行初10号案例中,在建设工程招投标项目中,若对评标结果存在异议,应当先向招标方提出异议。就该异议提出投诉的,应当附提出异议的证明文件。投诉主体在提出投诉前,应当依照相关法律法规查看是否存在前置条件。(2016)赣08行初10号案例的详细情况如下:

法院经审理查明,东禹公司和泰吉公司等公司参加了江西省万安中学学生宿舍楼项目的公开招标。2015年10月28日,该项目在万安县公共资源交易中心开标,东禹公司被确定为排序第一的中标单位。10月30日,泰吉公司向万安县发改委投诉东禹公司的注册建造师系中国电信股份有限公司吉安分公司的在职员工。2015年11月2日,万安县发改委作出万发改字〔2015〕74号投诉处理意见,认为上级有关部门没有规定对该情况如何处理,无法认定,维持万安中学学生宿舍楼项目中标排序结果不变。2015年11月5日,泰吉公司向吉安市政府申请行政复议。2015年11月25日,吉安市政府作出吉府复字〔2015〕77号行政复议决定,认为泰吉公司在向万安县发改委提交投诉书时,未同时提供有效线索和相关证明材料,且根据现有法律法规无法对泰吉公司的投诉请求作出处理,万安县发改委作出的投诉处理意见符合法律规定,维持万安县发改委作出万发改字〔2015〕74号投诉处理意见。2015年12月1日,吉安市政府作出关于收回吉府复字〔2015〕77号行政复议决定书的函,以吉安市纪委、吉安市发改委来函及行政复议决定书校稿原因为由,将吉府复字〔2015〕77号行政复议决定书予以收回;对该行政复议案,将依据相关部门查实的事实进行处置。2016年1月6日,万安县住建局招标办与万安县发改委对泰吉公司投诉事项进行调查核实,认定万安中学学生宿舍楼项目第一排序单位东禹公司注册建造师(王某某)系中国电信股份有限公司吉安分公司在职员工,投诉情况属实。2016年1月28日,吉安市政府作出吉府复字〔2015〕77号行政复议决定,撤销万安县发改委作出的万发改字〔2015〕74号投诉处理意见。该机关于2015年11月25日作出的吉府复字77号行政复议决定书无效。东禹公司不服,向法院提起行政诉讼。另查明,2016年3月17日,万安县公共资源交易管理委员会办公室作出万管委办字〔2016〕2号关于明确万安中学学生宿舍楼项目中标单位的通知,取消东禹公司第一中标排序人资格,由第二中标排序人泰吉公司递补为第一中标排序人。

法院认为,根据《招标投标法实施条例》第54条、第60条第2款,《工程建设招标投标活动处理办法》第7条第2款的规定,投标人或者其他利害关系人对依法必须进行招标的项目的评标结果有异议的,应当在中标候选人公示期间提出;就《招标投标法实施条例》第54条规定事项投诉的,应当先向招标人提出异议;对应当先提出异议的事项进行投诉的,应当附提出异议的证明文件。泰吉公司作为万安中学学生宿舍楼项目的投标人,对该项目的评标结果有异议,应当先向该项目的招标人江西省万安中学提出异议。万安县发改委在泰吉公司未先向招标人提出异议的情况下,直接受理其投诉并作出处理意见,违反上述规定。《注册建造师管理规定》第26条规定,“注册建造师不得同时在两个或两个以上单位受聘或者执业。”万安中学学生宿舍楼项目中标第一排序单位东禹公司的注册建造师王某某系中国电信股份有限公司吉安分公司的在职员工,违反了该规定,泰吉公司的投诉情况属实。根据《工程建设项目招标投标活动投诉处理办法》第20、22条的规定,“行政监督部门应当根据调查和取证情况,对投诉事项进行审查,投诉缺乏事实根据或者法律依据的,驳回投诉;投诉情况属实,招标投标活动确实存在违法行为的,依据《中华人民共和国招标投标法》及其他有关法规、规章作出处罚。投诉处理决定应当包括投诉人和被投诉人的名称及住址、投诉人的投诉事项及主张、被投诉人的答辩及请求、调查认定的基本事实、行政监督部门的处理意见及依据”。万安县发改委作出的投诉处理意见,不符合上述规定。根据《招标投标法》第37条第1款、第40条第1款及《招标投标法实施条例》第49条第1款、第51条第6项的规定,评标由招标人依法组建的评标委员会负责;评标委员会应当按照招标文件确定的评标标准和方法对投标文件进行评审;投标文件没有对招标文件的实质性要求和条件作出响应,评标委员会应当否认其投标。据此,投标人的投标文件是否实质性响应招标文件的要求和条件,认定权在评标委员会。行政监督部门经查实认为招标活动存在违反《招标投标法》及《招标投标法实施条例》规定情形的,应当依法进行处理,而无权对投标文件是否实质性响应招标文件进行直接认定。现万安县发改委对东禹公司的投标文件是否实质性响应招标文件进行了直接认定,违反了上述规定。综上所述,万安县发改委作出的维持原中标排序结果不变的投诉处理意见，无论在程序上，还是在实体处理上，均不符合法律法规的相关规定。吉安市政府复议撤销该投诉处理意见，认定事实清楚，证据充分，适用法律法规正确，程序合法。东禹公司诉请撤销吉安市政府的行政复议决定的理由不能成立。

潜在投标人或者利害关系人提出投诉，首先应该就异议事项向招标方提出异议，再在规定的时间内向行政监督部门进行投诉，行政监督部门接到投诉之日起 3 日内决定是否受理起诉，受理投诉之日起 30 个工作日内作出书面处理决定，保证招标投标活动的顺利进行。

三、监察部门的监管内容

根据监察部、发展改革委、工业和信息化部等《关于监察机关和有关行政监督部门在查处工程建设招标投标违法违纪案件工作中加强协作配合的通知》的规定，各级监察机关与发展改革、工业信息、财政、建设、交通运输、水利、商务、铁道等有关行政建设工程招标投标监督部门（以下简称有关行政监督部门）依照《行政监察法》《招标投标法》《国务院办公厅印发国务院有关部门实施招标投标活动行政监督的职责分工意见的通知》等有关规定，充分发挥各自的职能作用，在查处工程建设招标投标违法违纪案件工作中加强协作配合，并可以根据需要召开联席会议研究有关问题，建立相应的沟通、协调机制。主要协作、配合的方式为：(1)有关行政监督部门在查处工程建设招标投标违法违纪案件中，发现监察对象违法违纪线索的，应当将线索及时移送同级监察机关；(2)监察机关在办理监察事项过程中，发现有关单位或者人员有涉嫌违反招标投标法律法规的行为，属于有关行政监督部门管辖范围的，应当将有关情况及材料及时移送相关的同级行政监督部门处理；(3)监察机关和有关行政监督部门查处工程建设招标投标违法违纪案件，发现涉嫌犯罪的，应当及时移送司法机关依法处理。

四、其他监管

1. 按项目区分的监管内容

上述监管内容可以视为法律法规的原则性规定，不同招投标项目下，监管部门重点关注的监管内容还会有所细化。如《铁路建设工程招标投标监管暂行办法》规定，铁路建设工程招标投标重点监督以下内容是否符合相关法律法规规章的规定：(1)招标范围、招标方式、招标组织形式。(2)资格预审文件、招标文件及公告。(3)资格预审文件和招标文件发售。(4)评标委员会(资格预审委员会)组成、专家抽取过程。(5)开标时间、开标地点、开标程序、异议处理等。(6)中标候选人公示、中标人确定及发放中标通知书、签订合同。① 并细化规定了首次办理自行招标备案接收的材料②和招标投标情况书面报告应包括的主要内容③。

2. 各地监管内容

此外，各地亦会针对地区特点出台相应监管政策，细化规定当地监管政策。如成都市住房和城乡建设局了出台《关于房屋建筑和市政基础设施工程招标投标活动事中事后监管相关事项的通知》将监管活动按阶段划分为招标文件告知性备案阶段、开评标阶段、招标投标情况报告阶段、招标投标投诉处理、招标代理机构信用监管进行事中事后监管。其中，招标文件告知性备案阶段，招标文件（含补遗、答疑文件）内容违反有关法律法规被招标投标监督管理机构发现，或被提出整改但未在投标截止时间前 1 日完成整改及整改一次以上不到位的，由项目所属招标投标监督管理机构对该招标人实施重点监管（发出监管通知书并录入“备案系统”），同时按照《成都市工程建设项目招标代理机构信用综合评价管理暂行办法》对招标代理机构进行信用扣分。在全市范围内，自该招标人在“备案系统”编制的下一个项目招标文件发出之日起，设置 1 个月的重点监管期，在重点监管期内，对该招标人所有在“备案系统”编制的项目招标文件（含补

① 《铁路建设工程招标投标监管暂行办法》第 15 条：“重点监督以下内容是否符合相关法律法规规章的规定：1. 招标范围、招标方式、招标组织形式。2. 资格预审文件、招标文件及公告。3. 资格预审文件和招标文件发售。4. 评标委员会（资格预审委员会）组成、专家抽取过程。5. 开标时间、开标地点、开标程序、异议处理等。6. 中标候选人公示、中标人确定及发放中标通知书、签订合同。”

② 《铁路建设工程招标投标监管暂行办法》第 16 条，首次办理自行招标备案接收的材料主要如下：

1. 项目法人营业执照、法人证书或者项目法人组建文件；设立项目管理机构具体负责建设管理的，还应一并报送项目管理机构组建文件及其职责权限的证明文件。

2. 具有与招标项目规模和复杂程度相适应的工程技术、概预算、财务和工程管理等方面专业技术人员的证明材料（职称证书、执业证书复印件和个人履历等）。

3. 取得招标职业资格的专职招标业务人员的证明材料（3 名以上招标师职业资格证件和个人招投标工作业绩）。

4. 项目可研批复文件。

5. 初步设计及概算批复文件。

6. 各招标批次初步安排（时间、地点）。

后续备案只需接受前述所涉事项变化的有关材料。

③ 《铁路建设工程招标投标监管暂行办法》第 17 条：“招标投标情况书面报告应包括以下主要内容：

1. 招标范围。

2. 招标方式和发布招标公告的媒介。

3. 招标文件中投标人须知、技术条款、评标标准和方法、合同主要条款等内容。

4. 评标委员会的组成和评标报告。

5. 中标结果。”

遗、答疑文件）加强监督抽查。[①] 招标投标情况报告阶段，对已完成招标投标情况报告的建设工程项目，招标投标监督管理机构和造价监督管理机构对该项目发承包合同进行随机抽查，抽查比例不少于20%。重点检查合同的实质性条款与招标文件及中标人的投标文件内容是否一致，是否存在违法违规行为；情节严重的依法依规严肃处理。[②]

重庆市人民政府办公厅亦发布了《关于印发〈进一步加强招标投标活动监管工作方案〉的通知》，重点强调要规范代理行为，加强国有投资项目招标代理管理；防止量身定制，强化招标文件备案管理；遏制围标串标，规范投标人投标行为；提高评标质量，加强评标专家管理；严格合同管理，细化完善合同范本；加强履约管理，规范招标项目标后监管；加强信用信息公开，建立守信联合激励失信联合惩戒机制。同时，将监管工作分解如表7-2所示。

表7-2 监管工作

序号	工作任务	落实措施	完成时限	责任单位
1	规范代理行为，加强国有投资项目招标代理管理	市国资委要依法履行国有资产出资人职责，规范国有企业招标代理选择机制，抓紧制定所监管企业作为出资人或项目法人（包括代理业主）的重点建设项目由质量、品牌、信誉好的招标代理机构全程代理办法，鼓励和引导重庆国际投资咨询集团为政府投资的重点建设项目提供优质的、持续的招标代理服务，强化代理机构责任担当和风险防控机制，提高代理服务质量。	2017年年底前出台办法并长期坚持	市国资委

① 《关于房屋建筑和市政基础设施工程招标投标活动事中事后监管相关事项的通知》第2条第1款第3项："招标文件（含补遗、答疑文件）内容违反有关法律法规被招标投标监督管理机构发现，或被提出整改但未在投标截止时间前一日完成整改及整改一次以上不到位的，由项目所属招标投标监督管理机构对该招标人实施重点监管（发出监管通知书并录入'备案系统'），同时按照《成都市工程建设项目招标代理机构信用综合评价管理暂行办法》对招标代理机构进行信用扣分。在全市范围内，自该招标人在'备案系统'编制的下一个项目招标文件发出之日起，设置1个月的重点监管期，在重点监管期内，对该招标人所有在'备案系统'编制的项目招标文件（含补遗、答疑文件）加强监督抽查。"

② 《关于房屋建筑和市政基础设施工程招标投标活动事中事后监管相关事项的通知》第2条第3款第2项："对已完成招标投标情况报告的建设工程项目，招标投标监督管理机构和造价监督管理机构对该项目发承包合同进行随机抽查，抽查比例不少于20%。重点检查合同的实质性条款与招标文件及中标人的投标文件内容是否一致，是否存在违法违规行为；情节严重的依法依规严肃处理。"

续表

序号	工作任务	落实措施	完成时限	责任单位
2	防止量身定制，强化招标文件备案管理	市级招标投标行政监督部门要按照国家标准范本，根据行业特点，出台细化的招标文件范本。	2018年6月底前	市级招标投标行政监督部门
		市、区县招标投标行政监督部门要对招标文件是否集中编写资格审查标准、否决投标情形以及评标标准方法，是否按行业范本编制招标文件，是否以特定业绩、奖项作为加分、中标条件等进行重点备案审查，确保项目招标条件设置合理合法，杜绝明招暗定、排斥潜在投标人的条件陷阱；要监督招标人依法全面公开招标文件，对潜在投标人投标前提出的异议，要及时进行实质性回复，并将回复内容在重庆市公共资源交易网和区县公共资源交易网上公开，接受社会监督。	长期坚持	各区县政府，两江新区、万盛经开区管委会，市级招标投标行政监督部门
3	遏制围标串标，规范投标人投标行为	市级招标投标行政监督部门要加快对本行业具有通用技术、性能指标或者招标人对其技术、性能指标没有特殊要求的工程制定经评审的最低投标价法的具体实施办法，遏制围标串标。	2017年12月底前	市级招标投标行政监督部门
		市公共资源交易中心要充分运用已经建成的招标投标电子交易系统，加强对市场主体信息和交易信息的数据分析，为围标串标的认定提供大数据支撑。	长期坚持	市公共资源交易中心

续表

序号	工作任务	落实措施	完成时限	责任单位
4	提高评标质量，加强评标专家管理	市、区县发展改革部门要分别会同本级有关招标投标行政监督部门加强和充实评标专家库建设，通过提升技术手段、完善保密制度，进一步强化抽取和使用评标专家的保密措施。	长期坚持	各区县政府，两江新区、万盛经开区管委会，市级招标投标行政监督部门
		市、区县招标投标行政监督部门要加强评标专家抽取管理，对拟抽取专业专家库人数不足拟抽取人数2倍的，将抽取范围扩大至上级相关专业专家库；督促招标人按拟使用专家人数的120%抽取评标专家，到达评标区域后再随机抽取确定评标委员会成员，对未进入评标委员会的专家给予适当交通补贴；积极运用我市招标投标电子交易系统，采用远程异地网上评标，进一步扩大区县可抽取专家范围。	长期坚持	各区县政府，两江新区、万盛经开区管委会，市级招标投标行政监督部门
5	严格合同管理，细化完善合同范本	市级招标投标行政监督部门要进一步细化合同条款，出台完善的合同范本，包括工程建设内容、工期进度、质量安全、资金支付、责任义务、违约责任和处罚等内容，明确合同双方责任义务。	2018年6月底前	市级招标投标行政监督部门
		市、区县招标投标行政监督部门要加强对工程建设项目合同的备案管理，要督促招标人和中标人严格按照合同范本，依据招标文件约定和投标文件承诺签订合同。	长期坚持	各区县政府，两江新区、万盛经开区管委会，市级招标投标行政监督部门
6	加强履约管理，规范招标项目标后监管	市、区县招标投标行政监督部门要督促项目业主和监理单位履行监管责任，严格设计变更管理，严守设计变更报批程序；要严查工程转包、违法分包以及项目经理、技术负责人不在岗等问题，督促项目业主和监理单位实行“押证施工”等制度，监督中标人严格履行合同。	长期坚持	各区县政府，两江新区、万盛经开区管委会，市级招标投标行政监督部门

续表

序号	工作任务	落实措施	完成时限	责任单位
7	加强信用信息公开,建立守信联合激励失信联合惩戒机制	市公共资源交易中心要加快完善招标人、投标人、招标代理机构、评标专家等违法违规记录公示平台,确保相关行政监督部门的处罚信息能够及时上网公布。	2017年12月底前	市公共资源交易中心
		市、区县招标投标行政监督部门要将招标投标违法违规行为的处理结果及时在招标投标违法违规记录公示平台上对社会公开,并推动平台与“信用重庆”的互联互通,及时共享招标投标信用信息,接受更大范围的社会监督;要依法建立招标投标市场主体的守信联合激励和失信联合惩戒机制,对信用良好的依法给予优先选取进入非必须招标项目承包商备选库、按低限缴纳投标保证金等正向激励,引导招标人依法依规对失信投标人采取限制或禁止投标等措施,实现信用良好者处处便利、违法失信者处处受限。	长期坚持	各区县政府,两江新区、万盛经开区管委会,市级招标投标行政监督部门
8	其他	市国资委负有对所监管国有招标代理机构的监督责任,要加强国有招标代理机构违法违规责任追究,根据招标投标行政监督部门的处理结果,视问题性质、损失严重程度等,给予相关责任人扣减薪酬、禁入限制、纪律处分等。	长期坚持	市国资委
		市、区县招标投标行政监督部门要加强责任追究,依法对招标人、招标代理机构、评标专家、投标人的违法违规行为进行查处,并在招标投标违法违规记录公示平台上公开,将相关责任单位、责任人依法纳入招标投标黑名单。	长期坚持	各区县政府,两江新区、万盛经开区管委会,市级招标投标行政监督部门
		监察机关要加强对与招标投标活动有关的监察对象实施监察,依法追究有关责任人员的责任。	长期坚持	市、区县监察机关

第八章　违反招投标法律法规的法律责任

“有法必依，违法必究”，违反法律应当承担责任，从某种意义上来说，一部立法中违法责任的制定是否合适，责任与违法行为之间的关联性是否匹配，关系法律本身能否得到守法者的理解、遵守与尊重，本章为了使读者对于招投标活动中的违法行为有多个视角和层次的认知，首先分别从招标人和投标人的角度，对招投标法中的违法责任分别进行阐述。其次，本章又从法律责任的研究视角进行剖析，对招投标违法犯罪行为进行逐级阐述，从民事责任、行政责任和刑事责任三个维度，将法律中与招投标活动相关的法律责任一一进行阐述。使读者对法律红线有更加系统和全面的认知。

第一节　招标人违反招投标法律行为

一、法律规定

《招标投标法》《政府采购法》等法律法规，均对招标人的招标程序等作出要求，并有专章规定违反法律规定的法律责任。例如，《招标投标法》第 49 条规定，“违反本法规定，必须进行招标的项目而不招标的，将必须进行招标的项目化整为零或者以其他任何方式规避招标的，责令限期改正，可以处项目合同金额千分之五以上千分之十以下的罚款；对全部或者部分使用国有资金的项目，可以暂停项目执行或者暂停资金拨付；对单位直接负责的主管人员和其他直接责任人员依法给予处分”。再如，《招标投标法》第 52 条规定，“依法必须进行招标的项目的招标人向他人透露已获取招标文件的潜在投标人的名称、数量或者可能影响公平竞争的有关招标投标的其他情况的,或者泄露标底的,给予警告,可以并处一万元以上十万元以下的罚款;对单位直接负责的主管人员和其他直接责任人员依法给予处分;构成犯罪的,依法追究刑事责任。前款所列行为影响中标结果的,中标无效"。

故作为招标人需要知悉违反招投标法律法规的行为,并杜绝下述行为,以免承担罚款、行政处分等法律责任,甚至承担刑事责任:(1)必须进行招标的项目而不招标的,将必须进行招标的项目化整为零或者以其他任何方式规避招标的;①(2)招标代理机构违反本法规定,泄露应当保密的与招标投标活动有关的情况和资料的,或者与招标人、投标人串通损害国家利益、社会公共利益或者他人合法权益的;②(3)招标人以不合理的条件限制或者排斥潜在投标人的,对潜在投标人实行歧视待遇的,强制要求投标人组成联合体共同投标的,或者限制投标人之间竞争的;③(4)依法必须进行招标的项目的招标人向他人透露已获取招标文件的潜在投标人的名称、数量或者可能影响公平竞争的有关招标投标的其他情况的,或者泄露标底的;④(5)评标委员会成员收受投标人的财物或者其他好处的,评标委员会成员或者参加评标的有关工作人员向他人透露对投标文件

---

① 《招标投标法》第49条:"违反本法规定,必须进行招标的项目而不招标的,将必须进行招标的项目化整为零或者以其他任何方式规避招标的,责令限期改正,可以处项目合同金额千分之五以上千分之十以下的罚款;对全部或者部分使用国有资金的项目,可以暂停项目执行或者暂停资金拨付;对单位直接负责的主管人员和其他直接责任人员依法给予处分。"

② 《招标投标法》第50条:"招标代理机构违反本法规定,泄露应当保密的与招标投标活动有关的情况和资料的,或者与招标人、投标人串通损害国家利益、社会公共利益或者他人合法权益的,处五万元以上二十五万元以下的罚款;对单位直接负责的主管人员和其他直接责任人员处单位罚款数额百分之五以上百分之十以下的罚款;有违法所得的,并处没收违法所得;情节严重的,禁止其一年至二年内代理依法必须进行招标的项目并予以公告,直至由工商行政管理机关吊销营业执照;构成犯罪的,依法追究刑事责任。给他人造成损失的,依法承担赔偿责任。前款所列行为影响中标结果的,中标无效。"

③ 《招标投标法》第51条:"招标人以不合理的条件限制或者排斥潜在投标人的,对潜在投标人实行歧视待遇的,强制要求投标人组成联合体共同投标的,或者限制投标人之间竞争的,责令改正,可以处一万元以上五万元以下的罚款。"

④ 《招标投标法》第52条:"依法必须进行招标的项目的招标人向他人透露已获取招标文件的潜在投标人的名称、数量或者可能影响公平竞争的有关招标投标的其他情况的,或者泄露标底的,给予警告,可以并处一万元以上十万元以下的罚款;对单位直接负责的主管人员和其他直接责任人员依法给予处分;构成犯罪的,依法追究刑事责任。前款所列行为影响中标结果的,中标无效。"

的评审和比较、中标候选人的推荐以及与评标有关的其他情况的;[①](6)招标人在评标委员会依法推荐的中标候选人以外确定中标人的,依法必须进行招标的项目在所有投标被评标委员会否决后自行确定中标人的。[②]

二、常见违法违规行为及其法律责任

(一)规避招标

1. 表现形式

规避招标是指招标人通过一定的手段和方法,达到逃避招标目的的行为。

规避招标常见的表现形式有:(1)部分招标。建设单位只进行项目的主体工程招标或某一部分进行工程招标,其余配套或附加的工程采用直接发包的方式,以达到逃避招标的目的。(2)假借外资或私营企业之名,利用"非财政性资金投资的项目不用招标"的策略,由该企业去办理项目实施的相关手续规避招标,最后再将项目移交给业主使用。(3)还有一些招标人借特殊项目、保密项目之名,不招标而直接确定承包商。(4)化整为零。

关于"化整为零"有众多法律规定,如《招标投标法》第4条规定,"任何单位和个人不得将依法必须进行招标的项目化整为零或者以其他任何方式规避招标。"《政府采购法》第28条规定,"采购人不得将应当以公开招标方式采购的货物或服务化整为零或者以其他任何方式规避公开招标采购"。《工程建设项目施工招标投标办法》第3条第2款规定,"任何单位和个人不得将依法必须进行招标的项目化整为零或以其他任何方式规避招标"。《工程建设项目勘察设计招标投标办法》第3条第2款规定,"任何单位和个人不得将依法必须进行招标的项目化整为零或以其他任何方式规避招标。"

虽然《招标投标法》《政府采购法》等均规定禁止将依法必须进行招标的项目化整为零,但对于何为化整为零,并未进行细化规定。按照通常的理解,所谓

① 《招标投标法》第56条:"评标委员会成员收受投标人的财物或者其他好处的,评标委员会成员或者参加评标的有关工作人员向他人透露对投标文件的评审和比较、中标候选人的推荐以及与评标有关的其他情况的,给予警告,没收收受的财物,可以并处三千元以上五万元以下的罚款,对有所列违法行为的评标委员会成员取消担任评标委员会成员的资格,不得再参加任何依法必须进行招标的项目的评标;构成犯罪的,依法追究刑事责任。"

② 《招标投标法》第57条:"招标人在评标委员会依法推荐的中标候选人以外确定中标人的,依法必须进行招标的项目在所有投标被评标委员会否决后自行确定中标人的,中标无效,责令改正,可以处中标项目金额千分之五以上千分之十以下的罚款;对单位直接负责的主管人员和其他直接责任人员依法给予处分。"

化整为零，即把达到法定强制招标限额的项目切割为几个小项目，每个小项目的金额均在法定招标限额以下，以此来达到避招标的目的。①

2. 规避招标合同效力认定

实践中，有众多违规规避招标的行为。对于违法规避招标合同的效力，理论界和实务界存在无效说和有效说两种截然相反的观点，亦导致司法判例出现合同无效与合同有效两种截然不同的裁判结果。

（1）无效说

无效说认为，《招标投标法》第 3 条②规定的强制招标制度保护的法益类型为“国家和社会公共利益”，故强制招标制度应当属于法律的效力性强制性规定，规避招标订立的合同因违反法律的效力性强制性规定，根据《民法典》第 153 条③的规定。

无效说的判例列举如下：南京多义线建筑设计咨询有限公司与塔什库尔干塔吉克自治县住房和城乡建设局房屋租赁合同纠纷。

在该争议中，2016 年二三月间，原告与被告就塔什库尔干塔吉克自治县城市综合整治项目一期建筑方案设计、二期建筑方案设计、三期建筑方案设计分别签订了三份《塔什库尔干县城市综合整治项目方案设计合同》，后 2016 年 8 月 3 日塔什库尔干塔吉克自治县行政审批局作出《关于对塔什库尔干县城市综合整治项目方案设计合同的整改通知》，认定三份设计合同将必须进行招标的项目化整为零规避招标，违反了《招标投标法》《工程建设项目招标范围和规模标准规定》之规定，要求被告对上述问题进行整改。在被认定为规避招标的情况下，设计合同可能被认定为无效，该案中，法院认为，《招标投标法》第 4 条规定，“任何单位和个人不得将依法必须进行招标的项目化整为零或者以其他任何方式规避招标。”《合同法》（已失效）第 52 条第 5 项规定，“违反法律、行政法规的强制

---

① 参见李金升：《招标人“规避招标”的法定形态与法律责任》，载《招标与投标》2015 年第 1 期。

② 《招标投标法》第 3 条：“在中华人民共和国境内进行下列工程建设项目包括项目的勘察、设计、施工、监理以及与工程建设有关的重要设备、材料等的采购，必须进行招标：（一）大型基础设施、公用事业等关系社会公共利益、公众安全的项目；（二）全部或者部分使用国有资金投资或者国家融资的项目；（三）使用国际组织或者外国政府贷款、援助资金的项目。前款所列项目的具体范围和规模标准，由国务院发展计划部门会同国务院有关部门制订，报国务院批准。法律或者国务院对必须进行招标的其他项目的范围有规定的，依照其规定。”

③ 《民法典》第 153 条：“违反法律、行政法规的强制性规定的民事法律行为无效。但是，该强制性规定不导致该民事法律行为无效的除外。违背公序良俗的民事法律行为无效。”

性规定的,合同无效"。被告将塔什库尔干塔吉克自治县城市综合整治项目的设计任务化整为零规避招标,设计合同无效。但是原告完成的方案设计工作参照合同约定结算,原告完成的施工图设计工作也应予以据实结算。[①]

(2)有效说

有效说认为,《招标投标法》第3条规定的强制招标制度属于行政管理强制性规定,而非效力性强制性规定。对于违法规避招标订立合同的行为,可依据《招标投标法》第49条[②]的规定对相关人员及单位进行行政处分和行政处罚,但并不导致合同无效。此外,《最高人民法院关于审理建设工程施工合同纠纷案件适用法律问题的解释(一)》[③]虽然规定违法规避招标的建设工程施工合同无效,但此项规定并不周延,不能类推适用于否定规避招标的其他类型合同的效力。

有效说的判例列举如下:长沙宝华建筑材料有限公司与湖南潭衡高速公路开发有限公司买卖合同纠纷。

湖南省湘潭县人民法院一审民事判决书[(2018)湘0321民初92号]摘录如下:原告、被告签订合同的效力。首先,被告抗辩该案第二份合同所涉标的没有经过招投标程序,属于无效合同,理由是《招标投标法》及配套的原2000年5月1日发布的《工程建设项目招标范围和规范标准规定》明确重要设备、材料等货物的采购单项合同估算价在100万元人民币以上的,必须进行招标。法院认为,法律明确规定违反法律、行政法规的强制性规定无效,所指强制性规定是效力性强制规定,而非管理性强制规定。《招标投标法》规定对于涉及社会公共利益、公众安全项目有关的重要设备、材料等货物的采购,必须进行招标,并未明确规定违反其所订立的合同属于无效合同,只是规定必须进行招标的项目而不招标的,对相关人员及单位进行行政处分和行政处罚,此规定属于管理性规定,并

① 参见南京多义线建筑设计咨询有限公司与塔什库尔干塔吉克自治县住房和城乡建设局房屋租赁合同纠纷案,江苏省南京市秦淮区人民法院一审民事判决书,(2017)苏0104民初10519号。

② 《招标投标法》第49条:"违反本法规定,必须进行招标的项目而不招标的,将必须进行招标的项目化整为零或者以其他任何方式规避招标的,责令限期改正,可以处项目合同金额千分之五以上千分之十以下的罚款;对全部或者部分使用国有资金的项目,可以暂停项目执行或者暂停资金拨付;对单位直接负责的主管人员和其他直接责任人员依法给予处分。"

③ 《最高人民法院关于审理建设工程施工合同纠纷案件适用法律问题的解释(一)》第1条规定:"建设工程施工合同具有下列情形之一的,应当依据民法典第一百五十三条第一款的规定,认定无效:(一)承包人未取得建筑业企业资质或者超越资质等级的;(二)没有资质的实际施工人借用有资质的建筑施工企业名义的;(三)建设工程必须进行招标而未招标或者中标无效的。"

不导致合同无效。其次,被告主张本同时适用《最高人民法院关于审理建设工程施工合同纠纷案件适用法律问题的解释》第1条第3项,建设工程必须进行招标而未招标或者中标无效的,应当根据《合同法》第52条第5项(现已失效)违反法律、行政法规的强制性规定,认定无效。法院认为,该案标的是交通安全设施物品的买卖,不属于建设工程施工合同范畴,不适用建设工程施工合同的规定。再者,未进行招投标,其过错不在原告,该案是一个固定期限供货合同,原告对被告采购交通设施总金额是否超过100万元人民币并不明知,故被告的辩称理由不成立,该案所涉买卖合同为有效合同。①

综合以上不同观点和司法判例,笔者倾向无效说,即违法规避招标订立的合同当然无效。理由在于违反强制招标制度的规避招标行为属于交易方式严重违法,损害的法益类型是国家和社会公共利益,因此《招标投标法》规定的强制招标制度属于法律的效力性强制性规定,违反法律、行政法规的效力性强制性规定的合同无效,所以违法规避招标订立的合同当然无效。②

(3)最高人民法院判决

除上述判决之外,最高人民法院已明确规避招投标制度的明招暗定、先定后招协议无效。最高人民法院再审审查民事裁定认为:该案中,中厦公司在招投标之前已进场施工并从弘域公司处获得了部分报酬,双方就工程承包内容已达成了合意,此种明招暗定、先定后招的行为,违反了招投标强制性规定,故中标合同《建设工程施工合同》无效。《补充协议》改变《建设工程施工合同》的实质性内容,规避招投标制度,违反强制性规定,亦属无效合同。案涉工程经验收合格后,因农民工上访,乌鲁木齐市米东区建设局、乌鲁木齐市米东区人事劳动和社会保障局劳动保障监察大队组织弘域公司、中厦公司就中厦公司提出的弘域公司拖欠工程款、拒收决算报告的问题和弘域公司反映的中厦公司拖欠材料款和民工工资等问题进行协调,形成了《会议纪要》,明确最终依据《建设工程施工合同》和工程决算确定工程款和民工工资的支付方案。随后,中厦公司向弘域公司出具《承诺书》,承诺严格履行《会议纪要》。据此,原判决认定双方均认可按照《建设工程施工合同》结算,具有充分的事实依据。中厦公司主张按照双方实际履行的《补充协议》结算,但未能提交证据证明双方实际履行的是《补充协议》。

① 参见长沙宝华建筑材料有限公司与湖南潭衡高速公路开发有限公司买卖合同纠纷案,湖南省湘潭县人民法院一审民事判决书,(2018)湘0321民初92号。

② 参见郭宪:《论违法规避招标的合同效力与相关修法建议》,载《招标采购管理》2020年第8期。

《建设工程施工合同》既是备案的中标合同,又是双方通过《会议纪要》一致同意的结算依据,《会议纪要》和《承诺书》亦构成双方最后达成的协议,原判决确定参照《建设工程施工合同》结算,认定事实和适用法律并无不当。中厦公司主张根据《补充协议》结算的理由不成立,法院不予支持。①

3. 实务案例

除上述司法判决之外,实践中亦存在较多因规避招标而受到行政处罚的案例。如中建三局盛世荆州房地产开发有限公司于2020年1月2日因规避招标受到荆州市政务服务和大数据管理局罚款②;茅箭区茅塔乡台子村村民委员会于2019年3月13日受到十堰市公共资源交易监督管理局罚款,罚款金额为3.4802万元,处罚理由为该单位在茅箭区茅塔乡台子村易迁安置点项目中,将4个标段化整为零,以竞争性谈判的方式确定施工单位,属以化整为零的方式规避公开招标。③ 利川市力拓置业发展有限公司于2019年3月8日受到利川市公共资源交易监督管理局罚款,罚款金额为26.456077万元,处罚理由为该公司在利川市中山片区棚户区改造新天地项目建设中,未招先建,规避招标。④

(二)差别对待潜在投标人

《招标投标法》规定,招标文件中任何有关指定某一单位或品牌,以及差别对待任何投标单位的内容都是不允许的。根据《招标投标法实施条例》第63条规定,“招标人有下列限制或者排斥潜在投标人行为之一的,由有关行政监督部门依照招标投标法第五十一条的规定处罚:(一)依法应当公开招标的项目不按照规定在指定媒介发布资格预审公告或者招标公告;(二)在不同媒介发布的同一招标项目的资格预审公告或者招标公告的内容不一致,影响潜在投标人申请资格预审或者投标。依法必须进行招标的项目的招标人不按照规定发布资格预审公告或者招标公告,构成规避招标的,依照《招标投标法》第四十九条的规定处罚”。

① 参见中厦公司与弘域公司建设工程施工合同纠纷再审审查案,最高人民法院民事裁定书,(2020)最高法民申725号。

② 荆州市政务服务和大数据管理局对中建三局盛世荆州房地产开发有限公司荆公管罚字〔2020〕第1号处罚。

③ 十堰市公共资源交易监督管理局对茅箭区茅塔乡台子村村民委员会十公共资源局罚字〔2019〕第03号处罚。

④ 利川市公共资源交易监督管理局对利川市力拓置业发展有限公司利公共资源罚字〔2019〕第001号处罚。

1. 表现形式

尽管有上述法律法规规定，但在实际操作过程中要避免招标人的差别对待潜在投标人，仍存在一定困难，系因实践中差别对待潜在投标人的表现形式较为多样，具体有以下几种：

(1)提高或降低对投标人的资质要求。某些建设单位出于个人原因或其他因素的考虑，故意增加对投标人资质等级的要求，无形中提高了投标的门槛，使多数本身有足够资格投标的单位被排斥在外，剩下能进入报名的单位往往是在招投标前内定的施工单位。某些项目对投标人的资质有特殊强制性要求的，有的招标人为了让特定的不符合要求的投标人能够参加投标，以增加投标竞争力为由，故意降低资质要求。

(2)强制规定技术标准。招标人指定标的物品牌，或指定必须要达到的技术标准是某个品牌所独有的，甚至把某些专利产品的技术指标参数照搬到招标文件中，从而排斥了其他潜在供应商。

(3)随意判定无效投标文件。招标人为了排斥某家投标单位，就刻意去寻找投标文件上的纰漏，一旦出现一点点的疏漏，哪怕是一些无关紧要的内容，招标人就草率地将该投标文件判定为无效标。

(4)缩短招标周期。某些招标人以施工期紧、任务重或者其他各种理由，违规缩短招投标法规定的最短招标周期①，目的在于让其他在投标人没有足够时间获悉招标信息和作出是否投标的决定，而内定的投标人在招标发布信息前就已经获悉招标信息，并做足相关资料准备所以在无竞争的情况下顺利中标。②

2. 实务案例

实践中，存在较多差别对待潜在投标人的情况，进而引发行政处罚或行政诉讼。如上海华丰工业控制技术工程有限公司与上海市财政局行政处罚一案中，2007年9月14日，上海市财政局作出沪财库〔2007〕23号投诉处理决定书。该决定书载明："投诉人华丰公司；被投诉人机电公司。该决定书认定：一、关于招标文件提出了国家标准没有要求的，与质量没有联系的特定要求，以排斥优秀产品进入的问题。经查，招标文件中规定了采用德国变频电机的要求，标明了产品

① 《招标投标法》第24条："招标人应当确定投标人编制投标文件所需要的合理时间；但是，依法必须进行招标的项目，自招标文件开始发出之日起至投标人提交投标文件截止之日止，最短不得少于二十日。"

② 参见陈正：《工程招投标中违规行为分析与监督机制完善》，武汉工程大学2015年硕士学位论文。

的生产产地,存在对潜在投标人构成了限制,违反了财政部18号令第二十一条第二款'招标文件不得要求或者标明特定的投标人或者产品,以及含有倾向性或者排斥潜在投标人的其他内容'的规定。"华丰公司对上海市市财政局作出的上述投诉处理决定不服,向财政部申请行政复议。财政部于2008年2月3日作出财复议〔2008〕1号行政复议决定书,决定维持上海市财政局作出的上述投诉处理决定。华丰公司仍不服,遂诉至人民法院。人民法院认为《招标投标法》第18条第2款规定,"招标人不得以不合理的条件限制或者排斥潜在投标人,不得对潜在投标人实行歧视待遇";该法第20条同时规定,"招标文件不得要求或者标明特定的生产供应者以及含有倾向性或者排斥潜在投标人的其他内容";《政府采购货物和服务招标投标管理办法》(已失效)第21条第2款规定,"招标文件不得要求或者标明特定的投标人或者产品,以及含有倾向性或者排斥潜在投标人的其他内容";《政府采购供应商投诉处理办法》(已失效)第18条还规定了违反上述规定的处理原则,"采购活动已经完成并且已经签订政府采购合同的,决定采购活动违法,由被投诉人按照有关法律规定承担相应的赔偿责任"。招标文件对产品中的电机特别注明要求采用德国变频电机,显然违反了《政府采购货物和服务招标投标管理办法》(已失效)第21条第2款规定:"招标文件不得要求或者标明特定的投标人或者产品",市财政局据此确认采购活动违法正确。①

第二节　投标人违反招投标法律行为

一、法律规定

《招标投标法》《政府采购法》等法律法规,均对投标人的投标程序等作出要求,并有专章规定违反法律规定的法律责任。如《招标投标法》第54条规定,"投标人以他人名义投标或者以其他方式弄虚作假,骗取中标的,中标无效,给招标人造成损失的,依法承担赔偿责任;构成犯罪的,依法追究刑事责任。依法必须进行招标的项目的投标人有前款所列行为尚未构成犯罪的,处中标项目金额千分之五以上千分之十以下的罚款,对单位直接负责的主管人员和其他直接责任人员处单位罚款数额百分之五以上百分之十以下的罚款;有违法所得的,并

① 参见上海华丰工业控制技术工程有限公司与上海市财政局行政处罚一案,上海市第一中级人民法院,(2008)沪一中行终字第374号。

处没收违法所得；情节严重的，取消其一年至三年内参加依法必须进行招标的项目的投标资格并予以公告，直至由工商行政管理机关吊销营业执照”。

故作为投标人需要知悉违反招投标法律法规的行为，并杜绝下述行为，以免承担罚款、行政处分等法律责任，甚至承担刑事责任：(1)投标人相互串通投标或者与招标人串通投标的，投标人以向招标人或者评标委员会成员行贿的手段谋取中标的①；(2)投标人以他人名义投标或者以其他方式弄虚作假，骗取中标的②；(3)依法必须进行招标的项目，招标人违反《招标投标法》规定，与投标人就投标价格、投标方案等实质性内容进行谈判的③；(4)中标人将中标项目转让给他人的，将中标项目支解后分别转让给他人的，违反《招标投标法》规定将中标项目的部分主体、关键性工作分包给他人的，或者分包人再次分包的④；(5)招标人与中标人不按照招标文件和中标人的投标文件订立合同的，或者招标人、中标人订立背离合同实质性内容的协议的⑤；(6)中标人不履行与招标人订立的合同

---

① 《招标投标法》第53条："投标人相互串通投标或者与招标人串通投标的，投标人以向招标人或者评标委员会成员行贿的手段谋取中标的，中标无效，处中标项目金额千分之五以上千分之十以下的罚款，对单位直接负责的主管人员和其他直接责任人员处单位罚款数额百分之五以上百分之十以下的罚款；有违法所得的，并处没收违法所得；情节严重的，取消其一年至二年内参加依法必须进行招标的项目的投标资格并予以公告，直至由工商行政管理机关吊销营业执照；构成犯罪的，依法追究刑事责任。给他人造成损失的，依法承担赔偿责任。"

② 《招标投标法》第54条："投标人以他人名义投标或者以其他方式弄虚作假，骗取中标的，中标无效，给招标人造成损失的，依法承担赔偿责任；构成犯罪的，依法追究刑事责任。

依法必须进行招标的项目的投标人有前款所列行为尚未构成犯罪的，处中标项目金额千分之五以上千分之十以下的罚款，对单位直接负责的主管人员和其他直接责任人员处单位罚款数额百分之五以上百分之十以下的罚款；有违法所得的，并处没收违法所得；情节严重的，取消其一年至三年内参加依法必须进行招标的项目的投标资格并予以公告，直至由工商行政管理机关吊销营业执照。"

③ 《招标投标法》第55条："依法必须进行招标的项目，招标人违反本法规定，与投标人就投标价格、投标方案等实质性内容进行谈判的，给予警告，对单位直接负责的主管人员和其他直接责任人员依法给予处分。

前款所列行为影响中标结果的，中标无效。"

④ 《招标投标法》第58条："中标人将中标项目转让给他人的，将中标项目支解后分别转让给他人的，违反本法规定将中标项目的部分主体、关键性工作分包给他人的，或者分包人再次分包的，转让、分包无效，处转让、分包项目金额千分之五以上千分之十以下的罚款；有违法所得的，并处没收违法所得；可以责令停业整顿；情节严重的，由工商行政管理机关吊销营业执照。"

⑤ 《招标投标法》第59条："招标人与中标人不按照招标文件和中标人的投标文件订立合同的，或者招标人、中标人订立背离合同实质性内容的协议的，责令改正；可以处中标项目金额千分之五以上千分之十以下的罚款。"

的，中标人不按照与招标人订立的合同履行义务的①。

二、常见违法违规行为及其法律责任

（一）虚假骗标

1. 法律规定

虚假骗标是指投标人以他人名义投标或者以其他方式弄虚作假，骗取中标。根据《招标投标法》第33条规定，“投标人不得以低于成本的报价竞标，也不得以他人名义投标或者以其他方式弄虚作假，骗取中标”。第54条规定，“投标人以他人名义投标或者以其他方式弄虚作假，骗取中标的，中标无效，给招标人造成损失的，依法承担赔偿责任；构成犯罪的，依法追究刑事责任”。

此外，《招标投标法实施条例》第42条第2款对于骗标的情形有较为明确的规定，“投标人有下列情形之一的，属于招标投标法第三十三条规定的以其他方式弄虚作假的行为：（一）使用伪造、变造的许可证件；（二）提供虚假的财务状况或者业绩；（三）提供虚假的项目负责人或者主要技术人员简历、劳动关系证明；（四）提供虚假的信用状况；（五）其他弄虚作假的行为”。

除以上情形之外，《招标投标法实施条例》同时也规定了其余虚假骗标的情况，包括：（1）第42条规定，使用通过受让或者租借等方式获取的资格、资质证书投标的，属于《招标投标法》第33条规定的以他人名义投标；（2）第69条规定，出让或者出租资格、资质证书供他人投标的，损害招标投标活动的公平公正。

根据《招标投标法实施条例》第68条规定：“投标人以他人名义投标或者以其他方式弄虚作假骗取中标的，中标无效；构成犯罪的，依法追究刑事责任；尚不构成犯罪的，依照招标投标法第五十四条的规定处罚。依法必须进行招标的项目的投标人未中标的，对单位的罚款金额按照招标项目合同金额依照招标投标法规定的比例计算。投标人有下列行为之一的，属于招标投标法第五十四条规定的情节严重行为，由有关行政监督部门取消其1年至3年内参加依法必须进行招标的项目的投标资格：（一）伪造、变造资格、资质证书或者其他许可证件骗取中标；（二）3年内2次以上使用他人名义投标；（三）弄虚作假骗取中标给招标

① 《招标投标法》第60条：“中标人不履行与招标人订立的合同的，履约保证金不予退还，给招标人造成的损失超过履约保证金数额的，还应当对超过部分予以赔偿；没有提交履约保证金的，应当对招标人的损失承担赔偿责任。中标人不按照与招标人订立的合同履行义务，情节严重的，取消其二年至五年内参加依法必须进行招标的项目的投标资格并予以公告，直至由工商行政管理机关吊销营业执照。因不可抗力不能履行合同的，不适用前两款规定。”

人造成直接经济损失30万元以上;(四)其他弄虚作假骗取中标情节严重的行为。投标人自本条第二款规定的处罚执行期限届满之日起3年内又有该款所列违法行为之一的,或者弄虚作假骗取中标情节特别严重的,由工商行政管理机关吊销营业执照。"

故投标人若出现虚假骗标行为,应当依法承担相应的行政责任及民事责任,如中标无效,需承担损害赔偿等责任;受到行政罚款、吊销营业执照等行政处罚。上述情形在特别严重的情况下,可能存在刑事风险。

2. 实务案例

实践中,存在不少因虚假骗标遭受处罚的案例,如青海省住房和城乡建设厅于2019年6月27日通报了江西临川建设集团有限公司等单位在察尔汗盐湖旅游资源开发项目一期工程招投标活动中违法违规问题,"经核查,江西临川建设集团有限公司、重庆恒通建设(集团)有限公司投标文件业绩造假,存在虚假骗标的行为,依据《青海省建筑市场信用管理办法》,将江西临川建设集团有限公司及重庆恒通建设(集团)有限公司信用评价降为D级,一年内取消其参与政府投资项目工程建设活动资格;一年内不受理登记手续;一年内在非国有投资项目中建设单位禁止选用"。同时,"该项目招投标活动中,存在招标代理机构(广东省广大工程顾问有限公司)与评审专家为特定投标人谋取中标的嫌疑,依据《青海省房屋建筑和市政基础设施工程串通投标等违法行为认定处理办法》,移交公安机关"。①

再如,铜梁区住房与城乡建设委员会2019年4月14日发布的行政处罚决定书显示,重庆市志展建筑工程有限公司在铜梁区核心区电力排管建设工程招投标活动中,提交虚假的《重庆市社会保险参保证明(单位)——参保人员明细》骗取中标,违反了《招标投标法》第33条"投标人不得弄虚作假骗取中标"的规定。根据《招标投标法》第54条的规定,铜梁区住房与城乡建设委员对重庆市志展建筑工程有限公司处以罚款46,253.21元,对公司法人代表周晓兰处以罚款3468.99元。同时将重庆市志展建筑工程有限公司列入黑名单,其不良行为信息量化计分12分。②

① 参见《串通投标、虚假骗标!青海通报两起违法违规典型案例》,载微信公众号"视讯青海"2019年6月29日,https://mp.weixin.qq.com/s/rI4PUHKWhWhX6JZLr P4alQ。

② 《骗标、串标、弃标 5建筑企业因违规在铜梁区遭处罚》,载重庆日报网,https://www.cqcb.com/puguangtai/zhuanti/2020-04-20/2343145_pc.html。

(二)串标

1.法律规定

《招标投标法》第32条第1、2款规定,“投标人不得相互串通投标报价,不得排挤其他投标人的公平竞争,损害招标人或者其他投标人的合法权益。投标人不得与招标人串通投标,损害国家利益、社会公共利益或者他人的合法权益”。即串标系为投标人相互串通投标或者与招标人串通投标。

《招标投标法实施条例》详细列举了串标情形,《招标投标法实施条例》第39条规定,“禁止投标人相互串通投标。有下列情形之一的,属于投标人相互串通投标:(一)投标人之间协商投标报价等投标文件的实质性内容;(二)投标人之间约定中标人;(三)投标人之间约定部分投标人放弃投标或者中标;(四)属于同一集团、协会、商会等组织成员的投标人按照该组织要求协同投标;(五)投标人之间为谋取中标或者排斥特定投标人而采取的其他联合行动。”

第40条规定,“有下列情形之一的,视为投标人相互串通投标:(一)不同投标人的投标文件由同一单位或者个人编制;(二)不同投标人委托同一单位或者个人办理投标事宜;(三)不同投标人的投标文件载明的项目管理成员为同一人;(四)不同投标人的投标文件异常一致或者投标报价呈规律性差异;(五)不同投标人的投标文件相互混装;(六)不同投标人的投标保证金从同一单位或者个人的账户转出”。

当然,串通投标不仅存在于投标人之间,为满足部分非法目的,在特定情况下,招标人与投标人也可能存在串标的行为。《招标投标法实施条例》第41条规定,“禁止招标人与投标人串通投标。有下列情形之一的,属于招标人与投标人串通投标:(一)招标人在开标前开启投标文件并将有关信息泄露给其他投标人;(二)招标人直接或者间接向投标人泄露标底、评标委员会成员等信息;(三)招标人明示或者暗示投标人压低或者抬高投标报价;(四)招标人授意投标人撤换、修改投标文件;(五)招标人明示或者暗示投标人为特定投标人中标提供方便;(六)招标人与投标人为谋求特定投标人中标而采取的其他串通行为”。

2.实务表现形式

串通投标作为工程招标中最普遍的违法行为,主要表现在投标人之间串通、招标人与投标人之间串通、招标代理机构与投标人之间串通这三个方面,无论从哪个方面来说,串通投标的本质就是使参与投标的其他投标人处于不平等的竞争地位,合法权益受到损害。除法定情形外,实务中还存在以下各种串标情形:

(1)投标人之间串通

串通投标的表现形式种类繁多,最常见的即投标人之间进行串通的行为。投标人之间的串通投标又称横向串通投标,是指投标人之间恶意串通,达成协议内定中标人或中标价格,排挤、限制其他投标人竞争的一种行为。

实践中,投标人之间串通有以下几种类型:第一种是两个或几个投标人之间在价格上达成协议形成同盟,统一报高价或低价,通过提高或压低投标价格来限制其他投标人中标。第二种是约定好轮流中标,这一类型是在第一种价格同盟基础之上衍生而来的。投标人之间为了中标会提前勾结统一报低价,这种价格对最后的中标者来说利润是极小的,而且如果总是一个投标人中标,其他参与低价联盟的投标人也不会同意,在这种情况下,一个有组织的小团体就出现了。这种组织存在的目的是安排每个投标人都能中标,对招标工程进行划分,制定串通投标规则使该组织内的投标人能够轮流中标。第三种串通类型俗称陪标。首先这种串通方式是需要大部分投标人参与的,因为最后的中标人需要给参与串通投标而未中标的投标人经济补偿,所以协定好的中标价格肯定不是最低价格。串通投标的投标人事先约定好中标人,有的负责放弃投标资格,有的负责抬高标价,使内定的中标人在最后以高价取得承包资格,在中标之后再按照之前的约定将工程项目的一部分分包给参与串通投标的其他投标人,或者直接给协助串通投标的投标人以经济补偿,从性质上来说,这一类型属于中标人利用串通投标的手段将非法得来的利益与其他投标人一起分享。最后一种类型是有计划的分配中标资格。投标人事先会约定好各自的中标领域,也就是说不同的招标工程项目只允许约定好的特定投标人参与投标,投标人不可以跨领域地参与投标活动,彼此之间有一个投标范围划分,互相不干涉,从根本上限制了招标投标的公平竞争。

(2)招标人与投标人之间串通

招标人与投标人串通投标又称纵向的串通投标,是指招标单位以不正当的方式在招投标环节中与投标人串通,使招投标制度失去其优胜劣汰公平竞争的本质。普遍存在的招标人与投标人串通有以下三种形式:第一种为泄露信息型。有的招标人为了内定中标人顺利中标,将标底泄露给投标人,使其报价比其他投标人拥有价格上的优势。或者是将其他投标人的标书内容告知内定中标人,使中标人在最终开标前根据其他投标者的标书调整报价和施工方案,最终的标书比其他投标人更有中标的可能。第二种类型为经济补偿型。投标人在投标之前与招标单位私下协商以低价中标,为了排挤其他投标人确保自己最终拿到承包资格,尽量压低自己的报价。招标人之所以会同意这种形式,是因为在中标之后投标单位会按照约定给予招标人经济补偿,所以对招标人来说只要保证利益不受损就可以与投标人私自协定,招投标也只是为他们服务的一种形式,这串通形式风险较大,有可能会得不到经济补偿,所以通常会发生在曾经有合作基础的招投标双方。第三种类型为有针对性的串通。有的招标单位把原定为公开招标的工程项目改为不公开招标,或者故意地缩小招标范围和招标时间,在这种情况下,只有事先有准备的投标人能够准时地参与投标,其他投标人得不到招标信息、更得不到参加资格。还有的招标人在招标公告中留下错误的投标地址,不知道情况的投标人就此失去了投标机会。

(3)招标代理机构与投标人之间的串通

招标代理机构与投标人之间串通的类型有如下几种:第一种类型是招标代理机构向投标人泄露项目机密。在工程招标中,招标文件中会规定拟建项目的具体情况,如项目类型、工程规模、项目工期和施工要求等,招标代理机构对这些情况是大概了解的,并且可能掌握投标人的标书内容。此时如一投标人勾结到招标代理机构,可能就会从招标代理机构那里得到竞争对手的机密性资料,通过暗箱操作最终中标。第二种为量身定做型。这一类型与上一段中介绍的第三种类型是相似的,都是有针对性地制定招标条件。招标代理机构在招标人或投标人的授意下,在编写招标文件时,针对预定中标人的能力条件状况,故意在招标文件中制定具有排他性的招标要求,其他投标人根据前述招标公告很难编制出符合条件的标书,因而衬托出串通投标人标书的优势所在,在评标环节脱颖而出,这一类型与前文所述差别对待潜在投标人亦存在一定联系。第三种是贿赂评委型。为确保与其串通的投标人中标,招标代理机构还可能向评标委员行贿,收受贿赂的评委就会提高不法投标人的标书评分。出现这一情况的原因很多,首先有些评委自身专业素质不过关、道德素质也不过关,被利益蒙蔽了双眼,在投标人的诱惑下不能公正评标。还有就是招标机制不够完善,缺乏统一的监管部门,评标过程中评委的决定是选择中标单位的标准,所以贿赂评委这种行为会大大影响评标的科学性和公平性。①

3. 实务案例

实践中,存在较多串通招标的情况,甚至涉及刑事犯罪。据统计,2019 年网

---

① 参见王瑶:《论工程招标中串通投标行为的法律规制》,东北财经大学 2017 年硕士学位论文。

络上公开的宣判串通投标罪共430余件案件。记载有涉案行业类型信息的案件有168起，行业类型主要包括建筑业、房地产业、批发和零售业、租赁和商务服务业、金融业等领域，其中发生在建筑业的案件数量为129起，数量最多，案件数量占比为76.79%，发生在其他行业的数量不多。[①]（如图8-1所示）

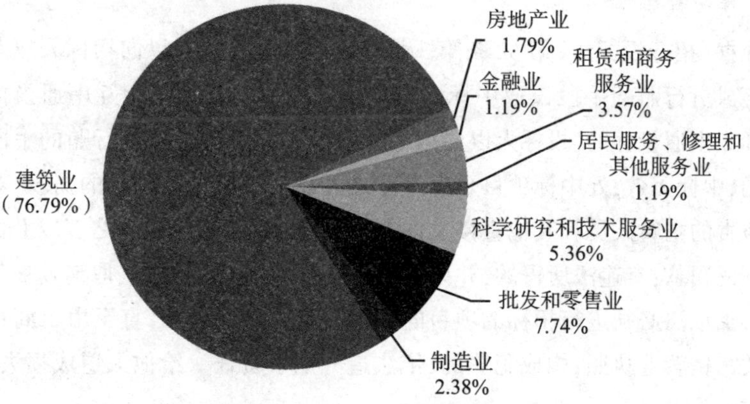

图8-1　涉案行业类型信息

为此，各地针对串标违法行为出台了政策，严厉打击串标违法行为。如上海市住房和城乡建设管理委员会会同相关部门，召开深入打击建设工程围标串标违法行为工作会议。会议曝光了一批存在围标串标等严重违法违规行为的企业。自2020年7月以来，上海市开展了为期3个月的工程建设行业专项整治行动，检查各类项目272个，共计立案200余起。对3年内发生2次及以上串通投标行为的30家涉案企业，取消其一至两年内参加依法必须进行招标的项目投标资格。[②] 2019年，杭州市建委上报市政府出台《杭州市人民政府关于深化我市工程建设领域招标投标改革创新的指导意见》和《杭州市人民政府关于印发杭州市工程建设项目招标投标管理暂行办法的通知》，会同交通、水利、园林和公共资源交易管理等五部门联合出台《杭州市工程建设项目评标专家管理办法》，搭建起全杭州市工程建设招投标"一盘棋"改革创新四梁八柱制度体系。杭州市立足招投标监管实践，在现有法律法规的基础上细化补充了视同串通投标的11种情形，形成打击串通投标的高压态势。同时，整合形成全市统一的综合评标专

---

① 参见汪银平、冯笑、邵洋（星瀚律师事务所）：《"串通投标"行为的司法实务分析——基于中海地产上海公司总经理被查案》。由于原文数据即如此，本文引用时不作修改。

② 《上海加大力度治理建设工程围标串标》，载百度网2020年10月13日，https://baijiahao.baidu.com/s?id=1680427813186867864&wfr=spider&for=pc。

家库,出台《评标专家考核规则》《关于进一步明确杭州市房屋建筑和市政基础设施项目评标专家抽取有关事宜的通知》,加快全杭州市范围内专家资源共享,规范专家行为。①

(三)商业贿赂

1. 法律规定

根据《招标投标法》第32条第3款规定,"禁止投标人以向招标人或者评标委员会成员行贿的手段谋取中标"。第53条规定,"投标人相互串通投标或者与招标人串通投标的,投标人以向招标人或者评标委员会成员行贿的手段谋取中标的,中标无效,处中标项目金额千分之五以上千分之十以下的罚款,对单位直接负责的主管人员和其他直接责任人员处单位罚款数额百分之五以上百分之十以下的罚款;有违法所得的,并处没收违法所得;情节严重的,取消其一年至二年内参加依法必须进行招标的项目的投标资格并予以公告,直至由工商行政管理机关吊销营业执照;构成犯罪的,依法追究刑事责任。给他人造成损失的,依法承担赔偿责任"。

另外,根据《招标投标法》第44条第2款规定,"评标委员会成员不得私下接触投标人,不得收受投标人的财物或者其他好处。"第56条规定,"评标委员会成员收受投标人的财物或者其他好处的,评标委员会成员或者参加评标的有关工作人员向他人透露对投标文件的评审和比较、中标候选人的推荐以及与评标有关的其他情况的,给予警告,没收收受的财物,可以并处三千元以上五万元以下的罚款,对有所列违法行为的评标委员会成员取消担任评标委员会成员的资格,不得再参加任何依法必须进行招标的项目的评标;构成犯罪的,依法追究刑事责任"。

2. 实务案例

实务中,除上述法律规定外,另外需要注意的是,如果投标方是中国在美国上市的公司,或者美国公司在中国设立的子公司、代表处,甚至投标方通过美国银行进行行贿款的转账,都可能受到美国《反海外腐败法》(以下简称FCPA)的管辖。FCPA禁止,为诱使或影响外国官员利用其职位协助行贿者获得或保持业务,向外国官员提供、支付、承诺支付或授权支付任何金钱或任何有价值的物项或好处。FCPA对于"外国官员"的定义十分广泛,主要指政府机构的官员、职

① 《建筑界找"痛点",破"难点"!杭州重拳出击整治串标顽疾》,载百度网2020年10月22日,https://baijiahao.baidu.com/s?id=1681220377353162668&wfr=spider&for=pc。

员,而"政府机构"也包括央企、国企或者其他由国家所有和控制的实体。如果投标方是美资企业,而招标方是中国国企,招标方进行行贿的目的是中标,进而获得合同和业务,就是一个典型的会被 FCPA 所规制的行为。违反 FCPA 反贿赂条款的公司和个人常常面临天价的罚款,而涉案个人更可能面临最高 20 年的监禁。

作为国民经济重要支柱企业,国企承担着诸多重大工程,因此国企在招投标环节最容易遭受到商业贿赂的风险。实践中,商业贿赂与串通投标常常同时出现,而串通投标罪、受贿罪、行贿罪均属于完整而独立的犯罪构成,将实行数罪并罚。例如,中海油气电集团原总经理罗某某(正厅级),作为招标人总经理,多次在招标中与投标人串通投标,并利用职务上的便利,非法收受他人财物,多达百万元人民币。其中,在 2012 年,罗某某收受某投标人好处后,就授意下属与该投标人多次联系,让其准备招标材料、告知相关流程及标底价等相关事宜,并让其再找其他公司陪标。在这一违法安排下,中海油气电集团规定的评标、审核程序基本未予履行,最终中海油气电集团与该投标人专门成立的项目公司签订了服务合同,并支付了 100 万元合同款。2014 年年底,罗某某因涉嫌串通投标罪、受贿罪被广东省深圳市人民检察院立案侦查并采取强制措施。①

(四)低于成本价投标

1. 法律规定

根据《招标投标法》第 33 条规定,"投标人不得以低于成本的报价竞标,也不得以他人名义投标或者以其他方式弄虚作假,骗取中标"。《招标投标法实施条例》第 50 条规定,"招标项目设有标底的,招标人应当在开标时公布。标底只能作为评标的参考,不得以投标报价是否接近标底作为中标条件,也不得以投标报价超过标底上下浮动范围作为否决投标的条件"。

法律禁止投标人以低于成本的报价竞标,主要目的是规范招标投标活动,避免不正当竞争,保证项目质量。虽然《招标投标法》中并未明确将低于成本价竞标的情况列入中标无效的范畴,但《2015 年全国民事审判工作会议纪要》第 43 条规定:要依法维护通过招投标所签订的中标合同的法律效力。当事人违反工程建设强制性标准,任意压缩合理工期、降低工程质量标准的约定,应当认定无效。对于约定无效后的工程价款结算,应依据《关于审理建设工程施工合同纠纷案件适用法律问题的解释》的相关规定处理。

① 参见潘永建、洪馨(通力律师事务所):《投标方的主要合规风险分析》。

2. 实务案例

实践中,关于"低于成本",最高人民法院裁判观点认为其应当指"低于投标人的为完成投标项目所需支出的个别成本"①。由于每个投标人的管理水平、技术能力与条件不同,即使完成同样的招标项目,其个别成本也不可能完全相同。个别成本与行业平均成本存在差异,这是市场经济环境下的正常现象。实行招标投标的目的是通过投标人之间的竞争,特别在投标报价方面的竞争,择优选择中标者。因此,只要投标人的报价不低于自身的个别成本,即使低于行业平均成本,也是完全可以的。投标人以中标合同约定价格低于社会平均成本为由,主张符合《招标投标法》第33条规定的情形,合同约定价格条款无效的,人民法院将不予支持。② 例如,在佛山市南海第二建筑工程有限公司与佛山华丰纺织有限公司建设工程施工合同纠纷案③中,最高人民法院认定,原判决根据2003年广东省建筑工程综合定额鉴定所得的社会平均价格为基础据以推定投标价低于成本价,依据不充分。佛山市南海第二建筑工程有限公司亦未能提供证据证明对案涉项目的投标报价低于其企业的个别成本,其以此为由主张《建设工程施工合同》无效,无事实依据。因此,案涉《建设工程施工合同》是双方当事人真实意思表示,不违反法律和行政法规的强制性规定,合法有效。

此外,由于同个项目的投标方的主要产品及业务内容相近,属于竞争对手,投标方在投标程序虽有权针对招投标活动中可能损害其权益的行为向有关单位提出质疑、投诉,但应注意不可编造、传播虚假信息或者误导性信息,损害其他投标方的商业信誉、商品声誉,否则可能构成不正当竞争,导致承担行政责任。④

第三节 评标专家的法律责任

根据《招标投标法》和《评标专家和评标专家库管理暂行办法》的有关规定,评标专家的违法行为将承担相应的刑事法律责任、民事法律责任、行政法律责任。

---

① 参见南通市通州百盛市政工程有限公司诉苏州市吴江东太湖综合开发有限公司建设工程施工合同纠纷案,最高人民法院民事判决书(2015)民申字第884号。

② 《如何理解招标投标法第三十三条所称的"低于成本"》,载杜万华主编:《民事审判指导与参考》(总第60辑),人民法院出版社2015年版。

③ 参见最高人民法院民事判决书(2015)民提字第142号。

④ 参见潘永建、洪馨(通力律师事务所):《投标方的主要合规风险分析》。

一、刑事责任

评标专家收受投标人的财物或者其他好处的，向他人透露对投标文件的评审和比较、中标候选人的推荐以及与评标有关的其他情况的，情节严重的，构成犯罪。应当依法追究刑事责任。

2008 年 11 月 20 日发布实施的最高人民法院、最高人民检察院《关于办理商业贿赂刑事案件适用法律若干问题的意见》对评标委员会成员的刑事责任进一步作出明确规定。根据该意见第 6 条，根据评标委员会成员的身份不同，其可能涉及不同的刑事罪名。

（一）非国家工作人员受贿罪

主要适用于评标委员会成员为非国家工作人员的情形。具体而言，依法组建的评标委员会、竞争性谈判采购中谈判小组、询价采购中询价小组的组成人员，在招标、政府采购等事项的评标或者采购活动中，索取他人财物或者非法收受他人财物，为他人谋取利益，数额较大的，依照《刑法》第 163 条的规定，以非国家工作人员受贿罪定罪处罚。

（二）受贿罪

主要适用于评标委员会成员为国家工作人员的情形。具体而言，依法组建的评标委员会、竞争性谈判采购中谈判小组、询价采购中询价小组中国家机关或者其他国有单位的代表有前款行为的，依照《刑法》第 385 条的规定，以受贿罪定罪处罚。

这里评标委员会成员并不等同于评标专家，但评标专家是构成评标委员会的重要成员，因此，该司法解释对评标委员会成员的规制，同时也是对评标专家相关刑事责任的具体化。

二、民事责任

评标专家承担民事法律责任的情形具体体现为评标专家违反相关法规和招标文件规定，在评标过程中徇私舞弊或有其他重大过失，损害招标人利益的，需根据委托协议赔偿招标人损失，招标人有权依据与评审专家签署的评审协议等承担违约责任。《民法典》第 577 条规定，“当事人一方不履行合同义务或者履行合同义务不符合约定的，应当承担继续履行、采取补救措施或者赔偿损失等违约责任”。评审专家评审过程中应严格遵守评审要求，如因评审专家重大过失、徇私舞弊导致废标、影响程序公正性、损害招标人利益的，如违反委托协议，招标人有权要求评审专家按照委托协议承担违约责任。

三、行政责任

评标专家有下列行为的,需要承担相应的行政责任:(1)收受投标人的财物或者其他好处的;(2)向他人透露对投标文件的评审和比较、中标候选人的推荐以及与评标有关的其他情况的;(3)私下接触投标人的;(4)无正当理由,拒不参加评标活动的;(5)在评标过程中擅离职守,影响评标程序正常进行的;(6)应当回避而不回避的;(7)擅离职守的;(8)不按照招标文件规定的评标标准和方法评标的;(9)向招标人征询确定中标人的意向或者接受任何单位或者个人明示或者暗示提出的倾向或者排斥特定投标人的要求;(10)对依法应当否决的投标不提出否决意见;(11)暗示或者诱导投标人作出澄清、说明或者接受投标人主动提出的澄清、说明;(12)其他不客观、不公正履行职责的。

当评标专家有上述情形的,相关管理部门将根据其情节轻重,分别给予下列处罚:警告、罚款、取消评标专家资格等。如《政府采购法实施条例》详细规定了政府采购评审专家的行政处罚责任。《政府采购法实施条例》第75条规定,政府采购评审专家未按照采购文件规定的评审程序、评审方法和评审标准进行独立评审或者泄露评审文件、评审情况的,由财政部门给予警告,并处2000元以上2万元以下的罚款;影响中标、成交结果的,处2万元以上5万元以下的罚款,禁止其参加政府采购评审活动。政府采购评审专家与供应商存在利害关系未回避的,处2万元以上5万元以下的罚款,禁止其参加政府采购评审活动。政府采购评审专家收受采购人、采购代理机构、供应商贿赂或者获取其他不正当利益,构成犯罪的,依法追究刑事责任;尚不构成犯罪的,处2万元以上5万元以下的罚款,禁止其参加政府采购评审活动。政府采购评审专家有上述违法行为的,其评审意见无效,不得获取评审费;有违法所得的,没收违法所得;给他人造成损失的,依法承担民事责任。

第三节 法律责任

招标人、投标人实施规避招标、差别对待潜在投标人、虚假骗标、商业贿赂等违法违规行为后,应当依法承担相应的法律责任,法律责任类型主要分为民事责任、行政责任及刑事责任。

一、民事责任

(一)招标人的民事法律责任

在我国相关的法律法规中,对招标人的法规行为及其应当承担的法律责任主要体现在《民法典》《招标投标法》《招标投标法实施条例》等法律规范中。

根据《招标投标法》《招标投标法实施条例》及相关法律定,招标人需要承担民事法律责任的违法行为,主要可以分为责令改正、中标无效。

1. 责令改正

招标人的下列违法行为会被责令改正:必须进行招标的项目而不招标的,将必须进行招标的项目化整为零或者以其他任何方式规避招标的;以不合理的条件限制或排斥潜在投标人的,对潜在投标人实行歧视待遇的,强制要求投标人组成联合体共同投标的,或者限制投标人之间竞争的;招标人与中标人不按照招标文件和中标人的投标文件订立合同的,或招标人、中标人订立背离合同实质性内容的协议的;依法必须进行招标的项目的招标人不按照规定组建评标委员会,或确定、更换评标委员会成员违反规定的;依法应当公开招标而采用邀请招标;招标文件、资格预审文件的发售、澄清、修改的时限,或者确定的资格预审申请文件、投标文件的时限不符合规定的;接受未通过资格预审的单位或者个人参加投标;接受应当拒收的投标文件。

2. 中标无效

招标人的下列违法行为将导致中标无效:泄露应当保密的与招标投标活动有关的情况和资料的,或与招标人、投标人串通损害国家利益、社会公共利益或他人合法权利的,且前述行为影响中标结果的;依法必须进行招标的项目的招标人向他人透露已获取招标文件的潜在投标人的名称、数量或可能影响公平竞争的有关招标投标的其他情况的,或泄露标底的,且前述行为影响中标结果的;依法必须进行招标的项目,招标人违反《招标投标法》规定,与投标人就投标价格、投标方等实质性内容进行谈判,且前述行为影响中标结果的;招标人在评标委员会依法推荐的中标候选人以外选定中标人的,依法必须进行招标的项目在所有投标被评标委员会否决后自行选定中标人的。

此外,招标人应承担民事责任的其他违法行为包括招标人超过规定的比例收取投标保证金、履约保证金或不按照规定退还投标保证金及银行同期存款利息。

3. 承担民事责任的方式

根据《招标投标法》《招标投标法实施条例》及相关规定，招标人承担民事责任的方式主要为采取补救措施。补救方式主要有：招标人重新组织评标、招标人重新招标、招标人与中标人重新订立合同、招标人有权在其余投标人中重新选定中标人、恢复原状、赔偿损失等。中标无效的招标人已与中标人签订合同的，合同无效，应当恢复原状，因该合同取得的财产，应当予以返还或没有必要返还的应当折价补偿。有过错的一方应赔偿对方因此所受的损失，双方都有过错的，应当承担各自相应的责任。

（二）投标人的民事法律责任

投标人的民事责任，是指投标人因不履行法定义务或违反合同而依法应当承担的民事法律后果。投标人承担民事责任的主要方式表现为中标无效、承担赔偿责任、履约保证金不予退回等。

1. 中标无效

投标人中标无效的情形主要包括：《招标投标法》第53条中规定，“投标人相互串通投标或者与招标人串通投标的，投标人以向招标人或者评标委员会成员行贿的手段谋取中标的，中标无效”。《招标投标法》第54条中规定，“投标人以他人名义投标或者以其他方式弄虚作假，骗取中标的，中标无效”。

2. 赔偿损失

投标人弄虚作假的行为给招标人造成损失的，依法应承担赔偿责任。投标人的赔偿范围既包括直接损失也包括间接损失。《招标投标法》第53条中规定，投标人相互串通投标或者与招标人串通投标的，投标人以向招标人或者评标委员会成员行贿的手段谋取中标的，给他人造成损失的，依法承担赔偿责任。《招标投标法》第54条中规定，投标人以他人名义投标或者以其他方式弄虚作假，骗取中标的，给招标人造成损失的，依法承担赔偿责任。《招标投标法实施条例》第77条中规定，投标人捏造事实、伪造材料或者以非法手段取得证明材料进行投诉，给他人造成损失的，依法承担赔偿责任。

3. 履约保证金不予退还

依据《招标投标法》第60条第1款的规定，“中标人不履行与招标人订立的合同的，履约保证金不予退还，给招标人造成的损失超过履约保证金数额的，还应当对超过部分予以赔偿；没有提交履约保证金的，应当对招标人的损失承担赔偿责任”。

二、行政责任

招标投标活动是行政行为，所以招标人和投标人违反法律法规损害招标投标活动公平公正的，应该承担的责任大多都是行政责任。

（一）招标人的行政法律责任

招标人的行政法律责任是指招标人因违反行政法律规范，而依法应当承担的一种法律责任。

1. 法律责任

根据《招标投标法》及《招标投标法实施条例》的规定，招标人承担行政法律责任的违法行为，主要可以分为导致招标无效、中标无效和其他违法行为。

其中，招标人的下列违法行为将导致中标无效：依法必须进行招标的项目的招标人向他人已获取招标文件的在投标人的名称、数量或可能影响公平竞争的有关招标投标的其他情况的，或者泄露标底的，且前述行为影响中标结果的；依法必须进行招标的项目，招标人违反《招标投标法》规定，与投标人就投标价格、投标方式等实质性内容进行谈判的，且前述行为影响中标结果的；招标人在评标委员会依法推荐的中标候选人以外确定中标人的；依法必须进行招标的项目在所有投标被评标委员会否决后自行确定中标人的。

2. 承担行政责任的方式

对招标人在招标投标过程中的违法行为承担行政法律责任的方式主要有：

（1）暂停项目执行或者暂停资金拨付。如《招标投标法》第 49 条中规定，必须进行招标的项目而不招标的，将必须进行招标的项目化整为零或者以其他任何方式规避招标的，可以处项目合同金额千分之五以上千分之十以下的罚款，对全部或者部分使用国有资金的项目，可以暂停项目执行或者暂停资金拨付。

（2）警告、责令限期改正。招标人有情节轻微的违法行为，行政部门有权对招标人发出警告，并有权责令其限期改正。如《招标投标法》第 51 条中规定，“招标人以不合理的条件限制或者排斥潜在投标人的，对潜在投标人实行歧视待遇的，强制要求投标人组成联合体共同投标的，或者限制投标人之间竞争的，责令改正，可以处一万元以上五万元以下的罚款”。

（3）罚款。招标人有违法行为的，行政监督部门有权对招标人依据不同规定处以不同数额的罚款，并同时可并处没收违法所得。如《招标投标法实施条例》第 64 条中规定，招标人如有规定的四种情形之一的，可以处 10 万元以下的罚款。①依法应当公开招标而采用邀请招标；②招标文件、资格预审文件的发售、澄清、修改的时限,或者确定的提交资格预审申请文件、投标文件的时限不符合招标投标法和本条例规定;③接受未通过资格预审的单位或者个人参加投标;④接受应当拒收的投标文件。

(4)行政处分。行政处分的对象是招标人单位的直接负责的主管人员和其他直接责任人员。如《招标投标法》第57条中规定,"招标人在评标委员会依法推荐的中标候选人以外确定中标人的,依法必须进行招标的项目在所有投标被评标委员会否决后自行确定中标人的,中标无效,责令改正,可以处中标项目金额千分之一以上千分之十以下的罚款;对单位直接负责的主管人员和其他直接责任人员依法给予处分"。

(二)投标人的行政法律责任

投标人的行政法律责任是指投标人因违反行政法律规范,而依法应当承担的法律后果。

投标人承担行政责任的主要方式有:警告、罚款、没收违法所得、责令停业、没收投标保证金、取消投标资格及吊销营业执照。

如根据《招标投标法》第53条规定,"投标人相互串通投标或者与招标人串通投标的,投标人以向招标人或者评标委员会成员行贿的手段谋取中标的,中标无效,处中标项目金额千分之五以上千分之十以下的罚款,对单位直接负责的主管人员和其他直接责任人员处单位罚款数额百分之五以上百分之十以下的罚款;有违法所得的,并处没收违法所得;情节严重的,取消其一年至二年内参加依法必须进行招标的项目的投标资格并予以公告,直至由工商行政管理机关吊销营业执照;构成犯罪的,依法追究刑事责任。给他人造成损失的,依法承担赔偿责任"。该条涉及的承担行政责任的方式有罚款、没收违法所得、取消投标资格及吊销营业执照。

如《招标投标法》第54条中规定,依法必须进行招标的项目的投标人以他人名义投标或者以其他方式弄虚作假,骗取中标的,行为尚未构成犯罪的,处中标项目金额千分之五以上千分之十以下的罚款,对单位直接负责的主管人员和其他直接责任人员处单位罚款数额百分之五以上百分之十以下的罚款;有违法所得的,并处没收违法所得;情节严重的,取消其一年至三年内参加依法必须进行招标的项目的投标资格并予以公告,直至由工商行政管理机关吊销营业执照。该条涉及的承担行政责任的方式有罚款、没收违法所得、取消投标资格及吊销营业执照。

如《招标投标法实施条例》第67条第2款中规定,"投标人有下列行为之一的，属于招标投标法第五十三条规定的情节严重行为，由有关行政监督部门取消其1年至2年内参加依法必须进行招标的项目的投标资格：（一）以行贿谋取中标；（二）3年内2次以上串通投标；（三）串通投标行为损害招标人、其他投标人或者国家、集体、公民的合法利益，造成直接经济损失30万元以上；（四）其他串通投标情节严重的行为。投标人自本条第二款规定的处罚执行期限届满之日起3年内又有该款所列违法行为之一的，或者串通投标、以行贿谋取中标情节特别严重的，由工商行政管理机关吊销营业执照”。该条涉及的承担行政责任的方式有取消投标资格及吊销营业执照。

此外，在《机电产品国际招标投标实施办法》《工程建设项目施工招标投标办法》等部门规章中关于投标人承担行政法律责任的行为和方式也作出了相关具体的规定。①

三、刑法相关罪名

当招标人和投标人的行为触犯刑法时，也应该承担相应的刑事责任。

（一）串通投标罪

《刑法》第223条即为串通投标罪，规定“投标人相互串通投标报价，损害招标人或者其他投标人利益，情节严重的，处三年以下有期徒刑或者拘役，并处或者单处罚金。投标人与招标人串通投标，损害国家、集体、公民的合法利益的，依照前款的规定处罚”。

串通投标罪的构成要件如下：首先，在客体要件方面，它侵犯了其他投标人或国家、集体的合法权益和公平竞争的市场秩序，因此，它侵犯的是复杂客体。其次，在客观方面要件上，串通投标的行为是它的客观表现，通常表现为投标人之间的串通，有的是把报价抬高，有的是把报价压低，以致损害招标人以及其余投标人的利益；或是投标人与招标人之间的勾结，以致损害国家、集体及他人的合法利益的行为。再次，在主体要件方面，从招标人的角度上讲，它是特殊主体，从投标人的角度上讲，它就是一般主体。无论是自然人还是单位，都有可能成为犯罪主体，就自然人而言，它通常是指凡是达到刑事责任年龄并且具有刑事责任能力的人；就单位而言，我国《刑法》第231条作了特殊规定，单位犯罪的，一律实行双罚制，也就是一方面对单位处以罚金，另一方面对直接负责的相关人员以相应的刑事责任给予处罚。最后，在主观方面要件上，属于故意，包括直接故意

① 参见梁晋：《招投标中的法律责任及顺序》，载《中国招标》2015年第9期。

和间接故意,过失不构成犯罪。虽然实施串通投标行为的动机是多样的,有的是为了拿下工程,有的是为了投标人之间的长期合作,有的是碍于情义等,只要犯罪主体是出于故意而为,那么无论动机如何,不影响犯罪的成立。①

在实务中,存在不少串通投标罪,如(2011)长法刑初字第00333号案例中,法院认为:被告人张某某、王某为了获取重庆市长寿区桃花新城北部新区污水收集系统工程(古佛立交段污水干管),串通其他投标人,通过借用投标人资质、由张某某制作9份标书商务部分的方式而获得该工程建设权,其行为既侵犯了其他投标人的合法权益,也破坏了社会主义市场经济的公平竞争秩序,情节严重,均已构成串通投标罪。公诉机关指控的事实及罪名成立。被告人张某某在该案中授意王某联系其他公司、制作9份标书商务部分、为各公司支付42万元保证金和3000元资料费并向各投标代理人支付500元辛苦费,在共同犯罪中起主要作用,系主犯;被告人王某受张某某的安排联系8家有资质的建筑公司参与投标、前往各公司封标、提供各投标代理人的账号,在共同犯罪中起次要和辅助作用,系从犯。被告人张某某归案后能如实供述其犯罪事实,可从轻处罚。被告人王某归案后能如实供述其犯罪事实,且系从犯,应当从轻处罚。判决被告人张某某、王某犯串通投标罪。

(二)合同诈骗罪

招标投标过程中,也可能存在《刑法》第224条所规定的合同诈骗罪的情形,以非法占有为目的,在签订、履行合同过程中,骗取对方当事人财物,数额较大的,处3年以下有期徒刑或者拘役,并处或者单处罚金;数额巨大或者有其他严重情节的,处3年以上10年以下有期徒刑,并处罚金;数额特别巨大或者有其他特别严重情节的,处10年以上有期徒刑或者无期徒刑,并处罚金或者没收财产:(1)以虚构的单位或者冒用他人名义签订合同的;(2)以伪造、变造、作废的票据或者其他虚假的产权证明作担保的;(3)没有实际履行能力,以先履行小额合同或者部分履行合同的方法,诱骗对方当事人继续签订和履行合同的;(4)收受对方当事人给付的货物、货款、预付款或者担保财产后逃匿的;(5)以其他方法骗取对方当事人财物的。

对于相关的立案标准,司法机关主要依照数额和其他情节确定是否予以立案,最高人民检察院、公安部《关于公安机关管辖的刑事案件立案追诉标准的规定(二)》第77条规定,合同诈骗案以非法占有为目的,在签订、履行合同过程

① 参见刘金华:《论串通投标罪的司法认定》,西南政法大学2015年硕士学位论文。

中，骗取对方当事人财物，数额在2万元以上的，应予立案追诉。

（三）非法经营罪

招标人、投标人完成招投标活动时，均属于经营状态，因此，也存在违反《刑法》第225条非法经营罪的标准的情形，扰乱市场秩序，以下情形可能被认为存在非法经营的可能：(1)未经许可经营法律、行政法规规定的专营、专卖物品或者其他限制买卖的物品的；(2)买卖进出口许可证、进出口原产地证明以及其他法律、行政法规规定的经营许可证或者批准文件的；(3)未经国家有关主管部门批准非法经营证券、期货、保险业务的，或者非法从事资金支付结算业务的；(4)其他严重扰乱市场秩序的非法经营行为。

存在以上情形的，应当承担如下刑事责任：处5年以下有期徒刑或者拘役，并处或者单处违法所得1倍以上5倍以下罚金；情节特别严重的，处5年以上有期徒刑，并处违法所得1倍以上5倍以下罚金或者没收财产。

对于从事其他的非法经营行为，最高人民检察院、公安部《关于公安机关管辖的刑事案件立案追诉标准的规定(二)》第79条规定："违反国家规定，进行非法经营活动，扰乱市场秩序，涉嫌下列情形之一的，应予立案追诉：……(八)从事其他非法经营活动，具有下列情形之一的：1. 个人非法经营数额在五万元以上，或者违法所得数额在一万元以上的；2. 单位非法经营数额在五十万元以上，或者违法所得数额在十万元以上的；3. 虽未达到上述数额标准，但两年内因同种非法经营行为受过二次以上行政处罚，又进行同种非法经营行为的；4. 其他情节严重的情形。"

（四）对非国家工作人员行贿罪

根据《招标投标法实施条例》第67条第1款规定，"投标人相互串通投标或者与招标人串通投标的，投标人向招标人或者评标委员会成员行贿谋取中标的，中标无效；构成犯罪的，依法追究刑事责任；尚不构成犯罪的，依照招标投标法第五十三条的规定处罚。投标人未中标的，对单位的罚款金额按照招标项目合同金额依照招标投标法规定的比例计算"。

对于行贿，根据《刑法》第164条第1款规定，"为谋取不正当利益，给予公司、企业或者其他单位的工作人员以财物，数额较大的，处三年以下有期徒刑或者拘役，并处罚金；数额巨大的，处三年以上十年以下有期徒刑，并处罚金"。

对于行贿数额，最高人民检察院、公安部《关于公安机关管辖的刑事案件立案追诉标准的规定(二)》第11条规定，"为谋取不正当利益，给予公司、企业或其他单位的工作人员以财物，个人行贿数额在一万元以上的，单位行贿数额在二十万元以上的，应予立案追诉”。

（五）滥用职权罪、玩忽职守罪

该项罪名对招标人、评标人、监督责任人的违法犯罪行为，根据《招标投标法》第63条，“对招标投标活动依法负有行政监督职责的国家机关工作人员徇私舞弊、滥用职权或者玩忽职守，构成犯罪的，依法追究刑事责任；不构成犯罪的，依法给予行政处分”。根据《刑法》第397条规定，“【滥用职权罪】【玩忽职守罪】国家机关工作人员滥用职权或者玩忽职守，致使公共财产、国家和人民利益遭受重大损失的，处三年以下有期徒刑或者拘役；情节特别严重的，处三年以上七年以下有期徒刑。本法另有规定的，依照规定。国家机关工作人员徇私舞弊，犯前款罪的，处五年以下有期徒刑或者拘役；情节特别严重的，处五年以上十年以下有期徒刑。本法另有规定的，依照规定”。

☞ 案例六十三：建设工程纠纷中“先刑后民”原则的适用限制

（一）案情概述

上诉人（原审被告）：曲阜市红海置地有限公司（以下简称红海公司）

被上诉人（原审原告）：山东港基建设集团有限公司（以下简称港基公司）

2013年，被告红海公司因拟开发建设“四星级红海国际大酒店、红海商业广场城市综合体”项目，授权总经理王某南为项目负责人。2013年12月，被告红海公司与原告港基公司签订《建设工程施工总承包协议书》一份，约定由原告港基公司总承包前述项目。随后原告港基公司按约向被告红海公司支付履约保证金1000万元。后因工程迟迟不能开工，2014年4月，原告港基公司与被告红海公司就赔偿并退还全部履约保证金事宜签订两份《补充协议书》。2014年6月，原告港基公司提起诉讼，要求被告红海公司支付第二期履约保证金400万元及利息、损失。

（二）案情分析

在该案中，出于对王某南的高度信任及工作方便，红海集团派王某南向曲阜市公安局申请雕刻红海公司印章、财务印章，并负责雕刻阮某华的法人印鉴，并同意在印章、印鉴制好后均由王某南保管。2013年7月至2014年4月，王某南在红海集团已明确表示相关项目准备由红海集团自行承建的情况下，虚构曲阜红海中标地块工程项目即将开工、需要寻找施工单位承建的事实，利用自己红海集团副总经理和曲阜红海负责人的身份，伪造曲阜红海董事会授权其全权负责项目签订的授权书，在签订施工协议之前及签订过程采取拨打假电话等手段，多次谎称已取得红海集团董事长的授权、施工协议已被董事长认可，先后骗取孔某某、施某某、赵某某、王某某及朱某某的信任，并先后与裕达建设集团公司、施某某个人、浙江八达建筑公司等公司商谈并签订相同工程项目的总承包施工协议书，从而骗取上述各单位及个人的工程履约保证金3200万元；王某南在收取工程履约保证金的同时，还以其个人、杭州润华公司、张某某、曲阜红海名义，在故意隐瞒曲阜红海法人代表的情况下用曲阜红海作为担保方，先后向上述五家公司或个人以借款的名义骗取大额资金（借款条为1200万元，实际收取1180万元）。王某南在骗取上述各公司及个人的工程履约保证金及借款时，并未使用红海集团已掌握的曲阜红海的基本银行账号，而是要求对方将所有工程履约保证金全部汇入王某南个人在济宁银行以曲阜红海名义开设的一个一般账号。王某南所收取的所有工程履约保证金、借款，全部被王某南个人控制被占有。

关于该案是否因王某南涉嫌刑事犯罪而中止审理或裁定驳回起诉的问题，该案并不适用"先刑后民"原则。首先，该案系建设工程合同纠纷，港基公司与红海公司签订工程协议后，是将合同履约保证金转到了红海公司的账户，并非支付给王某南个人，王某南并非涉案协议的主体。其次，该案中王某南作为红海公司合法的涉案项目授权人，以红海公司的名义与港基公司签订建设工程承包合同形成的法律关系与其涉嫌的犯罪并非同一法律关系，王某南犯罪事实的确定与否，并不必然影响该案的审理结果，也不影响红海公司在该案中应承担民事责任。

（三）相关法条

《最高人民法院关于在审理经济纠纷案件中涉及经济犯罪嫌疑若干问题的规定》

第三条　单位直接负责的主管人员和其他直接责任人员，以该单位的名义对外签订经济合同，将取得的财物部分或全部占为己有构成犯罪的，除依法追究行为人的刑事责任外，该单位对行为人因签订、履行该经济合同造成的后果，依法应当承担民事责任。

第十条　人民法院在审理经济纠纷案件中，发现与本案有牵连，但与本案不是同一法律关系的经济犯罪嫌疑线索、材料，应将犯罪嫌疑线索、材料移送有关公安机关或检察机关查处，经济纠纷案件继续审理。

附件一　中华人民共和国招标投标法（修订草案公开征求意见稿）

现行规定	拟修订规定 （黑体内容为拟新增内容，方框内容为拟删除内容）
第一章　总　　则	第一章　总　　则
第一条　为了规范招标投标活动，保护国家利益、社会公共利益和招标投标活动当事人的合法权益，提高经济效益，保证项目质量，制定本法。	**第一条**　为了规范招标投标活动，保护国家利益、社会公共利益和招标投标活动当事人的合法权益，提高[经济]**市场配置资源的效益和效率**，保证项目质量，**推动经济高质量发展**，制定本法。
第二条　在中华人民共和国境内进行招标投标活动，适用本法。	**第二条**　在中华人民共和国境内进行招标投标活动，适用本法。
第三条　在中华人民共和国境内进行下列工程建设项目包括项目的勘察、设计、施工、监理以及与工程建设有关的重要设备、材料等的采购，必须进行招标： （一）大型基础设施、公用事业等关系社会公共利益、公众安全的项目； （二）全部或者部分使用国有资金投资或者国家融资的项目； （三）使用国际组织或者外国政府贷款、援助资金的项目。 前款所列项目的具体范围和规模标准，由国务院发展计划部门会同国务院有关部门制订，报国务院批准。 法律或者国务院对必须进行招标的其他项目的范围有规定的，依照其规定。	**第三条**　在中华人民共和国境内进行下列工程建设项目包括项目的勘察、设计、施工、监理、**造价**以及与工程建设有关的重要设备、材料[等]的采购，**达到规定规模标准的**，必须进行招标： [（一）大型基础设施、公用事业等关系社会公共利益、公众安全的项目；] （[二]**一**）全部或者部分使用国有资金投资或者国家融资的项目； （[三]二）使用国际组织或者外国政府贷款、援助资金的项目。 **采取政府和社会资本合作模式的工程建设项目，达到规定规模标准的，选择社会资本方必须进行招标。** [前款]**本条第一款和第二款**所列项目的具体范围和规模标准，由国务院发展[计划]**改革**部门会同国务院有关部门**根据经济社会发展情况**制订、**调整**，报国务院批准**后公布执行**。 法律或者国务院对必须进行招标的其他项目的范围有规定的，依照其规定。

续表

现行规定	拟修订规定 (黑体内容为拟新增内容,方框内容为拟删除内容)
第四条　任何单位和个人不得将依法必须进行招标的项目化整为零或者以其他任何方式规避招标。	**第四条**　任何单位和个人不得将依法必须进行招标的项目化整为零或者以其他任何方式规避招标。 **不属于依法必须进行招标的项目,提出项目的法人或者非法人组织可以自主确定采购方式,法律、行政法规另有规定的除外。**
第五条　招标投标活动应当遵循公开、公平、公正和诚实信用的原则。	**第五条**　招标投标活动应当遵循公开、公平、公正和诚实信用的原则,**兼顾优质、经济和高效**。
第六条　依法必须进行招标的项目,其招标投标活动不受地区或者部门的限制。任何单位和个人不得违法限制或者排斥本地区、本系统以外的法人或者其他组织参加投标,不得以任何方式非法干涉招标投标活动。	**第六条**　依法必须进行招标的项目,其招标投标活动不受地区或者部门的限制。任何单位和个人不得违法限制或者排斥[本地区、本系统以外的]**任何**法人或者[其他]**非法人**组织参加投标,不得以任何方式非法干涉招标投标活动。
	第七条　国家推广以数据电文形式开展电子招标投标活动,推进交易流程、公共服务、行政监督电子化和规范化,以及招标投标信息资源全国互联共享。 **除特殊情形外,依法必须进行招标的项目应当采用电子招标投标方式。** **电子招标投标交易平台建设和运营机构应当确保平台安全性、保密性和可靠性,符合国家规定的技术规范和监督管理要求。**
第七条　招标投标活动及其当事人应当接受依法实施的监督。 有关行政监督部门依法对招标投标活动实施监督,依法查处招标投标活动中的违法行为。 对招标投标活动的行政监督及有关部门的具体职权划分,由国务院规定。	**第**[七]**八条**　招标投标活动及其当事人应当接受依法实施的监督。 有关行政监督部门依法对招标投标活动实施监督,**建立健全抽查检查机制**,依法查处招标投标活动中的违法行为。 对招标投标活动的行政监督及有关部门的具体职权划分,由国务院规定。
	第九条　国家加强招标投标信用体系建设,建立健全招标投标活动当事人信用记录和信用评价制度,实现信用信息的公开共享和规范应用,依法实施失信惩戒。
第二章　招　　标	**第二章　招　　标**
第八条　招标人是依照本法规定提出招标项目、进行招标的法人或者其他组织。	**第**[八]**十条**　招标人是依照本法规定提出招标项目、进行招标的法人或者[其他]**非法人**组织。 **招标人对招标过程和招标结果承担主体责任。**

续表

现行规定	拟修订规定 (黑体内容为拟新增内容,方框内容为拟删除内容)
	第十一条　国家鼓励招标人发布未来一定时期内的拟招标项目信息,供潜在投标人知悉和进行投标准备。依法必须进行招标的项目,除属于应急、抢险等紧急用途的外,招标人应当编制包括拟招标项目概况、标段划分、预计招标时间等在内的招标计划,于首次招标的招标公告发布至少十日前在国家规定的媒介公布;招标计划应当根据项目进展情况进行更新。
第九条　招标项目按照国家有关规定需要履行项目审批手续的,应当先履行审批手续,取得批准。 招标人应当有进行招标项目的相应资金或者资金来源已经落实,并应当在招标文件中如实载明。	**第**[九]**十二条**　招标项目[按照国家有关规定]**依法**需要履行项目审批、**核准**手续的,应当先履行审批、**核准**手续,取得批准。 招标人应当有进行招标项目的相应资金或者资金来源已经落实,并应当在招标文件中如实载明,**法律或者国务院另有规定的除外。** **依法必须进行招标的政府投资项目,招标范围、招标方式、招标组织形式应当报投资项目审批部门审批。依法必须进行招标的企业投资项目,拟不招标或者邀请招标的,应当在实施采购前将不进行公开招标的理由报投资项目核准、备案部门备案,投资项目审批、核准部门及时通报有关行政监督部门。**
第十条　招标分为公开招标和邀请招标。 公开招标,是指招标人以招标公告的方式邀请不特定的法人或者其他组织投标。 邀请招标,是指招标人以投标邀请书的方式邀请特定的法人或者其他组织投标。	**第十三条**　招标分为公开招标和邀请招标。 公开招标,是指招标人以招标公告的方式邀请不特定的法人或者[其他]**非法人**组织投标。 邀请招标,是指招标人以投标邀请书的方式邀请特定的法人或者[其他]**非法人**组织投标。 **依法必须进行招标的项目,公开招标是采购的主要方式,除法律、行政法规规定可以进行邀请招标和不招标的外,应当公开招标。**
第十一条　国务院发展计划部门确定的国家重点项目和省、自治区、直辖市人民政府确定的地方重点项目不适宜公开招标的,经国务院发展计划部门或者省、自治区、直辖市人民政府批准,可以进行邀请招标。	**第十一条**　[国务院发展计划部门确定的国家重点项目和省、自治区、直辖市人民政府确定的地方重点项目不适宜公开招标的,经国务院发展计划部门或者省、自治区、直辖市人民政府批准,可以进行邀请招标。]

续表

现行规定	拟修订规定 (黑体内容为拟新增内容,方框内容为拟删除内容)
第十二条　招标人有权自行选择招标代理机构,委托其办理招标事宜。任何单位和个人不得以任何方式为招标人指定招标代理机构。 招标人具有编制招标文件和组织评标能力的,可以自行办理招标事宜。任何单位和个人不得强制其委托招标代理机构办理招标事宜。 依法必须进行招标的项目,招标人自行办理招标事宜的,应当向有关行政监督部门备案。	**第十**[二]**四条**　招标人有权自行选择招标代理机构,委托其办理招标事宜。任何单位和个人不得以任何方式为招标人指定招标代理机构**,或者限定招标人选择招标代理机构的方式**。 招标人具有编制招标文件[和]、**组织资格审查和**组织评标能力的,可以自行办理招标事宜。任何单位和个人不得强制其委托招标代理机构办理招标事宜。 [依法必须进行招标的项目,招标人自行办理招标事宜的,应当向有关行政监督部门备案。]
第十三条　招标代理机构是依法设立、从事招标代理业务并提供相关服务的社会中介组织。 招标代理机构应当具备下列条件: (一)有从事招标代理业务的营业场所和相应资金; (二)有能够编制招标文件和组织评标的相应专业力量。	**第十**[三]**五条**　招标代理机构是依法设立、从事招标代理业务并提供相关服务的社会中介组织。 招标代理机构应当具备**策划招标方案、编制招标文件、组织资格审查和组织评标的相应专业能力。**[下列条件:] [(一)有从事招标代理业务的营业场所和相应资金;] [(二)有能够编制招标文件和组织评标的相应专业力量。] **国家建立招标代理机构和招标从业人员信息登记和信用评价制度,实现信息全国互联共享,加强对招标代理行为的事中事后监管。**
第十四条　招标代理机构与行政机关和其他国家机关不得存在隶属关系或者其他利益关系。	**第十**[四]**六条**　招标代理机构与行政机关[和]、其他国家机关、**政府设立或者指定的招标投标交易服务机构**不得存在隶属关系或者其他利益关系。
第十五条　招标代理机构应当在招标人委托的范围内办理招标事宜,并遵守本法关于招标人的规定。	**第十**[五]**七条**　招标代理机构应当在招标人委托的范围内办理招标事宜,并遵守本法关于招标人的规定。

续表

现行规定	拟修订规定 （黑体内容为拟新增内容，方框内容为拟删除内容）
第十六条　招标人采用公开招标方式的，应当发布招标公告。依法必须进行招标的项目的招标公告，应当通过国家指定的报刊、信息网络或者其他媒介发布。 招标公告应当载明招标人的名称和地址、招标项目的性质、数量、实施地点和时间以及获取招标文件的办法等事项。	**第十**[六]**八条**　招标人采用公开招标方式的，应当发布招标公告。依法必须进行招标的项目的招标公告，应当通过国家[指]**规**定的[报刊、信息网络或者其他]媒介发布。 招标公告应当载明招标人的名称和地址[、]，招标项目的性质、数量、**资金来源、项目估算或投资概算**、实施地点和时间、**投标人资格条件要求、递交投标文件的时间和方式、评标方法和定标方法、对投标担保和履约担保的要求、潜在的利益冲突事项**以及获取招标文件的办法等[事项]。 **招标人要求投标人缴纳投标担保、中标人缴纳履约担保的，投标人、中标人应当缴纳。依法必须进行招标的项目，投标担保和履约担保金额不得超过国家规定的标准；招标人不得限定只能以现金方式或者只能以非现金方式缴纳投标担保、履约担保。招标人要求中标人缴纳履约担保的，应当向中标人提供合同价款支付担保。**
第十七条　招标人采用邀请招标方式的，应当向三个以上具备承担招标项目的能力、资信良好的特定的法人或者其他组织发出投标邀请书。 投标邀请书应当载明本法第十六条第二款规定的事项。	**第十**[七]**九条**　招标人采用邀请招标方式的，应当向三个以上具备承担招标项目的能力、资信良好的特定的法人或者[其他]**非法人**组织发出投标邀请书。 投标邀请书应当载明本法第十[六]八条第二款规定的事项。
第十八条　招标人可以根据招标项目本身的要求，在招标公告或者投标邀请书中，要求潜在投标人提供有关资质证明文件和业绩情况，并对潜在投标人进行资格审查；国家对投标人的资格条件有规定的，依照其规定。 招标人不得以不合理的条件限制或者排斥潜在投标人，不得对潜在投标人实行歧视待遇。	**第二十**[八]**条**　[招标人可以根据招标项目本身的要求，在招标公告或者投标邀请书中，要求潜在投标人提供有关资质证明文件和业绩情况，并对潜在投标人进行资格审查]**招标人可以根据招标项目特点自主选择采用资格预审或者资格后审办法，对潜在投标人或者投标人进行资格审查**；国家对投标人的资格条件有规定的，依照其规定。

续表

现行规定	拟修订规定 (黑体内容为拟新增内容,方框内容为拟删除内容)
	采用资格预审办法的,招标人应当发布资格预审公告、编制资格预审文件。国有资金占控股或者主导地位的依法必须进行招标的项目,招标人应当组建资格审查委员会,按照资格预审文件载明的标准和方法对资格预审申请人有关信息进行审查。资格审查委员会的组成、成员及其工作应当遵守本法有关评标委员会及其成员的规定。资格预审结束后,招标人应当及时向资格预审申请人书面告知其是否通过资格预审,并向未通过的告知原因。 **采用资格后审办法的,应当在开标后由评标委员会按照招标文件规定的标准和方法对投标人的资格进行审查。** 招标人不得以不合理的条件限制或者排斥潜在投标人,不得对潜在投标人实行歧视待遇。
第十九条　招标人应当根据招标项目的特点和需要编制招标文件。招标文件应当包括招标项目的技术要求、对投标人资格审查的标准、投标报价要求和评标标准等所有实质性要求和条件以及拟签订合同的主要条款。 国家对招标项目的技术、标准有规定的,招标人应当按照其规定在招标文件中提出相应要求。 招标项目需要划分标段、确定工期的,招标人应当合理划分标段、确定工期,并在招标文件中载明。	**第**[十九]**二十一条**　招标人应当根据招标项目的特点和需要编制招标文件,**任何单位和个人不得非法干预招标文件编制**。招标文件应当包括招标项目的**需求清单**、技术要求、对投标人资格审查的标准、投标报价要求[和]、评标标准**和方法、定标方法**等所有实质性要求和条件以及拟签订合同的主要条款。 [国家对]招标项目的技术[、标准]有[规定]**强制性国家标准的**,招标人应当[按照其规定]在招标文件中提出相应要求**;有推荐性国家标准、行业标准、地方标准的,鼓励招标人在招标文件中采用。国家鼓励招标人在招标文件中合理设置支持科技创新、节约能源资源、生态环保等方面的要求和条件。** 招标项目需要划分标段、确定工期的,招标人应当合理划分标段、确定工期,并在招标文件中载明。 **招标文件应当载明是否允许中标人依法对中标项目的部分工作进行分包,以及允许分包的范围。分包应当符合国家关于分包的规定。** **依法必须进行招标的项目,招标文件应当使用国务院发展改革部门会同有关行政监督部门制定发布的标准文本和国务院有关行政监督部门制定发布的行业标准文本编制。**

续表

现行规定	拟修订规定 （黑体内容为拟新增内容，方框内容为拟删除内容）
第二十条　招标文件不得要求或者标明特定的生产供应者以及含有倾向或者排斥潜在投标人的其他内容。	**第二十二条**　招标文件不得要求或者标明特定的生产供应者**、套用特定生产供应者的条件设定招标项目技术标准**以及含有倾向或者排斥潜在投标人的其他内容。
	第二十三条　招标人可以依法对工程建设项目的设计、施工以及货物采购全部或者部分实行总承包招标。
	第二十四条　招标人可以依法对一定时期内的重复性采购项目或者不同实施主体的同类采购项目进行集中资格审查或者集中招标，具体实施办法由国务院发展改革部门会同有关部门制定。
	第二十五条　对于有必要向潜在投标人征集建议以明确具体技术、经济需求的招标项目，招标人可以分两阶段进行招标。 **第一阶段，投标人按照招标公告或者投标邀请书的要求提交不带报价的建议，招标人根据投标人提交的建议确定招标项目具体需求，编制招标文件。招标人可以在保证公平的前提下，与提交建议的投标人进行讨论。** **第二阶段，招标人向在第一阶段提交建议的投标人提供招标文件，投标人按照招标文件的要求提交包括投标报价的投标文件。**
第二十一条　招标人根据招标项目的具体情况，可以组织潜在投标人踏勘项目现场。	**第二十**[一]**六条**　招标人根据招标项目的具体情况，可以组织潜在投标人踏勘项目现场**或者召开投标预备会，潜在投标人自主决定是否参加**。
第二十二条　招标人不得向他人透露已获取招标文件的潜在投标人的名称、数量以及可能影响公平竞争的有关招标投标的其他情况。 招标人设有标底的，标底必须保密。	**第二十**[二]**七条**　招标人**、电子招标投标交易平台建设和运营机构等参与招标投标活动的主体**不得向**招标人以外的**他人透露已获取招标文件的潜在投标人的名称、数量以及可能影响公平竞争的有关招标投标的其他情况。 招标人设有标底的，标底必须保密。
第二十四条　招标人应当确定投标人编制投标文件所需要的合理时间；但是，依法必须进行招标的项目，自招标文件开始发出之日起至投标人提交投标文件截止之日止，最短不得少于二十日。	**第二十**[四]**八条**　招标人应当确定投标人编制投标文件所需要的合理时间[；]。但是，依法必须进行招标的项目，自招标文件开始发出之日起至投标人提交投标文件截止之日止，最短不得少于[二十]**十五**日**；其中，属于采购标准通用设备、材料的，或者施工技术方案简单、工期较短、季节性强的小型工程的，最短不得少于十日。**

续表

现行规定	拟修订规定 (黑体内容为拟新增内容,方框内容为拟删除内容)
第二十三条　招标人对已发出的招标文件进行必要的澄清或者修改的,应当在招标文件要求提交投标文件截止时间至少十五日前,以书面形式通知所有招标文件收受人。该澄清或者修改的内容为招标文件的组成部分。	**第二十**[三]**九条**　招标人对已发出的招标文件进行必要的澄清或者修改的,应当[在招标文件要求提交投标文件截止时间至少十五日前,]**及时**以书面形式通知所有招标文件收受人。**澄清或者修改的内容可能影响投标文件编制的,应当为编制投标文件预留合理时间。但是,依法必须进行招标的项目,应当在招标文件要求提交投标文件截止时间至少十日前通知;其中属于采购标准通用设备、材料的,或者施工技术方案简单、工期较短、季节性强的小型工程的,应当在至少五日前通知。**该澄清或者修改的内容为招标文件的组成部分。
	第三十条　依法必须进行招标的项目,招标人在发布招标公告、发出投标邀请书、招标文件或者资格预审文件后,除因不可抗力、国家政策变化等导致招标投标活动不能正常进行外,不得擅自终止招标;确需终止招标的,应当向有关行政监督部门备案后,及时在发布招标公告的媒介发布终止公告并说明原因,或者以书面形式通知被邀请的或者已经获取资格预审文件、招标文件的潜在投标人。 **招标人终止招标的,依法承担相应责任。**
第三章　投　　标	**第三章　投　　标**
第二十五条　投标人是响应招标、参加投标竞争的法人或者其他组织。 依法招标的科研项目允许个人参加投标的,投标的个人适用本法有关投标人的规定。	第[二十五]**三十一条**　投标人是响应招标、参加投标竞争的法人或者[其他]非法人组织。 依法招标的科研项目**、创意方案等智力技术服务等**允许[个人]**自然人**参加投标的,投标的[个人]**自然人**适用本法有关投标人的规定。
第二十六条　投标人应当具备承担招标项目的能力;国家有关规定对投标人资格条件或者招标文件对投标人资格条件有规定的,投标人应当具备规定的资格条件。	第[二十六]**三十二条**　投标人应当具备承担招标项目的能力;国家有关规定对投标人资格条件或者招标文件对投标人资格条件有规定的,投标人应当具备规定的资格条件。

续表

现行规定	拟修订规定 （黑体内容为拟新增内容，方框内容为拟删除内容）
第二十七条　条投标人应当按照招标文件的要求编制投标文件。投标文件应当对招标文件提出的实质性要求和条件作出响应。 招标项目属于建设施工的，投标文件的内容应当包括拟派出的项目负责人与主要技术人员的简历、业绩和拟用于完成招标项目的机械设备等。	**第**[二十七]**三十三条**　投标人应当按照招标文件的要求编制投标文件。投标文件应当对招标文件提出的实质性要求和条件作出响应。 招标项目属于建设施工的，投标文件的内容应当包括拟派出的项目负责人与主要技术人员的简历、业绩和拟用于完成招标项目的机械设备等。
第二十八条　投标人应当在招标文件要求提交投标文件的截止时间前，将投标文件送达投标地点。招标人收到投标文件后，应当签收保存，不得开启。投标人少于三个的，招标人应当依照本法重新招标。 在招标文件要求提交投标文件的截止时间后送达的投标文件，招标人应当拒收。	**第**[二十八]**三十四条**　投标人应当在招标文件要求提交投标文件的截止时间前，将投标文件送达投标地点**或者提交电子招标投标交易平台**。招标人**或者电子招标投标交易平台**收到投标文件后，应当签收保存，不得开启**或者解密**。投标人少于三个的，**对于依法必须进行招标的项目，不得开标，**招标人应当**分析招标失败的原因，采取对招标文件设定的投标人资格条件等进行修改或者其他合理、充分措施后，**依照本法重新招标。**重新招标后，投标人仍少于三个的，可以再次重新招标，也可以开标、评标，或者依法以其他方式从现有投标人中确定中标人，并向有关行政监督部门备案。** 在招标文件要求提交投标文件的截止时间后送达的投标文件，招标人应当拒收。
第二十九条　投标人在招标文件要求提交投标文件的截止时间前，可以补充、修改或者撤回已提交的投标文件，并书面通知招标人。补充、修改的内容为投标文件的组成部分。	**第**[二十九]**三十五条**　投标人在招标文件要求提交投标文件的截止时间前，可以补充、修改或者撤回已提交的投标文件，并书面通知招标人。补充、修改的内容为投标文件的组成部分。
第三十条　投标人根据招标文件载明的项目实际情况，拟在中标后将中标项目的部分非主体、非关键性工作进行分包的，应当在投标文件中载明。	**第三十六条**　投标人根据招标文件载明的项目实际情况，拟在中标后将中标项目的部分[非主体、非关键性]工作进行分包的，应当在投标文件中载明。

续表

现行规定	拟修订规定 (黑体内容为拟新增内容，方框内容为拟删除内容)
第三十一条　两个以上法人或者其他组织可以组成一个联合体，以一个投标人的身份共同投标。 联合体各方均应当具备承担招标项目的相应能力；国家有关规定或者招标文件对投标人资格条件有规定的，联合体各方均应当具备规定的相应资格条件。由同一专业的单位组成的联合体，按照资质等级较低的单位确定资质等级。 联合体各方应当签订共同投标协议，明确约定各方拟承担的工作和责任，并将共同投标协议连同投标文件一并提交招标人。联合体中标的，联合体各方应当共同与招标人签订合同，就中标项目向招标人承担连带责任。 招标人不得强制投标人组成联合体共同投标，不得限制投标人之间的竞争。	**第三十**[一]**七条　招标人接受联合体投标的，**两个以上法人或者[其他]**非法人**组织可以组成一个联合体，以一个投标人的身份共同投标。 联合体各方应当签订共同投标协议，明确约定各方拟承担的**专业**工作和责任，并将共同投标协议连同投标文件一并提交招标人。联合体中标的，联合体各方应当共同与招标人签订合同，就中标项目向招标人承担连带责任。 联合体各方[均]应当具备承担**共同投标协议约定的**招标项目**相应专业工作的**[相应]能力；国家有关规定或者招标文件对投标人资格条件有规定的，联合体各方[均]应当具备规定的相应资格条件。[由同一专业的单位组成的联合体，按照资质等级较低的单位确定资质等级。]**联合体的各专业资质等级，根据共同投标协议约定的专业分工，分别按照承担相应专业工作的资质等级最低的单位确定。** 招标人不得强制投标人组成联合体共同投标，不得限制投标人之间的竞争。
第三十二条　投标人不得相互串通投标报价，不得排挤其他投标人的公平竞争，损害招标人或者其他投标人的合法权益。 投标人不得与招标人串通投标，损害国家利益、社会公共利益或者他人的合法权益。 禁止投标人以向招标人或者评标委员会成员行贿的手段谋取中标。	**第三十**[二]**八条**　投标人不得相互串通投标报价，不得排挤其他投标人的公平竞争，损害招标人或者其他投标人的合法权益。 投标人不得与招标人串通投标，损害国家利益、社会公共利益或者他人的合法权益。 禁止投标人以向招标人或者评标委员会成员[行贿的]**提供财物或者给予其他利益等不正当手**段谋取中标。
第三十三条　投标人不得以低于成本的报价竞标，也不得以他人名义投标或者以其他方式弄虚作假，骗取中标。	**第三十**[三]**九条**　投标人不得以[低于成本的报价]**可能影响合同履行的异常低价**竞标，也不得以他人名义投标或者以其他方式弄虚作假，骗取中标。
第四章　开标、评标和中标	**第四章　开标、评标、定标和中标**
第三十四条　开标应当在招标文件确定的提交投标文件截止时间的同一时间公开进行；开标地点应当为招标文件中预先确定的地点。	**第**[三十四]**四十条**　开标应当在招标文件确定的[提交投标文件截止时间的同一]时间公开进行；开标地点应当为招标文件中预先确定的地点**或者发出招标文件的电子招标投标交易平台。**

续表

现行规定	拟修订规定 （黑体内容为拟新增内容，方框内容为拟删除内容）
第三十五条　开标由招标人主持，邀请所有投标人参加。	第~~三十五~~**四十一条**　开标由招标人主持，~~邀请~~所有投标人**自主决定是否**参加。**实行电子开标的，所有投标人应当在线参加。**
第三十六条　开标时，由投标人或者其推选的代表检查投标文件的密封情况，也可以由招标人委托的公证机构检查并公证；经确认无误后，由工作人员当众拆封，宣读投标人名称、投标价格和投标文件的其他主要内容。 招标人在招标文件要求提交投标文件的截止时间前收到的所有投标文件，开标时都应当当众予以拆封、宣读。 开标过程应当记录，并存档备查。	第~~三十六~~**四十二条**　开标时，由投标人或者其~~推选~~**委托**的代表**分别**检查**各自**投标文件~~的密封~~**有无提前开启情况**~~，也可以由招标人委托的公证机构检查并公证~~；经确认无误后，~~由工作人员~~当众拆封**或者解密**，~~宣读~~**公布**投标人名称、投标价格和投标文件的其他主要内容。 招标人在招标文件要求提交投标文件的截止时间前收到的所有投标文件，开标时都应当当众予以拆封**或者解密**、~~宣读~~**公布**。**未经开标公布的投标文件不得进入评标环节。** 开标过程应当记录，并存档备查。
第三十七条　评标由招标人依法组建的评标委员会负责。 依法必须进行招标的项目，其评标委员会由招标人的代表和有关技术、经济等方面的专家组成，成员人数为五人以上单数，其中技术、经济等方面的专家不得少于成员总数的三分之二。 前款专家应当从事相关领域工作满八年并具有高级职称或者具有同等专业水平，由招标人从国务院有关部门或者省、自治区、直辖市人民政府有关部门提供的专家名册或者招标代理机构的专家库内的相关专业的专家名单中确定；一般招标项目可以采取随机抽取方式，特殊招标项目可以由招标人直接确定。 与投标人有利害关系的人不得进入相关项目的评标委员会；已经进入的应当更换。 评标委员会成员的名单在中标结果确定前应当保密。	第~~三十七~~**四十三条**　评标由招标人依法组建的评标委员会负责。 依法必须进行招标的项目，其评标委员会由招标人的代表和有关技术、经济**或者法律**等方面的专家**共同**组成，成员人数为五人以上单数，**并应当满足专业分工需求**，其中技术、经济**或者法律**等方面的专家不得少于成员总数的三分之二。**招标人委托的代表可以是本单位熟悉招标项目需求的专业人员，也可以是外部专家。任何单位和个人不得禁止或限制招标人的代表进入评标委员会。** 前款专家应当从事相关领域工作满~~八~~五年并具有高级职称或者具有同等专业水平~~，~~。**作为招标人代表的外部专家，由招标人直接确定；技术、经济或者法律等方面的专家**由招标人从国务院有关部门或者省、自治区、直辖市人民政府~~有关部门提供的专家名册~~**组建或者确定的综合评标专家库或者行业评标专家库**~~或者招标代理机构的专家库~~内的相关专业的专家名单中确定；一般招标项目可以采取随机抽取方式，特殊招标项目可以由招标人直接确定。**国务院发展改革部门会同有关行政监督部门建立健全评标专家库专家征集、培训、考核和清退机制，实现专家资源全国互联共享。**

续表

现行规定	拟修订规定 （黑体内容为拟新增内容，方框内容为拟删除内容）
	与投标人有利害关系的人不得进入相关项目的评标委员会；已经进入的应当更换。 评标委员会成员的名单在中标结果确定前应当保密。 **招标人根据需要可以组成工作组或者利用电子信息系统辅助评标委员会工作。辅助评标工作应当客观、准确，不得对投标文件做出任何更改或评价。**
第三十八条　招标人应当采取必要的措施，保证评标在严格保密的情况下进行。 任何单位和个人不得非法干预、影响评标的过程和结果。	第~~三十八~~**四十四条**　招标人应当采取必要的措施，保证评标在严格保密的情况下进行。 任何单位和个人不得非法干预、影响评标的过程和结果。 **招标人应当向评标委员会提供评标所必需的信息，在评标开始前向评标委员会介绍招标项目背景、特点和需求，并在评标过程中根据评标委员会的要求对法律法规和招标文件内容进行说明。招标人提供的信息和介绍说明内容不得含有歧视性、倾向性、误导性，不得超出招标文件的范围或者改变招标文件的实质性内容，并应当随评标报告记录在案。**
第三十九条　评标委员会可以要求投标人对投标文件中含义不明确的内容作必要的澄清或者说明，但是澄清或者说明不得超出投标文件的范围或者改变投标文件的实质性内容。	第~~三十九~~**四十五条**　评标委员会可以要求投标人对投标文件中含义不明确的内容作必要的澄清或者说明，但是澄清或者说明不得超出投标文件的范围或者改变投标文件的实质性内容。 **评标委员会发现投标人的报价为异常低价，有可能影响合同履行的，应当要求投标人在合理期限内作澄清或者说明，并提供必要的证明材料。投标人不能说明其报价合理性，导致合同履行风险过高的，评标委员会应当否决其投标。** **前两款中评标委员会的要求以及投标人的澄清或者说明应当以书面形式进行。**
第四十一条　中标人的投标应当符合下列条件之一： （一）能够最大限度地满足招标文件中规定的各项综合评价标准； （二）能够满足招标文件的实质性要求，并且经评审的投标价格最低；但是投标价格低于成本的除外。	**第四十**~~一~~**六条**　~~中标人的投标应当符合下列条件之一~~**招标人应当按照招标项目实际需求和技术特点，从以下方法中选择确定评标方法：** **（一）综合评估法，即确定投标文件能够最大限度地满足招标文件中规定的各项综合评价标准的投标人为中标候选人的评标方法；**

续表

现行规定	拟修订规定 （黑体内容为拟新增内容，方框内容为拟删除内容）
	（二）经评审的最低投标价法，即确定投标文件能够满足招标文件的实质性要求，并且经评审的投标价格最低的**投标人为中标人候选人的评标方法**；但是投标价格低于成本**为可能影响合同履行的异常低价**的除外。； **（三）法律、行政法规、部门规章规定的其他评标方法。** **经评审的最低投标价法仅适用于具有通用的技术、性能标准或者招标人对其技术、性能没有特殊要求的项目。** **国家鼓励招标人将全生命周期成本纳入价格评审因素，并在同等条件下优先选择全生命周期内能源资源消耗最低、环境影响最小的投标。**
第四十条　评标委员会应当按照招标文件确定的评标标准和方法，对投标文件进行评审和比较；设有标底的，应当参考标底。评标委员会完成评标后，应当向招标人提出书面评标报告，并推荐合格的中标候选人。 招标人根据评标委员会提出的书面评标报告和推荐的中标候选人确定中标人。招标人也可以授权评标委员会直接确定中标人。 国务院对特定招标项目的评标有特别规定的，从其规定。	**第四十七条**　评标委员会应当按照招标文件确定的评标标准和方法，**集体研究并分别独立**对投标文件进行评审和比较；设有标底的，应当参考标底。评标委员会完成评标后，应当向招标人提出书面评标报告，并推荐**不超过三个**合格的中标候选人**，并对每个中标候选人的优势、风险等评审情况进行说明；除招标文件明确要求排序的外，推荐中标候选人不标明排序。** 招标人根据评标委员会提出的书面评标报告和推荐的中标候选人**，按照招标文件规定的定标方法，结合对中标候选人合同履行能力和风险进行复核的情况，自收到评标报告之日起二十日内自主**确定中标人。**定标方法应当科学、规范、透明。**招标人也可以授权评标委员会直接确定中标人。 国务院对特定招标项目的评标有特别规定的，从其规定。
第四十二条　评标委员会经评审，认为所有投标都不符合招标文件要求的，可以否决所有投标。 依法必须进行招标的项目的所有投标被否决的，招标人应当依照本法重新招标。	**第四十**二**八条**　评标委员会经评审，认为所有投标都不符合招标文件要求的，可以**应当**否决所有投标。 依法必须进行招标的项目的所有投标被否决的，招标人应当**分析招标失败的原因，必要时采取对招标文件设定的投标人资格条件等进行修改或者其他相应措施后，**依照本法重新招标。**重新招标后，投标人少于三个的，可以开标、评标，或者依法以其他方式从现有投标人中确定中标人，并向有关行政监督部门备案；所有投标再次被否决的，可以不再进行招标，并向有关行政监督部门备案。**

续表

现行规定	拟修订规定 (黑体内容为拟新增内容,方框内容为拟删除内容)
第四十三条　在确定中标人前,招标人不得与投标人就投标价格、投标方案等实质性内容进行谈判。	**第四十**[三]**九条　除法律、行政法规另有规定外**,在确定中标人前,招标人不得与投标人就投标价格、投标方案等实质性内容进行谈判;**但是在不影响公平的前提下,招标人可以与投标人就投标方案的实施细节进行谈判。**
第四十四条　评标委员会成员应当客观、公正地履行职务,遵守职业道德,对所提出的评审意见承担个人责任。 评标委员会成员不得私下接触投标人,不得收受投标人的财物或者其他好处。 评标委员会成员和参与评标的有关工作人员不得透露对投标文件的评审和比较、中标候选人的推荐情况以及与评标有关的其他情况。	第[四十四]五十条　评标委员会成员应当客观、公正、**勤勉**地履行职务,遵守职业道德,对所提出的评审意见承担个人责任。 评标委员会成员不得私下接触投标人,不得收受投标人的财物或者其他好处。 评标委员会成员和参与评标的有关工作人员不得透露对投标文件的评审和比较、中标候选人的推荐情况以及与评标有关的其他情况。
	第五十一条　依法必须进行招标的项目,招标人应当自定标结束之日起三日内在发布招标公告的媒介公示中标人,公示期不得少于三日。 **中标人公示应当载明中标人的名称、投标报价、评分或者评标价、质量、工期(交货期)、资质业绩、项目负责人信息,确定中标人的主要理由,中标候选人名单,所有被否决的投标,提出异议的渠道和方式,以及法律法规和招标文件规定公示的其他内容。** **在公示中标人的同时,对于投标符合招标文件要求的投标人,招标人应当书面告知其评分或者评标价,对于被否决的投标,招标人应当书面告知其原因。**
第四十五条　中标人确定后,招标人应当向中标人发出中标通知书,并同时将中标结果通知所有未中标的投标人。 中标通知书对招标人和中标人具有法律效力。中标通知书发出后,招标人改变中标结果的,或者中标人放弃中标项目的,应当依法承担法律责任。	第[四十五]五十二条　中标人[确定]**公示结束且无尚未处理的异议**后,招标人应当向中标人发出中标通知书,并同时将中标结果通知所有未中标的投标人。**依法必须进行招标的项目,招标人应当自中标通知书发出之日起三日内在发布招标公告的媒介公告中标结果。** 中标通知书对招标人和中标人具有法律效力。中标通知书[发出]**到达中标人**后,招标人改变中标结果的,或者中标人放弃中标项目的,应当依法承担违约法律责任。

续表

现行规定	拟修订规定 （黑体内容为拟新增内容，方框内容为拟删除内容）
第四十六条　招标人和中标人应当自中标通知书发出之日起三十日内，按照招标文件和中标人的投标文件订立书面合同。招标人和中标人不得再行订立背离合同实质性内容的其他协议。 招标文件要求中标人提交履约保证金的，中标人应当提交。	第[四十六]**五十三条**　招标人和中标人应当自中标通知书发出之日起三十日内，按照招标文件和中标人的投标文件订立书面合同。**招标人可以和中标人进行合同谈判，但谈判内容不得更改招标文件和中标人投标文件的实质性内容。**招标人和中标人不得再行订立背离合同实质性内容的其他协议。 [招标文件要求中标人提交履约保证金的，中标人应当提交。] **中标人放弃中标、不能履行合同、不按照招标文件要求提供履约担保，或者被查实存在影响中标结果的违法行为等不符合中标条件的情形的，招标人可以根据评标委员会提出的书面评标报告和推荐的中标候选人重新确定其他中标候选人为中标人，或者组织评标委员会重新评标并推荐中标候选人，也可以重新招标。重新确定中标人的，应当参照本法第五十一条和第五十二条规定进行公示、通知、公告。**
第四十七条　依法必须进行招标的项目，招标人应当自确定中标人之日起十五日内，向有关行政监督部门提交招标投标情况的书面报告。	第[四十七]**五十四条**　依法必须进行招标的项目，招标人应当自[确定中标人]**与中标人订立书面合同**之日起十五日内，[向有关行政监督部门提交招标投标情况的书面报告，]**在发布招标公告的媒介公开合同订立情况信息，但涉及国家秘密、商业秘密的除外。**
	第五十五条　招标人、招标代理机构应当对每个招标项目有关的文件资料建立真实完整的招标档案，并按照国家有关规定妥善保存，不得伪造、变造、隐匿或者销毁。招标档案的保存期限为自招标结束之日起至少十五年。招标档案可以用电子档案方式保存。
	第五章　合 同 履 行
第四十八条　中标人应当按照合同约定履行义务，完成中标项目。中标人不得向他人转让中标项目，也不得将中标项目肢解后分别向他人转让。 中标人按照合同约定或者经招标人同意，可以将中标项目的部分非主体、非关键性工作分包给他人完成。接受分包的人应当具备相应的资格条件，并不得再次分包。	第[四十八]**五十六条**　中标人应当按照合同约定履行义务，完成中标项目，**法律、行政法规规定中标人可以不承担中标项目实施工作的除外。**中标人不得向他人转让中标项目，也不得将中标项目肢解后分别向他人转让。 中标人按照合同约定或者经招标人同意，可以将中标项目的部分[非主体、非关键性]工作分包

续表

现行规定	拟修订规定 （黑体内容为拟新增内容，方框内容为拟删除内容）
中标人应当就分包项目向招标人负责，接受分包的人就分包项目承担连带责任。	给他人完成。**中标项目的主体、关键性工作不得分包，国家对工程总承包项目、政府和社会资本合作项目等的分包另有规定的，从其规定。除法律、行政法规另有规定外，中标人可以自主确定分包人。**接受分包的人应当具备相应的资格条件，并不得再次分包。 中标人应当就分包项目向招标人负责，接受分包的人就分包项目承担连带责任。
	第五十七条　依法必须进行招标的项目，中标人在中标项目实施过程中，不按照合同约定履行义务或者存在其他情形，致使合同目的不能实现的，招标人可以依法解除合同，重新招标，或者在报有关行政监督部门备案后，不再重新招标，选择其他中标候选人或者相邻标段中标人签订合同，并参照本法第五十一和五十二条规定进行公示、通知、公告，但有关中标候选人或者相邻标段中标人不接受选择的除外。
	第五十八条　依法必须进行招标的项目，招标人应当在国家规定的媒介及时公开包括项目重大变动、合同重大变更、合同中止和解除、违约行为处理结果、竣工验收等在内的合同履行情况信息，但涉及国家秘密、商业秘密的除外。
	第五十九条　对依法必须进行招标的项目，有关行政监督部门应当加强对合同履行情况的监管，建立合同履行情况评价机制，评价结果记入招标人和中标人信用记录。
	第六章　异议与投诉处理
	第六十条　潜在投标人、投标人或者其他利害关系人认为招标投标活动不符合本法规定的，有权向招标人提出异议。其中，下列异议应当按规定的时间提出： **（一）潜在投标人或者其他利害关系人对资格预审公告或者招标公告有异议的，应当在公告期间提出；对资格预审文件有异议的，应当在提交资格预审申请文件截止时间两日前提出；对招标文件有异议的，应当在投标截止时间七日前提出；** **（二）投标人对开标有异议的，应当在开标现场提出；** **（三）投标人或者其他利害关系人对评标、定标结果有异议的，应当在中标人公示期间提出。** **对前款第（一）、（三）项异议，招标人应当自收到异议之日起三日内作出答复；作出答复前，应当暂停招标投标活动。前款第（二）项异议，招标人应当当场作出答复，并制作记录。**

续表

现行规定	拟修订规定 （黑体内容为拟新增内容，方框内容为拟删除内容）
	第六十一条　招标人认为评标过程、评标报告违反法律、行政法规规定，不符合招标文件确定的评标标准和方法，或者评分存在错误的，有权在评标过程中或者自收到评标报告之日起三个工作日内向评标委员会提出异议。 **对评标过程中收到的异议，评标委员会应当在评标结束前作出答复；对评标结束后收到的异议，评标委员会应当自收到异议之日起三个工作日作出答复。评标过程、评标报告存在问题的，应当及时予以更正，并在评标报告中记载。**
	第六十二条　招标人、潜在投标人、投标人、评标委员会成员或者其他利害关系人认为招标投标活动不符合本法规定的，可以自知道或者应当知道之日起十日内向有关行政监督部门投诉。投诉应当有明确的请求和必要的证明材料。 **就本法第六十条规定事项投诉的，应当先向招标人提出异议；就本法第六十一条规定事项投诉的，应当先向评标委员会提出异议。异议答复期间不计算在前款规定的期限内。** **招标人可以在招标文件中提出对招标投标过程中发生特定争议事项的仲裁、调解等处理途径。发生该争议事项后，潜在投标人、投标人或者其他利害关系人选择仲裁、调解等处理途径的，有关行政监督部门不再受理有关该争议事项的投诉。经调解无法达成协议的，可以自调解终止之日起五日内向有关行政监督部门投诉。**
	第六十三条　行政监督部门应当自收到投诉之日起三个工作日内决定是否受理投诉，并自受理投诉之日起三十个工作日内作出书面处理决定；需要检验、检测、鉴定、专家评审的，所需时间不计算在内。行政监督部门对投诉事项作出的处理决定，应当在国家规定的媒介上公告。 **行政监督部门在投诉处理过程中，征得双方同意后，可以进行调解。** **投诉人捏造事实、伪造材料或者以非法手段取得证明材料进行投诉的，行政监督部门应当予以驳回，并计入投诉人信用记录。以非法手段取得证明材料进行投诉，投诉事项属实的，行政监督部门应当依法作出处理决定。**

续表

现行规定	拟修订规定 （黑体内容为拟新增内容，方框内容为拟删除内容）
	第六十四条　行政监督部门处理投诉以及依法开展抽查检查过程中，有权查阅、复制招标档案和有关文件、资料，调查有关情况，相关单位和人员应当予以配合。必要时，行政监督部门可以责令暂停招标投标活动。 **行政监督部门及其工作人员对工作过程中知悉的国家秘密、商业秘密，应当依法予以保密。**
	第六十五条　投诉人对行政监督部门的投诉处理决定不服或者行政监督部门逾期未作处理的，可以依法申请行政复议或者向人民法院提起行政诉讼。
第五章　法律责任	第~~五~~七章　法律责任
第四十九条　违反本法规定，必须进行招标的项目而不招标的，将必须进行招标的项目化整为零或者以其他任何方式规避招标的，责令限期改正，可以处项目合同金额千分之五以上千分之十以下的罚款；对全部或者部分使用国有资金的项目，可以暂停项目执行或者暂停资金拨付；对单位直接负责的主管人员和其他直接责任人员依法给予处分。	第~~四十九~~六十六条　违反本法规定，必须进行招标的项目而不招标的，将必须进行招标的项目化整为零或者以其他任何方式规避招标的，**应当重新招标的项目不依法重新招标的，**责令限期改正，可以处项目合同金额**或者项目估算金额**~~千分之五~~**百分之一**以上~~千分之十~~**百分之二**以下的罚款；对全部或者部分使用国有资金的项目，可以暂停项目执行或者暂停资金拨付~~；对单位直接负责的主管人员和其他直接责任人员依法给予处分~~。
第五十条　招标代理机构违反本法规定，泄露应当保密的与招标投标活动有关的情况和资料的，或者与招标人、投标人串通损害国家利益、社会公共利益或者他人合法权益的，处五万元以上二十五万元以下的罚款；对单位直接负责的主管人员和其他直接责任人员处单位罚款数额百分之五以上百分之十以下的罚款；有违法所得的，并处没收违法所得；情节严重的，禁止其一年至二年内代理依法必须进行招标的项目并予以公告，直至由工商行政管理机关吊销营业执照；构成犯罪的，依法追究刑事责任。给他人造成损失的，依法承担赔偿责任。 前款所列行为影响中标结果的，中标无效。	第~~五十~~六十七条　招标代理机构违反本法规定，泄露应当保密的与招标投标活动有关的情况和资料的，或者与招标人、投标人串通损害国家利益、社会公共利益或者他人合法权益的，处~~五~~十万元以上~~二十五~~**五十**万元以下的罚款，对单位直接负责的主管人员和其他直接责任人员处单位罚款数额百分之五以上百分之十以下的罚款；有违法所得的，并处没收违法所得；情节严重的，禁止其一年至~~二~~三年内代理依法必须进行招标的项目并予以公告，直至由~~工商行政~~**市场监督**管理机关吊销营业执照，**对单位直接负责的主管人员和其他直接责任人员禁止一年至三年内从事招标代理业务，直至终身禁止从事招标代理业务**；构成犯罪的，依法追究刑事责任。给他人造成损失的，依法承担赔偿责任。 前款所列行为影响中标结果的，中标无效。

续表

现行规定	拟修订规定 （黑体内容为拟新增内容，方框内容为拟删除内容）
	第六十八条　招标项目依法需要先履行投资项目审批、核准手续，招标人未取得批准即组织招标的，责令改正，可以处两万元以上十万元以下的罚款。给他人造成损失的，依法承担赔偿责任。
第五十一条　招标人以不合理的条件限制或者排斥潜在投标人的，对潜在投标人实行歧视待遇的，强制要求投标人组成联合体共同投标的，或者限制投标人之间竞争的，责令改正，可以处一万元以上五万元以下的罚款。	第[五十一]**六十九**条　招标人**依法应当公开招标而采用邀请招标的**，以不合理的条件限制或者排斥潜在投标人的，对潜在投标人实行歧视待遇的，**限定只能以现金方式或者只能以非现金方式缴纳投标担保、履约担保的**，强制要求投标人组成联合体共同投标的，[或者]限制投标人之间竞争的，**或者向评标委员会提供的信息和介绍说明内容违反本法规定的**，责令改正，可以处[一]**两**万元以上[五]**二十**万元以下的罚款。
	第七十条　招标人不依法发布招标公告、资格预审公告或者发出投标邀请书的，不依法在招标文件、资格预审文件中载明有关信息的，依法必须进行招标的项目不使用有关标准文本编制招标文件的，未依法为编制投标文件预留合理时间的，责令改正，并依照本法第六十九条的规定处罚；构成规避招标的，依照本法第六十六条的规定处罚。
第五十二条　依法必须进行招标的项目的招标人向他人透露已获取招标文件的潜在投标人的名称、数量或者可能影响公平竞争的有关招标投标的其他情况的，或者泄露标底的，给予警告，可以并处一万元以上十万元以下的罚款；对单位直接负责的主管人员和其他直接责任人员依法给予处分；构成犯罪的，依法追究刑事责任。 前款所列行为影响中标结果的，中标无效。	第[五十二]**七十一**条　[依法必须进行招标的项目的]招标人、**电子招标投标交易平台等参与招标投标活动的主体向招标人以外的**他人透露已获取招标文件的潜在投标人的名称、数量或者可能影响公平竞争的有关招标投标的其他情况的，或者泄露标底的，给予警告，可以并处[一]**两**万元以上二十万元以下的罚款[；对单位直接负责的主管人员和其他直接责任人员依法给予处分]；构成犯罪的，依法追究刑事责任。 前款所列行为影响中标结果的，中标无效。
	第七十二条　招标人不依法履行开标程序，允许未经开标公布的投标文件进入评标环节的，责令改正，可以并处两万元以上二十万元以下的罚款，有关中标无效。

续表

现行规定	拟修订规定 (黑体内容为拟新增内容，方框内容为拟删除内容)
第五十三条　投标人相互串通投标或者与招标人串通投标的，投标人以向招标人或者评标委员会成员行贿的手段谋取中标的，中标无效，处中标项目金额千分之五以上千分之十以下的罚款，对单位直接负责的主管人员和其他直接责任人员处单位罚款数额百分之五以上百分之十以下的罚款；有违法所得的，并处没收违法所得；情节严重的，取消其一年至二年内参加依法必须进行招标的项目的投标资格并予以公告，直至由工商行政管理机关吊销营业执照；构成犯罪的，依法追究刑事责任。给他人造成损失的，依法承担赔偿责任。	**第**[五十三]**七十三条**　投标人相互串通投标或者与招标人串通投标的，投标人以向招标人、**招标代理机构**或者评标委员会成员[行贿的]**提供财物或者给予其他利益等不正当**手段谋取中标的，中标无效，处中标项目金额**或者招标项目估算金额**[千分之五]**百分之一**以上[千分之十]**百分之五**以下的罚款，对单位直接负责的主管人员和其他直接责任人员处单位罚款数额百分之五以上百分之十以下的罚款；有违法所得的，并处没收违法所得；情节严重的，取消其一年至[二]三年内参加[依法必须进行招标]**任何使用国有资金投资、国家融资、国际组织或者外国政府贷款、援助资金**的项目的投标资格并予以公告，直至由[工商行政]**市场监督**管理机关吊销营业执照；构成犯罪的，依法追究刑事责任。给他人造成损失的，依法承担赔偿责任。
第五十四条　投标人以他人名义投标或者以其他方式弄虚作假，骗取中标的，中标无效，给招标人造成损失的，依法承担赔偿责任；构成犯罪的，依法追究刑事责任。 依法必须进行招标的项目的投标人有前款所列行为尚未构成犯罪的，处中标项目金额千分之五以上千分之十以下的罚款，对单位直接负责的主管人员和其他直接责任人员处单位罚款数额百分之五以上百分之十以下的罚款；有违法所得的，并处没收违法所得；情节严重的，取消其一年至三年内参加依法必须进行招标的项目的投标资格并予以公告，直至由工商行政管理机关吊销营业执照。	**第**[五十四]**七十四条**　投标人以他人名义投标或者以其他方式弄虚作假，骗取中标的，中标无效，给招标人造成损失的，依法承担赔偿责任；构成犯罪的，依法追究刑事责任。 依法必须进行招标的项目的投标人有前款所列**以他人名义投标或者以其他方式弄虚作假**行为尚未构成犯罪的，处中标项目金额**或者招标项目估算金额**[千分之五]**百分之一**以上[千分之十]**百分之五**以下的罚款，对单位直接负责的主管人员和其他直接责任人员处单位罚款数额百分之五以上百分之十以下的罚款；有违法所得的，并处没收违法所得；情节严重的，取消其一年至三年内参加[依法必须进行招标]**任何使用国有资金投资、国家融资、国际组织或者外国政府贷款、援助资金**的项目的投标资格并予以公告，直至由[工商行政]**市场监督**管理机关吊销营业执照。

续表

现行规定	拟修订规定 (黑体内容为拟新增内容,方框内容为拟删除内容)
第五十五条　依法必须进行招标的项目,招标人违反本法规定,与投标人就投标价格、投标方案等实质性内容进行谈判的,给予警告,对单位直接负责的主管人员和其他直接责任人员依法给予处分。 前款所列行为影响中标结果的,中标无效。	第五十五**七十五条**　依法必须进行招标的项目,招标人违反本法规定,与投标人就投标价格、投标方案等实质性内容进行谈判的,给予警告,**可以处项目合同金额或者项目估算金额千分之五以上千分之十以下的罚款**对单位直接负责的主管人员和其他直接责任人员依法给予处分。 前款所列行为影响中标结果的,中标无效。
第五十六条　评标委员会成员收受投标人的财物或者其他好处的,评标委员会成员或者参加评标的有关工作人员向他人透露对投标文件的评审和比较、中标候选人的推荐以及与评标有关的其他情况的,给予警告,没收收受的财物,可以并处三千元以上五万元以下的罚款,对有所列违法行为的评标委员会成员取消担任评标委员会成员的资格,不得再参加任何依法必须进行招标的项目的评标;构成犯罪的,依法追究刑事责任。	第五十六**七十六条　评标委员会成员违反本法规定,不客观、公正、勤勉履行评标职责的,责令改正;拒不改正或者有其他严重情节的,处一万元以上五万元以下的罚款,禁止三个月至一年内参加依法必须进行招标的项目的评标;情节特别严重的,禁止三年内参加依法必须进行招标的项目的评标,并将其从各级评标专家库除名,三年内不再接受其入库申请。** 评标委员会成员**故意隐瞒与投标人的利害关系的,私下接触投标人的,**收受投标人的财物或者其他好处的,评标委员会成员或者参加评标的有关工作人员向他人透露对投标文件的评审和比较、中标候选人的推荐以及与评标有关的其他情况的,给予警告,没收收受的财物,可以并处三千**两万**元以上五**十**万元以下的罚款,对有所列违法行为的评标委员会成员取消担任评标委员会成员的资格,不得再参加任何依法必须进行招标的项目的评标,**并将其从各级评标专家库除名,终生不再接受其入库申请**;构成犯罪的,依法追究刑事责任**;给招标人造成损失的,依法承担赔偿责任**。 **评标委员会成员中的招标人代表违反本条规定的,可以同时对招标人处两万元以上十万元以下的罚款。** **前款所列行为影响中标结果的,中标无效。**
第五十七条　招标人在评标委员会依法推荐的中标候选人以外确定中标人的,依法必须进行招标的项目在所有投标被评标委员会否决后自行确定中标人的,中标无效,责令改正,可以处中标项目金额千分之五以上千分之十以下的罚款;对单位直接负责的主管人员和其他直接责任人员依法给予处分。	第五十七**七十七条**　招标人在评标委员会依法推荐的中标候选人以外确定中标人的,**不按照招标文件规定的定标方法确定中标人的,**依法必须进行招标的项目在所有投标被评标委员会否决后自行确定中标人的,中标无效。责令改正,可以处中标项目金额千分之五**百分之一**以上千分之十**百分之二**以下的罚款;对单位直接负责的主管人员和其他直接责任人员依法给予处分。

续表

现行规定	拟修订规定 (黑体内容为拟新增内容,方框内容为拟删除内容)
	第七十八条　招标人不依法告知资格预审结果的,不依法公示中标人的,不依法履行向投标人的书面告知义务的,不依法通知或者公告中标结果的,责令改正,可以处两万元以上十万元以下的罚款。
第五十八条　中标人将中标项目转让给他人的,将中标项目肢解后分别转让给他人的,违反本法规定将中标项目的部分主体、关键性工作分包给他人的,或者分包人再次分包的,转让、分包无效,处转让、分包项目金额千分之五以上千分之十以下的罚款;有违法所得的,并处没收违法所得;可以责令停业整顿;情节严重的,由工商行政管理机关吊销营业执照。	**第**~~五十八~~**七十九条**　中标人将中标项目转让给他人的,将中标项目肢解后分别转让给他人的,违反本法规定将中标项目的部分主体、关键性工作分包给他人的,或者分包人再次分包的,转让、分包无效,处转让、分包项目金额~~千分之五~~**百分之一**以上~~千分之十~~**百分之五**以下的罚款;有违法所得的,并处没收违法所得;可以责令停业整顿;情节严重的,由~~工商行政~~**市场监督**管理机关吊销营业执照。
第五十九条　招标人与中标人不按照招标文件和中标人的投标文件订立合同的,或者招标人、中标人订立背离合同实质性内容的协议的,责令改正;可以处中标项目金额千分之五以上千分之十以下的罚款。	**第**~~五十九~~**八十条**　招标人与中标人不按照招标文件和中标人的投标文件订立合同的,或者招标人、中标人订立背离合同实质性内容的协议的,责令改正;可以**对招标人和中标人分别**处中标项目金额~~千分之五~~**百分之一**以上~~千分之十~~**百分之二**以下的罚款。
	第八十一条　依法必须进行招标的项目,招标人违反本法规定,不及时公布招标计划的,不履行招标方案审批、备案程序的,擅自终止招标的,不履行终止招标的备案程序的,不履行重新招标失败后的备案程序的,不提交招标投标和合同订立情况的书面报告的,不依法公开合同订立和履行情况信息的,不备案更换中标人情况的,或者提供虚假备案信息的,责令改正,可以处两万元以上十万元以下的罚款。
第六十条　中标人不履行与招标人订立的合同的,履约保证金不予退还,给招标人造成的损失超过履约保证金数额的,还应当对超过部分予以赔偿;没有提交履约保证金的,应当对招标人的损失承担赔偿责任。 中标人不按照与招标人订立的合同履行义务,情节严重的,取消其二年至五年内参加依法必须进行招标的项目的投标资格并予以公告,直至由工商行政管理机关吊销营业执照。 因不可抗力不能履行合同的,不适用前两款规定。	**第**~~六十~~**八十二条**　中标人不履行与招标人订立的合同的,~~履约保证金不予退还~~**招标人可以要求履约担保人承担担保责任**,给招标人造成的损失超过履约~~保证金数额~~**担保范围**的,还应当对超过部分予以赔偿;没有提~~交~~**供**履约~~保证金~~担保的,应当对招标人的损失承担赔偿责任。 **招标人不按照约定支付合同价款的,中标人可以要求支付担保人承担担保责任,给中标人造成的损失超过支付担保范围的,还应当对超过部分予以赔偿;没有提供支付担保的,应当对中标人的损失承担赔偿责任。**

续表

现行规定	拟修订规定 （黑体内容为拟新增内容，方框内容为拟删除内容）
	中标人不按照与招标人订立的合同履行义务，情节严重的，取消其二年至五年内参加依法必须进行招标的项目的投标资格并予以公告，直至由工商行政**市场监督**管理机关吊销营业执照。 因不可抗力不能履行合同的，不适用前两款规定。
	第八十三条　电子招标投标交易平台出现安全性、保密性或者可靠性问题，不符合国家规定的技术规范和监督管理要求的，责令其建设、运营机构改正；拒不改正的，不得交付使用，已经运营的应当停止运营。 **电子招标投标交易平台建设、运营机构违反本法规定，泄露应当保密的与招标投标活动有关的情况和资料的，或者与招标人、投标人串通损害国家利益、社会公共利益或者他人合法权益的，处十万元以上五十万元以下的罚款，对单位直接负责的主管人员和其他直接责任人员处单位罚款数额百分之五以上百分之十以下的罚款；有违法所得的，并处没收违法所得；情节严重的，禁止其一年至三年内运行依法必须进行招标的项目并予以公告，直至由市场监督管理机关吊销营业执照；构成犯罪的，依法追究刑事责任。给他人造成损失的，依法承担赔偿责任。** **前款所列行为影响中标结果的，中标无效。**
	第八十四条　潜在投标人、投标人或者其他利害关系人捏造事实、伪造材料或者以非法手段取得证明材料进行投诉，处两万元以上二十万元以下的罚款；情节严重的，取消其一年至三年内参加任何使用国有资金投资、国家融资、国际组织或者外国政府贷款、援助资金的项目的投标资格并予以公告，直至由市场监督管理机关吊销营业执照；给他人造成损失的，依法承担赔偿责任。 **招标人有前款规定情形的，处两万元以上二十万元以下的罚款；给他人造成损失的，依法承担赔偿责任。** **招标人、评标委员会不按照规定对异议作出答复，继续进行招标投标活动的，由有关行政监督部门责令改正，拒不改正或者不能改正并影响中标结果的，招标、投标、中标无效，应当依法重新招标或者评标；情节严重的，可以对招标人、评标委员会成员处两万元以上十万元以下的罚款。**

续表

现行规定	拟修订规定 (黑体内容为拟新增内容,方框内容为拟删除内容)
第六十一条　本章规定的行政处罚,由国务院规定的有关行政监督部门决定。本法已对实施行政处罚的机关作出规定的除外。	第[六十一]**八十五条**　本章规定的行政处罚,由国务院规定的有关行政监督部门决定。本法已对实施行政处罚的机关作出规定的除外。
	第八十六条　机关、团体、国有企事业单位有本法第六十六条至第八十四条规定情形的,对单位直接负责的主管人员和其他直接责任人员依法给予处分。
第六十二条　任何单位违反本法规定,限制或者排斥本地区、本系统以外的法人或者其他组织参加投标的,为招标人指定招标代理机构的,强制招标人委托招标代理机构办理招标事宜的,或者以其他方式干涉招标投标活动的,责令改正;对单位直接负责的主管人员和其他直接责任人员依法给予警告、记过、记大过的处分,情节较重的,依法给予降级、撤职、开除的处分。 个人利用职权进行前款违法行为的,依照前款规定追究责任。	第[六十二]**八十七条**　任何单位违反本法规定,**强制要求本法第三条规定范围以外的项目进行招标的,**限制或者排斥[本地区、本系统以外的]法人或者[其他]**非法人**组织参加投标的,为招标人指定招标代理机构**或者限定招标人选择招标代理机构的方式**的,强制招标人委托招标代理机构办理招标事宜的,**强制招标人采用特定资格审查办法的,非法干预招标文件编制的,强制招标人选择特定评标方法或者定标方法的,禁止或者限制招标人的代表进入评标委员会的,**或者以其他方式干涉招标投标活动的,责令改正;对单位直接负责的主管人员和其他直接责任人员依法给予警告、记过、记大过的处分,情节较重的,依法给予降级、撤职、开除的处分。 个人利用职权进行前款违法行为的,依照前款规定追究责任。
第六十三条　对招标投标活动依法负有行政监督职责的国家机关工作人员徇私舞弊、滥用职权或者玩忽职守,构成犯罪的,依法追究刑事责任;不构成犯罪的,依法给予行政处分。	第[六十三]**八十八条**　对招标投标活动依法负有行政监督职责的国家机关工作人员徇私舞弊、滥用职权或者玩忽职守,构成犯罪的,依法追究刑事责任;不构成犯罪的,依法给予行政处分。
第六十四条　依法必须进行招标的项目违反本法规定,中标无效的,应当依照本法规定的中标条件从其余投标人中重新确定中标人或者依照本法重新进行招标。	第[六十四]**八十九条**　依法必须进行招标的项目违反本法规定,中标无效的,应当依照本法规定的中标条件从其余投标人中重新确定中标人或者依照本法重新进行招标。**合同已经签订或者履行的,按照合同法等有关法律法规规定处理。**
第六章　附　　则	第[六]**八章**　附　　则
第六十五条　投标人和其他利害关系人认为招标投标活动不符合本法有关规定的,有权向招标人提出异议或者依法向有关行政监督部门投诉。	**第六十五条**　[投标人和其他利害关系人认为招标投标活动不符合本法有关规定的,有权向招标人提出异议或者依法向有关行政监督部门投诉。]

续表

现行规定	拟修订规定 （黑体内容为拟新增内容，方框内容为拟删除内容）
第六十六条　涉及国家安全、国家秘密、抢险救灾或者属于利用扶贫资金实行以工代赈、需要使用农民工等特殊情况，不适宜进行招标的项目，按照国家有关规定可以不进行招标。	第[六十六]**九十条**　涉及国家安全、国家秘密、抢险救灾或者属于利用扶贫资金实行以工代赈、需要使用农民工等特殊情况，不适宜进行招标的项目，按照国家有关规定可以不进行招标。
第六十七条　使用国际组织或者外国政府贷款、援助资金的项目进行招标，贷款方、资金提供方对招标投标的具体条件和程序有不同规定的，可以适用其规定，但违背中华人民共和国的社会公共利益的除外。	第[六十七]**九十一条**　使用国际组织或者外国政府贷款、援助资金的项目进行招标，贷款方、资金提供方**公开发布的采购规则**对招标投标的具体条件和程序有不同规定的，可以适用其规定，但违背中华人民共和国的社会公共利益的除外。
	第九十二条　本法规定的违法行为行政处罚追溯期限，应当自相关招标项目实施完成之日起计算；相关招标项目未完成而终止实施的，自终止之日起计算。
	第九十三条　本法规定按日、工作日计算期间的，开始当天不计入，从次日开始计算。期限的最后一日是国家法定节假日的，顺延到节假日后的次日为期限的最后一日。
第六十八条　本法自2000年1月1日起施行。	第[六十八]**九十四条**　本法自　　年　　月　　日起施行。

附件二 《中华人民共和国政府采购法(修订草案征求意见稿)》

《中华人民共和国政府采购法》	《中华人民共和国政府采购法(修订草案征求意见稿)》 (黑体部分为拟新增内容,方框部分为拟删除内容)
第一章 总 则	第一章 总 则
第一条 为了规范政府采购行为,提高政府采购资金的使用效益,维护国家利益和社会公共利益,保护政府采购当事人的合法权益,促进廉政建设,制定本法。	**第一条【立法宗旨和目的】** 为了规范政府采购行为,提高政府采购资金的使用效益,维护国家利益和社会公共利益,保护政府采购当事人的合法权益,促进廉政建设,制定本法。
第二条 在中华人民共和国境内进行的政府采购适用本法。 本法所称政府采购,是指各级国家机关、事业单位和团体组织,使用财政性资金采购依法制定的集中采购目录以内的或者采购限额标准以上的货物、工程和服务的行为。 政府集中采购目录和采购限额标准依照本法规定的权限制定。 本法所称采购,是指以合同方式有偿取得货物、工程和服务的行为,包括购买、租赁、委托、雇用等。 本法所称货物,是指各种形态和种类的物品,包括原材料、燃料、设备、产品等。 本法所称工程,是指建设工程,包括建筑物和构筑物的新建、改建、扩建、装修、拆除、修缮等。 本法所称服务,是指除货物和工程以外的其他政府采购对象。	**第二条【适用范围和定义】** 在中华人民共和国境内进行的政府采购适用本法。 本法所称政府采购,是指各级国家机关、事业单位、团体组织**和其他采购实体,为了实现政务活动和公共服务的目的,**使用财政性资金 [采购依法制定的集中采购目录以内的或者采购限额标准以上] **或者其他公共资源,以合同方式取得货物、工程和服务的行为,包括购买、租赁、委托、政府和社会资本合作等。** [政府集中采购目录和采购限额标准依照本法规定的权限制定。] [本法所称采购,是指以合同方式有偿取得货物、工程和服务的行为,包括购买、租赁、委托、雇用等。] 本法所称货物,是指各种形态和种类的物品,包括原材料、燃料、设备、产品等。 本法所称工程,是指建设工程,包括建筑物和构筑物的新建、改建、扩建、装修、拆除、修缮等。 本法所称服务,是指除货物和工程以外的其他政府采购对象,**包括政府自身需要的服务和政府向社会公众提供的公共服务。**

续表

《中华人民共和国政府采购法》	《中华人民共和国政府采购法(修订草案征求意见稿)》(黑体部分为拟新增内容,方框部分为拟删除内容)
第三条 政府采购应当遵循公开透明原则、公平竞争原则、公正原则和诚实信用原则。	第三条【政府采购的原则】 政府采购应当遵循公开透明原则、公平竞争原则、公正原则、诚实信用原则**和讲求绩效原则**。
第四条 政府采购工程进行招标投标的,适用招标投标法。	调整为第一百四十条
第五条 任何单位和个人不得采用任何方式,阻挠和限制供应商自由进入本地区和本行业的政府采购市场。	第[五]**四**条【供应商自由进入政府采购市场】 **国家维护政府采购市场公平竞争。**任何单位和个人不得采用任何方式,阻挠和限制供应商自由进入本地区和本行业的政府采购市场。
第六条 政府采购应当严格按照批准的预算执行。	第[六]**五**条【政府采购预算】 政府采购项目,应当严格按照批准的预算执行。 **政府和社会资本合作等涉及财政支出责任的项目,应当坚持必要、可承受的财政投入原则,健全财政支出责任监控和风险预警机制。**
第七条 政府采购实行集中采购和分散采购相结合。集中采购的范围由省级以上人民政府公布的集中采购目录确定。 属于中央预算的政府采购项目,其集中采购目录由国务院确定并公布;属于地方预算的政府采购项目,其集中采购目录由省、自治区、直辖市人民政府或者其授权的机构确定并公布。 纳入集中采购目录的政府采购项目,应当实行集中采购。	第[七]**六**条【政府采购模式及集中采购范围的确定】 政府采购实行集中采购和分散采购相结合。**国务院统一制定政府采购货物、工程和服务的集中采购目录。**纳入集中采购目录的政府采购项目,应当实行集中采购。 [集中采购的范围由省级以上人民政府公布的集中采购目录确定。] [属于中央预算的政府采购项目,其集中采购目录由国务院确定并公布;属于地方预算的政府采购项目,其集中采购目录由省、自治区、直辖市人民政府或者其授权的机构确定并公布。]
第八条 政府采购限额标准,属于中央预算的政府采购项目,由国务院确定并公布;属于地方预算的政府采购项目,由省、自治区、直辖市人民政府或者其授权的机构确定并公布。	第[八]**七**条【政府采购限额标准的管理体制】 **政府采购实行限额标准管理制度。** **对于集中采购目录以内或者政府采购限额标准以上的政府采购项目,应当按照本法规定的采购方式、程序和信息公开等要求进行采购;对于集中采购目录以外且未达到政府采购限额标准的政府采购项目,可以不执行本法关于采购方式、程序和信息公开的相关规定。** 政府采购限额标准,[属于中央预算的政府采购项目,]由国务院确定并公布。[属于地方预算的政府采购项目,由省、自治区、直辖市人民政府或者其授权的机构确定并公布。]

续表

《中华人民共和国政府采购法》	**《中华人民共和国政府采购法(修订草案征求意见稿)》(黑体部分为拟新增内容,方框部分为拟删除内容)**
第九条 政府采购应当有助于实现国家的经济和社会发展政策目标,包括保护环境,扶持不发达地区和少数民族地区,促进中小企业发展等。	调整为第二十八条
第十条 政府采购应当采购本国货物、工程和服务。但有下列情形之一的除外: (一)需要采购的货物、工程或者服务在中国境内无法获取或者无法以合理的商业条件获取的; (二)为在中国境外使用而进行采购的; (三)其他法律、行政法规另有规定的。 前款所称本国货物、工程和服务的界定,依照国务院有关规定执行。	调整为第二十九条
第十一条 政府采购的信息应当在政府采购监督管理部门指定的媒体上及时向社会公开发布,但涉及商业秘密的除外。	**第**~~十一~~**八条【政府采购信息公开】** 政府采购的信息应当在**省级以上**政府采购监督管理部门指定的媒体上及时向社会公开发布,但涉及商业秘密的除外。
第十二条 在政府采购活动中,采购人员及相关人员与供应商有利害关系的,必须回避。供应商认为采购人员及相关人员与其他供应商有利害关系的,可以申请其回避。 前款所称相关人员,包括招标采购中评标委员会的组成人员,竞争性谈判采购中谈判小组的组成人员,询价采购中询价小组的组成人员等。	**第**~~十二~~**九条【政府采购回避制度】** 在政府采购活动中,采购人员及相关人员与供应商有利害关系的,~~必须~~**应当**回避。供应商认为采购人员及相关人员与其他供应商有利害关系的,可以申请其回避。 前款所称相关人员,包括~~招标采购中评标委员会的组成人员,竞争性谈判采购中谈判小组的组成人员,询价采购中询价小组的组成人员~~**采购代理机构相关工作人员和评审专家**等。
	第十条【电子化政府采购】 国家鼓励利用数据电文形式和电子信息网络开展电子政府采购活动,推动交易流程、公共服务、监督管理的透明化、规范化和智能化,以及政府采购信息资源互联共享。
	第十一条【信用体系建设】 国家加强政府采购市场信用体系建设,建立全国统一规范的政府采购活动当事人及相关人员信用记录和信用评价制度,依法实施失信惩戒和守信激励。

续表

《中华人民共和国政府采购法》	《中华人民共和国政府采购法(修订草案征求意见稿)》(黑体部分为拟新增内容,方框部分为拟删除内容)
	第十二条【绩效管理】 预算部门和单位应当落实全过程绩效管理要求,根据部门预算绩效目标合理确定采购需求、采购计划和采购合同,提升财政支出绩效水平。
	第十三条【加强人才培养和队伍建设】 国家加强政府采购人才培养和队伍建设,采取多种形式加强政府采购教育和培训,提升采购专业化水平。
	第十四条【健全行业自律机制】 有关行业协会依照法律、行政法规和章程,为相关单位和个人提供技术、信息、培训等服务,发挥行业自律作用。
第十三条 各级人民政府财政部门是负责政府采购监督管理的部门,依法履行对政府采购活动的监督管理职责。 各级人民政府其他有关部门依法履行与政府采购活动有关的监督管理职责。	第[十三]**十五条【政府采购监督管理部门】** 各级人民政府财政部门是负责政府采购监督管理的部门,依法履行对政府采购活动的监督管理职责。 各级人民政府其他有关部门依法履行与政府采购活动有关的监督管理职责。
第二章 政府采购当事人	**第二章 政府采购**[当事人]**参加人**
第十四条 政府采购当事人是指在政府采购活动中享有权利和承担义务的各类主体,包括采购人、供应商和采购代理机构等。	第[十四]**十六条【政府采购参加人】 政府采购参加人包括政府采购当事人和其他参加人。** **政府采购当事人是指**[在政府采购活动中享有权利和承担义务的各类主体,包括采购人、供应商和采购代理机构等]**采购人和参加政府采购活动的供应商;其他参加人包括采购人委托的采购代理机构、政府采购评审专家、专业咨询人员、与采购活动有关的第三人等。**
第十五条 采购人是指依法进行政府采购的国家机关、事业单位、团体组织。	第[十五]**十七条【采购人】** 采购人是指依法进行政府采购的[国家]**机关法人**、事业单位**法人**、社会团体[组织]**法人和其他采购实体**。 **其他采购实体是指实现政府目的,提供公共产品和公共服务的其他实体。适用本法的其他采购实体及其采购项目范围,由国务院确定。**
第十六条 集中采购机构为采购代理机构。设区的市、自治州以上人民政府根据本级政府采购项目组织集中采购的需要设立集中采购机构。 集中采购机构是非营利事业法人,根据采购人的委托办理采购事宜。	调整为第二十二条

续表

《中华人民共和国政府采购法》	《中华人民共和国政府采购法(修订草案征求意见稿)》 (黑体部分为拟新增内容,方框部分为拟删除内容)
第十七条 集中采购机构进行政府采购活动,应当符合采购价格低于市场平均价格、采购效率更高、采购质量优良和服务良好的要求。	调整为第二十三条
第十八条 采购人采购纳入集中采购目录的政府采购项目,必须委托集中采购机构代理采购;采购未纳入集中采购目录的政府采购项目,可以自行采购,也可以委托集中采购机构在委托的范围内代理采购。 纳入集中采购目录属于通用的政府采购项目的,应当委托集中采购机构代理采购;属于本部门、本系统有特殊要求的项目,应当实行部门集中采购;属于本单位有特殊要求的项目,经省级以上人民政府批准,可以自行采购。	调整为第二十四条
第十九条 采购人可以委托集中采购机构以外的采购代理机构,在委托的范围内办理政府采购事宜。 采购人有权自行选择采购代理机构,任何单位和个人不得以任何方式为采购人指定采购代理机构。 **第二十条** 采购人依法委托采购代理机构办理采购事宜的,应当由采购人与采购代理机构签订委托代理协议,依法确定委托代理的事项,约定双方的权利义务。	调整为第二十五条
第二十一条 供应商是指向采购人提供货物、工程或者服务的法人、其他组织或者自然人。	**第**~~二十一~~**十八条【供应商】** 供应商是指**参加政府采购活动,有意愿**向采购人提供货物、工程或者服务的法人、**非法人组织**或者自然人。
第二十二条 供应商参加政府采购活动应当具备下列条件: (一)具有独立承担民事责任的能力; (二)具有良好的商业信誉和健全的财务会计制度; (三)具有履行合同所必需的设备和专业技术能力; (四)有依法缴纳税收和社会保障资金的良好记录; (五)参加政府采购活动前三年内,在经营活动中没有重大违法记录;	**第**~~二十二~~**十九条【供应商参加政府采购活动的条件】** ~~参加政府采购活动的供应商应当具备下列条件:~~ ~~(一)具有独立承担民事责任的能力;~~ ~~(二)具有良好的商业信誉和健全的财务会计制度;~~ ~~(三)具有履行合同所必需的设备和专业技术能力;~~ ~~(四)有依法缴纳税收和社会保障资金的良好记录;~~

续表

《中华人民共和国政府采购法》	《中华人民共和国政府采购法(修订草案征求意见稿)》(黑体部分为拟新增内容,方框部分为拟删除内容)
(六)法律、行政法规规定的其他条件。 采购人可以根据采购项目的特殊要求,规定供应商的特定条件,但不得以不合理的条件对供应商实行差别待遇或者歧视待遇。	(五)参加政府采购活动前三年内,在经营活动中没有重大违法记录; (六)法律、行政法规规定的其他条件; **参加政府采购活动的供应商应当具备承担采购项目的能力。法律、行政法规和国家有关规定对供应商资格条件有规定的,供应商应当具备相应条件。**采购人可以根据采购项目的特殊要求,规定供应商的特定条件,但不得以**地域、所有制等**不合理的条件对供应商实行差别待遇或者歧视待遇。 **有下列情形的供应商,不得参加政府采购活动:** **(一)被宣告破产的;** **(二)尚欠缴应纳税款或社会保障资金的;** **(三)因违法行为,被限制或者禁止参加政府采购活动的;** **(四)根据法律、行政法规和国家有关规定,不得参加政府采购活动的其他情形。** **采购人有证据证明有关供应商在以往履行与采购人及其所属单位的采购合同时,发生过重大实质性违约且未及时采取合理补救措施的,可以拒绝其参加采购活动,但应当提前在采购文件中载明。**
第二十三条 采购人可以要求参加政府采购的供应商提供有关资质证明文件和业绩情况,并根据本法规定的供应商条件和采购项目对供应商的特定要求,对供应商的资格进行审查。	**第**二十三**二十条【供应商资格审查】** 采购人可以要求参加政府采购的供应商提供有关资质证明文件和业绩情况,并根据本法规定的供应商条件和采购项目对供应商的特定要求,对供应商的资格进行审查。 **采购人要求供应商提供的资质和业绩应当与采购项目的实际需要相适应,业绩情况不得限定为特定区域或者特定采购人的业绩。**
第二十四条 两个以上的自然人、法人或者其他组织可以组成一个联合体,以一个供应商的身份共同参加政府采购。 以联合体形式进行政府采购的,参加联合体的供应商均应当具备本法第二十二条规定的条件,并应当向采购人提交联合协议,载明联合体各方承担的工作和义务。联合体各方应当共同与采购人签订采购合同,就采购合同约定的事项对采购人承担连带责任。	**第**二十四**二十一条【政府采购联合体及要求】** 两个以上的自然人、法人或者其他组织法人、非法人组织或者自然人可以组成一个联合体,以一个供应商的身份共同参加政府采购,**但采购文件规定不接受联合体形式的除外。** 以联合体形式参与政府采购的,参加联合体的供应商各方应当具备本法第二十二条规定的条件,采购项目要求的相应专业工作能力,并应当向采购人提交联合协议在联合体协议中载明各方承担的工作和义务。**联合体的各专业资质等级,根据联合体协议约定的专业分工,分别按照承担相应专业工作的资质等级最低的单位确定。**联合体各方应当共同与采购人签订采购合同,就采购合同约定的事项对采购人承担连带责任。

续表

《中华人民共和国政府采购法》	《中华人民共和国政府采购法(修订草案征求意见稿)》 (黑体部分为拟新增内容,方框部分为拟删除内容)
	第十六**二十二条【采购代理机构及其职责】 采购代理机构包括集中采购机构和社会代理机构。** 集中采购机构是为采购代理机构。设区的市、自治州以上县级以上人民政府根据本级政府采购项目组织集中采购的需要设立集中采购机构的非营利事业单位法人。 集中采购机构是非营利事业法人,根据采购人的委托办理采购事宜。 **社会代理机构是从事采购代理业务的社会中介机构。**
	第十七**二十三条【集中采购机构的工作要求】**集中采购机构进行政府采购活动,应当符合采购价格低于市场平均价格、采购效率更高、采购质量优良和服务良好的要求。 **对于适合实行批量集中采购的集中采购项目,应当实行批量集中采购,但紧急的小额零星货物项目和有特殊要求的服务、工程项目除外。**
	第十八**二十四条【政府采购项目的委托和组织】** 采购人采购纳入集中采购目录的政府采购项目,必须应当委托集中采购机构代理采购;采购未纳入集中采购目录的政府采购项目,可以自行采购,也可以委托集中采购机构在委托的范围内代理采购**也可以委托采购代理机构采购。** **对于本部门、本系统基于业务需要有特殊要求的项目,预算部门可以归集所属预算单位需求,统一组织采购。** **对于有共同需求的采购项目,鼓励采购人自愿联合,集中带量采购,提高效益。** 纳入集中采购目录属于通用的政府采购项目的,应当委托集中采购机构代理采购;属于本部门、本系统有特殊要求的项目,应当实行部门集中采购;属于本单位有特殊要求的项目,经省级以上人民政府批准,可以自行采购。

续表

《中华人民共和国政府采购法》	《中华人民共和国政府采购法（修订草案征求意见稿）》（黑体部分为拟新增内容，方框部分为拟删除内容）
	第十九、二十**二十五条【委托代理协议】** 采购人可以委托经国务院有关部门或者省级人民政府有关部门认定资格的采购代理机构，在委托的范围内办理政府采购事宜。采购人有权自行选择采购代理机构，任何单位和个人不得以任何方式为采购人指定采购代理机构。 采购人依法委托采购代理机构办理采购事宜的，应当由采购人与采购代理机构签订委托代理协议，依法确定委托代理的事项，约定双方的权利义务。
	第二十六条【专家及其职责和禁止行为】 政府采购评审专家、专业咨询人员应当恪守职业道德，遵守工作纪律，不得泄露所获悉的商业秘密和尚未公开的采购项目情况。
第二十五条 政府采购当事人不得相互串通损害国家利益、社会公共利益和其他当事人的合法权益；不得以任何手段排斥其他供应商参与竞争。 供应商不得以向采购人、采购代理机构、评标委员会的组成人员、竞争性谈判小组的组成人员、询价小组的组成人员行贿或者采取其他不正当手段谋取中标或者成交。 采购代理机构不得以向采购人行贿或者采取其他不正当手段谋取非法利益。	第二十五**二十七条【政府采购参加人的禁止事项】 政府采购参加人不得以相互串通、行贿、不正当竞争等法律禁止的方式和手段，谋取中标、成交、入围或者非法利益，不得损害国家利益、社会公共利益和他人的合法权益。** 政府采购当事人不得相互串通损害国家利益、社会公共利益和其他当事人的合法权益；不得以任何手段排斥其他供应商参与竞争。 供应商不得以向采购人、采购代理机构、评标委员会的组成人员、竞争性谈判小组的组成人员、询价小组的组成人员行贿或者采取其他不正当手段谋取中标或者成交 采购代理机构不得以向采购人行贿或者采取其他不正当手段谋取非法利益。
	第三章 政府采购政策
	第九**二十八条【经济社会发展目标】** 政府采购应当有助于实现经济和社会发展目标，包括**节约资源**、保护环境、**支持创新**、促进中小企业发展、扶持不发达地区和少数民族地区、**维护弱势群体利益**等。

续表

《中华人民共和国政府采购法》	《中华人民共和国政府采购法(修订草案征求意见稿)》 (黑体部分为拟新增内容,方框部分为拟删除内容)
	第十二十九条【支持本国产业】 政府采购应当采购本国货物、工程和服务。但有下列情形之一的除外: (一)需要采购的货物、工程或者服务在中国境内无法获取或者无法以合理的商业条件获取的; (二)为在中国境外使用而进行采购的; (三)其他法律、行政法规另有规定的。 前款所称本国货物、工程和服务的界定,依照国务院有关规定执行。
	第三十条【政策制定主体及执行措施】 国务院政府采购监督管理部门会同国务院有关部门制定政府采购政策,通过首购订购、预留采购份额、制定采购需求标准、评审优惠、优先采购、鼓励分包等执行措施,实现政府采购政策目标。
	第三十一条【落实采购政策的要求】 采购人应当在预算编制、需求确定、方式选择、项目评审、合同订立和履行等采购活动中,严格执行政府采购政策。
	第三十二条【采购政策执行情况报告】 采购人应当按照政府采购监督管理部门要求,定期报送政府采购政策执行情况。
	第三十三条【维护国家安全】 国家建立政府采购安全审查制度。政府采购活动可能影响国家安全的,应当通过国家有关部门组织的国家安全审查。
	第四章 政府采购需求管理
	第三十四条【采购需求编制依据】 采购人应当在采购活动开展前,根据法律、行政法规和国家有关规定、采购预算、采购政策以及市场调查情况等,厉行节约,科学合理确定采购需求,全面落实绩效管理要求。
	第三十五条【采购需求】 采购需求是指采购人为实现采购项目的功能或者目标,确定的采购标的数量、质量、技术、服务、安全、期限、特征描述等要求,是采购人确定采购方式、竞争范围、合同定价方式,以及开展履约验收、绩效评价等工作的依据。
	第三十六条【采购需求的内容】 采购需求应当完整、明确,包括以下内容: (一)采购标的需实现的功能或者目标,以及为落实政府采购政策需满足的要求; (二)采购标的需执行的国家相关标准、行业标准、地方标准或者其他标准、规范;

续表

《中华人民共和国政府采购法》	《中华人民共和国政府采购法(修订草案征求意见稿)》(黑体部分为拟新增内容,方框部分为拟删除内容)
	(三)采购标的需满足的质量、安全、卫生、技术规格、物理特性、包装等要求; (四)采购标的需满足的服务标准、期限、效率、技术保障、服务人员组成等要求; (五)采购标的的数量、采购项目交付或者实施的时间和地点; (六)采购标的的专用工具、备品备件、质量保证、售后服务等要求; (七)采购标的的其他技术、服务等要求; (八)采购标的的验收标准。 采购人应当按照先明确需求后竞争报价的原则,在采购活动开始前确定采购需求。符合本法第六十五条第(一)至(四)项情形的,采购人可以在采购实施阶段,通过与供应商谈判确定采购需求。
	第三十七条【采购需求编制主体】 采购人可以自行编制采购需求,也可以委托采购代理机构或者其他咨询机构编制。采购人对采购需求承担主体责任。
	第三十八条【采购需求编制方法】 编制采购需求,应当开展市场调查,进行可行性分析,必要时可以邀请相关专业人员或者第三方机构参与咨询论证。向社会公众提供的公共服务项目,采购人应当就确定采购需求征求社会公众的意见。
	第三十九条【采购计划】 采购人应当根据采购需求特点编制采购计划。采购计划包括采购实施时间、采购组织形式、采购方式、竞争范围、评审方法及专家选取、采购子项目划分与合同分包、合同定价方式、知识产权约定、风险管理措施等。 采购子项目划分应当按照有利于选择采购方式、落实采购政策、促进公平竞争、平衡成本效益等原则确定。合同分包应当按照技术、产品协作实际需要和支持创新、促进中小企业发展等政府采购政策要求确定。
	第四十条【内部控制管理】 采购人应当建立健全货物、工程和服务采购的内部控制制度,加强采购计划审核,提高内部控制管理水平。
	第四十一条【采购需求和采购计划审查】 采购人应当对采购需求和采购计划进行审查,健全评估论证和集体决策制度,确保采购需求和采购计划合法、规范、科学,体现预算绩效目标。
	第四十二条【采购意向公开】 采购人应当根据编制的采购计划,及时发布采购意向公告,方便供应商获悉政府采购信息。

续表

《中华人民共和国政府采购法》	《中华人民共和国政府采购法(修订草案征求意见稿)》 (黑体部分为拟新增内容,方框部分为拟删除内容)
第三章 政府采购方式	**第三五章 政府采购方式与程序**
	第一节 一般规定
第二十六条 政府采购采用以下方式: (一)公开招标; (二)邀请招标; (三)竞争性谈判; (四)单一来源采购; (五)询价; (六)国务院政府采购监督管理部门认定的其他采购方式。 公开招标应作为政府采购的主要采购方式。	**第二十六四十三条【采购方式种类】** 政府采购采用以下方式: (一)公开招标; (二)邀请招标; (三二)竞争性谈判; (五三)询价; (四)单一来源采购; **(五)框架协议采购;** (六)国务院政府采购监督管理部门认定的其他采购方式。 **采购人应当根据政府采购项目需求特点、绩效目标和市场供需等情况,依照本法规定的适用情形,确定采购方式。** 公开招标应作为政府采购的主要采购方式。
第二十七条 采购人采购货物或者服务应当采用公开招标方式的,其具体数额标准,属于中央预算的政府采购项目,由国务院规定;属于地方预算的政府采购项目,由省、自治区、直辖市人民政府规定;因特殊情况需要采用公开招标以外的采购方式的,应当在采购活动开始前获得设区的市、自治州以上人民政府采购监督管理部门的批准。	**第二十七条** 采购人采购货物或者服务应当采用公开招标方式的,其具体数额标准,属于中央预算的政府采购项目,由国务院规定;属于地方预算的政府采购项目,由省、自治区、直辖市人民政府规定;因特殊情况需要采用公开招标以外的采购方式的,应当在采购活动开始前获得设区的市、自治州以上人民政府采购监督管理部门的批准。
第二十八条 采购人不得将应当以公开招标方式采购的货物或者服务化整为零或者以其他任何方式规避公开招标采购。	**第二十八条** 采购人不得将应当以公开招标方式采购的货物或者服务化整为零或者以其他任何方式规避公开招标采购。
第二十九条 符合下列情形之一的货物或者服务,可以依照本法采用邀请招标方式采购: (一)具有特殊性,只能从有限范围的供应商处采购的; (二)采用公开招标方式的费用占政府采购项目总价值的比例过大的。	**第二十九条** 符合下列情形之一的货物或者服务,可以依照本法采用邀请招标方式采购: (一)具有特殊性,只能从有限范围的供应商处采购的; (二)采用公开招标方式的费用占政府采购项目总价值的比例过大的。

续表

《中华人民共和国政府采购法》	《中华人民共和国政府采购法(修订草案征求意见稿)》(黑体部分为拟新增内容,方框部分为拟删除内容)
第三十条 符合下列情形之一的货物或者服务,可以依照本法采用竞争性谈判方式采购: (一)招标后没有供应商投标或者没有合格标的或者重新招标未能成立的; (二)技术复杂或者性质特殊,不能确定详细规格或者具体要求的; (三)采用招标所需时间不能满足用户紧急需要的; (四)不能事先计算出价格总额的。	调整为第六十五条
第三十一条 符合下列情形之一的货物或者服务,可以依照本法采用单一来源方式采购: (一)只能从唯一供应商处采购的; (二)发生了不可预见的紧急情况不能从其他供应商处采购的; (三)必须保证原有采购项目一致性或者服务配套的要求,需要继续从原供应商处添购,且添购资金总额不超过原合同采购金额百分之十的。	调整为第八十一条
第三十二条 采购的货物规格、标准统一、现货货源充足且价格变化幅度小的政府采购项目,可以依照本法采用询价方式采购。	调整为第七十五条
第四章 政府采购程序	
第三十三条 负有编制部门预算职责的部门在编制下一财政年度部门预算时,应当将该财政年度政府采购的项目及资金预算列出,报本级财政部门汇总。部门预算的审批,按预算管理权限和程序进行。	**第三十三条** 负有编制部门预算职责的部门在编制下一财政年度部门预算时,应当将该财政年度政府采购的项目及资金预算列出,报本级财政部门汇总。部门预算的审批,按预算管理权限和程序进行。
第三十四条 货物或者服务项目采取邀请招标方式采购的,采购人应当从符合相应资格条件的供应商中,通过随机方式选择三家以上的供应商,并向其发出投标邀请书。	调整为第五十七条
第三十五条 货物和服务项目实行招标方式采购的,自招标文件开始发出之日起至投标人提交投标文件截止之日止,不得少于二十日。	调整为第五十八条

续表

《中华人民共和国政府采购法》	《中华人民共和国政府采购法(修订草案征求意见稿)》(黑体部分为拟新增内容,方框部分为拟删除内容)
	第四十四条【竞争范围】 采用招标、竞争性谈判、询价和框架协议等竞争性采购方式的,应当实行公开竞争,但招标、竞争性谈判和询价采购符合下列情形之一的,可以实行有限竞争: (一)受基础设施、行政许可、知识产权等限制,只能从有限范围的供应商处采购的; (二)需要扶持的科技成果转化项目; (三)审查供应商的竞标文件需要较长时间或者审查竞标文件的费用占政府采购项目总价值的比例过大的。 前款所称的竞标,是指招标方式中的投标、竞争性谈判方式中的谈判响应、询价方式中的报价,以及框架协议方式中的响应征集。
	第四十五条【竞标供应商数量】 采用竞争性方式采购的,参加竞标的供应商不得少于三家。 公开竞争后参与竞标供应商或者合格标只有两家,但招标文件、竞争性谈判文件、询价通知书没有不合理条款,且采购程序符合规定的,可以继续开展采购活动。
	第四十六条【公开竞争和有限竞争】 实行公开竞争的,采购人应当以公告的方式邀请非特定的供应商参加竞标;实行有限竞争的,采购人应当以书面方式邀请符合资格条件的特定供应商参加竞标。
	第四十七条【有限竞争的供应商邀请】 符合本法第四十四条第一款第(一)(二)项情形的,采购人可以直接向所有符合条件的供应商发出竞标邀请书;符合本法第四十四条第一款第(三)项情形的,采购人应当发布资格预审公告,进行资格预审,向资格审查合格的供应商发出竞标邀请书。 除资格预审公告载明竞标供应商数量限制和从通过资格审查的合格供应商中确定有限数量竞标供应商的标准外,采购人应当向所有通过资格审查的合格供应商发出竞标邀请书。
	第四十八条【评审因素设置要求】 本法规定的综合评分法,其评审因素的设置应当与采购标的的价格、质量和供应商的履约能力相关。对质量、价格有重要影响的因素应当设置为评审因素。 评审因素应当与采购需求中的商务条件和技术要求相对应。评审因素应当细化,可以量化的应当量化。客观评审因素应当设置固定的分值,主观评审因素应当细化单项评审因素的分值并明确评审标准,缩小自由裁量区间。

续表

《中华人民共和国政府采购法》	《中华人民共和国政府采购法(修订草案征求意见稿)》(黑体部分为拟新增内容,方框部分为拟删除内容)
	第四十九条【评审专家的确定】 采购需求明确、评审因素能够通过客观指标量化的采购项目,由采购人自行确定评标委员会、谈判小组和评审小组中的评审专家。 **采购需求难以准确描述、评审因素需要进行主观判断的采购项目,应当严格评审专家的选择标准和程序。**
	第五十条【中标、成交、入围公告及通知】 采购人、集中采购机构依照本法确定中标、成交、入围供应商后,应当及时公告中标、成交、入围结果,同时向中标、成交、入围供应商发出中标、成交、入围通知书,并将中标、成交、入围结果通知所有未中标、成交、入围的供应商。 **中标、成交、入围通知书对采购人、集中采购机构和中标、成交、入围供应商具有法律效力。中标、成交、入围通知书发出后,采购人、集中采购机构违法改变中标、成交、入围结果的,或者中标、成交、入围供应商无正当理由放弃中标、成交、入围项目的,应当依照本法承担法律责任。**
第三十六条 在招标采购中,出现下列情形之一的,应予废标: (一)符合专业条件的供应商或者对招标文件作实质响应的供应商不足三家的; (二)出现影响采购公正的违法、违规行为的; (三)投标人的报价均超过了采购预算,采购人不能支付的; (四)因重大变故,采购任务取消的。 废标后,采购人应当将废标理由通知所有投标人。 **第三十七条** 废标后,除采购任务取消情形外,应当重新组织招标;需要采取其他方式采购的,应当在采购活动开始前获得设区的市、自治州以上人民政府采购监督管理部门或者政府有关部门批准。	第三十六、三十七**五十一条【终止采购】 在政府采购中,出现下列情形之一的,**应予废标**应当终止采购:** **(一)**符合专业条件的供应商或者对招标文件作实质响应的供应商不足三家的;**除法律、行政法规以及国务院政府采购监督管理部门规定的特殊情形外,在招标、竞争性谈判、询价采购和框架协议采购中,投标、响应和报价的供应商不足三家的;** (二)出现影响采购公正的违法、违规行为,**纠正违法、违规行为后仍然影响采购公正的;** **(三)**投标人**供应商**的报价均超过了采购预算,采购人不能支付的; **(四)因重大变故,采购任务取消的。** **终止采购后,**采购人应当将废标理由通知所有投标人。采购人应当将终止理由通知所有供应商。 废标后,**除采购任务取消情形外,采购人**应当重新组织采购;应当在采购活动开始前获得设区的市、自治州以上人民政府采购监督管理部门或者政府有关部门批准。**需要改变采购方式的,由采购人依照本法确定,法律和行政法规另有规定的从其规定。**

续表

《中华人民共和国政府采购法》	《中华人民共和国政府采购法(修订草案征求意见稿)》 (黑体部分为拟新增内容,方框部分为拟删除内容)
	第八十五五十二条【紧急采购程序】 因自然灾害、**事故灾难、公共卫生事件和社会安全事件等突发事件**所实施的紧急采购,**可以不执行本法关于采购方式、程序和信息公开的相关规定,但应当妥善保存与采购相关的文件和记录。** **市场供应能力、供应时间能满足应急救援需要的,采购人不得因紧急采购排除竞争。** **供应商不得以明显不合理的价格、支付要求等交易条件参与紧急采购。** 对因严重自然灾害和其他不可抗力事件所实施的紧急采购和涉及国家安全和秘密的采购,不适用本法。
	第四十二五十三条【采购档案】 采购人、采购代理机构对政府采购项目每项采购活动的采购文件资料应当妥善保存,不得伪造、变造、隐匿或者销毁。采购文件资料自采购结束之日起至少保存十五年。 采购文件包括采购活动记录、采购预算、招标文件、投标文件、评标标准、评估报告、定标文件、合同文本**采购文件资料是指在采购活动中形成的、能够反映和记录采购过程的电子及纸质文件,包括采购预算,采购计划,招标文件、谈判文件、询价通知书或者征集文件,投标文件或者响应文件,评标报告或者评审报告,谈判记录或者协商记录,定标文件,政府采购合同,**验收证明,质疑答复,投诉处理决定及其他有关文件、资料。 采购活动记录至少应当包括下列内容: (一)采购项目类别、名称; (二)采购项目预算、资金构成和合同价格; (三)采购方式,采用公开招标以外的采购方式的,应当载明原因; (四)邀请和选择供应商的条件及原因; (五)评标标准及确定中标人的原因; (六)废标的原因; (七)采用招标以外采购方式的相应记载。

续表

《中华人民共和国政府采购法》	《中华人民共和国政府采购法(修订草案征求意见稿)》(黑体部分为拟新增内容,方框部分为拟删除内容)
	第二节 招 标
	第五十四条【招标的适用情形】 采购需求完整、明确,能确定详细规格或者具体要求,采购时间能够满足采购人需要的采购项目,应当采用招标方式采购。
	第五十五条【招标文件】 采购人应当根据采购项目特点和需要编制招标文件。招标文件应当包括采购需求、投标人资格条件、政府采购政策要求与执行措施、一次性密封报价等投标报价要求、评标方法和标准以及拟签订的合同文本等事项。 **招标文件应当使用国务院政府采购监督管理部门制定发布的政府采购招标文件标准文本编制。**
	第五十六条【招标所适用的合同定价方式】 招标应当依照本法签订固定价格合同。
	第[三十四]**五十七条【投标邀请】 采购人应当依照本法规定,邀请供应商参加投标,并向其提供招标文件。** [货物或者服务项目采取邀请招标方式采购的,采购人应当从符合相应资格条件的供应商中,通过随机方式选择三家以上的供应商,并向其发出投标邀请书。]
	第[三十五]**五十八条【等标期】 采购人应当根据采购项目的复杂性和供应商准备投标的实际需要,合理设定等标期。**自招标文件开始发出之日起至投标人提交投标文件截止之日止,**一般**不得少于二十日。**符合下列情形之一的,可以适当缩短等标期,但不得少于十日:** **(一)采购技术规格统一、现货货源充足、价格透明的产品;** **(二)废标后不改变资格条件和采购需求再次招标的;** **(三)已公开的采购意向包含具体采购需求的;** **(四)国务院政府采购监督管理部门规定的其他情形。** [货物和服务项目实行招标方式采购的,自招标文件开始发出之日起至投标人提交投标文件截止之日止,不得少于二十日。]

续表

《中华人民共和国政府采购法》	《中华人民共和国政府采购法(修订草案征求意见稿)》 (黑体部分为拟新增内容,方框部分为拟删除内容)
	第五十九条【投标文件】 供应商应当按照招标文件的要求编制投标文件。投标文件应当对招标文件提出的要求和条件作出明确响应。
	第六十条【投标】 供应商应当在招标文件确定的投标截止时间前,将投标文件密封送达投标地点。采购人收到投标文件后,应当签收保存,不得开启。
	第六十一条【开标】 采购人应当在投标截止时间后立即开标。开标由采购人主持,投标人自主决定是否参加。 **采购人可以根据采购需求特点和优质优价等要求,在招标文件中明确对投标文件技术部分和商务部分采取分段开标和分段评标。分段开标的,对未开标部分应当妥善保存。**
	第六十二条【评标方法】 评标方法分为最低评标价法和综合评分法。
	第六十三条【评标主体】 采用综合评分法的,采购人应当依法组建评标委员会评标。采用最低评标价法的,采购人可以自行评标,也可以依法组建评标委员会评标。 **评标委员会应当由采购人的代表和有关专家共五人以上的单数组成。**
	第六十四条【确定中标供应商】 采购人根据评标结果确定中标供应商,也可以授权评标委员会直接确定中标供应商。
	第三节 竞争性谈判
	第三十**六十五条【竞争性谈判的适用情形】** 符合下列情形之一的货物或者服务,可以依照本法采用竞争性谈判方式采购: (一)招标后没有供应商投标或者没有合格标的或者重新招标未能成立的; (二一)技术复杂或者性质特殊,不能确定详细规格或者具体要求的;预先确定详细规格、具体要求或者不能事先计算出价格总额的; **(二)需要通过谈判确定项目设计方案、解决方案的;** **(三)新技术、新产品的订制、订购项目需要通过谈判确定采购目标及成本分担、成果激励机制的;**

续表

《中华人民共和国政府采购法》	《中华人民共和国政府采购法(修订草案征求意见稿)》 (黑体部分为拟新增内容,方框部分为拟删除内容)
	(四)政府和社会资本合作、政府购买服务中提供长期运营服务的项目,需要通过谈判确定服务标准以及物价变动、融资、自然灾害等风险应对方案的; (五)采用招标所需时间不能满足用户紧急需要的。 (三)采用招标所需时间不能满足用户紧急需要的; (四)不能事先计算出价格总额的。
第三十八条 采用竞争性谈判方式采购的,应当遵循下列程序: (一)成立谈判小组。谈判小组由采购人的代表和有关专家共三人以上的单数组成,其中专家的人数不得少于成员总数的三分之二。 (二)制定谈判文件。谈判文件应当明确谈判程序、谈判内容、合同草案的条款以及评定成交的标准等事项。 (三)确定邀请参加谈判的供应商名单。谈判小组从符合相应资格条件的供应商名单中确定不少于三家的供应商参加谈判,并向其提供谈判文件。 (四)谈判。谈判小组所有成员集中与单一供应商分别进行谈判。在谈判中,谈判的任何一方不得透露与谈判有关的其他供应商的技术资料、价格和其他信息。谈判文件有实质性变动的,谈判小组应当以书面形式通知所有参加谈判的供应商。 (五)确定成交供应商。谈判结束后,谈判小组应当要求所有参加谈判的供应商在规定时间内进行最后报价,采购人从谈判小组提出的成交候选人中根据符合采购需求、质量和服务相等且报价最低的原则确定成交供应商,并将结果通知所有参加谈判的未成交的供应商。	整体细化为第六十六条至第七十四条
	第六十六条【谈判文件】 谈判文件应当明确谈判程序、谈判内容、合同草案的条款、淘汰供应商与评定成交的方法和标准等事项。

续表

《中华人民共和国政府采购法》	《中华人民共和国政府采购法(修订草案征求意见稿)》 (黑体部分为拟新增内容,方框部分为拟删除内容)
	第六十七条【谈判所适用的合同定价方式】 谈判可以依照本法签订固定价格合同、成本补偿合同和绩效激励合同,或者签订成本补偿和绩效激励相结合的合同。
	第六十八条【谈判邀请】 采购人应当依照本法规定,邀请供应商参加谈判,并向其提供谈判文件。
	第六十九条【谈判小组】 采购人应当依法成立谈判小组,负责谈判和评审工作。 谈判小组**应当**由采购人的代表和有关专家共三人以上的单数组成。
	第七十条【谈判内容】 谈判小组应当根据谈判文件和供应商响应情况制订谈判提纲,重点就未明确的采购需求、需要供应商提供的设计方案、解决方案、合同文本、风险分担或者应对、成果激励机制、价格等内容与供应商进行谈判。
	第七十一条【谈判要求】 谈判小组所有成员集中与单一供应商分别进行谈判。在谈判中,谈判的任何一方不得透露与谈判有关的其他供应商的技术资料、价格和其他信息。 **谈判文件有实质性变动的,谈判小组应当以书面形式通知所有参加谈判的供应商。** **谈判过程应当进行记录,详细记载参与谈判的供应商提出的建议或者方案,谈判小组讨论过程、采纳情况及其理由。**
	第七十二条【最后报价】 谈判结束后,谈判小组应当要求所有尚在参加谈判的供应商在规定时间内提出最后报价等交易条件。根据谈判情况,谈判小组可以确定采购需求,也可以确定一种或者多种设计方案、解决方案,让供应商进行最后报价。
	第七十三条【谈判评审】 评定成交方法分为最低评审价法和综合评分法。采用综合评分法的,方案和价格应当作为主要评审因素。谈判文件可以规定对方案部分和价格部分采取分段评审。
	第七十四条【确定成交供应商】 采购人根据谈判小组推荐的成交候选人确定成交供应商,也可以授权谈判小组直接确定成交供应商。

续表

《中华人民共和国政府采购法》	《中华人民共和国政府采购法(修订草案征求意见稿)》 (黑体部分为拟新增内容,方框部分为拟删除内容)
	第四节　询　　价
	第[三十二]**七十五条【询价的适用情形】　符合下列情形之一的,可以采用询价方式采购: (一)货源充足的现货; (二)规格、标准统一的货物; (三)简单的服务和工程。** [采购的货物规格、标准统一、现货货源充足且价格变化幅度小的政府采购项目,可以依照本法采用询价方式采购。]
第三十九条　采取单一来源方式采购的,采购人与供应商应当遵循本法规定的原则,在保证采购项目质量和双方商定合理价格的基础上进行采购。	调整为第八十二条
第四十条　采取询价方式采购的,应当遵循下列程序: (一)成立询价小组。询价小组由采购人的代表和有关专家共三人以上的单数组成,其中专家的人数不得少于成员总数的三分之二。询价小组应当对采购项目的价格构成和评定成交的标准等事项作出规定。 (二)确定被询价的供应商名单。询价小组根据采购需求,从符合相应资格条件的供应商名单中确定不少于三家的供应商,并向其发出询价通知书让其报价。 (三)询价。询价小组要求被询价的供应商一次报出不得更改的价格。 (四)确定成交供应商。采购人根据符合采购需求、质量和服务相等且报价最低的原则确定成交供应商,并将结果通知所有被询价的未成交的供应商。	整体细化为第七十六条至第八十条
	第七十六条【询价通知书】　询价通知书应当明确采购需求、政府采购政策要求与执行措施、采购项目的价格构成及一次性密封报价等报价要求、评定成交的方法和标准以及拟签订的合同文本等事项。
	第七十七条【询价所适用的合同定价方式】　询价应当依照本法签订固定价格合同。

续表

《中华人民共和国政府采购法》	《中华人民共和国政府采购法(修订草案征求意见稿)》 (黑体部分为拟新增内容,方框部分为拟删除内容)
	第七十八条【报价邀请】 采购人应当依照本法规定邀请供应商参加报价,并向其提供询价通知书。
	第七十九条【询价评审】 评定成交应当采用最低评审价法。 **采购人应当自行评审并确定满足询价通知书全部实质性要求且报价最低的供应商为成交供应商。采购人认为有必要的,也可以组成询价小组,由询价小组进行评审并确定满足询价通知书全部实质性要求且报价最低的供应商为成交供应商。** **询价小组成员及人数由采购人根据项目特点和需要自行确定。**
	第八十条【电子反拍】 询价可以采用电子反拍程序实施,供应商在报价截止时间前可以进行多次报价,以最后一次报价为其最终报价。报价截止后,根据事先确定的排序规则,自动确定成交供应商。
	第五节 单一来源
	第三十一**八十一**条**【单一来源的适用情形】** 符合下列情形之一的货物或者服务,可以依照本法采用单一来源方式采购: **(一)公开竞争后没有供应商参与竞标或者没有合格标,以及竞标供应商或者合格标只有一家的;** (二)发生了不可预见的紧急情况不能从其他供应商处采购的; **(三)需要委托特定领域具有领先地位的机构或者自然人提供服务的;** **(四)采购艺术作品或者邀请具有特定专业素养、特定资质的文化、艺术专业人士、机构表演或者参与文化活动的;** **(五)采购原型、首项货物或者服务;** **(六)因清算、破产或者拍卖等,仅在短时间内出现的特别有利条件下的采购;** **(七)必须采用不可替代的专利、专有技术的;** **(八)公共服务项目具有特殊要求,只能从唯一供应商处采购的;** (三**九**)必须保证原有采购项目一致性或者服务配套的要求,需要继续从原供应商处添购,且添购资金总额不超过原合同采购金额百分之十的**,或者需要向原供应商采购工程,否则将影响施工或者功能配套要求;**

续表

《中华人民共和国政府采购法》	《中华人民共和国政府采购法(修订草案征求意见稿)》(黑体部分为拟新增内容,方框部分为拟删除内容)
	(一十)其他依法只能从唯一供应商处采购的。 适用前款第(一)项情形的,对原招标文件、竞争性谈判文件、询价通知书、征集文件的要求不得作实质性修改。适用前款第(三)至(十)项情形的,采购人应当在采购活动开始前获得同级政府采购监督管理部门的批准。
	第三十九八十二条【单一来源采购程序】 采取单一来源方式采购的,采购人与供应商应当遵循本法规定的原则,在保证采购项目质量和双方商定合理价格的基础上进行采购。在保证采购项目质量和双方商定合理价格的基础上进行采购。进行协商采购。采购人应当根据市场调查和价格测算情况,要求供应商提供成本说明或者同类合同市场报价记录,并重点就保证采购项目质量和达成合理价格与供应商进行协商。协商过程应当进行记录。 采购人应当自单一来源协商结束之日起十五个工作日内,向同级政府采购监督管理部门提交单一来源采购书面报告。
	第六节 框 架 协 议
	第八十三条【框架协议的适用情形】 符合下列情形之一的,可以采用框架协议方式采购: (一)集中采购目录以内品目,采购人需要多频次采购且单笔采购金额低于政府采购限额标准的; (二)未纳入集中采购目录的品目,同一品目或同一采购项目年度采购预算超过政府采购限额标准,采购人自身需要多频次采购且采购数量、采购时间等不确定,单笔采购金额低于政府采购限额标准,由多家供应商承接有利于项目实施和提高项目绩效的; (三)确定多家供应商由服务对象自主选择的公共服务项目; (四)国务院政府采购监督管理部门规定的其他情形。
	第八十四条【征集公告】 采购人或者集中采购机构应当发布公开征集公告,邀请供应商参加征集活动,并向其提供征集文件。
	第八十五条【征集文件】 征集文件应当明确采购需求、供应商资格条件、政府采购政策要求与执行措施、报价要求或者质量竞争要求、入围评审方法和标准、协议供应商的退出和补充机制、拟签订的框架协议文本、确定成交供应商的方式等事项。

续表

《中华人民共和国政府采购法》	《中华人民共和国政府采购法(修订草案征求意见稿)》 (黑体部分为拟新增内容,方框部分为拟删除内容)
	第八十六条【入围评审方法】 入围评审方法分为价格优先法和质量优先法。
	第八十七条【评审小组】 采用质量优先法的,采购人或者集中采购机构应当依法组建评审小组,负责对供应商提交的响应文件进行评审。采用价格优先法的,采购人或者集中采购价格可以自行评审,也可以依法组建评审小组评审。 **评审小组应当由采购人的代表和有关专家共五人以上的单数组成。**
	第八十八条【确定入围供应商】 采购人或者集中采购机构根据评审结果确定入围供应商,也可以授权评审小组直接确定入围供应商。
	第八十九条【签订框架协议】 采购人或者集中采购机构应当及时与入围供应商签订框架协议。 **框架协议应当明确采购人确定成交供应商的方式以及采购标的单价、费率或者折扣率、量价关系等合同定价方式和入围供应商关于采购标的质量的响应情况。**
	第九十条【授予合同及框架协议适用的合同定价方式】 采购人应当根据框架协议约定,按照不高于入围最高限价或者不低于入围质量标准的原则,从入围供应商中确定成交供应商并授予合同。 **框架协议采购应当依照本法签订固定价格合同。**
第四十一条 采购人或者其委托的采购代理机构应当组织对供应商履约的验收。大型或者复杂的政府采购项目,应当邀请国家认可的质量检测机构参加验收工作。验收方成员应当在验收书上签字,并承担相应的法律责任。	整体细化为第一百零四条至第一百零八条
第四十二条 采购人、采购代理机构对政府采购项目每项采购活动的采购文件应当妥善保存,不得伪造、变造、隐匿或者销毁。采购文件的保存期限为从采购结束之日起至少保存十五年。 采购文件包括采购活动记录、采购预算、招标文件、投标文件、评标标准、评估报告、定标文件、合同文本、验收证明、质疑答复、投诉处理决定及其他有关文件、资料。	

续表

《中华人民共和国政府采购法》	《中华人民共和国政府采购法(修订草案征求意见稿)》 (黑体部分为拟新增内容,方框部分为拟删除内容)
采购活动记录至少应当包括下列内容: (一)采购项目类别、名称; (二)采购项目预算、资金构成和合同价格; (三)采购方式,采用公开招标以外的采购方式的,应当载明原因; (四)邀请和选择供应商的条件及原因; (五)评标标准及确定中标人的原因; (六)废标的原因; (七)采用招标以外采购方式的相应记载。	
第五章　政府采购合同	第五**六章　政府采购合同**
	第一节　合同订立与履约管理
第四十三条　政府采购合同适用合同法。采购人和供应商之间的权利和义务,应当按照平等、自愿的原则以合同方式约定。 采购人可以委托采购代理机构代表其与供应商签订政府采购合同。由采购代理机构以采购人名义签订合同的,应当提交采购人的授权委托书,作为合同附件。	**第**四十三**九十一条【政府采购合同】**　政府采购合同适用合同法**民法典**。采购人和供应商之间的权利和义务,应当按照平等、自愿的原则以合同方式约定。**法律、行政法规另有规定的,从其规定。** 采购人可以委托采购代理机构代表其与供应商签订政府采购合同。由采购代理机构以采购人名义签订合同的,应当提交采购人的授权委托书,作为合同附件。
第四十四条　政府采购合同应当采用书面形式。	**第**四十四**九十二条【合同的形式】**　政府采购合同应当采用书面形式。 **政府采购限额标准以下的采购活动,可以通过发票或者电子支付凭证形成交易记录。**
第四十五条　国务院政府采购监督管理部门应当会同国务院有关部门,规定政府采购合同必须具备的条款。	**第**四十五**九十三条【合同必备条款】**　国务院政府采购监督管理部门应当会同国务院有关部门,规定政府采购合同必须具备的条款。**政府采购合同应当具备以下条款:** **(一)当事人的名称或者姓名和住所;** **(二)标的;** **(三)数量;** **(四)质量;** **(五)价款或者报酬;**

续表

《中华人民共和国政府采购法》	《中华人民共和国政府采购法(修订草案征求意见稿)》(黑体部分为拟新增内容,方框部分为拟删除内容)
	(六)履行期限、地点和方式; **(七)验收标准;** **(八)违约责任与解决争议的方法。** **(九)采购项目涉及知识产权的,合同中应当约定知识产权归属。**
	第九十四条【合同定价方式】 政府采购合同根据合同的标的和绩效目标,可以采取以下合同定价方式: **(一)固定价格。对于采购成本可以准确估算的情形,合同当事人可以按照固定总价或者固定单价签订合同,付款与合同履行进度挂钩。** **(二)成本补偿。对于履约过程中因存在不确定性而无法准确估算采购成本的情形,合同当事人可以按照固定酬金加上供应商履约过程中产生的可列支成本确定合同价格,但不得超过合同规定的最高限价。** **(三)绩效激励。对于技术创新、节约资源和提前交付能够更好实现经济社会效益的情形,合同当事人可以将合同价款的支付与供应商履约行为挂钩,依据供应商提供的货物、工程和服务质量、满意度或者资金节约率等支付合同价款。**
	第九十五条【政府和社会资本合作合同】 政府和社会资本合作合同应当由政府授权的项目实施机构与社会资本方或其设立的项目公司签订。 **合同的主要内容应当包括合作范围与服务内容、当事人各方的承诺与保证、交付及考核标准、绩效指标、对价与支付、补贴、运营及服务标准、政府提供支持与便利、公共利益与普遍服务义务、防止垄断的限制、信息披露机制、临时接管、直接介入、终止及补偿等。**
第四十六条 采购人与中标、成交供应商应当在中标、成交通知书发出之日起三十日内,按照采购文件确定的事项签订政府采购合同。 中标、成交通知书对采购人和中标、成交供应商均具有法律效力。中标、成交通知书发出后,采购人改变中标、成交结果的,或者中标、成交供应商放弃中标、成交项目的,应当依法承担法律责任。	**第九十六条【合同签订的时间】** 采购人与中标、成交供应商应当在中标、成交通知书发出之日起三十日内签订政府采购合同。 **第九十七条【合同签订依据】 合同当事人应当按照采购文件确定的事项签订政府采购合同。** 中标、成交通知书对采购人和中标、成交供应商均具有法律效力。中标、成交通知书发出后,采购人改变中标、成交结果的,或者中标、成交供应商放弃中标、成交项目的,应当依法承担法律责任。

续表

《中华人民共和国政府采购法》	《中华人民共和国政府采购法(修订草案征求意见稿)》(黑体部分为拟新增内容,方框部分为拟删除内容)
第四十七条 政府采购项目的采购合同自签订之日起七个工作日内,采购人应当将合同副本报同级政府采购监督管理部门和有关部门备案。	第[四十七]**九十八条【合同备案】 采购人应当自**政府[采购项目的]采购合同[自]签订之日起七个工作日内,[采购人应当]将合同副本报同级政府采购监督管理部门和有关部门备案。 **在电子交易系统签订的电子合同,采购人可以通过电子交易系统备案,电子合同与书面合同具有同等法律效力。**
第四十八条 经采购人同意,中标、成交供应商可以依法采取分包方式履行合同。 政府采购合同分包履行的,中标、成交供应商就采购项目和分包项目向采购人负责,分包供应商就分包项目承担责任。	第[四十八]**九十九条【转包禁止与合同分包】** [经采购人同意]**中标、成交供应商不得将合同转包给其他供应商。** **采购文件明确规定采购项目允许分包,且投标文件或响应文件提供了分包方案的,**中标、成交供应商可以依法采取分包方式履行合同。 政府采购合同分包履行的,中标、成交供应商就采购项目和分包项目向采购人负责,分包供应商就分包项目承担责任。
	第一百条【履约担保】采购人可以要求中标、成交供应商提供履约保证金,履约保证金不得超过合同总价的百分之十。 **履约保证金应当以金融机构、担保机构出具的保险、保函或者支票、汇票、本票等非现金形式提交。**
第四十九条 政府采购合同履行中,采购人需追加与合同标的相同的货物、工程或者服务的,在不改变合同其他条款的前提下,可以与供应商协商签订补充合同,但所有补充合同的采购金额不得超过原合同采购金额的百分之十。	第[四十九]**一百零一条【追加合同】** 政府采购合同履行中,采购人需追加与合同标的相同的货物、工程或者服务的,在不改变合同其他条款的前提下,可以与供应商协商签订补充合同,但所有补充合同的采购金额不得超过原合同采购金额的百分之十。

续表

《中华人民共和国政府采购法》	《中华人民共和国政府采购法(修订草案征求意见稿)》 (黑体部分为拟新增内容,方框部分为拟删除内容)
第五十条 政府采购合同的双方当事人不得擅自变更、中止或者终止合同。 政府采购合同继续履行将损害国家利益和社会公共利益的,双方当事人应当变更、中止或者终止合同。有过错的一方应当承担赔偿责任,双方都有过错的,各自承担相应的责任。	第五十**一百零二条【合同变更、解除与终止】** 政府采购合同的双方当事人不得擅自变更、中止或者**解除和**终止合同。 政府采购合同继续履行将损害国家利益和社会公共利益的,双方当事人应当变更、中止或者终止合同。有过错的一方应当承担赔偿责任,双方都有过错的,各自承担相应的责任。 **根据采购文件约定,合同履行过程中出现下列情形之一的,合同当事人可以协商变更、解除或者终止合同,并报政府采购监督管理部门备案:** **(一)采购人采购任务发生变化确需调整的;** **(二)因国家政策发生重大调整的;** **(三)因不可抗力致使供应商不能履行合同义务的;** **(四)法律、行政法规规定的其他情形。**
	第五十**一百零三条【国家利益与公共利益保护】 政府采购合同继续履行将损害国家利益和社会公共利益的,**双方**合同当事人应当变更、解除或终止合同。有过错的一方应当承担赔偿责任,双方都有过错的,各自承担相应的责任。**
	第二节 履约验收
	第一百零四条【分类验收】 采购人或者其委托的采购代理机构**应当组织对供应商履约的验收,通用的货物和服务由采购人组织本单位验收人员自行验收。** **工程项目、大型或者复杂的货物和服务项目,以及特种设备,采购人应当委托国家认可的质量检测机构检验。** **政府和社会资本合作项目,采购人可以委托第三方专业机构验收。** 大型或者复杂的政府采购项目,应当邀请国家认可的质量检测机构参加验收工作。验收方成员应当在验收书上签字,并承担相应的法律责任。
	第一百零五条【验收方案与质量标准】 采购人应当根据国家、行业验收标准,以及合同约定制定验收方案,明确履约验收的时间、方式、程序和内容等事项。

续表

《中华人民共和国政府采购法》	《中华人民共和国政府采购法(修订草案征求意见稿)》(黑体部分为拟新增内容,方框部分为拟删除内容)
	第一百零六条【验收人员】 采购人应当按照政府采购内部控制要求组成验收小组,验收人员与采购人员应当分开。 **采购人可以邀请参加本项目采购活动的评审专家和供应商参与验收。** **对于采购人与使用人、服务对象分离的采购项目,应当邀请实际使用人、服务对象参与验收。**
	第一百零七条【验收报告】 验收人员应当按照政府采购合同约定的验收标准,对供应商的履约情况开展验收。 **验收结束后,验收人员应当出具验收报告并签字,验收报告应当列明各项标准的验收情况及项目总体评价等事项。**
	第一百零八条【验收结果】 验收合格的项目,采购人应当根据采购合同约定,及时向供应商支付采购资金,退还履约保证金。验收不合格的项目,采购人应当按照合同约定追究供应商违约责任。 **政府向社会公众提供的公共服务项目,验收结果应当向社会公告。**
第六章 质疑与投诉	**第六七章 争议解决**
第五十一条 供应商对政府采购活动事项有疑问的,可以向采购人提出询问,采购人应当及时作出答复,但答复的内容不得涉及商业秘密。	**第五十一条** 供应商对政府采购活动事项有疑问的,可以向采购人提出询问,采购人应当及时作出答复,但答复的内容不得涉及商业秘密。
第五十二条 供应商认为采购文件、采购过程和中标、成交结果使自己的权益受到损害的,可以在知道或者应知其权益受到损害之日起七个工作日内,以书面形式向采购人提出质疑。	**第五十二一百零九条【供应商质疑】** 供应商认为采购文件、采购过程和中标、成交结果成交、入围结果使自己的权益受到损害的,可以在知道或者应知其权益受到损害之日起七个工作日内,以书面形式向采购人**或其委托的采购代理机构**提出质疑。
第五十三条 采购人应当在收到供应商的书面质疑后七个工作日内作出答复,并以书面形式通知质疑供应商和其他有关供应商,但答复的内容不得涉及商业秘密。	**第五十三一百一十条【质疑答复】** 采购人**或其委托的采购代理机构**应当在收到供应商的书面质疑后七个工作日内作出答复,并以书面形式通知质疑供应商和其他有关供应商,但答复的内容不得涉及商业秘密。

续表

《中华人民共和国政府采购法》	《中华人民共和国政府采购法(修订草案征求意见稿)》 (黑体部分为拟新增内容,方框部分为拟删除内容)
第五十四条 采购人委托采购代理机构采购的,供应商可以向采购代理机构提出询问或者质疑,采购代理机构应当依照本法第五十一条、第五十三条的规定就采购人委托授权范围内的事项作出答复。	~~**第五十四条** 采购人委托采购代理机构采购的,供应商可以向采购代理机构提出询问或者质疑,采购代理机构应当依照本法第五十一条、第五十三条的规定就采购人委托授权范围内的事项作出答复。~~
第五十五条 质疑供应商对采购人、采购代理机构的答复不满意或者采购人、采购代理机构未在规定的时间内作出答复的,可以在答复期满后十五个工作日内向同级政府采购监督管理部门投诉。	**第~~五十五~~一百一十一条【质疑投诉】** 质疑供应商对采购人、采购代理机构的答复不满意或者采购人、采购代理机构未在规定的时间内作出答复的,可~~以~~**就质疑事项**在答复期满后十五个工作日内向同级政府采购监督管理部门投诉。
第五十六条 政府采购监督管理部门应当在收到投诉后三十个工作日内,对投诉事项作出处理决定,并以书面形式通知投诉人和与投诉事项有关的当事人。	**第~~五十六~~一百一十二条【投诉处理】** 政府采购监督管理部门应当在收到投诉后三十个工作日内,对投诉事项作出处理决定,并以书面形式通知投诉人和与投诉事项有关的~~当事~~**参加**人。 **政府采购监督管理部门处理投诉事项,可以先行调解,必要时组织质证。需要检验、检测、鉴定、专家评审、向有关单位调取证据以及需要有关参加人补正材料的,所需时间不计算在投诉处理期限内。**
第五十七条 政府采购监督管理部门在处理投诉事项期间,可以视具体情况书面通知采购人暂停采购活动,但暂停时间最长不得超过三十日。	**第~~五十七~~一百一十三条【暂停采购活动】** 政府采购监督管理部门在处理投诉事项期间,可以视具体情况书面通知采购人暂停采购活动,但暂停时间最长不得超过三十日。
第五十八条 投诉人对政府采购监督管理部门的投诉处理决定不服或者政府采购监督管理部门逾期未作处理的,可以依法申请行政复议或者向人民法院提起行政诉讼。	**第~~五十八~~一百一十四条【对投诉处理的救济】** 投诉人对政府采购监督管理部门的投诉处理决定不服或者政府采购监督管理部门逾期未作处理的,可以~~依法申请行政复议或者向~~人民法院提起行政诉讼,**并可在诉讼中请求人民法院一并解决相关政府采购争议。**
	第一百一十五条【司法救济】 在政府采购合同订立过程中,供应商认为采购人、采购代理机构的行为侵犯其合法权益的,可以依法向人民法院提起诉讼。人民法院登记立案后,供应商不得再就同一政府采购争议向政府采购监督管理部门投诉。供应商在投诉处理过程中提起诉讼的,应当及时告知政府采购监督管理部门,终止投诉处理。

续表

《中华人民共和国政府采购法》	《中华人民共和国政府采购法(修订草案征求意见稿)》(黑体部分为拟新增内容,方框部分为拟删除内容)
第七章 监督检查	第[七]八章 监督检查
第五十九条 政府采购监督管理部门应当加强对政府采购活动及集中采购机构的监督检查。 监督检查的主要内容是: (一)有关政府采购的法律、行政法规和规章的执行情况; (二)采购范围、采购方式和采购程序的执行情况; (三)政府采购人员的职业素质和专业技能。	第[五十九]**一百一十六条【监督检查内容】** 政府采购监督管理部门应当加强对政府采购活动及集中采购机构的监督检查。 监督检查的主要内容是: (一)有关政府采购的法律、行政法规和规章的执行情况; (二)**采购政策**、采购范围、采购方式和采购程序的执行情况; (三)政府采购人员的职业素质和专业技能; **(四)内部控制制度建设和执行情况。**
第六十条 政府采购监督管理部门不得设置集中采购机构,不得参与政府采购项目的采购活动。 采购代理机构与行政机关不得存在隶属关系或者其他利益关系。	第[六十]**一百一十七条【防范利益冲突】** 政府采购监督管理部门不得设置集中采购机构,不得参与政府采购项目的采购活动。 采购代理机构与行政机关不得存在隶属关系或者其他利益关系。
第六十一条 集中采购机构应当建立健全内部监督管理制度。采购活动的决策和执行程序应当明确,并相互监督、相互制约。经办采购的人员与负责采购合同审核、验收人员的职责权限应当明确,并相互分离。	第[六十一]**一百一十八条【采购人、集中采购机构内部监督】** **采购人**、集中采购机构应当建立健全内部监督管理制度。采购活动的决策和执行程序应当明确,并相互监督、相互制约。经办采购的人员与负责采购合同审核、验收人员的职责权限应当明确,并相互分离。
第六十二条 集中采购机构的采购人员应当具有相关职业素质和专业技能,符合政府采购监督管理部门规定的专业岗位任职要求。 集中采购机构对其工作人员应当加强教育和培训;对采购人员的专业水平、工作实绩和职业道德状况定期进行考核。采购人员经考核不合格的,不得继续任职。	第[六十二]**一百一十九条【采购人、集中采购机构人员要求】** **采购人**、集中采购机构的采购人员应当具有相关职业素质和专业技能,符合政府采购监督管理部门规定的专业岗位任职要求。 **采购人**、集中采购机构对其工作人员应当加强教育和培训;对采购人员的专业水平、工作实绩和职业道德状况定期进行考核。采购人员经考核不合格的,不得继续任职。
第六十三条 政府采购项目的采购标准应当公开。 采用本法规定的采购方式的,采购人在采购活动完成后,应当将采购结果予以公布。	[**第六十三条** 政府采购项目的采购标准应当公开。] [采用本法规定的采购方式的,采购人在采购活动完成后,应当将采购结果予以公布。]

续表

《中华人民共和国政府采购法》	**《中华人民共和国政府采购法(修订草案征求意见稿)》(黑体部分为拟新增内容,方框部分为拟删除内容)**
第六十四条 采购人必须按照本法规定的采购方式和采购程序进行采购。 任何单位和个人不得违反本法规定,要求采购人或者采购工作人员向其指定的供应商进行采购。	**第六十四条** 采购人必须按照本法规定的采购方式和采购程序进行采购。 任何单位和个人不得违反本法规定,要求采购人或者采购工作人员向其指定的供应商进行采购。
第六十五条 政府采购监督管理部门应当对政府采购项目的采购活动进行检查,政府采购当事人应当如实反映情况,提供有关材料。	调整为第一百二十二条
第六十六条 政府采购监督管理部门应当对集中采购机构的采购价格、节约资金效果、服务质量、信誉状况、有无违法行为等事项进行考核,并定期如实公布考核结果。	**第**六十六**一百二十条【对采购人、集中采购机构、供应商的监督】** 政府采购监督管理部门应当对**采购人和集中采购机构执行政府采购制度及政策的情况,采购人与缔约供应商的履约守信情况,**集中采购机构的采购价格、节约资金效果、服务质量、信誉状况、有无违法行为等事项进行考核,并定期如实公布考核结果。
	第一百二十一条【对社会代理机构及其工作人员的监督】 政府采购监督管理部门对社会代理机构及其工作人员遵守法律法规情况及履约守信情况进行监督检查,应当随机抽取检查对象、随机选派执法检查人员,并且将抽查事项及检查结果及时向社会公开。
	第六十五**一百二十二条【配合监督检查的义务】** 政府采购参加人在监督检查工作中政府采购监督管理部门应当对政府采购项目的采购活动进行检查,政府采购当事人应当如实反映情况,**按要求**提供有关材料。
第六十七条 依照法律、行政法规的规定对政府采购负有行政监督职责的政府有关部门,应当按照其职责分工,加强对政府采购活动的监督。	**第**六十七**一百二十三条【各部门协同监督】** 依照法律、行政法规的规定对政府采购负有行政监督职责的政府有关部门,应当按照其职责分工,加强对政府采购活动的监督。
第六十八条 审计机关应当对政府采购进行审计监督。政府采购监督管理部门、政府采购各当事人有关政府采购活动,应当接受审计机关的审计监督。	**第**六十八**一百二十四条【审计机关的监督】** 审计机关应当对政府采购进行审计监督。政府采购监督管理部门、政府采购各当事**参加**人有关政府采购活动,应当接受审计机关的审计监督。

续表

《中华人民共和国政府采购法》	《中华人民共和国政府采购法(修订草案征求意见稿)》 (黑体部分为拟新增内容,方框部分为拟删除内容)
第六十九条 监察机关应当加强对参与政府采购活动的国家机关、国家公务员和国家行政机关任命的其他人员实施监察。	第~~六十九~~**一百二十五条【监察机关的监督】** 监察机关应当~~加强~~对参与政府采购活动的~~国家机关、国家公务员和国家行政机关任命的其他人员实施~~**行使公权力的公职人员进行**监察。
第七十条 任何单位和个人对政府采购活动中的违法行为,有权控告和检举,有关部门、机关应当依照各自职责及时处理。	第~~七十~~**一百二十六条【政府采购活动的社会监督】** 任何单位和个人对政府采购活动中的违法行为,有权控告和检举,有关部门、机关应当依照各自职责及时处理。
第八章 法 律 责 任	**第~~八~~九章 法 律 责 任**
第七十一条 采购人、采购代理机构有下列情形之一的,责令限期改正,给予警告,可以并处罚款,对直接负责的主管人员和其他直接责任人员,由其行政主管部门或者有关机关给予处分,并予通报: (一)应当采用公开招标方式而擅自采用其他方式采购的; (二)擅自提高采购标准的; (三)以不合理的条件对供应商实行差别待遇或者歧视待遇的; (五)在招标采购过程中与投标人进行协商谈判的; (六)中标、成交通知书发出后不与中标、成交供应商签订采购合同的; (六)拒绝有关部门依法实施监督检查的。	第~~七十一、七十二、七十六~~**一百二十七条【采购人责任】** 采购人~~、采购代理机构~~有下列情形之一的,责令限期改正;**情节严重的,**给予警告,~~可以并处罚款,~~对直接负责的主管人员和其他直接责任人员,由其行政主管部门或者有关机关给予处分,并予通报;**构成犯罪的,依法追究刑事责任:** **(一)未制定或者执行政府采购内部控制管理规定的;** **(二)未依照本法规定编制采购需求的;** **(三)未严格按照批准的预算执行的;** **(四)未依法执行政府采购政策的;** (~~一~~**五**)~~应当采用公开招标方式而擅自采用其他方式采购的~~**未依照本法规定选择政府采购方式的;** **(六)未依法公布政府采购项目的采购标准和采购结果的;** **(七)应当实行集中采购的政府采购项目,不委托集中采购机构实行集中采购的;** (~~二~~八)擅自提高采购标准的; ~~(三)委托不具备政府采购业务代理资格的机构办理采购事务的;~~ (~~四~~九)以不合理的条件对供应商实行差别待遇或者歧视待遇的; ~~(五)在招标采购过程中与投标人进行协商谈判的;~~ **(十)未依照本法规定设置综合评分法的评审因素的;**
第七十二条 采购人、采购代理机构及其工作人员有下列情形之一,构成犯罪的,依法追究刑事责任;尚不构成犯罪的,处以罚款,有违法所得的,并处没收违法所得,属于国家机关工作人员的,依法给予行政处分: (一)与供应商或者采购代理机构恶意串通的; (二)在采购过程中接受贿赂或者获取其他不正当利益的; (三)在有关部门依法实施的监督检查中提供虚假情况的; (四)开标前泄露标底的。	

续表

《中华人民共和国政府采购法》	《中华人民共和国政府采购法(修订草案征求意见稿)》 (黑体部分为拟新增内容,方框部分为拟删除内容)
	(十一)对供应商的质疑逾期未作处理的; (六**十二**)中标、成交、**入围**通知书发出后不与中标、成交、**入围**供应商签订采购合同**或者框架协议**的; (七)拒绝有关部门依法实施监督检查的。 **(十三)违法擅自变更、解除或终止采购合同的;** **(十四)未依照国家规定、行业标准及合同约定进行合同履约验收的;** **(十五)未依法妥善保存采购文件资料,或违法伪造、变造、隐匿、销毁采购文件资料的;** (七**十六**)拒绝有关部门依法实施监督检查的,**或在有关部门依法实施的争议处理、监督检查中提供虚假情况的。** **(十七)与其他政府采购参加人相互串通的;** **(十八)在采购过程中接受贿赂或者获取其他不正当利益的;** **(十九)泄露商业秘密或泄露尚未公开的采购项目情况的。** **(二十)未严格执行本法其他有关规定的。** 第七十二条　采购人、采购代理机构及其工作人员有下列情形之一,构成犯罪的,依法追究刑事责任;尚不构成犯罪的,处以罚款,有违法所得的,并处没收违法所得,属于国家机关工作人员的,依法给予行政处分: (一)与供应商或者采购代理机构恶意串通的; (二)在采购过程中接受贿赂或者获取其他不正当利益的; (三)在有关部门依法实施的监督检查中提供虚假情况的; (四)开标前泄露标底的。

续表

《中华人民共和国政府采购法》	《中华人民共和国政府采购法(修订草案征求意见稿)》(黑体部分为拟新增内容,方框部分为拟删除内容)
第七十三条 有前两条违法行为之一影响中标、成交结果或者可能影响中标、成交结果的,按下列情况分别处理: (一)未确定中标、成交供应商的,终止采购活动; (二)中标、成交供应商已经确定但采购合同尚未履行的,撤销合同,从合格的中标、成交候选人中另行确定中标、成交供应商; (三)采购合同已经履行的,给采购人、供应商造成损失的,由责任人承担赔偿责任。	调整为第一百三十一条
第七十四条 采购人对应当实行集中采购的政府采购项目,不委托集中采购机构实行集中采购的,由政府采购监督管理部门责令改正;拒不改正的,停止按预算向其支付资金,由其上级行政主管部门或者有关机关依法给予其直接负责的主管人员和其他直接责任人员处分。	**第七十四条 采购人对应当实行集中采购的政府采购项目,不委托集中采购机构实行集中采购的,由政府采购监督管理部门责令改正;拒不改正的,停止按预算向其支付资金,由其上级行政主管部门或者有关机关依法给予其直接负责的主管人员和其他直接责任人员处分。**
第七十五条 采购人未依法公布政府采购项目的采购标准和采购结果的,责令改正,对直接负责的主管人员依法给予处分。	**第七十五条** 采购人未依法公布政府采购项目的采购标准和采购结果的,责令改正,对直接负责的主管人员依法给予处分。
第七十六条 采购人、采购代理机构违反本法规定隐匿、销毁应当保存的采购文件或者伪造、变造采购文件的,由政府采购监督管理部门处以二万元以上十万元以下的罚款,对其直接负责的主管人员和其他直接责任人员依法给予处分;构成犯罪的,依法追究刑事责任。	调整为第一百二十六条
第七十七条 供应商有下列情形之一的,处以采购金额千分之五以上千分之十以下的罚款,列入不良行为记录名单,在一至三年内禁止参加政府采购活动,有违法所得的,并处没收违法所得,情节严重的,由工商行政管理机关吊销营业执照;构成犯罪的,依法追究刑事责任:	调整为第一百三十四条

续表

《中华人民共和国政府采购法》	《中华人民共和国政府采购法(修订草案征求意见稿)》 (黑体部分为拟新增内容,方框部分为拟删除内容)
(一)提供虚假材料谋取中标、成交的; (二)采取不正当手段诋毁、排挤其他供应商的; (三)与采购人、其他供应商或者采购代理机构恶意串通的; (四)向采购人、采购代理机构行贿或者提供其他不正当利益的; (五)在招标采购过程中与采购人进行协商谈判的; (六)拒绝有关部门监督检查或者提供虚假情况的。 供应商有前款第(一)至(五)项情形之一的,中标、成交无效。	
第七十八条 采购代理机构在代理政府采购业务中有违法行为的,按照有关法律规定处以罚款,可以在一至三年内禁止其代理政府采购业务,构成犯罪的,依法追究刑事责任。	**第七十八条** 采购代理机构在代理政府采购业务中有违法行为的,按照有关法律规定处以罚款,可以依法取消其进行相关业务的资格,构成犯罪的,依法追究刑事责任。
	第一百二十八条【采购代理机构责任】 采购代理机构有下列情形之一的,责令限期改正,给予警告,并可对采购代理机构处以十万元以上二十万元以下罚款;情节严重的,将采购代理机构及其项目工作人员列入政府采购严重失信名单,一年内不得代理政府采购活动;构成犯罪的,依法追究刑事责任: **(一)未依法在指定的媒体上发布政府采购项目信息的;** **(二)非法干预采购评审活动的;** **(三)未依照本法规定设置综合评分法的评审因素的;** **(四)对供应商的质疑逾期未作处理的;** **(五)未按照规定组织对供应商履约情况进行验收的;** **(六)拒绝有关部门依法实施监督检查的,或在监督检查中提供虚假情况的;** **(七)与其他政府采购参加人相互串通的;** **(八)在采购过程中接受贿赂或者获取其他不正当利益的;** **(九)泄露商业秘密或泄露尚未公开的采购项目情况的;** **(十)未严格执行本法其他规定的。**

续表

《中华人民共和国政府采购法》	《中华人民共和国政府采购法(修订草案征求意见稿)》 (黑体部分为拟新增内容,方框部分为拟删除内容)
	第一百二十九条【集中采购机构的特别责任】 集中采购机构有下列情形之一的,责令限期改正,给予警告,有违法所得的,并处没收违法所得,对直接负责的主管人员和其他直接责任人员依法给予处分,并予以通报: **(一)内部监督管理制度不健全,对依法应当分设、分离的岗位、人员未分设、分离的;** **(二)将集中采购项目委托其他采购代理机构采购的;** **(三)从事营利活动的;** **(四)在考核中虚报业绩,隐瞒真实情况的。**
	第一百三十条【评标委员会、谈判小组、询价小组和评审小组成员责任】 评标委员会、谈判小组、询价小组和评审小组成员有下列情形之一的,给予警告;情节严重的,处以三万元以上十万元以下罚款,并禁止其参加政府采购评审活动;构成犯罪的,依法追究刑事责任: **(一)与供应商存在利害关系而未依法回避的;** **(二)故意排斥其他供应商参与竞争的;** **(三)未依法客观进行项目评审的;** **(四)与其他政府采购参加人相互串通的;** **(五)在采购过程中接受贿赂或者获取其他不正当利益的;** **(六)泄露商业秘密或泄露尚未公开的采购项目情况的。**
	第[七十三]**一百三十一**条**【处理情形】** 有违反前[两]**四**条[违法行为之一]**规定**影响中标、成交、**入围**结果或者可能影响中标、成交、**入围**结果的,按下列情况分别处理: (一)未确定中标、成交、**入围**供应商的,终止采购活动; (二)中标、成交、**入围**供应商已经确定但采购合同尚未履行的,**依法认定中标、成交或者入围结果无效、撤销合同或者认定合同无效**,从合格的中标、成交、**入围**候选人中另行确定中标、成交、**入围**供应商; (三)采购合同已经履行的,给采购人、供应商造成损失的,由责任人承担赔偿责任。

续表

《中华人民共和国政府采购法》	《中华人民共和国政府采购法（修订草案征求意见稿）》 （黑体部分为拟新增内容，方框部分为拟删除内容）
	第一百三十二条【供应商一般违法责任】 供应商有下列情形之一的，责令改正，有违法所得的，并处没收违法所得；情节严重的，可以并处三万元以上十万元以下的罚款： （一）无正当理由放弃中标、成交、入围的； （二）中标、成交、入围供应商在法定或约定期限内拒绝签订政府采购合同的； （三）中标、成交、入围供应商违法转包、分包的。
	第一百三十三条【恶意投诉】 供应商进行虚假、恶意投诉的，由政府采购监督管理部门将其列入政府采购严重失信名单，在一年内不得参与采购活动。
	第七十七**一百三十四条【供应商严重违法责任】** 供应商有下列情形之一的，处以采购金额千分之五**十万元**以上千分之十**六十万元**以下的罚款，**有违法所得的，并处没收违法所得；情节严重的，处以六十万元以上二百万元以下的罚款，并**可列入不良行为记录**政府采购严重失信**名单，在一至三年内禁止**不得**参加政府与采购活动，有违法所得的，并处没收违法所得，情节**特别**严重的，**应当延长至三年，或**由工商行政**市场监督**管理机关吊销营业执照；构成犯罪的，依法追究刑事责任： （一）提供虚假材料谋取中标、成交、**入围**的； （二）采取不正当手段诋毁、排挤其他供应商的； （三）与采购人、其他供应商或者采购代理机构及采购参加人员恶意串通的； （四）向采购人、采购代理机构**及其他政府采购参加人**行贿或者提供其他不正当利益的； （五）在招标采购过程中与采购人进行协商谈判的； （六）拒绝有关部门监督检查或者提供虚假情况的。 供应商有前款第（一）至（五）项情形之一的，中标、成交、**入围**无效。
	第一百三十五条【听证】 政府采购监督管理部门决定限制相关政府采购参加人参与政府采购活动或者对其处以六十万元以上罚款的，决定作出之前应当告知当事人有要求举行听证的权利；当事人要求听证的，政府采购监督管理部门应当组织听证。

续表

<table>
<tr><th>《中华人民共和国政府采购法》</th><th>《中华人民共和国政府采购法(修订草案征求意见稿)》
(黑体部分为拟新增内容,方框部分为拟删除内容)</th></tr>
<tr><td>第七十九条　政府采购当事人有本法第七十一条、第七十二条、第七十七条违法行为之一,给他人造成损失的,并应依照有关民事法律规定承担民事责任。</td><td>调整为第一百三十八条</td></tr>
<tr><td>第八十条　政府采购监督管理部门的工作人员在实施监督检查中违反本法规定滥用职权,玩忽职守,徇私舞弊的,依法给予行政处分;构成犯罪的,依法追究刑事责任。</td><td rowspan="2">第八十、八十一一百三十六条【政府采购监督管理部门工作人员在实施监督检查中违法所应承担的法律责任】　政府采购监督管理部门的工作人员在实施监督检查在履行政府采购监督管理职责中违反本法规定滥用职权,玩忽职守,徇私舞弊的,对直接负责的主管人员和其他直接责任人员依法给予行政处分处理;构成犯罪的,依法追究刑事责任。</td></tr>
<tr><td>第八十一条　政府采购监督管理部门对供应商的投诉逾期未作处理的,给予直接负责的主管人员和其他直接责任人员行政处分。</td></tr>
<tr><td>第八十二条　政府采购监督管理部门对集中采购机构业绩的考核,有虚假陈述,隐瞒真实情况的,或者不作定期考核和公布考核结果的,应当及时纠正,由其上级机关或者监察机关对其负责人进行通报,并对直接负责的人员依法给予行政处分。
集中采购机构在政府采购监督管理部门考核中,虚报业绩,隐瞒真实情况的,处以二万元以上二十万元以下的罚款,并予以通报;情节严重的,取消其代理采购的资格。</td><td>调整为第一百二十九条</td></tr>
<tr><td>第八十三条　任何单位或者个人阻挠和限制供应商进入本地区或者本行业政府采购市场的,责令限期改正;拒不改正的,由该单位、个人的上级行政主管部门或者有关机关给予单位责任人或者个人处分。</td><td>第八十三条第一百三十七条【阻扰和限制供应商进入本地区或者本行业政府采购市场所应承担的法律责任】　任何单位或者个人阻挠和限制供应商进入本地区或者本行业政府采购市场的,责令限期改正;拒不改正的,由该单位、个人的上级行政主管部门或者有关机关给予单位责任人或者个人处分。</td></tr>
<tr><td></td><td>第七十九一百三十八条【民事责任】　政府采购当事参加人有本法第七十一条、第七十二条、第七十七条违法行为之一,给他人造成损失的,并应违反本法规定,侵犯他人民事权益的,应当依照有关民事法律规定承担民事责任。违反本法规定,构成犯罪的,依法追究刑事责任。</td></tr>
</table>

续表

《中华人民共和国政府采购法》	《中华人民共和国政府采购法(修订草案征求意见稿)》 (黑体部分为拟新增内容,方框部分为拟删除内容)
	第七十八**一百三十九条【刑事责任】** 采购代理机构在代理政府采购业务中有违法行为的,按照有关法律规定处以罚款,可以依法取消其进行相关业务的资格**违反本法规定**,构成犯罪的,依法追究刑事责任。
	第四**一百四十条【关于政府采购工程招标投标的法律适用问题】** 政府采购工程进行招标投标的,适用招标投标法。
第八十四条 使用国际组织和外国政府贷款进行的政府采购,贷款方、资金提供方与中方达成的协议对采购的具体条件另有规定的,可以适用其规定,但不得损害国家利益和社会公共利益。	**第**八十四条**一百四十一条【关于使用国际组织和外国政府贷款进行政府采购的问题】** 使用国际组织和外国政府贷款进行的政府采购,贷款方、资金提供方与中方达成的协议对采购的具体条件另有规定的,可以适用其规定,但不得损害国家利益和社会公共利益。
第八十五条 对因严重自然灾害和其他不可抗力事件所实施的紧急采购和涉及国家安全和秘密的采购,不适用本法。	**第**八十五条**第一百四十二条【关于涉及国家安全和秘密所实施的采购问题】** 对因严重自然灾害和其他不可抗力事件所实施的紧急采购和涉及国家安全和秘密的采购,不适用本法。
第八十六条 军事采购法规由中央军事委员会另行制定。	**第**八十六条**第一百四十三条【关于军事采购问题】** 军事采购法规由中央军事委员会另行制定。
第八十七条 本法实施的具体步骤和办法由国务院规定。	**第**八十七条**一百四十四条【本法实施具体步骤和办法的制定】** 本法实施的具体步骤和办法由国务院规定。 **政府采购方式和采购程序的具体规定,由国务院及国务院政府采购监督管理部门根据本法规定另行制定。** **政府采购招标文件、合同范本等标准文本,由国务院政府采购监督管理部门根据本法规定制定。**
	第一百四十五条【日、工作日和最后一日的计算方式】 本法规定按日、工作日计算期间的,开始当天不计入,从次日开始计算。期限的最后一日是国家法定节假日的,顺延到节假日后的次日为期限的最后一日。
第八十八条 本法自2003年1月1日起施行。	**第**八十八条**一百四十六条【本法的施行时间】** 本法自2003年1月1日起施行。